새로운 배움, 더 큰 즐거움

미래엔 콘텐츠와 함께 새로운 배움을 시작합니다!
더 큰 즐거움을 찾아갑니다!

파사쥬

국어영역 **독서**

WRITERS

미래엔콘텐츠연구회

No.1 Content를 개발하는 교육 전문 콘텐츠 연구회

김철주　우성고 교사 | 연세대 교육대학원 국어교육과
류해준　잠실여고 교사 | 경희대 국어국문학과
성병모　대신고 교사 | 연세대 교육대학원 국어교육과
신철수　성보고 교사 | 고려대 국어교육과
윤정한　숙명여고 교사 | 서울대 국어교육과
윤치명　보성여고 교사 | 연세대 교육대학원 국어교육과

COPYRIGHT

인쇄일 2019년 11월 18일(2판1쇄) | **발행일** 2019년 11월 18일
펴낸이 김영진 | **펴낸곳** ㈜미래엔 | **등록번호** 제16–67호
본부장 정장아 | **사업실장** 장명진 | **사업기획실장** 이성호
개발책임 황은주 | **개발** 김정희, 김혜진, 장하연, 한솔
디자인책임 오영숙 | **디자인** 진선영
스태프 황선득 | **제작책임** 봉대중
ISBN 979-11-6413-302-4

머리말
Introduction

"초심을 유지하라."

초심(初心)이란 어떤 일을 시작할 때 처음 품은 마음입니다.
이제 막 사랑을 시작하는 풋풋한 첫사랑의 마음과도 같습니다.
그래서 초심에는 모든 것을 처음 보듯 대하는 겸손함이 있고,
호기심으로 가득한 어린아이 같은 순수함이 있습니다.

그러나
무엇을 깨닫고, 무엇을 이루었다고 생각하는 순간
초심을 잃어버리게 됩니다.
마음의 열정이 식고, 겸손하게 배우려는 마음을 상실하고,
교만이 고개를 내밀기 시작합니다.

이러한 이유에서 초심을 유지하는 것이 중요하다고 합니다.
공부도 마찬가지입니다.
초심을 유지했을 때 마음 가득한 열정으로 임할 수 있습니다.
어느 정도 알게 되었다고 초심을 잃어버리면
그 자리에 멈출 뿐 한 발자국도 더 나아가지 못합니다.

실력 상승 실전서 **"파사쥬"**는
늘 초심을 유지하며
수능 1등급이라는 목표를 향해 변함없이 나아가기를 응원합니다.

Structure & Features

기본 방향 잡는 유형별 독해 전략과 연습

유형별 독해 전략 알기

독서 영역의 출제 문제를 대표 10가지 유형으로 분류하여, 유형별 독해 전략을 익히는 단계입니다.

◆ **유형 소개** : 유형별 문제의 대표 발문을 제시하며 어떠한 방식으로 출제되는지 보여 줍니다.

◆ **유형 해결** : 유형별 문제 해결력을 높이기 위한 단계별 전략을 제시합니다.

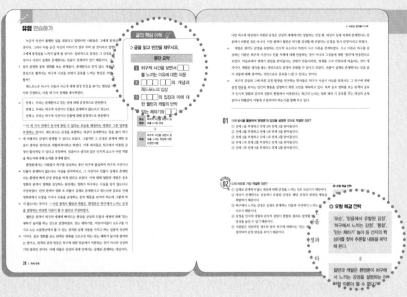

기출로 유형 연습하기

최신 기출 문제를 통해 유형별 전략을 적용하는 연습을 함으로써 문제 해결력을 높이는 단계입니다.

◆ **글의 핵심 이해** : 지문 분석을 통해 문제 해결의 키워드를 찾는 훈련을 합니다.

◆ **유형 해결 전략** : 유형별 해결 전략을 제시하고, 이를 적용하여 지문을 분석하고 해석합니다.

수능 감각 기르는 실전 집중 훈련

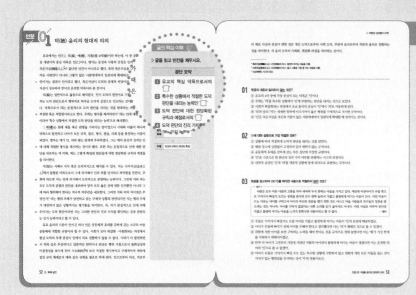

영역별 실전 훈련하기

최신 수능 경향을 분석하여 각 영역별 출제 가능성 높은 지문을 통해 수능 감각을 기르는 단계입니다. 특히, 융합 독해 파트를 별도로 제시하여 최신 고난도 문제에 대비할 수 있습니다.

✦ **글의 핵심 이해** : 지문을 분석적으로 파악하는 훈련을 집중적으로 함으로써 문제 해결 시간을 단축시킵니다.

실력 최종 점검하기

최종적으로 자기 실력을 점검하는 단계로, 수능 독서 만점에 도전합니다.

✦ **목표 시간** : 실전에서와 동일하게 주어진 시간 안에 문제를 해결할 수 있도록 합니다.

차례
Contents

융합 독해

| 실전 모의고사 |

[책속의 책] 바른답·알찬풀이

읽기의 기본 원리

비문학(독서) 문제는 지문에 모든 답이 제시되어 있다. 따라서 지문만 잘 읽어도 대부분의 문제를 풀 수 있다. 하지만 긴 내용의 글을 모두 기억하기란 쉽지 않다. 그렇다면 어떻게 읽어야 할까? 가장 효과적인 방법은 바로 메모하며 읽는 것이다. 이제부터 간단한 메모를 통해 지문을 효과적으로 읽는 방법을 알아보자.

1 핵심어, 중심 문장 찾기

글을 이해한다는 것은 곧 주제를 파악하는 것을 뜻한다. 이는 모든 글 읽기의 기본이다. 주제를 파악하기 위해서는 각 문단의 중심 내용을 알아야 하고, 문단의 중심 내용은 핵심어를 통해 파악할 수 있다. 핵심어는 글의 중심 화제로서 가장 자주 반복되는 어휘이다.

핵심어 찾기 ▶ 문단의 중심 내용 찾기 ▶ 주제 파악하기

❋ 다음 예문에서 핵심어와 문단의 중심 내용을 찾아보자.

> 소리는 진동으로 인해 발생한 파동이 전달되는 현상으로, 이때 전달되는 파동을 음파라고 한다. 음파는 일정한 방향으로 나아가려는 직진성이 있고, 물체
> 성질 ①
> 에 부딪치면 반사되는 성질을 갖고 있다.
> 성질 ②

▶ **핵심어:** 윗글은 '음파'라는 단어를 반복해서 사용하면서, 그와 관련한 설명을 제시하고 있다.

▶ **문단의 중심 내용:** 첫 번째 문장에서는 '음파의 개념'을 설명하고, 두 번째 문장에서는 '음파의 성질'을 설명하고 있다.

☑ 글을 읽으며 핵심어라고 생각되는 단어에 ▬ 표시를 해 보자.

☑ 핵심어의 개념이 제시된 부분에 밑줄을 긋고, 핵심어와 연결해 보자.

☑ 핵심어와 관련된 특성 등이 여러 개 나올 경우에는 번호를 붙여 한눈에 파악하기 쉽도록 하자.

2 비교, 대조의 대상 파악하기

하나의 개념이나 사물, 현상을 설명하는 글 외에, 두 가지 이상의 개념이나 사물, 현상을 서로 비교하거나 대조하는 형태의 지문도 자주 등장한다. 이때 기호를 사용하여 대상을 구분함으로써 그 공통점이나 차이점을 알기 쉽게 이해할 수 있다.

❋ 다음 예문에서 설명하고 있는 대상과 그 특징이 무엇인지 파악해 보자.

> 음파는 주파수의 크기에 따라 고주파와 저주파로 나뉜다. 고주파는 [직진성이 강하고 작은 물체에도 반사파가 잘 생기며 물에 흡수되는 양이 많아 수중에서의 도달 거리가 짧다.] 반면, 저주파는〈직진성이 약하고 작은 물체에는 반사파가 잘 생기지 않으며 물에 흡수되는 양이 적어 수중에서의 도달 거리가 길다.〉

▶ **대조의 대상:** 이 글에서는 특정한 기준(주파수의 크기)에 따라 음파의 종류를 '고주파'와 '저주파'로 나누고 있으며, 각 주파수의 특징을 대조적으로 보여 주고 있다.

☑ 둘 이상의 내용을 다루는 글에서는 각각의 내용을 □와 △ 등으로 구분하여 표시해 보자.

☑ 이때, 분류나 구분의 근거에 해당하는 부분에는 밑줄을 그어 보자.

☑ □로 표시한 내용과 관련되는 것은 [ ]로, △로 표시한 내용과 관련되는 것은 〈 〉로 표시해 보자.

☑ 관련 내용이 여러 개일 경우에는 ①, ②, ③ 등의 번호를 붙여 보자.

3 흐름이나 과정 파악하기

화제의 역사적 변천 과정이나 작동 원리 등 시간적 흐름이나 과정의 파악이 중요한 글이 있다. 시간적 순서가 나타난 곳을 표시하면서 글을 읽으면, 주요 화제의 변화 양상을 한눈에 파악할 수 있다.

※ 다음 예문을 읽고 글의 흐름을 파악해 보자.

> 1960년대 후반부터 1980년대까지의 공공미술은 대중과 미술의 소통을 위해 작품이 설치되는 장소를 점차 확장하는 쪽으로 전개되었기 때문에 '장소' 중심의 공공미술이라 할 수 있다.
>
> 1990년대 이후의 공공미술은 참된 소통이 무엇인가에 대해 진지하게 성찰하며 대중을 작품 창작 과정에 참여시키는 쪽으로 전개되었기 때문에 '참여' 중심의 공공미술이라 할 수 있다.

▶ **대상의 변화**: 시간의 흐름에 따라 공공미술이 중요시하는 점의 변화 양상을 설명하고 있다.

☑ 시간 개념이 제시된 곳에 밑줄을 그어 보자.
☑ 시간 개념과 관련된 주요 설명 대상에 ○ 표시를 해 보자.
☑ 설명 대상의 특징과 관련된 사항에 밑줄을 그어 보자.
☑ 화살표를 사용하여 시간적 순서나 영향 관계를 표시해 보자.

4 문단 간 관계 파악하기

하나의 글은 보통 여러 개의 문단으로 구성된다. 각 문단은 서로의 내용을 보충하거나 반박하거나 대등하게 연결하는 등 글의 전체적인 구성에 관여한다. 따라서 문단 간의 관계를 파악하는 것은 글의 구조를 이해하는 첫걸음이다. 문단 간의 관계는 접속어 등의 표지를 살펴봄으로써 알 수 있다.

※ 다음 예문을 읽고 문단 간의 관계를 파악해 보자.

> 가 어떤 상품의 가격은 기본적으로 수요와 공급의 힘에 의해 결정된다. 시장에 참여하고 있는 경제 주체들은 자신이 갖고 있는 정보를 기초로 하여 수요와 공급을 결정한다. 이들이 똑같은 정보를 함께 갖고 있으며 이 정보가 아주 틀린 것이 아닌 한, 상품의 가격은 어떤 기본적인 수준에서 크게 벗어나지 않을 것이라고 예상할 수 있다.
>
> 나 그러나 현실에서는 사람들이 서로 다른 정보를 갖고 시장에 참여하는 경우가 많다. 어떤 사람은 특정한 정보를 갖고 있는데 거래 상대방은 그 정보를 갖고 있지 못한 경우도 있다.

▶ **문단 간의 관계**: 윗글에서 나는 '그러나'라는 역접 관계를 나타내는 접속어로 시작하고 있다. 따라서 나의 내용은 앞에 나온 가의 내용과 반대되는 내용임을 알 수 있다.

☑ 문단 첫머리에 나오는 접속어나 접속어의 역할을 하는 단어를 찾아 표시해 보자.
☑ 접속어나 단어의 역할에 따라 대조(↔), 대등(&), 부연(+), 예시(→) 등 자신이 알아볼 수 있도록 문단의 성격을 적거나 기호로 표시해 보자.
☑ 접속어나 단어가 나오지 않아도 문단의 앞머리에 문단의 성격을 나타내는 기호를 표시해 보자.
☑ 각 문단의 성격을 바탕으로 문단 간의 관계를 파악하고, 나아가 글의 구조를 정리해 보자.

유형별 독해 전략과 연습

독해 유형 Ⅰ

중심 화제 파악하기

* 각 문단의 핵심어와 핵심 내용을 통해 글의 중심 화제를 파악해 보자.

우리가 섭취한 영양소로부터 생활에 필요한 에너지를 얻거나 몸에 필요한 물질을 합성하는 과정은 모두 화학 반응에 의해 이루어진다. 이 화학 반응의 속도를 변화시키는 물질이 촉매이다. 촉매는 정촉매와 부촉매로 구분되는데, 활성화 에너지와 반응 속도를 통해 설명할 수 있다. 활성화 에너지란 어떤 물질이 화학 반응을 일으키기 위해 필요한 최소한의 에너지이다. 활성화 에너지가 낮아지면 반응 속도가 빨라지고, 활성화 에너지가 높아지면 반응 속도가 느려지게 된다. 이러한 활성화 에너지를 낮추는 것이 정촉매이고, 활성화 에너지를 높이는 것이 부촉매이다. ▶ 촉매의 역할과 종류

우리 몸속에도 이러한 촉매가 존재하는데, 효소가 그러하다. 대부분의 효소는 생체 내에서 화학 반응을 빠르고 쉽게 일어나게 한다. 예를 들어 소화 효소인 펩신이 분비되어 우리는 음식물을 오랫동안 위장에 담고 있지 않고 소화시킬 수 있는 것이다. 효소를 구성하는 주성분은 단백질이며 각 효소는 고유의 입체 구조를 갖는다. 효소는 촉매로 작용하는 과정에서 반응물과 일시적으로 결합한다. 효소에서 반응물과 결합하여 화학 반응이 일어나게 하는 특정 부분을 활성 부위라고 하며, 활성 부위와 결합하는 반응물을 기질이라고 한다. 효소에 의한 촉매 과정에서 효소의 활성 부위와 기질의 3차원적 입체 구조가 맞으면 효소·기질 복합체가 일시적으로 형성되는데, 이처럼 한 종류의 효소가 한 종류의 기질에만 작용하는 것을 효소의 기질 특이성이라 한다. 촉매 과정이 끝나면 기질은 생성물로 바뀌며, 효소·기질 복합체로부터 분리된 효소는 처음과 동일한 화학적 상태로 복귀하여 다음 반응을 준비한다. ▶ 인체 내 촉매의 기능과 기질 특이성

그런데 어떤 화학 물질은 효소와 결합하여 효소의 작용을 방해하는데, 이러한 물질을 저해제라고 한다. 저해제는 효소 반응을 방해하는 방식에 따라 ㉠ 경쟁적 저해제와 ㉡ 비경쟁적 저해제로 나누어진다. 먼저 경쟁적 저해제는 기질과 유사한 3차원적 입체 구조를 지니고 있어, 기질이 결합할 효소의 활성 부위에 기질 대신에 경쟁적 저해제가 결합하여 효소·기질 복합체의 형성을 저해한다. 경쟁적 저해제는 기질의 농도가 증가하면 저해 효과는 감소한다. 다음으로 비경쟁적 저해제는 효소의 활성 부위가 아닌 효소의 다른 부위에 결합하여 효소의 입체 구조를 변형시킴으로써 효소의 활성 부위에 기질이 결합하지 못하게 한다. 그 결과 효소·기질 복합체가 형성되지 않아 효소의 작용을 저해한다. 비경쟁적 저해제가 작용하는 경우에는 기질의 농도가 증가해도 저해 효과는 감소하지 않는다. ▶ 저해제의 개념과 종류

⁺ **촉매(觸媒)**: 자신은 변화하지 아니하면서 다른 물질의 화학 반응을 매개하여 반응 속도를 빠르게 하거나 늦추는 일. 또는 그런 물질

⁺ **효소(酵素)**: 생물의 세포 안에서 합성되어 생체 속에서 행하여지는 거의 모든 화학 반응의 촉매 구실을 하는 고분자 화합물을 통틀어 이르는 말

∷ 글을 읽고 빈칸을 채우시오.

문단 요약
1 □□의 역할과 종류
2 인체 내 □□의 기능과 기질 특이성
3 □□□의 개념과 종류

↓

중심 화제	촉매

↓

주제	생체 내 효소의 □□ 반응

Q 유형 문제

윗글의 표제와 부제로 가장 적절한 것은?

① 촉매의 개념과 종류
  – 활성화 에너지와 반응의 방향성을 중심으로
② 생체 내 효소의 촉매 반응
  – 효소의 작용과 저해제의 기능을 중심으로
③ 촉매와 효소의 화학적 정의
  – 반응 전후의 상태 및 기질 특이성을 중심으로
④ 효소가 관여하는 화학 반응의 속도
  – 주변 온도와 기질의 농도가 미치는 영향을 중심으로
⑤ 효소가 우리 몸속에서 하는 여러 가지 역할
  – 정촉매와 부촉매의 특성을 중심으로

A 유형 해결

전략 1 지문을 읽으면서 전체적인 내용의 흐름을 파악한다.

지문을 전체적으로 훑어보니 인체의 화학 반응에 관여하는 촉매에 대해 설명하고 있네. 첫 문단에서 촉매의 개념과 종류를 제시하고, 그 종류를 나누어 화학 반응 양상에 대해 설명하고 있구나.

전략 2 핵심어를 바탕으로 문단별 중심 내용을 확인한다.

1문단에서 촉매는 화학 반응의 속도를 변화시키는 물질이며, 촉매의 종류에는 정촉매와 부촉매가 있다고 설명하고 있어. 2문단은 인체에서 촉매 역할을 하는 효소가 어떻게 화학 반응을 하는지와 기질 특이성에 대해 설명한 내용이야. 3문단에서는 효소의 작용을 방해하는 물질인 저해제를 경쟁적 저해제와 비경쟁적 저해제로 나눠서 설명하고 있어.

전략 3 글의 주제를 파악하고 적절한 선지를 확인한다.

문단별 중심 내용을 바탕으로 할 때, 이 글의 주제는 '생체 내 효소의 촉매 반응'이라고 할 수 있어. 따라서 이를 표제로 삼고, '효소의 작용'과 '저해제의 기능'을 중심으로 주제를 설명했다는 내용을 부제로 제시한 ②가 정답이야.

정답 촉매, 촉매, 저해제, 촉매 | ②

고래의 유선형 몸매나 북극곰의 흰색 털처럼 주어진 환경에 어울리는 생물학적 '적응'은 어떻게 일어났을까? 찰스 다윈은 종의 기원에서 '자연 선택에 의한 진화'를 그 해답으로 제시하였다. 개체의 번식에 도움이 되는 유전적 변이만을 여러 세대에 걸쳐 우직하게 골라내는 자연 선택의 과정이 결국 환경에 딱 맞는 개체를 만들어 낸
5 다는 것이다. 다윈은 자연 선택이 각 개체의 적합도(fitness), 즉 번식 성공도를 높이는 방향으로 일어난다고 보았다.

그렇다면 자신은 번식을 하지 않으면서 집단을 위해 평생 헌신하는 일벌이나 일개미의 행동은 어떻게 설명할 수 있을까? 다윈은 그와 같은 경우 집단의 번성에 이득을 주므로 자연 선택이 되었다고 결론을 내렸는데, 이것은 자연 선택이 개체에게
10 이득이 되는 방향으로 일어난다는 그의 기본적인 생각에서 벗어난 것이었다.

윌리엄 해밀턴은 다윈 이론의 틀 안에서 일벌이나 일개미와 같은 개체의 이타적 행동이 자연 선택 되는 과정을 규명하고자 하였다. 즉, 다윈 시대에는 없던 '유전자' 개념을 진화 이론에 도입함으로써, 개체 자신의 번식 성공도는 낮추면서 상대방의 번식 성공도를 높이는 이타적 행동이 여러 세대를 거치면서 결국은 개체 자신에게
15 이득이 되는 방향으로 자연 선택이 됨을 입증하려 한 것이다.

다윈이 정리한 자연 선택의 과정을 해밀턴은 각 개체가 다음 세대에 자신의 유전자 복제본을 더 많이 남기는 과정으로 보았다. 이때 행위 당사자인 개체는 자기 자신의 번식 성공도를 높임으로써 직접 자신의 유전자 복제본을 남길 수도 있지만, 자신과 유전자를 공유할 확률이 있는 상대의 번식 성공도를 높이는 데 도움을 줌으로
20 써 간접적으로 자신의 유전자 복제본을 남길 수도 있다. 쉽게 설명하면, 철수는 스스로 자식을 많이 낳음으로써 직접 자신의 유전자 복제본을 다음 세대에 남길 수도 있지만, 유전자를 공유하고 있는 동생 영수가 자식을 많이 낳도록 도움으로써 자신의 유전자 복제본을 다음 세대에 남길 수도 있는 것이다. 해밀턴은 전자는 '직접 적합도'를 높이는 것으로, 후자는 '간접 적합도'를 높이는 것으로 설명하며, 개체의 자
25 연 선택은 두 적합도를 합한 '포괄 적합도'를 높이는 방향으로 일어난다고 보았다.

해밀턴에 따르면 이타적 행동 또한 개체의 포괄 적합도를 높이는 방향으로 자연 선택이 일어난다. 그런데 이타적 행동은 개체 자신의 번식 성공도인 직접 적합도를 낮추게 되므로 그를 상쇄하고도 남을 정도로 간접 적합도를 높일 수 있어야 자연 선택이 일어날 수 있다. 즉, 개체 자신이 남기는 유전자 복제본에 대한 손실보다 유전
30 자를 공유할 확률이 있는 상대방을 통해 남기는 유전자 복제본에 대한 이득이 더 클 때 이타적 행동은 선택되는 것이다.

이때 개체와 상대방이 유전자를 공유할 확률을 '유전적 근연도'라 하는데, 유전적으로 100% 같은 경우는 유전적 근연도가 1이 된다. 유전적 근연도의 값이 클수록

글의 핵심 이해

:. 글을 읽고 빈칸을 채우시오.

문단 요약

1 개체의 □□ □□□를 높이는 방향으로 자연 선택이 일어난다고 본 다윈

2 집단의 □□에 이득을 주는 경우에도 자연 선택이 일어난다고 본 다윈

3 □□□□ □□이 자연 선택 되는 과정을 규명하고자 한 해밀턴

4 개체의 자연 선택은 □□ □□□를 높이는 방향으로 일어난다고 본 해밀턴

5 이타적 행동에 의한 자연 선택도 개체의 □□□□를 높이는 방향으로 일어남.

6 □□□□와 다른 대상을 통해 유전자 복제본을 남길 가능성의 비례 관계

7 □□□이 진화하는 조건을 알려 주는 해밀턴 규칙

8 □□ □□□□ 이론의 의의

⇩

중심 화제	자연 선택

⇩

주제	자연 선택에 대한 다윈의 이론을 발전시킨 해밀턴의 포괄 적합도 이론

개체와 상대방이 유전자를 공유할 가능성이 크므로, 개체가 상대방을 통해 자신의 유전자 복제본을 남길 수 있는 가능성 또한 커진다.

이를 바탕으로 해밀턴은 아래와 같은 '해밀턴 규칙'을 도출하였다.

$$rb > c \text{ (단, } b > c > 0 \text{으로 가정함.)}$$

5　즉, 이타적 행동은 그로 인해 상대방이 얻는 이득(b)이 충분히 커서 1보다 작은 유전적 근연도(r)를 가중하더라도 개체가 감수하는 손실(c)보다 클 때 선택된다는 것을 확인할 수 있다. 이러한 해밀턴의 규칙은 이득, 손실, 유전적 근연도의 세 가지 변수를 활용하여 이타성이 진화하는 조건을 알려 준다.

해밀턴의 '포괄 적합도 이론'은 다윈의 이론을 발전시켜 이타성이 왜 진화했는지를 매끄럽게 설명함으로써 진화 생물학자들이 이타적 행동에 대해 통찰력을 가질 수 있는 계기를 제공하였으며, 자연 선택이 유전자의 10　수준에서 일어난다는 점을 분명히 하여 이후 진화에 대한 연구의 길잡이가 되었다.

─────────

⁺**개체:** 하나의 독립된 생물체

─────────

윗글의 표제와 부제로 가장 적절한 것은?

① 진화 생물학의 발전 과정
　　– 적합도에 관한 논쟁을 중심으로
② 해밀턴 규칙의 성립 조건
　　– 유전자, 개체, 집단의 위계성을 중심으로
③ 자연 선택을 통한 생물학적 적응
　　– 유전적 근연도 값을 중심으로
④ 포괄 적합도 이론의 의의와 한계
　　– 진화의 패러다임 변화를 중심으로
⑤ 이타적 행동이 자연 선택 되는 이유
　　– 해밀턴의 이론을 중심으로

※ **유형 해결 전략**

첫 문단에서 중심 화제인 자연 선택을 먼저 찾은 다음, 지문을 읽어 내려가면서 이타적 행동에 대한 다윈과 해밀턴의 입장을 파악해 본다.

↓

이 글은 다윈과 해밀턴의 이론을 중심으로 이타적 행동이 자연 선택되는 이유에 대해 서술하고 있다. 해밀턴은 다윈 이론의 틀 안에서 이타적 행동이 자연 선택되는 과정을 규명하고자 하였다.

02　윗글을 이해한 내용으로 적절하지 <u>않은</u> 것은?

① 개체가 주어진 환경에 적응한 것은 자연 선택의 결과이다.
② 유전적 근연도는 두 개체 간에 유전자를 공유할 확률을 의미한다.
③ 개체의 포괄 적합도를 높이는 데 기여하지 못하는 유전적 변이는 자연 선택에서 도태된다.
④ 해밀턴은 다윈이 살았던 시기에는 없었던 개념을 적용하여 이타적 행동의 진화를 설명하였다.
⑤ 진화 생물학자들은 이타성이 진화하는 다양한 이유를 제시하여 해밀턴의 이론을 뒷받침하였다.

세부 정보 파악하기

→ 유형 소개

글에 제시된 특정 개념, 원리, 방법, 특성, 기능 등에 대한 정보를 정확하게 이해하고 있는지를 묻는 유형이다.

글에서 다루고 있는 내용 또는 다루고 있지 않은 내용을 찾게 하거나, 제시된 정보를 제대로 이해했는지 묻는 문제가 출제된다. 이를 바탕으로 정보 간 관계를 파악할 수 있는지 묻기도 한다.

모든 글 읽기의 기본은 글에 제시된 정보를 파악하는 것이기 때문에 반드시 출제되는 유형이라고 할 수 있다.

→ 대표 발문

• **내용 일치 여부의 파악**: 윗글의 내용과 일치하지 <u>않는</u> 것은?
• **주요 개념 이해**: ㉠에 대한 설명으로 알맞은 것은?
• **정보 간의 관계 파악**: ㉠과 ㉡에 대한 설명으로 적절하지 <u>않은</u> 것은?

＊각 문단의 핵심어와 핵심 내용을 바탕으로 글의 세부 정보를 파악해 보자.

국가는 자국의 힘이 외부의 군사적 위협을 견제하기에 충분치 않다고 판단할 때
<u>한 국가가 다른 나라와 동맹을 맺는 경우 ①</u>
나, 역사와 전통 등의 가치가 위협받는다고 느낄 때 다른 나라와 <u>동맹</u>을 맺는다. 동
<u>한 국가가 다른 나라와 동맹을 맺는 경우 ②</u>
맹 결성의 핵심적인 이유는 동맹을 통해서 확보되는 이익이며 이는 동맹 관계 유지
▦ : 중심 문장
의 근간이 된다.
▶ 나라 간 동맹을 결성하는 이유

동맹의 종류는 그 형태에 따라 방위 조약, 중립조약, 협상으로 나눌 수 있다. 먼
<u>동맹의 종류를 분류하는 기준</u>　　　　<u>동맹의 종류</u>
저 **방위 조약**은 조약에 서명한 국가들 중 어느 한 국가가 침략을 당했을 경우, 다른
<u>동맹의 종류 ①</u>　　　　　　<u>방위 조약의 개념</u>
모든 서명국들이 공동 방어를 위해서 참전하기를 약속하는 것이다. 다음으로 **중립**
<u>동맹의 종류 ②</u>
조약은 서명국들 중 한 국가가 제3국으로부터 침략을 받더라도, 서명국들 간에 전쟁
<u>중립조약의 개념</u>
을 선포하지 않고 중립을 지킬 것을 약속하는 것이다. 마지막으로 **협상**은 서명국들
<u>동맹의 종류 ③</u>
중 한 국가가 제3국으로부터 침략을 당했을 경우, 서명국들 간에 공조 체제를 유지
<u>협상의 개념</u>
할 것인지에 대해 차후에 협의할 것을 약속하는 것이다. 정리하면 세 가지 유형 중
방위 조약의 경우는 동맹국의 전쟁에 개입해야 한다는 강제성이 있기에 동맹국 간
<u>방위 조약의 특징－강제성 있음.</u>
의 정치·외교적 관계의 정도가 매우 가깝다. 또한 조약의 강제성으로 인해 전쟁 발
<u>방위 조약의 강제성으로 인한 영향 ①</u>
발 시 동맹 관계 속에서 국가가 펼칠 수 있는 정치·외교적 자율성은 매우 낮다. 즉
<u>방위 조약의 강제성으로 인한 영향 ②</u>
방위 조약이 동맹국 간의 자율성이 가장 낮고, 다음으로 중립조약, 협상 순으로 자
<u>동맹의 종류에 따른 동맹국 간 자율성 차이－자율성 정도(방위 조약 < 중립조약 < 협상)</u>
율성이 높아진다. 한 연구에 따르면, 1816년부터 1965년까지 약 150년 간 맺어진
148개의 군사 동맹 중에서 73개는 방위 조약, 39개는 중립조약, 36개는 협상의 형
태인데, 평균 수명은 방위 조약이 115개월, 중립조약이 94개월, 협상은 68개월 정
도였다. 따라서 동맹 관계가 가깝고 자율성이 낮을수록 그 수명이 연장되었음을 알
<u>연구 결과의 시사점</u>
수 있다.
▶ 동맹의 종류와 개념 및 그에 따른 특징

위와 같이 동맹 관계는 고정되어 있지 않다. 그 이유에 대해 현실주의자들과 구
성주의자들은 서로 다른 견해를 보이는데, 이는 국제 사회를 바라보는 시각의 차이
<u>동맹 관계가 고정되지 않은 이유에 대해 현실주의자와 구성주의자의 견해가 다른 이유</u>
에서 기인한다. 우선 **현실주의자들**은 국가는 이기적 존재이며 국제 사회의 유일하
고 중요한 행위 주체라고 생각한다. 국제 사회는 국가 이상의 단위에서 작동하는 중
앙 정부와 같은 존재가 부재하는 일종의 무정부 상태이므로 개별 국가는 힘의 논리
로부터 스스로를 지켜야 한다고 본다. 따라서 각 나라는 군사적 동맹을 통해 세력
<u>힘의 논리로부터 자신의 나라를 지키기 위해 나라 간 세력 균형을 지향함.</u>
균형을 이루어 패권 안정을 취하려 한다. 특정한 패권 국가가 출현하면 그 힘을 견
<u>국제 사회에서 다른 국가를 압도하는 힘을 가진 국가</u>
제하기 위한 국가들 간의 동맹이 형성되기도 하고, 그 힘에 편승하는 동맹이 형성되
<u>패권 국가 출현에 따른 각 나라의 대응 방법 ①</u>　　　　<u>패권 국가 출현에 따른 각 나라의 대응 방법 ②</u>
기도 한다. 이렇듯 힘의 균형점이 이동함에 따라 세력의 균형을 끊임없이 찾는 과정
<u>동맹 관계가 고정되지 않은 이유에 대한 현실주의자들의 견해</u>
에서 동맹 관계는 변할 수 있다고 보는 것이다.
▶ 동맹 관계가 고정되지 않은 이유에 대한 현실주의자들의 견해

구성주의자들 역시 현실주의자들처럼 동맹 관계가 고정된 약속이 아니라, 상황

: 글을 읽고 빈칸을 채우시오.

문단 요약

1 나라 간 [　　]을 결성하는 이유

2 동맹의 [　][　]와 개념 및 그에 따른 특징

3 동맹 관계가 고정되지 않은 이유에 대한 [　][　][　][　][　]들의 견해

4 동맹 관계가 고정되지 않은 이유에 대한 [　][　][　][　][　]들의 견해

⬇

중심 화제	동맹

⬇

주제	동맹 결성 이유 및 동맹의 종류와 동맹 관계가 고정되어 있지 않은 이유에 대한 견해

에 따라 변할 수 있는 약속이라고 본다. 구성주의자들은 무정부적 국제 사회를 힘의 분배와 균형 등의 요소로 분석할 수 없다고 비판하며, 관계에 주목한다. 구성주의자들은 국제 사회의 구성원들이 상호 작용을 하여 <u>상호 간 역할과 가치를 형성하면서</u>
동맹 관계를 맺거나 파기를 결정하는 요인
국가 간 상호 작용으로 인한 결과
국제 사회 환경의 변화를 만들어낸다고 본다. <u>상호 작용의 변화에 따라 동맹은 달라</u>
동맹 관계가 고정되지 않은 이유에 대한 구성주의자의 견해
질 수 있는데, 타국이나 국제 사회에 대한 인식이 긍정적이고 국제 사회에서의 구성
국가가 긍정적인 동맹 관계가 형성되는 경우
<u>원들의 역할이 가치가 있다고 판단될 때</u>, 긍정적인 동맹 관계를 맺고 평화로울 수 있지만, <u>그렇지 않으면</u> 동맹은 파기될 수 있다고 본 것이다.
타국이나 국제 사회에 대한 인식이 부정적이고 국제 사회에서의 구성원들의 역할이 가치가 없다고 판단될 때
▶ 동맹 관계가 고정되지 않은 이유에 대한 구성주의자들의 견해

Q 유형 문제

윗글에 대한 이해로 적절하지 않은 것은?

① 국가는 동맹에 참여하여 자국의 이익을 확보할 수 있다.

② 협상은 전쟁 발발 이후의 공조 체제 유지 여부를 사전에 결정하지 않는다.

③ 패권 국가가 출현하기 위해서는 그 힘에 편승한 세력들의 동맹이 필요하다.

④ 동맹은 국가가 전쟁 등의 위협에 대처하기 위해 맺는 국가 간의 약속이다.

⑤ 중립조약은 서명국이 속한 전쟁에 참가하지 않을 것을 합의하는 동맹이다.

A 유형 해결

[전략 1] 선지에 제시된 정보의 내용과 성격을 파악한다.

선지를 보니 동맹이나 협상과 관련된 정보에 대해 세부적으로 서술하고 있네. 여기에 집중하면서 지문을 읽어야겠어.

[전략 2] 선지에 제시된 핵심어가 지문에 나오면 표시하면서 지문을 읽는다.

지문을 읽으면서 동맹과 협상에 대해 자세히 설명한 내용에 집중해서 꼼꼼하게 정보를 확인해야 해. '이익', '공조 체제', '패권', '중립조약' 등의 단어에 기호 표시를 하면서 글을 읽으면 도움이 돼.

[전략 3] 선지와 지문의 내용 일치 여부를 확인한다.

적절하지 않은 선지인 ③의 근거는 3문단에서 확인할 수 있어. '특정한 패권 국가가 출현하면 그 힘을 견제하기 위한 국가들 간의 동맹이 형성되기도 하고, 그 힘에 편승하는 동맹이 형성되기도 한다.'라는 내용으로 볼 때, 특정한 패권 국가의 출현이 그 힘에 편승하려는 동맹 형성의 원인이라는 점을 알 수 있어. 따라서 ③은 윗글의 내용과 일치하지 않아.

정답 동맹, 종류, 현실주의자, 구성주의자 | ③

동물들은 홍채에 있는 근육의 수축과 이완을 통해 눈동자를 크게 혹은 작게 만들어 눈으로 들어오는 빛의 양을 조절하므로 눈동자 모양이 원형인 것이 가장 무난하다. 그런데 고양이와 늑대와 같은 육식 동물은 세로로, 양이나 염소와 같은 초식 동물은 가로로 눈동자 모양이 길쭉하다. 특별한 이유가 있는 것일까?

5 　육상 동물 중 모든 육식 동물의 눈동자가 세로로 길쭉한 것은 아니다. 주로 매복형 육식 동물의 눈동자가 세로로 길쭉하다. 이는 숨어서 기습을 하는 사냥 방식과 밀접한 관련이 있는데, 세로로 길쭉한 눈동자가 사냥감과의 거리를 정확히 파악하는 데 효과적이기 때문이다.

　일반적으로 매복형 육식 동물은 양쪽 눈으로 초점을 맞춰 대상을 보는 양안시로,
10 각 눈으로부터 얻는 영상의 차이인 양안 시차를 하나의 입체 영상으로 재구성하면서 물체와의 거리를 파악한다. 그런데 이러한 양안 시차뿐만 아니라 거리 지각에 대한 정보를 주는 요소로 심도 역시 중요하다. 심도란 초점이 맞는 공간의 범위를 말하며, 심도는 눈동자의 크기에 따라 결정된다. 즉 눈동자의 크기가 커져 빛이 많이 들어오게 되면, 커지기 전보다 초점이 맞는 범위가 좁아진다. 이렇게 초점의 범위가
15 좁아진 경우를 심도가 '얕다'고 하며, 반대인 경우를 심도가 '깊다'고 한다.

　이런 원리로 매복형 육식 동물은 세로로는 커지고, 가로로는 작아진 눈동자를 통해 세로로는 심도가 얕고, 가로로는 심도가 깊은 영상을 보게 된다. 세로로 심도가 얕다는 것은 영상에서 초점이 맞는 범위를 벗어난, 아래와 위의 물체들, 즉 실제 세계에서는 초점을 맞춘 대상의 앞과 뒤에 있는 물체들이 흐릿하게 보인다는 것이고,
20 가로로 심도가 깊다는 것은 초점을 맞춘 대상이 더욱 뚜렷하게 보인다는 것을 말한다. 세로로 길쭉한 눈동자를 통해 사냥감은 더욱 선명해지고, 사냥감을 제외한 다른 물체들이 흐릿해짐으로써 눈동자가 원형일 때보다 정확한 거리 정보를 파악하는 데 유리해진다.

　한편, 대부분의 초식 동물은 가로로 길쭉한 눈동자를 지니고 있으며 눈의 위치가
25 좌우로 많이 벌어져 있다. 이는 주변을 항상 경계하면서 포식자의 출현을 사전에 알아채야 하는 생존 방식과 관련이 있다. 초식 동물은 가로로 길쭉한 눈동자를 통해 세로로는 심도가 깊고 가로로는 심도가 얕은 영상을 얻게 되는데, 이로 인해 초점이 맞는 범위의 모든 물체가 뚜렷하게 보여 거리감보다는 천적의 존재 자체를 확인하는 데 더욱 효과적이다. 게다가 눈동자가 가로로 길쭉하기 때문에 측면에서 들어오
30 는 빛이 위아래에서 들어오는 빛보다 많아 영상을 밝게 볼 수 있다. 또한 양안시인 매복형 육식 동물과 달리 초식 동물은 한쪽 눈으로 초점을 맞추는 단안시여서 눈의 위치가 좌우로 많이 벌어질수록 유리하다. 두 시야가 겹쳐 입체 영상을 볼 수 있는 영역은 정면뿐이지만 바로 뒤를 빼고 거의 전 영역을 볼 수 있기 때문이다.

: 글을 읽고 빈칸을 채우시오.

문단 요약

1 육식 동물과 초식 동물의 □ □□ 모양 차이

2 □□□ 육식 동물의 눈동자가 세로로 길쭉한 이유

3 양안 시차와 □□를 이용해 거리를 지각하는 매복형 육식 동물

4 □□□ 모양에 따른 심도의 의미와 세로로 길쭉한 눈동자의 장점

5 □□ 동물의 눈동자 모양과 심도

6 동물의 □□과 밀접한 관련이 있는 눈동자 모양

↓

| 중심 화제 | (동물의) 눈동자 모양 |

↓

| 주제 | □□ 방식에 따라 달라진 동물의 눈동자 모양 |

이렇게 동물의 눈동자 모양은 동물들의 생존과 밀접한 관련이 있다. 생태학적 측면에서 포식자가 될지, 피식자가 될지 그 위치에 따라 각각의 동물들은 생존을 위해 가장 최적화된 형태로 진화해 온 것이다.

01 윗글의 내용과 일치하지 <u>않는</u> 것은?

① 동물들은 눈동자의 크기에 따라 초점이 맞는 범위가 달라진다.
② 매복형 육식 동물은 양안 시차를 통해 물체와의 거리를 파악한다.
③ 동물들은 홍채에 있는 근육의 수축과 이완을 통해 빛의 양을 조절한다.
④ 단안시인 초식 동물은 눈의 위치가 좌우로 벌어질수록 시야가 넓어진다.
⑤ 매복형 육식 동물은 초식 동물과 달리 두 눈을 통해 입체 영상을 얻는다.

※ 유형 해결 전략

'눈동자', '양안 시차', '홍채' 등 선지에 나온 눈과 관련된 단어들에 표시하면서 지문을 읽는다.

⬇

3문단에서 매복형 육식 동물은 양안 시차를 하나의 입체 영상으로 재구성하고, 5문단에서 초식 동물은 두 시야가 겹쳐 입체 영상을 볼 수 있다고 하였다.

02 윗글을 참고할 때, 〈보기〉의 ㉠, ㉡에 대한 답으로 가장 적절한 것은?

▸ 보기 ◂

| 늑대 | 바위 | 양 | 나무 |

양을 사냥하기 위해 매복하고 있는 늑대는 사냥감에 초점을 맞춘 후 거리를 파악하고 있다. 모든 물체들은 일직선상에 위치하고 있으며, 양과 늑대는 움직이지 않고 있다. 이때, ㉠양과 늑대가 얻는 영상의 심도는 어떨까? 그리고 ㉡양과 늑대의 눈에는 다른 물체들이 어떻게 보일까?

		㉠	㉡
①	양	가로로 심도가 깊음. 세로로 심도가 얕음.	바위와 늑대보다 나무가 더 어두워 보임.
②	양	가로로 심도가 얕음. 세로로 심도가 얕음.	늑대와 나무, 바위가 모두 뚜렷해 보임.
③	늑대	가로로 심도가 깊음. 세로로 심도가 얕음.	나무와 양보다 바위가 더 뚜렷해 보임.
④	늑대	가로로 심도가 깊음. 세로로 심도가 얕음.	양보다 바위와 나무가 더 흐릿해 보임.
⑤	늑대	가로로 심도가 깊음. 세로로 심도가 깊음.	나무가 바위와 양보다 더 뚜렷해 보임.

정보 간의 관계 파악하기

유형 소개

글에 제시된 정보를 이해하고 정보들 간의 의미 관계를 파악할 수 있는지를 묻는 유형이다.

글은 여러 개의 정보로 구성되어 있으며 이 정보들은 글의 주제를 중심으로 일정한 관계를 맺고 있다. 따라서 정보 간의 유기적 관계를 파악하면 글의 핵심 내용을 파악할 수 있다.

서로 관련이 있는 두 가지 이상의 정보를 비교해 공통점이나 차이점을 파악하거나 외부 정보를 제시하고 지문 내 정보와의 관계를 파악하는 유형의 문제가 출제될 수 있다.

대표 발문

· **정보 간의 관계 파악:** ㉠과 ㉡에 대한 이해로 적절한 것은?
· **정보 간의 비교 이해:** ㉠~㉢을 비교하여 설명한 내용으로 적절하지 **않은** 것은?
· **지문과 외부 정보 간의 관계 파악:** 윗글을 바탕으로 〈보기〉의 ⓐ와 ⓑ를 비교한 것으로 적절한 것은?

＊ 각 문단의 핵심어와 핵심 내용을 통해 정보 간의 관계를 파악해 보자.

서양의 중세 시대에 인간이 마음의 평정을 얻는 유일한 방법은 신에게 의지하는 것이었다. 그 결과 <u>인간은 신을 위한 삶을 중요하게 생각하였으며</u>, 진리를 찾으려는
<small>마음의 평정을 얻고자 신에게 의지한 결과 신 중심의 세계관을 형성함.</small>
학문의 목적 역시 신의 질서를 파악하는 것이었다. 그런데 <u>명증한 진리는 없어 보인다</u>
<small>: 중심 문장</small>
며 진리에 대해 회의적 태도를 보이는, 고대 회의주의 철학인 <u>피론주의(Pyrrhonism)</u>
<small>피론주의의 개념　　　　　　　　　　　　　　중심 화제</small>
가 새롭게 관심을 받게 되면서 신 중심의 세계관이 흔들리게 된다.
<small>▶ 중세 서양의 신 중심적 세계관을 흔든 피론주의</small>

ⓐ <u>피론주의자들은 인간들이 진리를 찾을 때 얻을 수 있는 결과를 '진리를 찾았거나, 진리가 없다고 포기하거나, 계속해서 진리를 찾는' 세 가지 경우라고 한정하였</u>
<small>인간이 진리를 찾을 때 얻을 수 있는 결과의 세 가지 경우</small>
다. 그들은 진리를 찾았다고 주장하는 사람들에 대해 지나친 독단주의라고 비판하면서 계속해서 진리를 찾기 위해 노력하였지만 <u>진리의 존재 여부를 파악할 수 없다</u>
<small>진리의 존재에 대한 회의주의적 태도</small>
는 결론에 이른다.
<small>▶ 피론주의자들의 회의주의적 진리관</small>

<u>진리의 존재 여부를 파악할 수 없다는 피론주의자들의 주장은 모순에 빠져 있는 것처럼 보일 수도 있다.</u> 어떤 명제(p)와 그 명제의 부정(~p) 가운데 하나는 반드시
<small>배중률의 개념</small>
참이라는 배중률을 고려하면 p와 ~p 중 하나는 참이라는 점에서 진리는 존재하기
<small>어떤 명제와 그것의 부정 가운데 하나는 반드시 참이라는 법칙　　　　　피론주의자들의 주장이 거짓인 이유</small>
때문에 피론주의자들의 주장은 거짓이 된다. 또한 피론주의자들의 주장이 옳다면
그 주장 자체가 참이 되어, 적어도 1개 이상의 참인 진리가 존재하는 것이기 때문에
<small>진리의 존재 여부를 파악할 수 없다는 주장이 옳다면 그 주장 자체가 참인 진리가 됨.</small>
마찬가지로 피론주의자들의 주장은 거짓이 된다.
<small>▶ 피론주의자들의 주장이 지닌 논리적 모순</small>

그렇다면 왜 피론주의자들은 진리를 파악할 수 없는 것으로 인식하였을까? 그들은 어떤 명제가 참인 진리가 되기 위해서는 <u>의심할 바 없이 뚜렷하게 증명되는 명증성</u>을 지녀야 한다고 전제하였다. 그래서 그들은 다양한 명제들을 상충 또는 대립시
<small>명제가 참인 진리가 되기 위한 전제 조건</small>
켜 명증성을 확인하려고 하였고, 지속적으로 진리를 의심하는 방법으로 진리를 찾으려고 하였다. 그러나 이 과정에서 <u>여러 명제들은 대립되고 모순되기 때문에 어느</u>
<small>명제가 명증성을 지닐 수 없는 이유</small>
쪽도 다른 명제에 비해 우월하거나 열등하지 않으므로, 어떤 명제도 명증성을 지닐 수 없다고 보았다. 따라서 <u>그들은 진리를 찾을 수 없다는 회의적 상태에 이르게 되</u>
<small>진리에 대한 피론주의자들의 결론</small>
고 결국 진리는 없어 보인다는 결론을 내리게 된 것이다.
<small>▶ 피론주의자들이 진리를 파악할 수 없는 것으로 인식한 이유</small>

<u>피론주의자들은 이처럼 진리를 판단할 수 없는 판단 중지 상태를 에포케라고 일</u>
<small>에포케의 개념 ①</small>
컬었다. 에포케는 어떤 명제에 대해 긍정도 부정도 하지 않는 마음의 상태로 그들은
<small>에포케의 개념 ②</small>
진리에 대해 판단을 중지하면, 진리를 얻기 위한 고뇌에서 벗어나 마음의 평정 상태
인 <u>아타락시아</u>가 오게 된다고 생각했다. 앞서 언급한 것처럼 중세 시대에는 마음의
<small>아타락시아의 개념</small>
평정을 얻는 유일한 방법은 신에게 의지하는 것이었다. 하지만 피론주의로 인해 <u>인간 스스로에 의해 마음의 평정을 얻을 수 있는 방법을 알게 되었고, 이는 신 중심의</u>
<small>피론주의의 영향 ①</small>
세계관에서 탈피하여 인간이 주체적으로 사고하는 계기가 되었다.
<small>피론주의의 영향 ②　　　　　　　　　　　▶ 피론주의가 중세 시대에 끼친 영향</small>

글의 핵심 이해 💡

: 글을 읽고 빈칸을 채우시오.

문단 요약

1 중세 서양의 신 중심적 세계관을 흔든 ☐☐☐☐

2 피론주의자들의 ☐☐☐☐적 진리관

3 피론주의자들의 주장이 지닌 논리적 ☐☐

4 피론주의자들이 ☐☐를 파악할 수 없는 것으로 인식한 이유

5 피론주의가 ☐☐ 시대에 끼친 영향

6 ☐☐ 철학의 시대가 도래함.

⬇

중심 화제	피론주의

⬇

주제	피론주의의 진리관과 의의

한편, ⓑ 데카르트와 같은 철학자들은 고대 피론주의의 진리의 존재 여부를 파악할 수 없다는 태도를 극복하기 위해 깊이 있게 인간의 인식에 대해 고찰하였다. 근대 철학의 시대가 열리게 된 것이다. ▶ 근대 철학의 시대가 도래함.

피론주의의 회의주의적 태도를 극복하는 과정에서 근대 철학의 시대로 전환됨.

Q 유형 문제

〈보기〉는 ⓑ에 대한 설명이다. ⓐ와 ⓑ의 공통점으로 가장 적절한 것은?

> 보기
>
> 데카르트는 의심할 수 없는 절대적 확실성을 가진 '기초적 믿음'을 찾기 위해 진리에 대해 의심해 보는 회의적 사고를 통해 진리를 추구하였다. 이러한 방법으로 찾은 기초적 믿음은 사유하는 존재 자체는 의심할 수 없다는 것으로 다른 진리 추구의 토대가 되었다.

① 배중률을 통해 진리를 증명하였다.
② 기초적 믿음이 신의 질서라고 여겼다.
③ 사유의 과정에서 의심의 방법을 사용하였다.
④ 진리는 존재하지만 파악될 수 없다고 인식하였다.
⑤ 진리의 존재를 확신하며 근대 철학의 토대를 마련하였다.

A 유형 해결

전략 1 핵심어와 핵심 문장을 파악하며 글을 읽는다.

1문단을 통해 이 글의 중심 화제는 '피론주의'라는 것을 쉽게 확인할 수 있어. 이어지는 지문은 '피론주의'라 말이 들어 있는 문장에 집중하며 읽으면 돼.

전략 2 정보의 내용상 차이를 비교·대조하여 공통점과 차이점을 파악한다.

지문의 내용을 통해 ⓐ에 대한 정보를 파악하고, 〈보기〉의 내용을 통해 ⓑ의 내용을 확인한 다음, ⓐ와 ⓑ의 관점을 비교해 선지에 제시된 내용이 공통점인지, 차이점인지, 혹은 둘 다 해당되지 않는 내용인지 확인해 봐.

전략 3 선지의 내용이 지문의 내용과 일치하는지 여부를 판단한다.

선지 ①~②는 ⓐ와 ⓑ의 관점에 모두 해당하지 않아. 선지 ⑤에서 '진리의 존재를 확신하며 근대 철학의 토대를 마련'했다는 내용은 ⓑ의 관점에만 해당하는 내용이지. 4문단에서 '그들은~지속적으로 진리를 의심하는 방법으로 진리를 찾으려고 하였다.'라고 하였고, 〈보기〉에서 '데카르트는~진리에 대해 의심해 보는 회의적 사고를 통해 진리를 추구하였다.'라고 했어. 이를 통해 ⓐ와 ⓑ는 모두 사유의 과정에서 의심의 방법을 사용한 것이 공통점임을 알 수 있어.

'지방'은 몸을 구성하는 주요 성분이다. 또한 지방은 우리 몸의 에너지원이 되기도 하는데, 탄수화물과 단백질은 1g당 4㎉의 열량을 내는 데 비해 지방은 9㎉의 열량을 낸다. '체지방'은 섭취한 영양분 중 쓰고 남은 영양분을 지방의 형태로 몸 안에 축적해 놓은 것을 지칭하는 용어이다. 체지방은 지방 조직을 이루는 지방 세포에 축적되며, 피부 밑에 위치하는 피하 지방과 내장 기관 주위에 위치하는 내장 지방으로 나뉜다. 이 체지방은 내장 보호와 체온 조절 기능을 할 뿐 아니라 필요시 분해되어 에너지를 만들기도 한다.

체지방이 과잉 축적된 상태인 비만은 여러 가지 질병을 유발할 수 있으므로 건강을 유지하기 위해서는 체지방을 조절해야 한다. 이때 활용할 수 있는 지수가 체중에서 체지방이 차지하는 비율인 '체지방률'이다. 체지방률은 남성의 경우 15~20%, 여성의 경우 20~25%를 표준으로 삼고, 남성은 25% 이상, 여성은 30% 이상을 비만으로 판정한다.

비만의 판정과 관련하여 흔히 쓰이는 '체질량 지수(BMI)'는 신장과 체중을 이용한 여러 체격지수 중에서 체지방과 가장 상관성이 높은 것으로 알려져 있다. BMI는 체중(kg)을 신장의 제곱(m^2)으로 나누어 구하는데, 18.5~22.9이면 정상 체중, 23이상이면 과체중, 25이상이면 경도 비만, 30이상이면 고도 비만으로 판정한다. 그러나 운동선수처럼 근육량이 많은 사람은 체지방량이 적어도 상대적으로 BMI가 높을 수 있다. 이처럼 BMI는 체지방량에 대한 추정만 가능할 뿐 체지방량을 정확하게 알려줄 수 없다는 단점이 있다. 그렇다면 BMI의 단점을 보완할 수 있는 체지방 측정 방법에는 어떤 것이 있을까?

체지방을 측정하는 방법 중 가장 간단한 방법으로 ㉮'피부 두겹법'이 있다. 이 방법은 살을 캘리퍼스로 집어서 피하 지방의 두께를 잰 후 통계 공식에 넣어 체지방을 산출한다. 하지만 이 방법은 측정 부위나 측정자의 숙련도에 따라 측정 오차가 발생할 수 있고, 내장 지방을 측정할 수 없다는 한계가 있다.

㉯'수중 체중법'은 신체를 물에 완전히 잠근 후 수중 체중을 측정하고 물 밖 체중과 비교하여 체지방량을 계산하는 방법이다. 체중은 체지방과 제지방의 합이다. 체지방은 밀도가 0.9g/㎤로 물에 뜨고, 제지방은 밀도가 1.1g/㎤로 물보다 높아 가라앉는다. 그러므로 체지방량이 많을수록 수중 체중이 줄어들어 물 밖 체중과의 차이가 커진다. 이 차이를 이용하여 체지방량을 얻어낼 수 있다.

이 방법은 체지방량을 구하는 표준 방법으로 쓰일 정도로 이론적으로는 정확성이 높다. 하지만 신체 부위별 체지방의 구성이나 비율은 정확하게 측정할 수 없다. 그리고 체내 공기량에 따라 측정치가 달라질 수 있으므로 이에 대한 보정이 필요하며, 고가의 장비가 필요한 점 등으로 인해 연구 목적 외에는 잘 사용되지 않는다.

글의 핵심 이해

: 글을 읽고 빈칸을 채우시오.

문단 요약

1 ☐☐의 개념과 기능
2 ☐☐☐의 개념과 그 비율에 따른 비만 판정 기준
3 ☐☐☐ ☐☐(BMI)에 따른 비만 판정과 단점
4 ☐☐ ☐☐☐을 이용한 체지방 측정과 한계
5 ☐☐ ☐☐☐을 이용한 체지방 측정과 단점
6 ☐☐☐☐☐ ☐☐을 이용한 체지방량 측정

중심 화제: 체지방

주제: 다양한 체지방량 측정 방법

체지방 측정기를 이용하여 체지방을 측정할 수도 있는데, 이때 '생체 전기 저항 분석법(BIA)'이 활용된다. 이 방법은 일정한 신체 부위에 접촉된 전극을 통해 체내에 미약한 전류를 흘려보내 전기 저항을 알아봄으로써 체지방량을 산출하는 방법이다. 전류가 흘러갈 때 이를 방해하는 힘을 저항 또는 전기 저항이라고 하는데, 인체 내의 수분은 전기가 잘 통하므로 전기 저항이 매우 작다. 근육 세포는 많은 수분을 함유하고 있어 근육이 많은 곳에서는 전기 저항이 비교적 작게 나타난다. 반면 지방 세포는 수분을 거의 함유하지 않아 지방이 많은 곳에서는 전기 저항이 크게 나타난다. 따라서 음료 섭취나 운동 등으로 체내 수분의 양에 변화가 생기면 전기 저항 수치가 변하여 체지방량을 정확하게 측정할 수 없다. 그러므로 체지방 측정기를 사용할 때에는 매일 정해진 시간에 일정한 조건에서 측정해야 한다.

5

✦ **캘리퍼스**: 자로 재기 힘든 물체의 두께, 지름 따위를 재는 기구
✦ **제지방**: 근육과 뼈, 수분 등 지방 이외의 신체 구성 성분

---

01 윗글을 이해한 내용으로 적절하지 <u>않은</u> 것은?
① 지방은 탄수화물과 단백질에 비해 열량이 높다.
② 체지방률은 판정 기준치가 성별에 따라 다르다.
③ 체지방은 피하 지방과 내장 지방으로 나눌 수 있다.
④ 비만은 인체에 체지방이 과잉 축적된 상태를 말한다.
⑤ 체중은 체지방과 제지방의 전기 저항 차이를 통해 산출한다.

02 ㉮와 ㉯의 공통점으로 적절한 것은?
① 일정한 시간에 일정한 조건에서 측정해야 한다.
② 내장 지방을 별도로 측정할 수 없다는 한계가 있다.
③ 측정의 정확성이 높아 표준 측정 방법이 될 수 있다.
④ 연구 목적 외에도 실제 측정 방법으로 널리 활용된다.
⑤ 측정자의 숙련도와 상관없이 정확하게 측정할 수 있다.

 유형 해결 전략

첫 문단에서 중심 화제인 체지방을 찾고 이와 관련된 체지방률, 체질량 지수 등과 같은 단어에 집중하며 지문을 읽어 나간다.

↓

피부 두겹법은 캘리퍼스를 이용하여 살을 집어서 피하 지방의 두께를 재는 방법이므로 내장 지방은 측정하기 어렵다. 수중 체중법은 신체 부위별로 체지방의 구성이나 비율을 달리 구할 수 없기 때문에 내장 지방을 구분해 측정할 수 없다.

내용 전개 방식 파악하기 ·····

➡ 유형 소개

글의 내용을 전개하는 방식을 이해하고 있는지 묻는 유형이다.

글의 목적에 따라 주제와 내용을 효과적으로 전달하기 위해 선택된 글쓰기 전략이나 서술 방식이 무엇인지 묻는 문제가 출제된다.

글의 구조를 바탕으로 내용의 흐름을 살펴보며 내용 전개 방식을 파악하는 것이 중요하다.

➡ 대표 발문

• **전개 방식 파악**: 윗글의 내용 전개 방식에 대한 설명으로 가장 적절한 것은?
• **서술상 특징 파악**: 윗글의 서술 방식에 대한 설명으로 가장 적절한 것은?
• **글의 구조 파악**: 윗글의 구조에 대한 설명으로 적절하지 <u>않은</u> 것은?

＊각 문단의 핵심어와 핵심 내용을 통해 글의 내용 전개 방식을 파악해 보자.

우리는 일상생활을 하면서 감정 노동 종사자를 쉽게 접할 수 있다. 감정 노동 종사자들은 특정한 감정 표현을 요구받기 때문에 스트레스를 받는 경우가 많다. 일반적
▨▨: 중심 문장
감정 노동 종사자들이 스트레스를 받는 이유
으로 감정 노동은 업무상 요구되는 특정한 감정 상태를 연출하거나 유지하기 위해 행
중심 화제   감정 노동의 개념
하는 일체의 감정 관리 활동을 일컫는다.   ▶ 감정 노동의 개념

감정 노동 종사자의 감정에 영향을 미치는 요인들은 크게 개인 특성, 직무 특성, 조직 특성으로 나눌 수 있다. 개인 특성을 대표하는 요인으로는 공감적 배려가 있다. 이것은 타인의 감정에 전적으로 동의하지 않더라도 타인의 감정에 공감
공감적 배려의 개념
하는 표현을 하는 것이다. 공감적 배려가 강한 사람은 타인의 감정에 대응하기
공감적 배려가 강한 개인적 특성을 가진 감정 노동자가 스트레스를 받는 이유
위하여 실제 감정과는 다른 감정을 표현하기도 한다. 직무 특성을 대표하는 요인
으로는 직무 다양성이 있다. 이것은 직무 수행 과정에서 활용해야 하는 기능이나
재능의 복합성과 관련된다. 직무 다양성이 증가할수록 표현해야 할 감정도 다양 [A]
직무 다양성이 높은 업무에 종사하는 감정 노동자가 스트레스를 받는 이유
해질 수밖에 없다. 특히 서비스 업무에서는 고객의 유형이 다양하면 직무 다양성
이 높아진다. 조직 특성을 대표하는 요인으로는 사회적 지원이 있다. 이것은 상
급자, 동료 등 조직 내에서 대인 관계를 맺는 사람들에게서 얻는 인정이나 조언,
사회적 지원의 개념
물질적 지원 등의 긍정적인 뒷받침을 의미한다. 사회적 지원이 풍부한 조직에서
일하는 사람은 감정 노동에 대한 스트레스는 낮고 업무 만족도는 높다. 이러한
감정 노동자의 스트레스를 줄이기 위해 사회적 지원이 필요함을 시사함.
세 가지 특성의 요인들은 복합적으로 작용하면서 감정 노동의 양상도 다양하게
나타난다.   ▶ 감정 노동자의 감정에 영향을 미치는 요인

실제 직무 수행 장면에서 나타나는 감정 노동 양상 중 대표적인 것으로 표면 행위와 내면 행위 두 가지가 있다. 조직이 종사자에게 요구하는 특정한 감정 표현을 조직의 감정 표현 규칙이라고 하는데, 표면 행위는 실제로 느끼지 않는 감정을 조직의 감
감정 표현 규칙의 개념   표면 행위의 개념
정 표현 규칙에 맞추어 표현하는 것이다. 내면 행위는 조직의 감정 표현 규칙을 내면
내면 행위이 개념
화하여 실제 감정으로 느끼면서 표현하는 것이다. 내면 행위는 심리적 안정에 긍정적
내면 행위의 긍정적 기능
영향을 미친다. 반면 표면 행위를 할 때 감정 노동 종사자들은 자신의 감정을 위장해
감정 노동 종사자들이 감정의 부조화를 경험하는 이유
야 하기 때문에 감정 부조화를 경험하게 된다. 감정 부조화 상태가 되면 수치심이나
짜증과 같은 부정적인 감정이 유발된다. 감정 부조화가 지속되면 감정 노동 종사자는
감정 부조화로 인한 부정적 영향 ①
스스로를 위선적이라고 생각하며 거짓 자아를 느끼게 되고, 심할 경우 우울증과 같은
감정 부조화로 인한 부정적 영향 ②
정신 병리 증세를 겪을 수도 있다.   ▶ 실제 직무 수행 장면에서 나타나는 감정 노동의 양상
감정 부조화로 인한 부정적 영향 ③

글의 핵심 이해 💡

: 글을 읽고 빈칸을 채우시오.

문단 요약
1 ☐☐☐☐의 개념
2 감정 노동자의 ☐☐에 영향을 미치는 요인
3 실제 직무 수행 장면에서 나타나는 ☐☐☐☐의 양상

⬇

중심 화제	감정 노동

⬇

주제	감정 노동의 개념 및 감정 노동에 미치는 영향과 감정 노동의 양상

Q 유형 문제

[A]의 내용 전개 방식으로 가장 적절한 것은?

① 대상의 의의를 제시하고 그 이유를 밝히고 있다.
② 대상의 변화 과정을 언급한 뒤 전망을 예측하고 있다.
③ 대상을 항목별로 분류하고 각 항목의 특성을 밝히고 있다.
④ 대상의 구성 요소를 나열한 후 그 장단점을 분석하고 있다.
⑤ 대상 간의 공통점과 차이점을 부각하여 논지를 강화하고 있다.

A 유형 해결

전략 1 ▶ 선지에 나타난 설명 방식의 종류와 특징을 파악한다.

①은 의의와 그 이유, ②는 변화 과정과 전망 예측, ③은 분류와 특성 제시, ④는 나열과 분석, ⑤는 비교과 대조를 글의 설명 방법으로 내세우고 있네.

전략 2 ▶ 선지에 제시된 개념이나 내용이 나타난 부분을 표시하면서 지문을 읽는다.

우선은 이 글에서 다루고 있는 대상을 파악해야 해. 1문단을 통해 중심 화제는 '감정 노동'이라는 것을 쉽게 알 수 있어. 따라서 지문을 읽으면서 '감정 노동의 의의와 이유, 감정 노동의 변화 과정과 전망, 감정 노동의 항목별 분류와 특성, 감정 노동의 구성 요소와 장단점, 감정 노동 간의 공통점과 차이점'이 나타나는지 여부를 확인하면서 읽어야겠어.

전략 3 ▶ 선지에 제시된 내용 전개 방식이 지문에 나타나는지 확인한다.

이 글은 감정 노동의 개념을 제시한 다음, 감정 노동 종사자의 감정에 영향을 미치는 세 가지 요인을 개인 특성, 직무 특성, 조직 특성으로 나누어 설명하고 있어. 다음으로 직무 수행 장면에서 나타나는 두 가지 감정 노동 양상을 표현 행위와 내면 행위로 나누어 제시하고 있지. 따라서 대상인 감정 노동을 항목별로 분류하고 각 항목의 특성을 밝히고 있다는 ③이 [A]의 내용 전개 방식이야.

정답 감정 노동, 감정, 감정 노동 | ③

근대 이전의 조각은 고유한 미술 영역의 독립적인 작품으로서가 아니라 신전이나 사원, 왕궁과 같은 장소의 일부로서 존재했다. 중세 유럽의 성당 곳곳에 성서와 관련 있는 각종 인물이 새겨지거나 조각상으로 놓였던 것, 왕궁 안에 왕이나 귀족의 인물상들이 놓였던 것이 그 예이다. 이러한 조각은 그것이 놓여 있는 장소의 성격에 따라 종교적인 분위기를 조성하거나 왕의 권력을 상징함으로써 사람들을 감화시키는 기능을 수행하였다.

조각이 장소와 긴밀한 관련성을 지니고 그 장소의 맥락과 의미를 강조하는 수단으로 활용되는 경향은 근대에 들어서면서 큰 변화를 맞이했다. 종교의 영향력 및 왕권이 약화되면서 관련 장소가 지녔던 권위도 퇴색하여, 그 장소에 놓인 조각에 부여되었던 종교적, 정치적 의미도 약해진 것이다. 또 특정 장소의 상징으로서의 조각이 원래의 장소에서 물리적으로 분리되어 기존의 맥락을 상실하는 경우도 생겨났다. 이러한 상황이 전시 및 교육을 목적으로 하는 박물관, 미술관 등 근대적 장소가 출현하는 상황과 맞물리면서 조각에 대한 새로운 관점이 부각되기 시작했다. 조각이 박물관이나 미술관에 놓이면서 미적 감상의 대상인 '작품'으로서의 성격이 강조된 것이다. 사람들은 조각을 예술적인 기법이나 양식 등 순수한 미적 현상이 구현된 독립적인 작품으로 감상하게 되었다.

이러한 경향은 19세기 이후 미술의 흐름 속에서 더욱 두드러졌고, 작품 외적 맥락에 구속되기보다는 작품 자체에서 의미의 완결을 추구하는 경우가 많아졌다. 그래서 작품 바깥의 대상을 지시하거나 재현하기보다는 감상자의 시선을 작품에만 집중시키는 단순하고 추상화된 작품들이 이 시기부터 많이 등장하였다. 이러한 작품들은 대개 미술 전시장의 전형적인 화이트 큐브, 즉 출입구 이외에는 사방이 막힌 실내 공간 안에서 받침대 위에 놓여 실제적인 장소나 현실로부터 분리된 느낌을 주었다.

이렇게 조각이 특정 장소로부터 독립해 가는 경향 속에서 미니멀리즘이 등장하였다. 미니멀리즘은 1960년대에 미국을 중심으로 발달한 예술 사조로, 작품의 의미가 예술가의 의도에 의해 결정되는 것을 최소화하고 꾸밈과 표현도 최소화하여 극단적으로 단순화된 기하학적 형태를 추구했다. 미니멀리즘 작가들은 가공하지 않은 있는 그대로의 산업 재료들을 사용하는 등의 방법으로 무의도성과 단순성을 구현했기 때문에, 그 결과물은 작품이라기보다는 사물로 인식되기도 하였다. 또한 미니멀리즘 조각은 감상자들이 걸어 다니는 바닥이나 전시실 벽면과 같은 곳에 받침대 없이 놓임으로써 감상자와 작품 간의 거리를 축소하고, 동선에 따라 개별적이고 다양한 경험과 의미 형성이 가능하도록 하였다.

그 결과 미니멀리즘 조각은 단순성과 추상성을 특징으로 한다는 점에서 이전 시기

글의 핵심 이해

: 글을 읽고 빈칸을 채우시오.

문단 요약

1 ☐☐의 일부로서 존재한 근대 이전의 조각

2 ☐☐으로서의 성격이 강조된 근대의 조각

3 조각을 ☐☐적 작품으로 보는 경향이 두드러진 19세기 이후 미술

4 1960년대 ☐☐☐☐☐☐의 등장에 의한 조각의 변화

5 ☐☐☐☐☐☐에 의한 새로운 시도와 대지 미술

중심 화제 조각

주제 미술사의 흐름에 따른 조각과 장소 관련성의 시대적 변화

의 추상 조각과 공통점을 지니면서도, 전시장이라는 실제 장소의 물리적 특성을 작품에 의도적으로 결부하여 활용했다는 점에서 차별성을 띠게 되었다. 이런 특징은 근대 이전의 조각이 장소의 특성에 종속되어 있었던 것과도 차별화된다.

　이후 미술에서는 미니멀리즘을 통해 부각된 작품과 장소 간의 관련성을 새롭게 실현하려는 시도들이 이어
5 져 왔다. 미니멀리즘 작품이 장소와의 관련성을 모색하고 구현한 것이기는 해도 미술관이라는 공간 내부에 제한된다는 점을 간파한 일부 예술가들은, 미술관 바깥의 도시나 자연을 작업의 장소이자 대상으로 삼아 장소와의 관련성을 다양한 방식으로 실현하려 하였다. 대지 미술은 이러한 시도 중 하나로, 대지의 표면에 형상을 디자인하고 자연 경관 속에 작품을 만들어 냄으로써 지역이나 환경 자체를 작품화하였다. 구체적인 장소의 특성을 작품 의미의 근원으로 삼는 이러한 작품들에서는 작품과 장소, 감상자 간의 상호 작용을 통해 의미
10 가 형성된다는 특징이 드러났다.

01 윗글의 논지 전개 방식으로 가장 적절한 것은?
① 논쟁이 벌어지게 된 배경을 다각도로 분석하고 있다.
② 통념에 대한 비판을 통해 특정 이론을 도출하고 있다.
③ 하나의 현상을 해석하는 대립적인 관점을 절충하고 있다.
④ 역사적 사건에 영향을 미친 요소를 구체적으로 나열하고 있다.
⑤ 논의의 대상이 변모해 온 양상을 시간적 순서로 설명하고 있다.

 유형 해결 전략

분석, 비판을 통한 이론 도출, 관점 절충, 나열, 시간의 흐름에 따른 설명 등 선지에 제시된 설명 방식의 종류를 파악한다.

↓

지문을 읽으면서 '근대 이전', '근대', '19세기 이후', '1960년대', '이후 미술에서는'과 같이 시간을 나타내는 내용에 표시하고, 시간의 흐름에 따라 조각과 장소의 관련성을 파악해 본다.

02 윗글의 내용과 일치하지 않는 것은?
① 대지 미술가들은 자연을 창작 작업의 장소이자 대상으로 삼았다.
② 화이트 큐브는 현실로부터 작품이 분리된 느낌을 완화해 주는 역할을 하였다.
③ 왕권이 약해짐에 따라 왕의 모습을 담은 인물상에 부여되는 상징적 의미가 변화되었다.
④ 19세기 이후의 추상 조각은 감상자의 시선을 작품 외적 맥락보다 작품 자체에 집중시키는 경향이 있었다.
⑤ 미니멀리즘 작가들은 가공하지 않은 산업 재료들을 사용하여 무의도성과 단순성을 구현하기도 하였다.

세부 내용 추론하기

＊각 문단의 핵심어와 핵심 내용을 통해 글의 세부 내용을 추론해 보자.

　　세계 경제 포럼의 일자리 미래 보고서는 기술이 발전함에 따라 향후 5년 간 500만 개 이상의 일자리가 사라질 것으로 경고했다. 실업률이 증가하면 사회적으로 경제적 취약 계층인 저소득층도 늘어나게 되는데, 지금까지는 '최저 소득 보장제'가 저소득층을 보호하는 역할을 담당해 왔다.

　　최저 소득 보장제는 경제적 취약 계층에게 일정 생계비를 보장해 주는 제도로 이를 실시할 경우 국가는 가구별 총소득에 따라 지원 가구를 선정하고 동일한 최저 생계비를 보장해 준다. 가령 최저 생계비를 80만 원까지 보장해 주는 국가라면, 총소득이 50만 원인 가구는 국가로부터 30만 원을 지원 받아 80만 원을 보장 받는 것이다. 국가에서는 이러한 최저 생계비의 재원을 마련하기 위해 일정 소득을 넘어선 어느 지점부터 총소득에 대한 세금을 부과하게 된다. 이때 세금이 부과되는 기준 소득을 '면세점'이라 하는데, 총소득이 면세점을 넘는 경우 총소득 전체에 대해 세금이 부과되어 순소득이 총소득보다 줄어들게 된다. 그런데 국가에서 최저 생계비를 보장할 경우 면세점 이하나 그 부근의 소득에 속하는 일부 실업자, 저소득층은 일을 하여 소득을 올리는 것보다 일을 하지 않고 최저 생계비를 보장 받는 것이 더 유리하다고 판단할 수 있다. 또한 지원 대상을 선정하기 위한 소득 및 자산 심사를 하게 되므로 관리 비용이 추가로 지출되며, 실제로는 최저 생계비를 보장 받을 자격이 있지만 서류를 갖추지 못해 지원 대상에서 제외되는 가구가 생기기도 한다.

　　이러한 문제로 인해 기존의 복지 재원을 하나로 모아 국가 또는 지방 자치 단체에서 모든 구성원 개개인에게 아무 조건 없이 정기적으로 현금을 지급하는 ㉠기본 소득제가 대안으로 제시되고 있다. 모든 국민에게 일정액을 현금으로 지급할 경우 저소득층 또한 일을 한 만큼 소득이 늘어나게 되므로 최저 생계비를 보장 받기 위해 사람들이 일부러 일자리를 구하지 않을 가능성이 낮다는 것이다. 동시에 기본 소득제는 자격 심사 과정이 없어 관리 비용이 절약될 뿐만 아니라 제도에서 소외된 빈곤 인구도 줄일 수 있다. 하지만 기본 소득제는 모든 국민에게 일정액이 지급되는 만큼, 이에 만족하는 사람들이 늘어나면 최저 소득 보장제를 실시할 때보다 오히려 일자리를 찾는 사람이 전체적으로 줄어들 것이란 우려도 동시에 제기되고 있다. 또한 복지 예산이 상대적으로 부족한 국가에서는 시행하기 어렵고 기본 소득 이상의 혜택을 받아야 하는 취약 계층에 더 많은 경제적 지원을 할 수 없는 문제 등이 있어 기본 소득제를 현실 사회에 적용하기까지는 많은 난관이 있을 것으로 예상된다.

　　그럼에도 불구하고 기본 소득제의 도입을 모색하고 있는 국가나 지방 자치 단체는 모든 국민들이 소득을 일정 부분 보장 받는 만큼 생산과 소비가 촉진되고, 이로 인해 전체 경제가 활성화될 것이라 예상한다. ~~그래서 기본 소득제는 최근 인공 지능과 같은 기술의 발달이 몰고 올 실업 문제와 경제 불황을 효율적으로 극복하기 위한~~ 현명한 대안으로 검토되고 있는 것이다.

한계에도 불구하고 기본 소득제가 저소득층을 보호하기 위한 사회 제도로 검토되는 이유

▶ 기본 소득제가 실업 문제와 경제 불황의 대안으로 검토되는 이유

✛**총소득**: 세금 부과 이전, 또는 정부 지원 이전의 전체 소득
✛**순소득**: 세금 부과 이후, 또는 정부 지원 이후의 실제 소득

:∙ 글을 읽고 빈칸을 채우시오.

문단 요약

1 ☐☐☐☐을 보호하는 최저 소득 보장제

2 최저 소득 보장제의 ☐☐ 마련 방법과 한계

3 ☐☐ ☐☐☐의 효과와 한계

4 ☐☐ ☐☐☐가 실업 문제와 경제 불황의 대안으로 검토되는 이유

⬇

중심 화제	최저 소득 보장제, 기본 소득제

⬇

주제	저소득층을 보호하기 위한 최저 소득 보장제와 기본 소득제

Q 유형 문제

윗글을 바탕으로 할 때, ㉠을 시행할 경우 나타날 수 있는 문제점으로 가장 적절한 것은?

① 과도한 생산으로 자원이 낭비되어 국가 경제가 침체될 것이다.

② 국가의 지원에 만족하는 사람이 늘어나 일자리가 전체적으로 줄어들 것이다.

③ 기본 소득을 동일하게 제공하므로 경제적 취약 계층에 대한 차등 지원이 어려울 것이다.

④ 소득에 대한 자격 심사를 하지 않아 국가 지원에서 제외되는 빈곤 인구가 늘어날 것이다.

⑤ 경제적 사회 안전망이 취약해지므로 일부 실업자는 국가의 지원을 받을 수 없을 것이다.

A 유형 해결

전략 1 ▶ **발문과 선지에서 핵심어를 찾아 추론할 내용을 확인한다.**

발문을 보니 추론해야 할 내용은 '기본 소득제'에 대한 것이야. 각 선지에서 핵심어를 찾아볼까? ① '국가 경제', ② '일자리', ③ '차등 지원', ④ '빈곤 인구', ⑤ '경제적 사회 안전망'이 핵심어라고 볼 수 있어.

전략 2 ▶ **핵심어가 드러나는 부분에 집중하여 지문을 읽는다.**

①의 내용은 4문단에, ②~⑤의 내용은 3문단과 관련이 있어. '기본 소득제'와 관련된 기본적인 설명은 3문단에 집중되어 있으니, 이 부분을 집중해서 꼼꼼하게 읽어야 해.

전략 3 ▶ **지문에서 추론의 단서를 찾아 선지의 적절성 여부를 판단한다.**

3문단에서 '기본 소득 이상의 혜택을 받아야 하는 취약 계층에 더 많은 경제적 지원을 할 수 없는 문제 등이 있어'라고 했어. 이를 통해 기본 소득제는 모든 구성원 개개인에게 동일한 금액을 지급하기 때문에 경제적 취약 계층에 더 많은 지원을 할 수 없다는 한계가 있다는 것을 알 수 있어.

정답 저소득층, 재원, 기본 소득제, 기본 소득제 | ③

누군가 자신이 불행한 일을 겪었다고 말한다면 사람들은 그에게 동정심을 느낄 것이다. 그러나 다음 순간 자신의 이야기가 전부 꾸며 낸 것이라고 말한다면, 더는 그에게 동정심을 느끼지 않게 될 것이다. 일반적으로 감정은 그 감정을 유발하는 대상이나 사건이 실제로 존재한다는 믿음이 전제되어 있기 때문이다. 그렇다면 허구
5 임이 분명한 공포 영화를 보는 관객들이, 존재한다고 믿지 않는 괴물과 그 괴물을 중심으로 펼쳐지는 허구적 사건을 보면서 공포를 느끼는 현상은 어떻게 이해해야 할까?

래드포드는 허구적 인물과 사건에 대해 감정 반응을 보이는 현상을 '허구의 역설'이라 규정하고, 다음 세 가지 전제를 제시하였다.

10 전제 1. 우리는 존재한다고 믿는 것에 대해 감정적으로 반응한다.
전제 2. 우리는 허구적 사건이나 인물은 존재하지 않는다고 믿는다.
전제 3. 우리는 허구적 사건이나 인물에 대해 감정적으로 반응한다.

㉠이 세 가지 전제가 동시에 참일 수 없다는 모순을 해결하는 방법은 그중 일부를 부정하는 것이다. 래드포드는 감정을 유발하는 대상이 존재한다는 믿음 없이 허구
15 에 의해서도 감정이 발생할 수 있다고 보았다. 그렇지만 그 감정은 존재에 대한 믿음이 결여된 것이므로 비합리적이라고 하였다. 이후 학자들은 허구에서 비롯된 감정이 합리적일 수 있다고 주장하며, 믿음이나 생각과 같은 인지적 요소가 어떤 역할을 하는지에 대해 논의를 전개해 왔다.

환영론에서는 사람들이 허구를 감상하는 동안 허구에 몰입하여 허구적 사건이나
20 인물이 존재하지 않는다는 사실을 잊어버리고, 그 사건이나 인물이 실제로 존재한다는 환영에 빠져 감정 반응을 하게 된다고 보았다. 이에 대해 월턴과 캐럴은 공포 영화의 관객이 영화를 감상하는 동안에도 영화가 허구라는 사실을 잊지 않는다고 주장하였다. 만약 관객이 영화 속 괴물이 실제로 존재한다고 믿는다면 공포로 인해 영화관에서 도망을 가거나 도움을 요청하는 등의 행동을 보여야 하는데 그렇게 하
25 지 않는다는 것이다. ㉡이런 점에서 월턴과 캐럴은, 환영론은 허구에서 느끼는 감정을 설명하는 타당한 이론이 될 수 없다고 주장하였다.

월턴은 관객이 허구의 세계에 빠져드는 현상을 상상의 인물과 세계에 대해 '믿는 체하기' 놀이를 하는 것으로 설명하였다. 믿는 체하기란, 어린아이들이 소도구를 가지고 노는 소꿉장난에서 볼 수 있는 것처럼 실제 사물을 가지고 하는 일종의 상상하
30 기이다. 공포 영화를 보는 관객은 영화를 소도구로 하는 믿는 체하기 놀이에 참여하는 중이고, 관객의 감정 반응은 허구에 대한 믿음에서 비롯되는 것이 아니라 상상하기의 결과인 것이다. 이때 괴물은 상상의 세계 안에서는 실제로 존재하는 대상이다.

: 글을 읽고 빈칸을 채우시오.

문단 요약

① 허구적 사건을 보면서 ☐☐를 느끼는 이유에 대한 의문

② ☐☐☐ ☐☐의 개념과 래드포드의 입장

③ ☐☐☐의 입장과 이에 대한 월턴과 캐럴의 반박

④ 믿는 체하기와 ☐☐ 감정의 개념과 월턴의 입장

⑤ ☐☐ ☐☐☐의 개념과 캐럴의 입장

⑥ 관객의 ☐☐에 대한 최근 논의의 시사점

⬇

중심 화제	허구적 사건을 보면서 공포를 느끼는 현상

⬇

주제	허구적 사건을 보면서 공포를 느끼는 현상에 대한 다양한 이론

다만 허구적 대상에서 비롯된 감정은 상상의 세계에서만 성립하는 것일 뿐, 대상이 실제 세계에 존재한다는 믿음에서 비롯된 것은 아니다. 이런 점에서 월턴은 허구를 감상할 때 유발되는 감정을 '유사 감정'이라고 하였다.

　캐럴은 생각도 감정을 유발하는 인지적 요소라고 하면서 사고 이론을 전개하였다. 사고 이론은 허구를 감상하는 사람은 허구적 사건이나 인물 자체에 대해 반응하는 것이 아니라 그것들에 대한 '생각'에 반응한다고 보았다. 마음속에서 명제가 참임을 받아들이는 상태가 믿음이라면, 명제를 그저 머릿속에 떠올리는 것이 생각이다. 캐럴은 생각을 품는 것만으로도 감정이 유발될 수 있다고 보았다. 괴물이 실제로 존재한다는 믿음 없이 괴물에 대해 생각하는 것만으로도 공포를 느낄 수 있다는 것이다.

　허구의 감상과 그에 따른 감정 발생을 연구하는 학자들은 허구가 사실이 아님을 알면서도 그 허구에 대해 감정 반응을 보이는 인간의 행동을 설명하기 위한 고민을 계속하고 있다. 특히 공포 영화를 보는 관객의 공포가 인지적 경험과 감각적 경험의 통합에서 비롯된다는 최근의 논의는 영화 제작 시 공포를 주는 대상의 존재감이나 위협감이 어떻게 구성되어야 하는가를 말해 주고 있다.

01 ㉠의 방식을 활용하여 '환영론'의 입장을 설명한 것으로 적절한 것은?
① 전제 1을 부정하고 전제 2와 전제 3을 받아들인다.
② 전제 2를 부정하고 전제 1과 전제 3을 받아들인다.
③ 전제 3을 부정하고 전제 1과 전제 2를 받아들인다.
④ 전제 1과 전제 2를 부정하고 전제 3을 받아들인다.
⑤ 전제 1과 전제 3을 부정하고 전제 2를 받아들인다.

02 ㉡의 이유로 가장 적절한 것은?
① 실제로 존재하지 않는 대상에 대해 감정을 느끼는 것은 모순이기 때문이다.
② 대상이 존재한다는 믿음에서 유발된 감정은 해당 감정과 관련된 행동을 촉발하기 때문이다.
③ 허구에서 느끼는 감정은 실제로 존재하는 인물과 사건에서 느끼는 감정과 다르기 때문이다.
④ 감정을 인지적 경험과 감각적 경험이 통합된 결과로 설명할 때 이론적 타당성을 높일 수 있기 때문이다.
⑤ 사람들은 일반적인 경우와 달리 허구에 대해서는 '믿는 체하기' 놀이처럼 생각하여 감정 반응을 보이기 때문이다.

유형 해결 전략

'모순', '믿음에서 유발된 감정', '허구에서 느끼는 감정', '통합', '믿는 체하기' 놀이 등 선지의 핵심어를 찾아 추론할 내용을 파악해 본다.

↓

월턴과 캐럴은 환영론이 허구에서 느끼는 감정을 설명하는 타당한 이론이 될 수 없다고 주장했다. 이는 실제로 존재하는 대상은 감정을 유발하고, 그 감정은 해당 감정과 관련된 행동을 촉발한다고 보았기 때문이다.

의도와 관점 추론하기

＊각 문단의 핵심어와 핵심 내용을 통해 글의 의도와 관점을 추론해 보자.

스피노자의 윤리학을 이해하기 위해서는 코나투스(Conatus)라는 개념이 필요하
: 중심 문장 　　　　　　　　　　　　　　　중심 화제
다. 스피노자에 따르면 실존하는 모든 사물은 자신의 존재를 유지하기 위해 노력하
　　　　　　　　　　　　　　　　　　　　　　　　　　코나투스의 개념
는데, 이것이 바로 그 사물의 본질인 코나투스라는 것이다. 정신과 신체를 서로 다
른 것이 아니라 하나로 보았던 그는 정신과 신체에 관계되는 코나투스를 충동이라
　　　　　　　　　　　　　　　충동에 대한 스피노자의 정의
부르고, 다른 사물들과 같이 인간도 자신을 보존하고자 하는 충동을 갖고 있다고 보
았다. 특히 인간은 자신의 충동을 의식할 수 있다는 점에서 동물과 차이가 있다며
　　　　　　　　　　　　충동에 대한 동물과 인간의 차이점
인간의 충동을 욕망이라고 하였다. 즉 인간에게 코나투스란 삶을 지속하고자 하는
욕망에 대한 스피노자의 정의　　　　　　　　　　　　　코나투스의 인간적 의미
욕망을 의미한다.
　　　　　　　　　　　　　　　　　　　　　　　▶ 코나투스의 개념

스피노자에 따르면 코나투스를 본질로 지닌 인간은 한번 태어난 이상 삶을 지속하
기 위해 힘쓴다. 하지만 인간은 자신의 힘만으로 삶을 지속하기 어렵다. 인간은 다른
것들과의 관계 속에서만 삶을 유지할 수 있으므로 언제나 타자와 관계를 맺는다. 이
때 타자로부터 받은 자극에 의해 신체적 활동 능력이 증가하거나 감소하는 변화가
일어난다. 감정을 신체의 변화에 대한 표현으로 보았던 스피노자는 신체적 활동 능
　　　　　감정에 대한 스피노자의 정의
력이 증가하면 기쁨의 감정을 느끼고, 신체적 활동 능력이 감소하면 슬픔의 감정을
　　　　　　　타자와의 관계 형성 → 자극 → 신체 활동 능력 변화 → 감정(=신체 변화에 대한 표현)
느낀다고 생각했다. 또한 신체적 활동 능력이 감소하는 것과 슬픔의 감정을 느끼는
　　　　　　　　　　　　　　　　　　삶을 지속하고자 하는 욕망(코나투스)의 감소로 인한 반응
것은 코나투스가 감소하고 있음을 보여 주는 것, 다시 말해 삶을 지속하고자 하는 욕
망이 줄어드는 것이라고 여겼다. 그래서 인간은 코나투스의 증가를 위해 자신의 신
체적 활동 능력을 증가시키고 기쁨의 감정을 유지하려고 노력한다는 것이다.
　　　　　　　삶을 지속하고자 하는 욕망을 증가시키기 위한 노력　　　　▶ 코나투스와 관련된 신체와 감정의 관계

한편 스피노자는 선악의 개념도 코나투스와 연결 짓는다. 그는 사물이 다른 사물
과 어떤 관계를 맺느냐에 따라 선이 되기도 하고 악이 되기도 한다고 말한다. 코나
사물의 선악에 영향을 미치는 요인
투스의 관점에서 보면 선이란 자신의 신체적 활동 능력을 증가시키는 것이며, 악은
　　　　　　　　　　　선에 대한 스피노자의 정의
자신의 신체적 활동 능력을 감소시키는 것이다. 이를 정서의 차원에서 설명하면 선
악에 대한 스피노지의 정의
은 자신에게 기쁨을 주는 모든 것이며, 악은 자신에게 슬픔을 주는 모든 것이다. 한
마디로 인간의 선악에 대한 판단은 자신의 감정에 따라 결정된다는 것을 의미한다.
　　　　　　　　　　　　선악의 판단에 영향을 미치는 요인　　　　　▶ 코나투스와 연관된 선악의 개념

이러한 생각을 토대로 스피노자는 코나투스인 욕망을 긍정하고 욕망에 따라 행동
하라고 이야기한다. 슬픔은 거부하고 기쁨을 지향하라는 것, 그것이 곧 선의 추구라
　　　　　　　　　　　　　　　　　　　　선의 추구에 대한 스피노자의 정의
는 것이다. 그리고 코나투스는 타자와의 관계에 영향을 받으므로 인간에게는 타자
와 함께 자신의 기쁨을 증가시킬 수 있는 공동체가 필요하다고 말한다. 그 안에서
자신과 타자 모두의 코나투스를 증가시킬 수 있는 기쁨의 관계를 형성하라는 것이
　　　　　　　　　　　　　　　스피노자가 윤리학에서 당부하는 내용
스피노자의 윤리학이 우리에게 하는 당부이다.
　　　　　　　　　　　▶ 공동체 안에서 코나투스의 증가를 위한 기쁨의 관계 형성

: 글을 읽고 빈칸을 채우시오.

문단 요약

1 ▢▢▢▢의 개념

2 ▢▢▢▢와 관련된 신체와 감정의 관계

3 코나투스와 연관된 ▢▢의 개념

4 공동체 안에서 코나투스의 증가를 위한 ▢▢의 관계 형성

⬇

중심 화제	코나투스

⬇

주제	코나투스 개념으로 알아본 스피노자 윤리학

Q 유형 문제

윗글에 나타난 선악에 대한 스피노자의 입장으로 적절하지 <u>않은</u> 것은?

① 자신에게 기쁨을 주는 것은 선이다.

② 선악은 사물 자체가 가지고 있는 성질이다.

③ 선악에 대한 판단은 타자와의 관계에 따라 달라진다.

④ 자신의 신체적 활동 능력을 감소시키는 것은 악이다.

⑤ 기쁨의 관계 형성이 가능한 공동체는 선의 추구를 위해 필요하다.

A 유형 해결

전략 1 지문에서 서술하는 대상이 무엇인지 파악한다.

이 글에서는 스피노자 윤리학을 이해하기 위한 중요 개념인 '코나투스'에 대해 서술하고 있구나.

전략 2 서술 대상에 대해 글쓴이나 인물이 취하고 있는 태도나 관점 등을 이해한다.

철학자 스피노자는 실존하는 모든 사물의 본질인 코나투스 개념을 제시하고, 이것과 관련된 감정과 신체의 관계, 선악 개념과의 관계를 밝힘으로써 코나투스 증가를 위해 공동체의 선을 추구할 필요성을 당부하고 있어.

전략 3 선지의 내용이 글쓴이나 인물의 관점이나 의도에 부합하는지 판단한다.

3문단에서 '사물이 다른 사물과 어떤 관계를 맺느냐에 따라 선이 되기도 하고 악이 되기도 한다.'라고 하였지? 그러므로 선악이 사물 자체가 가지고 있는 성질이라는 내용은 스피노자의 입장으로 적절하지 않아.

정답 코나투스, 코나투스, 선악, 기쁨 | ②

고대 중국인들은 인간이 행하지 못하는 불가능한 일은 그들이 신성하다고 생
각한 하늘에 의해서 해결 가능하다고 보았다. 그리하여 하늘은 인간에게 자신의
의지를 심어 두려움을 갖고 복종하게 하는 의미뿐만 아니라 인간의 모든 일을
책임지고 맡아서 처리하는 의미로까지 인식되었다. 그 당시에 하늘은 인간에게
5 행운과 불운을 가져다 줄 수 있는 힘이고, 인간의 개별적 또는 공통적 운명을 지
배하는 신비하고 절대적인 존재라는 믿음이 형성되었다. 이러한 하늘에 대한 인
식은 결과적으로 하늘을 권선징악의 주재자로 보고, 모든 새로운 왕조의 탄생과
정치적 변천까지도 그것에 의해 결정된다는 믿음의 근거로 작용하였다. 하지만
그러한 하늘에 대한 인식은 인간 지혜의 성숙과 문명의 발달로 인한 새로운 시
10 대의 요구에 의해서 대폭 수정될 수밖에 없었다.

[A]

　순자의 하늘에 대한 주장은 그 당시까지 진행된 하늘의 논의와 엄격히 구분될 뿐
만 아니라 그것을 매우 새롭게 변모시킨 하나의 획기적인 사건으로 규정지을 수 있
다. 순자는 하늘을 단지 자연 현상으로 보았다. 그가 생각한 하늘은 별, 해와 달, 사
계절, 추위와 더위, 바람 등의 모든 자연 현상을 가리킨다. 따라서 하늘은 사람을 가
15 난하게 만들 수도 없고, 병들게 할 수도 없고, 재앙을 내릴 수도 없고, 부자로 만들
수도 없으며, 길흉화복을 줄 수도 없다. 사람들이 치세(治世)와 난세(亂世)를 하늘과
연결시키는 것은 심리적으로 하늘에 기대는 일일 뿐이다. 치세든 난세든 그 원인은
사람에게 있는 것이지 하늘과는 무관하다. 사람이 받게 되는 재앙과 복의 원인도 모
두 자신에게 있을 뿐 불변의 질서를 갖고 있는 하늘에 있지 않다.

20 　하늘은 그 자체의 운행 법칙을 따로 갖고 있어 인간의 길과 다르다. 천체의 운행
은 불변의 정규 궤도에 따른다. 해와 달과 별이 움직이고 비가 내리고 바람이 부는
것은 모두 제 나름의 길이 있다. 사계절은 말없이 주기에 따라 움직일 뿐이다. 물론
일식과 월식이 일어나고 비바람이 아무 때나 일고 괴이한 별이 언뜻 출현하는 경우
는 있을 수 있다. 하지만 이런 일이 항상 벌어지는 것은 아니며 하늘이 이상 현상을
25 드러내 무슨 길흉을 예시하는 것은 더더욱 아니다. 즉, 하늘은 아무 이야기도 하지
않는데 사람들은 하늘과 관련된 이야기를 만들어 낸다는 것이다. 그래서 순자는 천
재지변이 일어난다고 해서 하늘의 뜻이 무엇인지 알려고 노력할 필요가 없다고 말
한다. 그것이 바로 순자가 말하는 <u>불구지천(不求知天)</u>의 본뜻이다.

　순자가 말한 '불구지천'의 뜻은 자연 현상으로서의 하늘이 아니라 하늘에 무슨 의
30 지가 있다고 주장하고 그것을 알아내겠다고 덤비는 종교적 사유의 접근을 비판하려
는 것이다. 그러니까 억지로 하늘의 의지를 알려고 힘을 쏟을 필요가 없다.
사람들은 자연 현상에 대해 특별한 의미를 부여하지 말고 오직 인간 사회에서 스스
로가 해야 할 일을 열심히 해야 한다. 즉, 재앙이 닥치면 공포에 떨며 기도나 하는

글의 핵심 이해

: 글을 읽고 빈칸을 채우시오.

문단 요약
1 ☐☐에 대한 고대 중국인들의 인식과 인식의 수정
2 하늘을 단지 ☐☐☐☐으로 본 순자
3 순자가 말한 ☐☐☐☐의 의미
4 인간의 능동적, ☐☐☐ 행동을 중시한 순자
5 ☐☐ 중심으로 세상을 바라본 순자

중심화제	하늘에 대한 인식

주제	인간 중심으로 우주의 본질을 바라본 순자

것이 아니라 적극적인 행위로 그것을 이겨 내야 한다는 것이다.

　순자의 관심은 하늘에 있지 않고 사람에 있었다. 특히 인간 사회의 정치야말로 순자가 중점을 둔 문제였다. 순자는 "하늘은 만물을 낳을 수 있지만 만물을 변별할 수는 없다."라고 말한다. 이는 인간도 만물의 하나로 하늘이 낳은 존재이나 하늘은 인간을 낳았을 뿐 인간을 다스리려는 의지는 갖고 있지 않다는 것이다. 따라서 하
5 늘은 혈기나 욕구를 지닌 존재도 아니다. 그저 만물을 생성해 내는 자연일 뿐이다.

---

01 [A]에 드러나는 '하늘'에 대한 고대인들의 인식으로 적절하지 <u>않은</u> 것은?

① 인간에게 자신의 의지를 심어 인간이 두려움을 갖고 복종해야 하는 존재로 인식하였다.
② 인간 왕조의 탄생이나 정치적 변천과 무관한 존재로 인식하였다.
③ 인간이 할 수 없는 불가능한 일을 해결할 수 있다고 인식하였다.
④ 인간의 힘으로 거스를 수 없는 신비한 존재로 인식하였다.
⑤ 인간의 길흉화복을 결정짓는 주체로 인식하였다.

❀ **유형 해결 전략**

서술 대상인 '하늘'에 대해 고대 중국인들이 취하고 있는 태도나 관점을 파악한다. 고대 중국인들은 하늘이 인간의 운명을 지배하는 신비하고 절대적인 존재라고 믿었다.

↓

하늘에 대한 고대인들의 이러한 인식은 왕조나 정치와도 결부되어 하늘에 영향을 받는다고 믿게 되었다. 이를 근거로 고대 중국인들의 인식에 부합하지 않은 선지를 고르면 된다.

02 불구지천 에 대한 설명으로 적절한 것을 〈보기〉에서 있는 대로 모두 고른 것은?

→ 보기 ←

ㄱ. 재앙이 닥쳤을 때 하늘에 기대기보다 인간들의 의지를 중시한다.
ㄴ. 자연은 제 나름대로 변화의 길이 있으며 이는 인간의 길과 다르다.
ㄷ. 치세와 난세의 원인을 권선징악의 주재자인 하늘에서 찾고자 한다.
ㄹ. 하늘의 의지를 알아보려는 종교적 사유의 접근을 비판하고자 한다.

① ㄱ, ㄴ　　　　　② ㄱ, ㄷ　　　　　③ ㄷ, ㄹ
④ ㄱ, ㄴ, ㄹ　　　　⑤ ㄴ, ㄷ, ㄹ

논리적 관계 추론하기

→ 유형 소개

글에 제시된 세부 내용의 논리적 관계를 추론할 수 있는지 묻는 유형이다.
구체적으로 추리할 때 결론의 기초가 되는 전제나 어떤 결과가 발생하게 된 원인을 묻는 문제가 출제된다. 앞뒤 문단이나 문장 간의 논리적 연결 관계를 따져서 판단의 전제 또는 이유를 추론하는 것이 중요하다.

→ 대표 발문

• 전제 추론: 윗글을 쓴 글쓴이의 의도로 가장 알맞은 것은?
• 인과 관계 추론: ㉠의 이유로 가장 적절한 것은?

＊ 각 문단의 핵심어와 핵심 내용을 통해 글의 논리적 관계를 추론해 보자.

███ : 중심 문장

지대는 토지를 빌려주고 얻는 대가를 말한다. 지대의 개념과 성격에 관한 논의는 고전 경제학파의 리카도로부터 이론적으로 정교화되기 시작했다. 그의 차액 지대론 은 지대가 발생하는 이유를 다음과 같이 설명하고 있다.

중심 화제

▶ 지대의 개념과 성격을 정교화한 리카도

가령, 어떤 나라의 A, B, C 지역에 쌀 생산에만 쓰이는 토지가 있는데 그 비옥도

＝ 예를 들어

에 차이가 있어 각 지역 토지에서의 쌀 한 가마당 생산비가 5만 원, 6만 원, 8만 원이라고 하자. 여기서 생산비는 투입한 노동과 자본에 대한 대가로, 쌀의 가격은 생

생산비의 개념

산비와 일치하는 것으로 본다. 이 나라의 쌀 수요량이 적어서 A 지역 토지의 일부만 경작해도 그 수요를 충당할 수 있을 때 전국의 쌀 한 가마당 가격은 A 지역 토지에서의 쌀 생산비인 5만 원에서 결정될 것이다. 그런데 쌀 수요량이 증가하게 되면 어느 순간 A 지역 토지들로 모자라 B 지역 토지도 경작되기 시작할 것이다. 이때 B 지역 토지를, 경작되는 토지 가운데 가장 열악한 땅이라는 의미에서 한계지라 부른다.

한계지의 개념

B 지역 토지가 한계지가 되면 전국의 쌀 한 가마당 가격은 6만 원으로 결정된다. 이에 따라 A 지역 토지를 경작하는 사람들은 5만 원을 들여 6만 원을 벌 수 있어 쌀 한 가마당 1만 원의 소득을 추가로 얻게 된다. 이 소득은 사람들로 하여금 A 지역 토지를 이용하려는 경쟁을 유발하고 지주에게 땅을 빌리기 위해 경쟁적으로 더 높은 지대를 제시하게 함으로써, 지대는 결국 기존의 A 지역 토지 경작자들의 추가 소득인 1만 원으로 결정될 것이다. 쌀 수요량이 더 늘어나서 C 지역 토지가 한계지가 되면 ㉠A 지역 토지의 지대는 더 오르고, B 지역 토지에도 지대가 형성된다. 결국 쌀의 가격은 한계지에서의 쌀 생산비가 되고, 한계지보다 비옥도가 높은 토지들의 지대는 그 토지에서의 쌀 생산비와 한계지에서의 쌀 생산비의 차액이 되는 것이므로, 더 열악한 땅이 한계지가 될수록 쌀 가격은 오르고 그에 따라 지대도 오르게 된다.

▶ 지대가 발생하는 이유에 대한 차액 지대론의 입장

이와 같이 [리카도는 지대를, 토지 생산물의 가격에서 생산비를 뺀 나머지, 즉 잉

[ ]: 리카도의 지대론

리카도의 이론에서 지대의 개념

여일 뿐이라고 생각했다. 이는 지대를 토지 생산물의 가격에 영향을 미치는 비용이 아니라 토지 생산물의 가격이 오름으로써 얻게 되는 불로 소득에 불과하다고 본 것이다.]이런 고전 경제학파의 지대론에 입각해 헨리 조지는 지대 전액을 조세로 걷어

지대 조세론의 개념

야 한다는 지대 조세론을 주장하기도 했다.

▶ 지대에 대한 리카도의 생각과 지대 조세론의 등장

:• 글을 읽고 빈칸을 채우시오.

문단 요약

1 ☐☐의 개념과 성격을 정교화한 리카도

2 지대가 발생하는 이유에 대한 ☐☐ ☐☐☐의 입장

3 지대에 대한 리카도의 생각과 ☐☐ ☐☐☐의 등장

⬇

중심 화제 차액 지대론

⬇

주제 지대를 이론적으로 정교화한 리카도의 차액 지대론

Q 유형 문제

㉠의 결과를 추론한 것으로 적절한 것은?

① A 지역 토지와 B 지역 토지의 지대는 각각 1만 원이 된다.

② A 지역 토지와 B 지역 토지의 지대는 각각 2만 원이 된다.

③ A 지역 토지와 B 지역 토지의 지대는 각각 3만 원이 된다.

④ A 지역 토지의 지대는 2만 원, B 지역 토지의 지대는 1만 원이 된다.

⑤ A 지역 토지의 지대는 3만 원, B 지역 토지의 지대는 2만 원이 된다.

A 유형 해결

전략 1 ▶ 글 전체의 흐름과 구조를 파악한다.

1문단에서 리카도에 의해 지대의 개념과 성격에 대한 이론적 정교화가 시작되었다고 설명한 후에 지대가 발생하는 이유에 대해 2문단에서 예를 들어 차액 지대론을 설명하고 있어. 3문단에서는 지대를 잉여 또는 불로 소득으로 본 리카도의 관점과 이에 입각한 헨리 조지의 지대 조세론에 대해 제시했군.

전략 2 ▶ 제시된 부분의 앞뒤 문맥에 집중하여 논리적 관계를 파악한다.

지문에 따르면 쌀의 가격은 한계지에서의 쌀 생산비이며, 지대는 그 토지에서의 쌀 생산비와 한계지에서의 쌀 생산비의 차액이야. 그리고 열악한 땅이 한계지가 될수록 쌀 가격은 오르고 그에 따라 지대도 오르게 되지.

전략 3 ▶ 선지의 내용이 제시된 부분의 근거나 전제가 될 수 있는지 판단한다.

C 지역의 토지가 한계지가 되면 이곳에서 쌀 한 가마를 생산하는 비용 8만 원이 쌀의 가격이 돼. 따라서 C 지역보다 토지의 비옥도가 좋은 A, B 지역의 지대는 한계지의 쌀 생산비(8만 원)에서 해당 토지의 쌀 생산비를 뺀 차액이야. 따라서 A 지역의 지대는 C 지역의 쌀 생산비 8만 원에서 A 지역의 쌀 생산비 5만 원을 뺀 3만 원이고, B지역의 지대는 C 지역의 쌀 생산비 8만 원에서 B 지역의 쌀 생산비 6만 원을 뺀 2만 원이야.

정답 지대, 차액 지대론, 지대 조세론 | ⑤

열차 운행의 중요한 과제는 열차를 신속하게 운행하면서도 열차끼리의 충돌 사고를 방지하는 것이다. 열차를 운행할 때는 일반적으로 역과 역 사이에 일정한 간격으로 구간을 설정하고 하나의 구간에는 한 대의 열차만 운행하도록 하는데, 이러한 구간을 '폐색 구간'이라고 한다. 폐색 구간을 안전하게 관리하면서도 열차 운행의 속도를 높이는 데 도움을 주기 위해서 열차나 선로에는 다양한 안전장치들이 설치되어 있다.

'자동 폐색 장치(ABS)'는 폐색 구간의 시작과 끝에 신호를 설치하고 궤도 회로를 이용하여 열차의 위치에 따라 신호를 자동으로 제어하는 장치이다. 폐색 구간에 열차가 있을 때에는 정지 신호인 적색등이 켜지고, 열차가 폐색 구간을 지나간 후에는 다음 기차가 진입해도 좋다는 녹색등이 표시된다. 이를 바탕으로 뒤따라오는 열차의 기관사는 앞 구간의 열차 유무를 확인하여 열차의 운행 속도를 제어하고 앞 열차와의 안전거리를 유지하며 열차 사고를 방지한다.

그런데 악천후나 응급 상황으로 기관사가 신호기에 표시된 정지 신호를 잘못 인식하거나 확인하지 못해 충돌 사고가 발생하는 경우가 있다. 이러한 충돌 사고를 방지하기 위한 장치를 설치하는데, 이를 '자동 열차 정지 장치(ATS)'라고 한다. ATS는 선로 위의 지상 장치와 열차 안의 차상 장치로 구성되는데, 열차가 지상 장치를 통과할 때 지상 장치에서 차상 장치로 신호기 점등 정보를 보낸다. 이때 차상 장치에 '정지'를 의미하는 적색등이 켜지면 벨이 울려 기관사에게 알려 준다. 그러면 기관사는 이를 확인하고 제동 장치를 작동하여 열차를 감속하거나 정지시키는 등 열차 전반의 운행을 제어하고 앞 열차와의 안전거리를 유지해야 한다. 그런데 벨이 5초 이상 계속 울리고 있는데도 열차 속도가 줄어들지 않으면 ATS는 이를 위기 상황으로 판단하고 제동 장치에 비상 제동을 명령하여 자동으로 열차를 멈춰 서게 한다. 이렇게 ATS는 위기 상황으로 인한 충돌 사고를 예방해 준다. 하지만 ㉠평상시 기관사의 운전 부담을 줄여 주는 데는 한계가 있다.

'자동 열차 제어 장치(ATC)'는 신호에 따라 여러 단계로 나누어진 열차 제한 속도 정보를 지상 장치에서 차상 장치로 전송한다. 그리고 전송된 제한 속도를 넘지 않도록 열차의 속도를 자동으로 감시하고 제어함으로써 선행 열차와의 충돌을 막아 주고 좀 더 효율적인 열차 운행이 가능하게 해 준다. ATC는 송수신 장치, 열차 검지 장치, 속도 신호 생성 장치, 속도 검출기, 처리 장치, 제동 장치 등으로 구성되어 있다.

여러 개의 궤도 회로로 나뉜 선로 위를 A열차와 B열차가 달리고 있다고 가정해 보자. A, B열차가 서로 다른 궤도 회로에 각각 진입하면 지상의 송수신 장치에서 열차 검지 장치로 신호를 보내고 열차 검지 장치는 이 신호를 바탕으로 선로 위에 있는 A, B열차의 위치를 파악한다. 속도 신호 생성 장치는 앞서가는 A열차의 위치와 뒤따라오는 B열차의 위치를 바탕으로 B열차가 주행해야 할 적절한 속도를 연산하여 B열차의 제한 속도를 결정한다. 이 속도는 B열차가 위치하고 있는 궤도 회로에 전송되고 지상의 송수신 장치를 통해 B열차에 일정 시간 간격으로 계속 전달된다.

그러면 B열차의 운전석 계기판에는 수신된 제한 속도와 속도 검출기를 통해 얻은 B열차의 현재 속도가 동
5 시에 표시되어 기관사가 제한 속도를 확인하며 운전할 수 있도록 한다. 이때 열차의 현재 속도가 제한 속도를 초과하면 처리 장치에서 자동으로 신호를 보내고 신호를 받은 제동 장치가 작동되며 열차의 속도를 줄여 준다. 속도가 줄어 제한 속도 이하가 되면 제동이 풀리고 기관사는 속도를 높이게 된다. ATC는 열차가 제한 속도를 넘지 않도록 자동으로 속도를 조절하기 때문에 과속으로 인한 사고를 예방해 주지만, 제한 속도 안에서는 기관사가 직접 속도를 감속하고 가속해야 한다는 점에서 기관사의 부담은 여전히 남아 있다.

10 많은 사람들이 이용하는 열차의 특성상 열차 충돌 사고가 발생하면 큰 인명 피해로 이어진다. 그래서 현재까지도 열차 사이의 안전거리를 확보하면서도 운행 간격을 최대한 단축하고 열차의 운행 속도를 높이는 기술에 대한 연구가 지속적으로 이루어지고 있다.

✛ **궤도 회로:** 레일을 전기 회로의 일부로 사용하여 레일상의 열차를 검지하는 회로. 신호와 경보기 등을 제어하고 지상에서 차상에 정보를 전달함.

---

01 윗글의 내용과 일치하지 <u>않는</u> 것은?
① '폐색 구간'은 한 대의 열차만 운행하도록 정해진 구간이다.
② '자동 폐색 장치'는 정지 신호를 오인하여 발생하는 사고를 예방해 준다.
③ '자동 폐색 장치'는 궤도 회로를 이용하여 열차 위치에 따라 신호를 자동으로 제어한다.
④ '자동 열차 정지 장치'는 지상 장치와 차상 장치로 구성되어 있다.
⑤ '자동 열차 정지 장치'는 위기 상황에서 자동으로 작동하여 열차를 정지시킨다.

02 윗글을 바탕으로 ㉠의 이유를 추론한 것으로 가장 적절한 것은?
① 정지 신호가 수신될 때 벨이 울리기 때문에
② 열차의 운전석 안에도 신호 정보가 표시되기 때문에
③ 기관사가 신호기 정보를 직접 조작해야 하기 때문에
④ 비상시에 열차의 충돌을 자동으로 방지할 수 있기 때문에
⑤ 기관사가 열차의 운행 속도를 직접 조절해야 하기 때문에

 유형 해결 전략

㉠의 앞뒤 문장을 읽으며 문맥을 파악한다. ㉠은 ATS가 위기 상황으로 인한 충돌 사고를 예방해 주지만, 평상시 기관사의 운전 부담을 줄여 주는 데는 한계가 있다는 것이다.

⬇

평상시에 기관사는 열차의 속도를 빠르게 하거나 느리게 하는 등 속도를 직접 조절하여 앞에 가는 열차와의 안전거리를 유지해야 하는 부담이 있다.

구체적 상황에 적용하기

→ 유형 소개

글을 통해 얻은 정보나 개념, 원리를 구체적인 사례나 상황에 적용하여 이해할 수 있는지 묻는 유형이다.

→ 대표 발문

• **구체적 상황에의 적용**: ㉠에 해당하는 사례로 가장 적절한 것은?
• **구체적 사례에 대한 해석의 적절성 판단**: 윗글을 바탕으로 〈보기〉를 해석한 내용으로 적절하지 않은 것은?
• **다른 상황에의 적용**: ㉠과 유사한 원리가 적용된 예로 가장 적절한 것은?

＊ 각 문단의 핵심어와 핵심 내용을 통해 구체적 상황에 적용해 보자.

▉ : 중심 문장

섬유 예술은 실, 직물, 가죽, 짐승의 털 등의 섬유를 오브제로 사용하여 미적 효과를 구현하는 예술을 일컫는다. 오브제란 일상 용품이나 자연물 또는 예술과 무관한 물건을 본래의 용도에서 분리하여 작품에 사용함으로써 새로운 상징적 의미를 불러일으키는 대상을 의미한다. 섬유 예술은 실용성에 초점을 둔 공예와 달리 섬유가 예술성을 지닌 오브제로서 기능할 수 있다는 자각에서 비롯되었다.
▶ 섬유 예술과 오브제의 개념

섬유 예술이 새로운 조형 예술의 한 장르로 자리매김한 결정적 계기는 1969년 제5회 '로잔느 섬유 예술 비엔날레전'에서 올덴버그가 가죽을 사용하여 만든 「부드러운 타자기」라는 작품을 전시하여 주목을 받은 것이었다. 올덴버그는 이 작품을 통해 공예의 한 재료에 불과했던 가죽을 예술성을 구현하는 오브제로 활용하여 섬유를 심미적 대상으로 인식할 수 있게 하였다.
▶ 섬유 예술이 조형 예술의 한 장르로 자리매김한 결정적 계기

이후 섬유 예술은 평면성에서 벗어나 조형성을 강조하는 여러 기법들을 활용하여 작가의 개성과 미의식을 구현하는 흐름을 보였는데, 이에는 바스켓트리, 콜라주, 아상블라주 등이 있다. 바스켓트리는 바구니 공예를 일컫는 말로 섬유의 특성을 활용하여 꼬기, 엮기, 짜기 등의 방식으로 예술적 조형성을 구현하는 기법이다. 콜라주는 이질적인 여러 소재들을 혼합하여 일상성에서 탈피한 미감을 주는 기법이고, 아상블라주는 콜라주의 평면적인 조형성을 넘어 우리 주변에서 흔히 볼 수 있는 물건들과 폐품 등을 혼합하여 3차원적으로 표현하는 기법이다. 콜라주와 아상블라주는 현대의 여러 예술 사조에서 활용되는 기법을 차용한 것으로, 섬유 예술에서는 순수 조형미를 드러내거나 현대 사회의 복합성과 인류 문명의 한 단면을 상징화하는 수단으로 활용되기도 하였다.
▶ 조형성을 강조하는 여러 기법들의 개념과 특징

섬유를 오브제로 활용한 대표적인 작품으로는 라우센버그의 「침대」가 있다. 이 작품에서 라우센버그는 섬유 자체뿐 아니라 여러 오브제들을 혼합하여 예술적 미감을 표현하기도 했다. 「침대」는 캔버스에 평소 사용하던 커다란 침대보를 부착하고 베개와 퀼트 천으로 된 이불, 신문 조각, 잡지 등을 붙인 다음 그 위에 물감을 흩뿌려 작업한 것으로, 콜라주, 아상블라주 기법을 주로 활용하여 섬유의 조형적 미감을 잘 구현한 작품으로 평가 받고 있다.
▶ 섬유를 오브제로 활용한 대표작 「침대」

:- 글을 읽고 빈칸을 채우시오.

문단 요약

1 ☐☐ ☐☐과 오브제의 개념

2 섬유 예술이 ☐☐ ☐☐의 한 장르로 자리매김한 결정적 계기

3 ☐☐☐을 강조하는 여러 기법들의 개념과 특징

4 섬유를 ☐☐☐로 활용한 대표작 「침대」

↓

중심 화제	섬유 예술

↓

주제	섬유 예술의 특징과 표현 기법

Q 유형 문제

윗글을 바탕으로 〈보기〉를 이해한 내용으로 적절하지 <u>않은</u> 것은?

> **보기**
>
> 이 작품은 라우센버그가 창작한 「모노그램」이다. 라우센버그는 나무 판넬에 물감을 칠하고 나무 조각이나 신발 굽 등 버려진 물건들을 부착하였다. 그리고 그 위에 털이 풍성한 박제 염소를 놓고 그 염소의 허리에 현대 문명을 상징하는 타이어를 끼워 놓았다. 이 작품을 통해 생명체가 산업화로 인해 위협 받고 있는 모습을 떠올릴 수 있다.

① 박제 염소의 털을 활용한 것에서 섬유를 하나의 예술 매체로 인식하는 섬유 예술의 특징을 확인할 수 있군.

② 나무 조각이나 신발 굽, 염소, 타이어 등은 작가의 예술적 미의식을 구현하는 데 활용된 오브제로 볼 수 있군.

③ 콜라주 기법이 주는 3차원적 입체성을 강조하기 위해 버려진 여러 가지 물건들을 부착하였음을 확인할 수 있군.

④ 주제 의식을 드러내기 위해 판넬 위에 염소를 세워 놓은 것에서 아상블라주 기법이 사용되었음을 알 수 있군.

⑤ 염소의 허리에 끼워진 타이어를 통해 생명체를 위협하는 산업 사회의 한 단면을 엿볼 수 있군.

A 유형 해결

전략 1 〈보기〉의 중심 내용을 파악하고 이와 관련된 내용을 지문에서 찾는다.

〈보기〉는 섬유를 오브제로 사용하고 콜라주와 아상블라주 기법을 활용한 작품에 대해 설명하고 있어. 이런 내용은 1문단과 3문단에서 다루고 있네.

전략 2 지문을 바탕으로 〈보기〉의 내용을 구체적으로 이해한다.

〈보기〉의 작품이 나무 판넬에 물감을 칠하고 나무 조각이나 신발 굽 등 버려진 물건들을 부착하여 만들어진 것은 이질적인 여러 소재들을 혼합하는 콜라주 기법을 활용한 것이야. 그리고 털이 풍성한 박제 염소를 놓고 그 염소의 허리에 타이어를 끼워 놓은 것은 섬유인 짐승의 털을 오브제로 사용한 것이며, 3차원적 표현인 아상블라주 기법을 활용한 거야.

전략 3 지문과 〈보기〉를 바탕으로 선지의 진위 여부를 판단한다.

3문단에서 평면적인 조형성을 가진 기법은 콜라주이고, 3차원적 표현 기법은 아상블라주라고 하였어. 따라서 콜라주 기법이 3차원적 입체성을 강조한다는 설명은 적절하지 않아.

정답 섬유 예술, 조형 예술, 조형성, 오브제 | ③

성리학에서 일반적으로 '이'는 만물에 내재하는 원리이고, '기'는 그 원리를 현실에 드러내 주는 방식과 구체적인 현실의 모습이라 할 수 있다. '이'는 '기'를 통해서 드러난다. '이'는 언제나 한결같지만 '기'는 여러 가지 모습으로 존재하므로, 우주 만물의 원리는 그대로지만 형체는 다양하다. 이러한 '이'와 '기'를 어떻게 보는가에 따라 성리학자들이 현실을 해석하고 인식하는 자세가 달라진다.

'기'를 중시했던 대표적인 성리학자로 서경덕을 들 수 있다. 그는 '기'를 우주 만물의 근원이라고 보았다. 서경덕에 의하면, 태초에 '기'가 음기와 양기가 되고, 음기와 양기가 모이고 흩어지고를 반복하면서 하늘과 땅, 해와 달과 별, 불과 물 등의 만물이 만들어졌다. '기'는 어떤 외부의 원리나 힘에 의해 움직이는 것이 아니라 스스로 움직여 만물을 생성하고 변하게 한다. 하지만 '이'는 '기' 속에 있으면서 '기'가 작용하는 원리로 존재할 뿐 독립적으로 드러나거나 작용하지 않는다. 즉, '이'와 '기'는 하나이며, 세계에 드러나는 것은 '기'뿐이라는 것이다. 이와 같은 입장을 '기일원론(氣一元論)'이라 한다. 기일원론의 바탕에는, 현실 세계의 모습은 '기'의 움직임에 의한 것이므로, '기'가 다시 움직이면 현실도 변할 수 있을 것이라는 사고가 깔려 있다.

'이'를 중시했던 대표적인 성리학자는 이황이다. 이황은 서경덕의 논의를 단호하게 비판하며 '이'와 '기'는 하나가 아니라는 주장을 펼쳤다. 그는 '이'를 우주 만물의 근원이자 변하지 않는 절대적 가치이며 도덕 법칙이라고 보았다. '이'는 하늘의 뜻, 즉 천도(天道)이며, 만물이 선천적으로 지니고 태어나는 본성이라고 여겼다. 따라서 인간이 '이'를 깨우치고 실행하면 하늘이 부여한 본성을 회복하고, 인간 사회는 천도에 맞는 이상적이고 도덕적인 질서를 확립한다고 보았다. 현실 사회가 비도덕적이고 타락한 모습을 보이는 이유는 인간이 본성을 잃어버리고 사악한 마음을 따르기 때문인데, 이러한 사악한 마음은 인간의 생체적 욕구, 욕망 등인 '기'에서 나오는 것이다. 따라서 '이'와 '기'가 하나일 수는 없으며, 둘은 철저히 구분되어야 한다는 것이 이황의 주장이다. 이러한 입장을 '이기이원론(理氣二元論)'이라 한다. 이황은 인간이 '이'를 깨우치고 실행하기 위해서는 학문과 수양에 힘써야 한다고 생각하였다. 그는 현실의 문제 상황은 학문과 수양을 통해 '이'를 회복함으로써 해결될 수 있다는 점을 강조하였다.

한편, 이이는 서경덕과 이황의 논의가 양극단을 달리는 오류를 범하고 있다고 비판하면서, '이'와 '기'의 관계를 새롭게 규정하였다. 이이는 '이'를 모든 사물의 근원적 원리로, '기'를 그 원리를 담는 그릇으로 보았다. 둥근 그릇에 물을 담으면 물의 모양이 둥글고 모난 그릇에 물을 담으면 물의 모양이 모나 보이지만, 그 속에 담긴 물의 속성은 달라지지 않는다. 이처럼 '기'는 현실에서 다양한 모습으로 존재하지만 그 속에 담겨 있는 '이'는 달라지지 않는다. 물이 그릇에 담겨 있지만 물과 그릇이 다른 존

**: 글을 읽고 빈칸을 채우시오.

문단 요약

1 '이'와 '기'의 □□□적 개념

2 '이'와 '기'는 하나라는 서경덕의 □□□□

3 '이'와 '기'는 구분된다는 이황의 □□□□□

4 '이'는 '기'에 담겨 있지만 '기'만 현실에 작용한다는 □□의 주장

중심 화제 '이'와 '기'

주제 '이'와 '기'에 대한 조선 성리학자들의 관점

재이듯이, '이'와 '기'도 한 몸처럼 붙어 있지만 '이'와 '기'로 각각 존재한다는 것이다. 이이에 따르면, '이'는 현실에 아무 작용을 하지 않고 '기'만 작용한다. 현실의 모습이 문제를 드러내고 있다면, 이는 '이'가 잘못된 것이 아니라 '기'가 잘못된 것이다. 그러므로 '이'를 회복하기보다는 '기'로 나타난 현실의 모습 자체를 바꾸기 위해 싸워야 한다는 것이 이이의 주장이다. 이이가 조선 사회의 변화를 위한 여러 가지 개혁론을 펼칠 수 있었던
5 것은 이러한 사고가 바탕을 이루고 있었기 때문이다.

01 윗글에 대한 설명으로 가장 적절한 것은?

① 철학적 용어의 현대적 의미를 재조명하고 있다.
② 철학적 용어에 대한 사회적 통념을 비판하고 있다.
③ 문답의 형식을 통해 철학적 용어의 개념을 드러내고 있다.
④ 현실을 해석하는 철학적 용어가 등장한 배경을 소개하고 있다.
⑤ 철학적 용어의 관계를 바라보는 다양한 관점을 나열하고 있다.

02 윗글을 바탕으로 〈보기〉에 대해 '이이'가 할 수 있는 말로 가장 적절한 것은?

> ▶ 보기 ◀
>
> 　양반이 되어야 군포를 면제받을 수 있기 때문에 백성들은 밤낮으로 양반이 되는 길을 모색한다. 고을 호적부에 기록되면 양반이 되고, 거짓 족보를 만들면 양반이 되고, 고향을 떠나 먼 곳으로 이사하면 양반이 되고, 두건을 쓰고 과거 시험장에 드나들면 양반이 된다. 몰래 불어나고, 암암리에 늘어나고, 해마다 증가하고, 달마다 불어나 장차 온 나라 사람들이 모두 양반이 되고 말 것이다.
> 　　　　　　　　　　　　　　　　　　　　　　　　　　　－ 정약용, 「신포의(身布議)」

① 양반이 되려는 백성들의 문제는 본성을 잃어버려서 생긴 문제이므로, 학문과 수양을 통해 본성을 회복해야 합니다.
② 편법으로 쉽게 양반이 될 수 있는 현실이 백성을 이렇게 만든 것이므로, 이러한 현실의 모습을 우선적으로 개선해야 합니다.
③ 백성들의 행동은 현실에 내재하는 원리가 잘못되어 나타난 현상이므로, 현실의 문제를 근본부터 해결하기 위해서는 이 원리부터 바꾸어야 합니다.
④ 양반이 되려는 백성들의 모습은 음양의 작용에 의해 생겨난 것이므로, 인위적인 노력보다는 음양의 또 다른 작용을 통해 해결되기를 기다려야 합니다.
⑤ 백성들이 양반이 되고자 하는 것은 군포를 면제받고자 하는 잘못된 욕구에서 나온 것이므로, 이러한 욕구를 따르지 않도록 천도에 맞는 질서를 확립해야 합니다.

 유형 해결 전략

〈보기〉는 군포를 면제받기 위해 양반이 되려는 백성들의 문제를 제기하고 있다. 이는 이이가 문제 있는 현실의 모습에 대해 언급한 것과 관련이 있다.

⬇

이이는 현실에 문제가 있다면 '기'가 잘못된 것이므로 '기'로 나타난 현실의 모습을 바꾸어야 한다고 하였다. 따라서 〈보기〉에서는 백성들이 편법으로 쉽게 양반이 될 수 있는 현실의 모습을 바꾸어야 한다.

반응의 적절성 판단하기

유형 소개

글의 내용이나 글쓴이의 생각, 관점 등에 대해 독자가 적절하게 반응하고 있는지 판단하는 유형이다.

독자는 글을 읽으면서 그 의미를 해석하고, 글의 목적이나 의도에 맞게 내용이 구성되어 있는지 비판적으로 평가하는데, 이러한 반응이 제대로 이루어진 것인지 묻는 문제가 출제된다.

독자의 반응이 내용에 대한 정확한 이해를 바탕으로 한 것인지 따져 보는 것이 중요하다.

대표 발문

• **반응 및 수용의 적절성 판단**: 윗글에 대한 반응으로 적절하지 <u>않</u>은 것은?

• **비판의 적절성 판단**: 윗글에 대해 제기할 수 있는 의문으로 가장 알맞은 것은?

＊각 문단의 핵심어와 핵심 내용을 통해 반응의 적절성을 판단해 보자.

현대 산업 사회에서는 주로 대량 생산이 이루어지기 때문에 그 과정에서 결함 상품이 발생하고, 이에 따라 소비자의 피해도 발생한다. <u>이에 소비자가 쉽게 피해 구제를 받을 수 있도록 하기 위해 제조물 책임법을 제정하여 시행하고 있다.</u>
〔소비자 피해가 발생하는 이유〕 〔█ : 중심 문장〕 〔중심 화제〕 ▶ 제조물 책임법의 제정 배경

제조물 책임법은 제조업자에게 고의나 과실이 없더라도 제조물의 결함으로 인해 생명·신체·재산상의 손해를 입은 사람에 대하여 제조업자가 손해 배상 책임을 지도록 하는 법률이다. 〔제조물 책임법의 개념〕 이 법이 적용되는 제조물과 제조업자의 범위를 살펴보면, 제조물은 공산품, 가공 식품 등의 제조 또는 가공된 물품을 의미하는 것으로, 일상생활에서 사용하고 있는 거의 모든 물품이 포함된다. 〔제조물의 개념〕 또한 중고품, 폐기물, 부품, 원재료도 적용 대상이 된다. 〔제조물의 범위 ①〕 〔제조물의 범위 ②〕 그러나 미가공 농수축산물 등은 원칙적으로 제조물의 범위에서 제외되는데, 농수축산물 등 일차 농산품에까지 확대할 경우 농업인 등이 쉽게 소송의 대상이 될 뿐만 아니라 연대 책임 조항에 의하여 유통업자와 가공업자의 과실에 〔미가공 농수축산물 등이 제조물의 범위에서 제외되는 이유〕 대해서도 불공정하게 책임을 질 우려가 있기 때문이다. 그리고 손해 배상의 책임 주체인 제조업자에는 부품 또는 완성품의 제조업자, 제조물 수입을 업(業)으로 하는 〔제조업자의 개념〕 자, 자신을 제조자 혹은 수입업자로 표시한 자가 포함된다. 제조업자를 알 수 없는 〔제조업자의 범위 ①〕 경우에는 제조물의 공급업자도 해당된다. ▶ 제조물과 제조업자의 개념과 범위
〔제조업자의 범위 ②〕

제조물 책임은 제조물에 결함이 존재하는가 여부에 의해 결정되는데, 결함의 유형에는 제조상의 결함, 설계상의 결함, 표시상의 결함이 있다. 제조상의 결함은 제조업자가 제조 또는 가공상의 주의 의무를 이행하였음에도 불구하고 제조물이 원래 〔제조상의 결함인 경우〕 의도한 설계와 다르게 제조 또는 가공됨으로써 안전하지 못하게 된 경우이며, 설계상의 결함은 제조업자가 소비자를 고려하여 합리적으로 설계했다면 피해나 위험을 〔설계상의 결함인 경우〕 줄이거나 피할 수 있었음에도 그렇게 하지 않아 제조물이 안전하지 못하게 된 경우를 말한다. 표시상의 결함은 제조업자가 합리적인 설명·지시·경고 또는 그밖의 표시를 하였더라면 해당 제조물에 의하여 발생할 수 있는 피해나 위험을 줄이거나 피할 〔표시상의 결함인 경우〕 수 있었음에도 이를 표시하지 않은 경우를 말한다. ▶ 제조물 결함의 유형

그런데 피해자가 제조업자에게 손해 배상을 청구하려면 원칙적으로 제조물의 결함 사실과 손해 발생의 사실, 그리고 제조물의 결함과 손해 발생의 인과 관계를 입증해야 한다. 하지만 소비자의 입장에서 이를 입증하는 것은 쉽지 않다. <u>그래서 제조물 책임법은 소비자가 제조물을 통상적인 방법으로 사용하다가 사고가 발생했다는 사실만 입증하면 해당 제조물 자체에 결함이 있었고 그 결함으로 인하여 피해가</u> 〔손해 배상을 받기 위한 최소한의 입증〕 <u>발생한 것으로 추정하도록 하고 있다.</u>
▶ 소비자가 손해 배상을 쉽게 청구할 수 있게 한 제조물 책임법
제조물 책임법에 따른 제조업자의 배상 의무는 피해자의 생명·신체 또는 재산상
〔제조업자의 배상 의무가 적용되는 범위〕

:· 글을 읽고 빈칸을 채우시오.

문단 요약
1 ☐☐☐ ☐☐☐의 제정 배경
2 ☐☐☐과 제조업자의 개념과 범위
3 제조물 ☐☐의 유형
4 소비자가 ☐☐ ☐☐을 쉽게 청구할 수 있게 한 제조물 책임법
5 제조업자의 ☐☐ ☐☐ 범위

↓

중심 화제	제조물 책임법

↓

주제	제조물 책임법의 개념과 손해 배상의 책임 범위

의 손해에 대한 것으로 한정되고, 결함이 있는 제조물 자체는 민법에 따라 유통업자나 판매업자에게 구제받아야 한다. 예컨대, 결함이 있는 녹즙기로 인하여 손을 다쳤을 경우, 치료비는 제조업자에게 배상받고 불량품인 녹즙기는 판매업자에게 환불받을 수 있다.

▶ 제조업자의 배상 의무 범위

Q 유형 문제

윗글을 바탕으로 〈보기〉의 사례를 이해한 반응으로 적절하지 <u>않은</u> 것은?

→ 보기 ←

(가) A는 안심 버튼이 있어 사용 중 넘어져도 뜨거운 물이 쏟아지지 않는다는 광고를 보고 B사의 전기 주전자를 C마트에서 구입하였다. 그러나 물을 끓이던 도중 B사의 전기 주전자가 넘어져 쏟아진 물에 생후 8개월 된 A의 딸이 양팔에 2~3도의 화상을 입었다. 한국 소비자원의 조사 결과 주전자의 개폐 버튼 부분이 잘못 결합되어 물이 새는 결함이 발견되었다.

(나) D가 E사의 승용차 탈취제를 구입하여 사용 설명서에 따라 에어컨 통풍구에 분사하던 중 승용차에 화재가 발생하였다. 제품 사용 설명서에는 탈취제가 LP 가스를 포함하고 있어 화재가 발생할 위험이 있다는 문구가 없었다. 조사 결과 탈취제의 LP 가스가 화재의 원인으로 밝혀졌다.

① A가 B사에 책임을 물으려면 전기 주전자를 통상적으로 사용했음을 입증해야겠군.
② A는 B사로부터 전기 주전자에 대해 환불을 받을 수 있겠군.
③ B사는 제조상의 결함을 지닌 제품을 생산했군.
④ D는 승용차 화재로 인해 발생한 피해에 대해 E사에 손해 배상을 청구할 수 있겠군.
⑤ E사가 제조한 승용차 탈취제는 표시상의 결함을 지녔군.

A 유형 해결

전략 1 ▶ 지문을 읽으며 반응 대상과 관련한 맥락을 파악한다.

〈보기〉의 (가)에서 A는 소비자, B는 제조업체, C는 판매업체야. 5문단에서 신체상의 손해에 대한 배상 의무는 제조업자에게 있고 결함이 있는 제조물 자체는 유통업자나 판매업자에게 구제받아야 한다고 하였군.

전략 2 ▶ 선지의 내용에 대한 근거를 지문에서 찾아보면서 적절성을 판단한다.

A는 전기 주전자의 개폐 버튼 부분이 잘못 결합되는 바람에 피해를 입었으므로, 제조업체인 B에게 신체의 손해에 대한 배상을 요구해야 하며, 전기 주전자 자체는 민법에 따라 판매업체인 C에게 구제받아야 해.

정답 제조물 책임법, 제조물, 결함, 손해 배상, 배상 의무 | ②

고대 그리스 철학자들은 '변화'에 대해 많은 관심을 가졌다. 그들은 변화라는 현상의 실재(實在) 자체에서부터 종류, 원인 등에 이르기까지 많은 의문을 제기하였고, 특히 아리스토텔레스에 이르러 학문적 성과를 이룰 수 있었다.

먼저 헤라클레이토스는 모든 것이 항상 변화하고 있다고 믿었다. 그는 그 믿음을 5 "같은 강물에 두 번 들어갈 수 없다."라는 말로 표현했다. 새로운 강물이 끊임없이 흘러들기 때문에 같은 강물에 다시 들어가는 것은 불가능하다는 것이다. 또한 그는 불꽃이 끊임없이 흔들리듯이 항상 변화하고 있는 '불'을 세계의 근원적 요소로 보았다. 반면 파르메니데스는 변화라는 현상 그 자체를 부정했다. 그는 '존재하는 것은 이미 존재하고 있으며, 존재하지 않는 것은 아무것도 존재하지 않는 것'이라고 인식했으 10 므로, 절대적인 무(無)에서의 생성과 절대적인 무로의 소멸과 같은 변화는 있을 수 없다고 주장했다. 또한 세계는 존재하는 것들이 하나로 뭉쳐 있고 빈 공간이 없기 때문에 변화가 가능하지 않다고 보았다. 따라서 그는 우리가 일상에서 감각을 통해 흔히 경험하는, 변화라고 믿는 현상이 사실은 착각 또는 환상에 불과하다고 간주했다.

이와 같이 변화라는 현상의 실재성에 대한 상반된 견해가 제시된 이후, 후대에 15 이르러 플라톤과 아리스토텔레스는 변화의 문제에 대해 깊이 있는 논의를 펼쳤다. 그들은 변화에 대한 앞선 두 철학자의 견해를 받아들였지만 그 방식에는 서로 차이가 있었다. 플라톤은 모든 것이 항상 변화한다는 헤라클레이토스의 견해를 현실 세계에, 아무것도 변화하지 않는다는 파르메니데스의 견해를 이상 세계에 적용하여 이원론적 세계관을 확립했다. 하지만 아리스토텔레스는 플라톤이 주장하는 이상 세 20 계를 거부했다. 그는 변화의 실재에 대한 헤라클레이토스와 파르메니데스의 상반된 견해를 어떤 방식으로든 현실 세계에 적용하려고 노력했다.

아리스토텔레스는 『자연학』에서 '기체(基體)'와 '형상(形相)'이라는 개념을 통해 변화의 문제를 설명하려고 했다. '기체'란 변화의 시작부터 끝까지 유지되는 변화의 토대를 의미한다. 그리고 '형상'이란 그런 토대 위에 구현되어 현실 세계에서 감각적 25 으로 나타나는 것을 의미한다. 예를 들어 검은색의 머리카락이 흰색으로 변할 때 머리카락은 변화의 시작부터 끝까지 유지되는 기체이며, 검은색과 흰색과 같은 머리카락의 색깔이 형상에 해당한다. 이처럼 아리스토텔레스는, 변화란 현실 세계에서 실체의 기저에 깔린 머리카락이라는 기체 위에서 검은색의 형상이 흰색의 형상으로 대체되는 현상과 같은 것이라고 보았다.

30 또한 그는 변화의 종류와 성격에 대해서도 분석했는데, 먼저 변화를 실체적 변화와 비실체적 변화로 구분하였다. 실체적 변화란 실체의 변화 정도가 커서 기체가 무엇인지 분명하지 않은 변화를 가리킨다. 애벌레가 나비가 되는 것을 그 예로 들 수 있는데, 이는 변화의 전체 과정을 관찰하지 않는다면 마치 애벌레 자체가 소멸하고

:· 글을 읽고 빈칸을 채우시오.

문단 요약

1 '□□'에 관심을 가진 고대 그리스 철학자들

2 '변화'에 대한 □□□□□ □□□와 □□□□□ □□의 견해

3 '변화'에 대한 □□□과 □□□□□□□의 견해

4 '□□'와 '□□'의 개념으로 변화를 설명한 아리스토텔레스

5 '□□□ □□'와 '비실체적이라는 것'의 의미

6 □□□□□□□ 연구의 의의

↓

중심 화제	변화

↓

주제	변화에 대한 고대 그리스 철학자들의 연구

나비가 생성되는 것으로 생각될 수도 있다. 그러나 아리스토텔레스는 파르메니데스와 마찬가지로 무에서의 생성과 무로의 소멸을 인정하지 않는데, 왜냐하면 모든 변화에서 기체가 유지된다는 것을 전제하기 때문이다. 따라서 실체적 변화는 변화의 시작부터 끝까지 유지되는 기체가 정확히 무엇인지 알 수 없다는 것을 의미할 뿐이지, 기체가 없이 무로부터의 생성이나 무로의 소멸이 일어난다는 것은 아니다. 비실체적 변화에는 얼굴
5 이 빨개지는 등의 질적 변화, 작은 풍선이 커지거나 살이 찌거나 빠지는 등의 양적 변화, 이곳에서 저곳으로 장소를 이동하는 장소 변화가 있는데, 이들이 비실체적이라는 것은 실체가 전혀 또는 많이 변하지 않아서 기체가 분명하게 식별된다는 것을 의미한다. 특히 장소 변화의 경우 실체 자체는 아무런 변화를 겪지 않는다.

이처럼 아리스토텔레스는 이전 철학자들과는 달리 새로운 방식으로 변화를 규정했다. 그는 다수의 저술 속에서 변화 자체에 대한 분석뿐만 아니라 그 결과를 우주, 자연물, 인간 등의 사례에 적용할 정도로 변화의 문
10 제에 깊은 관심을 보였으며, 이는 근대 자연 과학의 발전에 밑바탕이 되었다.

---

01 윗글의 내용과 일치하지 <u>않는</u> 것은?

① 파르메니데스는 감각을 통해 경험한 변화를 착각으로 간주했다.
② 헤라클레이토스는 변화의 실재를 자연 현상을 통해 설명하였다.
③ 플라톤은 변화에 대한 견해를 적용하여 이원론적인 세계관을 확립하였다.
④ 변화에 대한 학문적 성과를 이룬 아리스토텔레스는 근대 자연 과학의 발전에 영향을 미쳤다.
⑤ 파르메니데스는 세계를 존재하는 것들과 존재하지 않는 것들이 하나로 뭉쳐 있는 것이라고 인식했다.

02 윗글과 〈보기〉를 읽은 학생이 보일 수 있는 반응으로 가장 적절한 것은?

> ┤ 보기 ├
>
> 탈레스는 '물'을 만물의 근원이라고 보았다. 그는 물이 그 본성상 여러 가지로 변형되면서 다양한 형태의 사물들을 구성하므로, 현실에서 경험적으로 나타나는 변화를 인정할 수밖에 없다고 인식하였다. 그러나 근원적인 요소인 물 자체는 결코 변하지는 않는다고 보았다. 이처럼 그 자체는 변화하지 않으면서도 세계의 변화를 가능하게 해 주는 만물의 근원을 '아르케(arche)'라고 한다. 아르케를 주장한 그리스 철학자들은 절대적인 무에서의 생성과 절대적인 무로의 소멸을 인정하지 않았다.

① 헤라클레이토스와 탈레스는 모두 '불'을 통해 변화를 설명하려고 하였군.
② 탈레스는 아리스토텔레스와 달리 현실에서 경험적으로 나타나는 변화를 인정하였군.
③ 파르메니데스는 탈레스와 달리 만물의 근원적 요소 그 자체는 변할 수 없다고 여겼군.
④ 파르메니데스와 탈레스는 모두 '물'이 다양한 형태의 사물들을 구성한다고 인식하였군.
⑤ 아리스토텔레스와 탈레스는 모두 절대적인 무에서의 생성과 절대적인 무로의 소멸을 인정하지 않았군.

 유형 해결 전략

〈보기〉에서 탈레스는 만물의 근원인 아르케를 '물'이라고 본 그리스의 철학자임을 알 수 있다. 따라서 그도 절대적인 무에서의 생성과 절대적인 무로의 소멸을 인정하지 않았다고 볼 수 있다.

↓

아리스토텔레스 역시 무에서의 생성과 무로의 소멸을 인정하지 않았다고 하였으므로, 이 두 학자들의 생각에서 공통점을 도출할 수 있다.

어휘의 적절성 판단하기

유형 소개

글에 제시된 어휘의 의미를 정확하게 이해할 수 있는지 묻는 유형이다. 어휘의 사전적 의미를 묻거나 특정 어휘와 가장 비슷한 의미로 쓰인 것을 묻는 문제, 어휘를 바꿔 쓴 말이 적절한지 묻는 문제 등이 출제된다. 단순히 어휘의 사전적 의미만 알아서는 해결할 수 없는 문제가 많기 때문에 제시된 어휘의 문맥적 의미를 정확하게 이해해야 한다.

대표 발문

• 사전적 의미 파악: ㉠~㉤의 사전적 의미로 적절하지 않은 것은?
• 문맥적 의미 파악: ㉠의 문맥적 의미와 가장 가까운 것은?
• 어휘 바꿔 쓰기: 문맥상 ㉠~㉤과 바꿔 쓰기에 적절하지 않은 것은?

✻ 각 문단의 핵심어와 핵심 내용을 통해 어휘의 적절성을 판단해 보자.

근로자란 직업의 종류를 불문하고 사업장에서 임금을 받을 목적으로 일하는 사람
　　　　중심 화제　　　　　　　　　　　　　　　　　　　　근로자의 개념
을 의미한다. 정규직 근로자에서부터 단시간 근로자, 즉 아르바이트까지 근로자에
　　　　　　　　　　　　　　　　근로자의 범위
포함된다. 그런데 단시간 근로자의 경우 법적으로는 엄연한 근로자이면서도 여러
　■: 중심 문장
가지 이유에서 법적인 보호에서 벗어나 있는 경우가 많다.　　　▶ 근로자의 개념과 범위

　사업주가 근로자를 채용할 경우에는 근로 조건을 ㉠명시(明示)한 근로 계약서를
작성해야 한다. 근로 계약이란 근로자가 근로 조건에 대해서 사업주와 약속하는 것
　　　　　　　　　　　　　　　　　　근로 계약의 개념
을 말한다. 이러한 약속은 구두로 하기보다는 나중에 문제가 생겼을 때를 대비하여
반드시 문서로 작성해야 한다.[근로 계약서에는 일을 하기로 한 기간, 일할 장소, 해
　　　근로 계약할 때 주의할 점　　[ ]: 근로 계약서에 담겨야 하는 근로 기준법 관련 내용
야 할 일, 하루에 일해야 하는 시간과 쉬는 시간, 쉬는 날, 임금과 임금을 받는 날 등
　　　　　　　　　　　　근로 계약서에 담겨야 하는 내용의 예
중요한 내용이 반드시 나타나 있어야 한다. 근로 계약서는 사업주와 근로자 본인이
작성해야 하며, 다른 사람이 대신할 수는 없다. 또 1일 근로 시간이 4시간인 경우에
는 30분 이상, 8시간인 경우에는 1시간 이상의 쉬는 시간이 주어져야 하고, 1주간의
정해진 근로 일수대로 일한 근로자에게는 1주에 1일의 유급 주휴일이 보장되어야
한다. 4인 이하의 사업장을 제외하고는 휴일에 근무할 경우 임금의 50%를 ㉡가산
(加算)하여 받을 수 있으며, 1년간 정해진 근로 일수에 따라 성실히 근무한 경우에는
연차 유급 휴가를 보장받을 수 있다.]다만 1주간의 정해진 근로 시간이 15시간 미만
　　　　　　　　　　　　　　　　　　　　퇴직금, 유급 주휴일, 연차 휴가 규정이 적용되지 않는 경우
일 경우에는 퇴직금, 유급 주휴일, 연차 휴가 규정이 적용되지 않는다.[만약 사업주
가 근로 계약서 작성을 거부할 경우 신고할 수 있으며, 이 경우 사업주는 500만 원
이하의 벌금형을 받을 수 있다. 사업주가 근로 계약서를 작성하고 근로자에게 이를
㉢교부(交附)하지 않았을 경우에도 처벌 대상이 된다.]
　　　　　　　　　　　[ ]: 근로 계약과 관련된 처벌 규정　　▶ 근로 계약의 내용과 근로자의 법적 권리
　사업주는 근로 계약 기간이 끝나기 전에 정당한 이유 없이 근로자를 해고할 수
　　　　　　　　　　　　　　　　근로 기준법에서 정한 해고 관련 조항의 적용을 받음.
없다. 아르바이트로 일하는 경우에도 근로 기준법에서 정한 해고 관련 내용 등이 동
일하게 적용된다. 만약 사업주에게 부당하게 해고를 당했을 경우 일정 금액의 해고
수당을 받을 수 있다.[다만 일용 근로자로서 3개월을 연속 근무하지 않은 경우, 2개
　　　　　　　　　　　　[ ]: 해고 수당을 받을 수 없는 경우의 예
월 이내의 기간을 정하여 근무하는 경우, 계절적 업무에 6개월 이내의 기간을 정하
여 근무하는 경우, 3개월 이내의 수습 기간을 정하여 근무 중인 경우에는 해고 수당
을 ㉣청구(請求)할 수 없다.]정당한 이유 없이 근로자를 해고한 경우에는 5년 이하
의 징역 또는 3,000만 원 이하의 벌금형에 처해질 수 있다.
　　　　근로 기준법의 해고 조항을 준수하지 않은 경우의 처벌 규정　　　　▶ 해고와 관련된 근로자의 법적 권리
　　　일하다가 다쳤을 경우 사업주가 보험에 가입하지 않았거나 근로자 본인의 ㉤과
실(過失)을 이유로 치료비 지급을 거부하더라도 치료비를 본인이 부담할 필요는 없
다. 산업 재해 보상 보험법(산재 보험)에 따라 근로 복지 공단에서 치료 및 보상을
　　　　　　치료 및 보상과 관련된 근로자의 법적 권리

받을 수 있기 때문이다. 또한 근로 기준법 제7조, 제8조에 따르면 사업주 또는 관리자가 근로자에게 기분이 나쁠 정도의 폭언이나 지나친 성적 농담을 하는 경우 또는 신체적인 체벌을 하는 경우에는 위법이므로 고용 노동부나 경찰서 등 관련 기관에 신고할 수 있다.

사업주나 관리자가 위법 행위를 할 경우 근로자가 대처하는 방법
▶ 치료 및 부상과 사업주 및 관리자의 위법 행위에 대한 근로자의 법적 권리

✛ **유급 주휴일**: 1주간의 정해진 근로 일수대로 일하였을 때 임금을 받으면서 쉴 수 있는 날
✛ **연차 유급 휴가**: 해마다 종업원에게 주도록 정하여진 유급 휴가

글의 핵심 이해

: 글을 읽고 빈칸을 채우시오.

문단 요약

1 ☐☐☐의 개념과 범위

2 ☐☐ ☐☐의 내용과 근로자의 법적 권리

3 ☐☐와 관련된 근로자의 법적 권리

4 ☐☐ 및 부상과 사업주 및 관리자의 ☐☐ 행위에 대한 근로자의 법적 권리

↓

중심 화제	근로자(의) 법적인 보호

↓

주제	근로자의 다양한 법적 권리

Q 유형 문제

㉠~㉤의 사전적 의미로 적절하지 않은 것은?

① ㉠: 물체를 환히 꿰뚫어 봄.
② ㉡: 본래의 수에 더하여 셈함.
③ ㉢: 서류나 물건을 내어 줌.
④ ㉣: 상대편에게 일정한 행위를 요구하는 일
⑤ ㉤: 부주의나 태만 따위에서 비롯된 잘못이나 허물

A 유형 해결

전략 1 핵심어와 핵심 문장을 체크하며 지문을 읽는다.

'근로자', '법적인 보호', '근로 계약', '해고' 등 중요한 단어와 어구에 도형이나 밑줄을 표시하며 지문을 읽으렴.

전략 2 문제에서 묻는 단어의 앞뒤 문맥을 바탕으로 단어의 의미를 이해한다.

선지에 제시된 단어의 의미를 문장에 넣어 문장을 다시 읽어 보며 뜻이 어색하게 읽히는 문장이 있는지 확인하자.

전략 3 선지의 의미를 지문에 바꾸어 넣어 그 의미가 적절한지 판단한다.

㉡은 임금의 50%를 본래의 임금에 더하여 셈한다는 의미니까 적절해. ㉢은 근로 계약서를 내어 준다는 의미이고, ㉣은 해고 수당을 달라고 요구할 수 없다는 의미니까 알맞게 쓰였음을 알 수 있어. ㉤은 근로자 본인의 부주의나 태만 따위에서 비롯된 잘못이라는 의미이므로 바르게 쓰였어. 그런데 ㉠의 경우 근로 조건을 분명하게 드러내 보인다는 의미인데, '물체를 환히 꿰뚫어 봄'이라고 했으므로 적절하지 않지. 이런 뜻의 단어는 '명시(明示)'가 아니라 '투시(透視)'라고 해.

정답 근로자, 근로 계약, 해고, 치료, 위법 | ①

최근 예술 분야에서는 과학 기술을 이용하여 새로운 장르를 ⓐ개척하려는 시도가 이루어지고 있다. 이러한 배경을 바탕으로 등장한 예술의 하나가 바로 ㉠'엑스레이 아트(X-ray Art)'이다. 엑스레이 아트는 엑스레이 사진을 활용하여 만든 예술 작품을 의미한다.

5 엑스레이 아트의 거장인 닉 베세이는 엑스레이를 활용하여 오브제 내부에 ⓑ주목한 작품을 만들었다. 그는 「튤립」이라는 작품을 통해 꽃봉오리에 감추어진 암술과 수술을 드러냄으로써, 꽃의 보이지 않는 내부의 아름다움을 탐색하였다. 또한 「셀피」라는 작품을 통해 현대 사회의 외모 지상주의를 비판하기도 했다. 이 작품은 자기 얼굴을 찍는 사람의 모습을 엑스레이로 촬영한 것으로, 엑스레이로 인체를 촬영
10 할 경우 외양이 드러나지 않는 점을 이용하여 창작 의도를 나타낸 것이다.

엑스레이 아트의 창작 의도를 ⓒ구현하기 위해서는 오브제의 특성을 고려해야 한다. 이는 오브제의 재질과 두께에 따라 엑스레이의 투과율이 달라지기 때문이다. 이러한 이유로 엑스레이 아트에서는 엑스레이가 투과되지 않는 물질이 포함된 오브제를 배제하기도 하고, 역으로 이를 활용하기도 한다. 촬영을 할 때에는 오브제의
15 두께에 따라 엑스레이의 강도와 오브제에 엑스레이가 투과되는 시간을 조절해야 의도하는 명도의 사진을 얻을 수 있다. 또한 오브제와 근접한 거리에서 촬영해야 하는 엑스레이의 특성상, 가로 35cm, 세로 43cm인 엑스레이 필름의 크기보다 오브제가 클 경우 오브제를 여러 부분으로 나누어서 촬영한다. 한편 작품 창작 의도를 구현하는 데 오브제의 모든 구성 요소가 필요하지 않다면 오브제의 일부 구성 요소만 선택
20 하여 창작 의도를 드러낼 수도 있다. 그리고 오브제가 겹쳐 있을 경우, 창작 의도와 다른 사진이 나올 수 있으므로 이를 고려하여 오브제를 적절하게 ⓓ배치하고 촬영 각도를 결정한다.

이렇게 촬영한 엑스레이 사진은 컴퓨터 그래픽 작업을 거치는데, 창작 의도를 드러내기 위해 여러 장의 사진을 합성하기도 한다. 특히 항공기 동체와 같이 크기가
25 큰 대상을 오브제로 삼아 여러 날에 걸쳐 촬영할 경우, 촬영할 당시의 기온, 습도 등의 영향으로 각각의 사진들마다 명도가 다르게 나타날 수 있다. 그러므로 그래픽 작업을 통해 사진들의 명도를 보정한 뒤, 이 사진들을 퍼즐처럼 맞추어 하나의 사진으로 합성하여 작품을 완성한다.

엑스레이는 대상의 골격이나 구조를 노출하는 기술이라는 점에서 차가운 느낌을
30 주기도 한다. 하지만 이를 활용한 엑스레이 아트는 발상의 전환을 통해 감상자들에게 기존의 예술 작품과는 다른 미적 감수성을 불러일으킨다는 점에서 현대 예술의 외연을 넓히는 데 ⓔ기여하였다는 평가를 받고 있다.

글의 핵심 이해

: 글을 읽고 빈칸을 채우시오.

문단 요약

1 ☐☐☐☐☐ ☐☐의 개념

2 엑스레이 아트로 창작 의도를 나타낸 ☐☐☐☐

3 ☐☐☐ 특성을 고려한 엑스레이 아트의 창작 의도 구현

4 ☐☐을 이용한 엑스레이 아트의 창작 의도 구현

5 ☐☐☐☐ ☐☐에 대한 예술적 평가

↓

중심 화제   엑스레이 아트

↓

주제   엑스레이 아트의 개념과 창작 의도 구현 방법

01 ㉠의 의의로 가장 적절한 것은?

① 오브제를 찍은 사진에 의도적인 변형을 가하여 오브제의 실체를 감추는 예술이다.

② 실존하지 않는 대상을 그래픽 작업으로 만들어 사회의 병폐를 풍자하는 예술이다.

③ 인체나 사물의 외양을 있는 그대로 드러냄으로써 아름다움의 의미를 구현하는 예술이다.

④ 눈에 보이지 않을 만큼 작은 오브제를 가시화하여 대상의 본질에 대해 탐색하는 예술이다.

⑤ 겉으로 드러나지 않는 오브제의 내부를 의도적으로 보여 주어 예술의 영역을 확장한 예술이다.

02 ⓐ~ⓔ의 사전적 의미로 적절하지 않은 것은?

① ⓐ: 새로운 물건을 만들거나 새로운 생각을 내어놓음.

② ⓑ: 관심을 가지고 주의 깊게 살핌.

③ ⓒ: 어떤 내용이 구체적인 사실로 나타나게 함.

④ ⓓ: 사람이나 물자 따위를 일정한 자리에 알맞게 나누어 둠.

⑤ ⓔ: 도움이 되도록 이바지함.

☀ **유형 해결 전략**

단어의 앞뒤 문맥을 통해 단어의 문맥적 의미를 추론해 본다. 또한 문장 성분 간의 호응 관계를 고려하여 단어의 의미를 추측할 수도 있다.

⬇

'새로운 물건을 만들거나 새로운 생각을 내어놓음.'이라는 의미는 '개척'의 의미로 적절하지 않다.

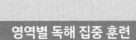

독해 실전 Ⅱ

덕(德) 윤리의 현대적 의의

유교에서는 인(仁), 의(義), 예(禮), 지(智)를 4덕(德)이라 하는데, 이 중 유교의 핵심 개념이자 중심 덕목은 인(仁)이다. 맹자는 동정과 사랑의 감정은 인의 단초이며 측은지심(惻隱之心)이 없다면 인간이 아니라고 했다. 또한 측은지심을 우리에게 가까운 사람만이 아니라 그렇지 않은 사람에게까지 일관되게 확대하고자 노력할 때 얻어지는 결과가 인이라고 했다. 측은지심이 도덕의 잠재적 씨앗이라면 인은 측은지심이 성숙하여 얻어진 온전한 덕목이라 본 것이다.

의(義)는 일반적으로 옳음으로 해석된다. 인이 도덕의 원천이요 기원이라 한다면 의는 도덕 판단으로서 행위자로 하여금 도덕적 실천으로 인도하는 것이라 할 수 있다. 덕목으로서 의는 본질적으로 도덕 판단을 내리는 것을 함축하는 까닭에 의를 적절함 혹은 적합함이라고도 한다. 주희는 맹자를 해석하면서 '의는 인에 대한 판단'이라며 '특수 상황에서 적절한 도덕 판단을 내리는 능력'으로 해석했다.

㉠예(禮)는 원래 제물 혹은 관행을 가리키는 말이었으나 시대와 더불어 하나의 덕목으로 발전하고 나아가 모든 규칙, 법규, 형식, 관습, 의례 등을 총칭하는 이름이 되었다. 맹자는 예가 인, 의와 맺는 관계에 주목하였다. 그는 예의 중심적 성격은 인에 대해 적합한 형식을 제시하는 것이라 했다. 또한 의는 본질적으로 인에 대한 판단을 내포하는 데 비해, 예는 그렇게 확립된 판단들에 대한 정당화된 규칙과 예절들을 의미한다.

지(智)는 지혜나 지식 혹은 도덕의식으로 해석될 수 있다. 지는 시비지심(是非之心)에서 발현된 덕목으로서 그에 의거해서 인과 의를 인식하고 파악함을 뜻한다. 주희에 따르면 지는 인에 의거해서 도덕적으로 분별하는 능력이다. 그런데 지와 의는 모두 도덕적 분별과 판단을 내포하며 양자 모두 옳은 것에 대한 인지뿐만 아니라 그에 따라 행위해야 한다는 적극적 의무감을 내포한다. 그러면 지와 의의 차이점은 무엇인가? 의는 행위 주체가 당면하고 있는 구체적 상황과 관련되지만 지는 행위 주체가 대면하지 않은 상황까지도 평가함을 의미한다. 즉, 의가 본질적으로 인에 의해 주어지는 도덕 판단이라면 지는 그러한 판단의 진리 가치를 확인하는 것과 관련되는 인지 능력이라고 할 수 있다.

유교 윤리의 기본이 인이긴 하나 인은 공동체적 유대를 강하게 갖는 소규모 마을 공동체에 적합한 규범이라 할 수 있다. 사회가 보다 복잡화·다원화되는 과정에서 현실 도덕의 무게 중심이 인에서 의로 전환하지 않을 수 없다. 시대가 더 발전하면서 의와 같은 추상적이고 일반적인 원칙이나 판단은 행위 지침으로서 불확실성과 미결정성을 보이게 되어 시소(時所)에 보다 적절한 명시적이고 구체적이며 세목에 걸친 규칙 체계로서 예와 같은 규범을 필요로 하게 된다. 인으로부터 의로, 의로부터 예로 사상의 중심이 변한 것은 개인 도덕으로부터 사회 도덕, 주관적 윤리로부터 객관적 윤리로 전환하는 것을 의미한다. 즉 윤리 도덕의 사회화, 객관화 과정을 의미하는 것이다.

+ **측은지심(惻隱之心):** 사단(四端)의 하나. 불쌍히 여기는 마음을 이름.
+ **시비지심(是非之心):** 사단(四端)의 하나. 옳고 그름을 가릴 줄 아는 마음을 이름.
+ **시소(時所):** 시간과 장소

---

01 윗글의 내용과 일치하지 <u>않는</u> 것은?

① 유교의 4덕 중에 가장 중심이 되는 덕목은 '인'이다.
② 주희는 '의'를 특수한 상황에서 '인'에 부합하는 판단을 내리는 것으로 보았다.
③ 사회가 복잡화되는 과정에서 유교 윤리의 중심이 '인'에서 '의'로 이동하게 된다.
④ '의'와 달리 '지'는 세세한 항목에 이르기까지 옳은 행위를 구체적으로 적시한 규칙이다.
⑤ '인'은 측은지심을 자신과 가깝지 않은 사람에게까지 일관되게 확대할 때 얻어지는 것이다.

02 ㉠에 대한 설명으로 가장 적절한 것은?

① 상황에 따라 적절하게 도덕적 판단을 내리는 것을 말한다.
② 때와 장소에 상관없이 고정되어 있어 변하지 않는 규칙이다.
③ 공동체적 유대를 강하게 갖는 작은 집단에 적절한 규범이다.
④ '인'을 기준으로 한 판단의 진리 가치 여부를 판별하는 사고의 과정이다.
⑤ 내면적 심성인 '인'과 '의'를 객관적 상황에 맞게 외적으로 표현하는 규칙이다.

03 윗글을 참고하여 〈보기〉를 해석한 내용으로 적절하지 <u>않은</u> 것은?

> ▶ 보기 ◀
>
> 　사람은 모두 다른 사람의 고통을 차마 내버려 두지 못하는 마음을 가지고 있다. 예컨대 어린아이가 우물 쪽으로 기어가서 빠질지 모르는 장면을 본다면 모두 깜짝 놀라서 가엾고 불쌍하게 여기는 마음이 든다. 이런 마음이 드는 이유는 아이를 구하고서 아이의 부모와 친분을 맺기 위한 것도 아니고 마을 사람들과 친구들의 칭찬을 받으려는 것도 아니며, 아이를 구하지 않았다는 나쁜 소리를 듣기 싫어서도 아니다. 이런 사실로 미루어 본다면 가엾고 불쌍히 여기는 마음을 느끼지 못한다면 사람이라고 할 수 없다.
> 　　　- 맹자

① 우물로 기어가서 빠질지도 모를 아이를 가엾고 불쌍하게 여기는 마음이 '인'의 본질에 해당하겠군.
② 아이가 우물에 빠지기 전에 아이를 구해야 한다고 생각했다면 이는 '의'가 행해진 것으로 볼 수 있겠어.
③ 위험에 처한 아이를 보면 구하려는 노력을 해야 한다는 것을 규칙으로 정해 놓았다면 이는 '예'가 가진 한계를 극복하기 위해서이겠군.
④ 만약 이 아이가 그전부터 가깝게 지내던 사람의 아이라서 불쌍하게 여기는 마음이 생겼다면 이는 온전한 의미의 '인'으로 볼 수 없겠어.
⑤ 아이가 우물로 기어가서 빠질 수도 있는 특수한 상황에 국한하지 않고 위험에 처한 모든 이들을 돕는 것이 가치가 있는 행위임을 인식하는 것이 '지'의 작용이로군.

고대 그리스 시대의 영혼 개념

오늘날 "저 사람은 영혼이 없어."라는 말은 인간미가 없다는 것을 의미한다. 즉 여기에서 영혼은 물질적인 것이 아닌 정신적인 것을 의미한다고 볼 수 있다. 그러나 오늘날의 이러한 영혼 개념은 고대 그리스 시대의 영혼 개념과는 다른 것이다. 고대 그리스 시대에 영혼 개념은 그 의미에 있어서 변화를 겪는다. 그리고 그 변화를 통해서 형성된 영혼 개념이 오늘날 일반적으로 인식되는 의미의 영혼 개념으로 사람들에게 받아들여지게 되었다.

영혼이라는 말은 고대 그리스 시대 초기에는 고차원적인 정신 활동을 뜻한 것이 아니라 생명을 뜻했으며 사실 그 ㉠생명 개념조차도 처음에는 지극히 물질적이고 단순한 개념이었다. 물질이라고 하더라도, 예컨대 물, 공기, 불 같은 것들은 손으로 잡을 수가 없는 신비한 것들인데, 영혼은 이런 물질들과 달리 분명한 형태를 가진 감각 가능한 것으로 받아들여졌기 때문이다. 예를 들어, 호메로스의 「일리아드」에서는 파트로클로스가 사르페돈을 죽이는 장면이 나오는데, 창에 박힌 심장을 뽑아내는 행위가 영혼을 빼내는 행위라고 표현되어 있다. 그러나 시간이 흐르면서 영혼 개념은 ㉡공기와 같은 신비한 물질로 받아들여지게 된다. 그리스 인들은 공기가 생명의 호흡에 반드시 필요한 물질이면서 동시에 모든 물질 중에서 가장 가볍고, 가장 투명하고, 가장 순수하고, 가장 존귀한 물질로 인식하였는데, 영혼 또한 그러하다고 생각했다.

그런데 소크라테스 시대에 이르러 영혼에 대한 완전히 다른 개념이 등장한다. 이제 영혼이라고 하는 것은 신비한 물질이 아니라 물질적인 것과는 완전히 대조되는, 물질적인 것과는 범주가 아예 다른 어떤 존재로 파악된다. 소크라테스 시대에 와서야 비로소 피시스(physis)와 노모스(nomos)가 분명하게 구분되기 시작하면서 인간은 스스로를 자연 바깥에 위치시키게 된다. 이런 변화 속에서 소크라테스는 물질, 신체와 대비되는 영혼, 정신이라는 개념을 명확하게 제시한다. 소크라테스의 관점에서, 인간이란 존재는 현실적으로 아주 속된 존재이며, 피상적인 쾌락을 찾는 존재이다. 그러나 소크라테스는 ㉢인간의 진정한 본성이 영혼이라는 것, 그 영혼은 이전의 철학자들이 자연의 세계라는 범주에서 다루었던 존재들과는 전혀 판이한 어떤 대상이라는 것, 그 영혼을 갈고닦는 것이 중요하다는 것, 그리고 자신의 영혼을 더럽히지 않고 고결한 영혼으로 사는 것이야말로 가장 소중하다는 것을 가르쳤다.

이처럼 영혼이 자연에 대비되는 개념이 된 것은, 자연 개념이 문화에 대비되는 반쪽으로 전락했음을 뜻할 수도 있지만, 동시에 인간이 자연으로부터 떨어져 나와 자신의 독특한 정신적 잠재력을 분명하게 깨닫게 되었음을 뜻하기도 한다. 고대 그리스 초기에 지배적이었던 영혼 개념의 의미가 소크라테스 시대를 거치며 변화된 양상이 가지는 양면적 가치를 여기에서 확인할 수 있다.

글의 핵심 이해

∴ 글을 읽고 빈칸을 채우시오.

문단 요약

1 고대 ▢▢▢ 시대의 영혼 개념에서 유래한 오늘날의 영혼 개념

2 고대 그리스 시대 초기와 시간이 흐른 후의 ▢▢ 개념

3 ▢▢▢▢▢ 시대의 영혼 개념

4 고대 그리스 시대의 영혼 개념 ▢▢가 지니는 의미

↓

중심 화제 고대 그리스 시대의 영혼 개념

↓

주제 고대 그리스 시대의 영혼 개념의 변화와 그 의미

01 윗글의 내용 전개 방식에 대한 설명으로 가장 적절한 것은?

① 현상의 원인을 다양한 측면에서 심층적으로 분석하고 있다.

② 다양한 관점들을 소개하면서 이를 변증법적으로 절충하고 있다.

③ 시대의 흐름에 따라 핵심 개념의 의미 변화 과정을 설명하고 있다.

④ 통념에 대한 의문을 제기하고 구체적 근거를 들어 주장을 펼치고 있다.

⑤ 문제를 상정하고 그와 유사한 상황들을 분석하여 대안을 모색하고 있다.

02 윗글을 통해 알 수 있는 내용으로 적절하지 않은 것은?

① 오늘날 일반적으로 인식되는 영혼 개념의 근원

② 피시스와 노모스의 구분과 영혼 개념 변화의 관계

③ 호메로스의 영혼 개념과 오늘날의 영혼 개념의 유사점

④ 고대 그리스 초기와 소크라테스 시대의 영혼 개념의 차이

⑤ 영혼이 공기와 같은 신비한 물질로 받아들여지게 된 이유

03 ㉠~㉢에 대한 설명으로 적절하지 <u>않은</u> 것은?

① ㉠은 ㉡과 달리 분명한 형태를 지닌 감각적인 것이다.

② ㉠은 ㉡, ㉢과 달리 자연의 신비한 속성을 지니고 있다.

③ ㉠, ㉡은 ㉢과 달리 물질적인 범주에 속하는 대상이다.

④ ㉢은 ㉡과 달리 인간이 함양하고 고양해야 할 대상이다.

⑤ ㉠, ㉡, ㉢ 모두 동일한 개념을 설명하고 있다.

04 윗글의 소크라테스가 〈보기〉의 Ⓐ에 대해 보일 수 있는 반응으로 가장 적절한 것은?

> ┌→ 보기 ←
>
> Ⓐ플라톤은 영혼을, 배우는 부분인 이성, 격정을 느끼는 부분인 기개, 그리고 온갖 욕구들과 관련된 욕망으로 나누어 설명한다. 그중에서 배우는 부분인 이성은 교육과 특히 긴밀한 관계가 있다. 배우는 부분을 올바르게 훈련시켜 훌륭한 삶을 살 수 있도록 하는 것이 교육의 중요한 과제라고 플라톤은 말한다.

① Ⓐ는 영혼을 갈고닦는 것의 중요성을 인정하고 있군.

② Ⓐ는 신체와 정신을 동일한 것으로 받아들이고 있군.

③ Ⓐ는 피시스와 노모스의 명확한 구분을 부정하고 있군.

④ Ⓐ는 인간이 현실적으로 속된 존재라는 점을 간과하고 있군.

⑤ Ⓐ는 영혼의 세 부분을 피상적인 쾌락과 연관 지어 설명하고 있군.

 삼단 논법

삼단 논법은 두 개의 전제와 하나의 결론으로 구성된, 즉 세 개의 기본적인 명제를 가진 연역 추리이다. 삼단이라고 하는 것은 두 개의 명제(전제)로부터 세 번째의 명제(결론)를 이끌어 내기 때문이다. 타당한 삼단 논법에서는 전제가 결론을 함의한다. 왜냐하면 전제가 참일 경우에는 결론이 반드시 참이어야 하기 때문이다.

5 삼단 논법의 일반적 형식에는 범주적, 조건적, 선언적 삼단 논법의 세 가지가 있다. 범주적 삼단 논법은 정언 명제를 포함하고 있다. 정언 명제란 문장에서 주어의 양, 즉 전체와 부분, 그리고 술어의 질, 즉 긍정과 부정을 고려하여 만들어진 명제이다. 여기서 주어가 범주의 모든 원소를 가리키는 경우를 전칭 명제, 일부 원소를 가리키는 경우를 특칭 명제라고 한다. 또한 술어가 긍정일 경우 긍정 명제, 부정일 경
10 우 부정 명제라고 한다. 그러므로 '모든 S는 P이다.'는 전칭 긍정 명제가 되며, '어떤 S는 P가 아니다.'는 특칭 부정 명제가 되는 것이다. 이 중 원소 모두를 가리키는 경우를 주연이라고 하며 적어도 하나의 원소를 가리키는 경우를 부주연이라고도 한다. 타당한 범주적 삼단 논법에서는 전제에서 부주연된 개념을 결론에서 주연시켜서는 안 된다. 예를 들어 ㉠'모든 고래는 포유동물이다. → 어떤 고양이는 포유동물
15 이 아니다. → 모든 고양이는 고래가 아니다.'라는 삼단 논법은 타당하지 못하다. 부주연된 어떤 고양이가 결론에서 주연되었기 때문에 전제가 결론을 함의하지 못하는 것이다.

조건적 삼단 논법은 '만약에 ~ 라면', '그렇다면 ~ 이다.'란 조건문의 형식을 취하는 삼단 논법이다. 여기서 '만약'에 해당하는 절은 전건을, '그렇다면'에 해당하는 절은
20 후건을 가리킨다. 조건적 삼단 논법의 타당한 형식은 전건을 긍정하거나 후건을 부정하여 결론을 이끌어 낸다. 따라서 '만약에 먹구름이 생기면 비가 올 것이다. → 먹구름이 생겼다. → 비가 올 것이다.'라는 명제는 전건을 긍정하여 결론을 이끌어 내는 삼단 논법이다. 조건적 삼단 논법이 타당성을 갖추려면 전건을 부정하고 후건을 긍정해서는 안 된다. 위 예문에서 먹구름이 생기지 않았으니 비가 올 것이라고 하는
25 것은 이치에 맞지 않는 것이다. 마찬가지로 전건을 긍정하고 후건을 부정하는 형식도 타당하지 못하다. 조건적 삼단 논법이 타당한 형식을 갖추었다고 해도 근본적인 한계는 있다. 전건을 부정했을 경우, 결론을 증명하기가 힘들기 때문이다. 위 예문의 경우 먹구름이 생기지 않았다고 해도 여전히 비가 올 가능성은 있는 것이다. 그러므로 조건적 삼단 논법이 의미 있는 결론을 이끌어 내기 위해서는 '오로지 이 경우
30 에만'으로 시작되는 전건이 필요하다.

선언적 삼단 논법은 '~이거나 아니면 ~'이라는 명제로 시작하여, 선택할 수 있는 것들 중 하나를 선택하거나 거부하고서, 다른 하나에 관한 결론에 이르는 논법이다.

: 글을 읽고 빈칸을 채우시오.

문단 요약

1 □□□□의 개념
2 □□□ 삼단 논법의 개념과 특징
3 □□□ 삼단 논법의 개념과 특징
4 □□□ 삼단 논법의 개념과 특징

⬇

| 중심화제 | 삼단 논법 |

⬇

| 주제 | 삼단 논법의 종류와 특징 |

따라서 다음의 예문은 선언적 삼단 논법에 해당한다. '우리는 해변으로 가거나 아니면 카드놀이를 할 것이다. → 우리는 카드놀이를 하지 않을 것이다. → 우리는 해변으로 갈 것이다'. 주의할 점은 선언적 삼단 논법에 사용되는 '거나'의 의미이다. 일상 언어에서 '거나'는 '이것이나 저것이긴 하지만 둘은 아니다.'라는 의미로 사용된다. 하지만 논리학에서 그 의미는 '이것이나 저것이나 둘 다이다.'라는 의미이다. 따라서 선언적 삼단 논법은 명확한 결론을 도출해 낼 수 없는 경우가 있다. 위 예문의 경우 해변에 가서도 카드놀이를 할 수 있다는 결론이 나올 수 있기 때문이다. 결국 ⓒ선언적 삼단 논법은 서로 양립할 수 없는 선택이 제시된 경우에만 타당한 결론이 허용된다.

⁺**연역 추리(演繹推理)**: 어떤 명제로부터 추론 규칙에 따라 결론을 이끌어 냄. 또는 그런 과정
⁺**함의(含意)**: 말이나 글 속에 어떠한 뜻이 들어 있음. 또는 그 뜻

---

01 윗글의 논지 전개 방식에 대한 설명으로 가장 적절한 것은?

① 중심 화제의 속성을 유추의 방법으로 설명하고 있다.
② 중심 화제의 변화 과정을 통시적인 관점에서 고찰하고 있다.
③ 중심 화제를 분류한 후 각각의 특징을 예시의 방식으로 설명하고 있다.
④ 중심 화제를 다른 대상과 비교하여 그 공통점과 차이점을 제시하고 있다.
⑤ 중심 화제를 제시한 후 그에 대한 다양한 입장을 분류하여 서술하고 있다.

02 ㉠과 같은 논리적 오류를 범하고 있는 예로 가장 적절한 것은?

① 모든 나무는 동물이 아니다.
　모든 꽃은 동물이 아니다.
　모든 나무는 꽃이 아니다.
② 모든 남자는 인간이다.
　어떤 인간은 학생이다.
　모든 남자는 학생이다.
③ 어떤 남자는 회사원이다.
　모든 회사원은 국민이다.
　모든 남자는 국민이다.
④ 어떤 학생회 임원은 여학생이다.
　어떤 학생회 임원은 남학생이다.
　어떤 여학생은 학생회 임원이다.
⑤ 모든 고등학교 학생은 청소년이다.
　어떤 고등학교 학생은 남학생이다.
　모든 청소년은 고등학교 학생이다.

03 〈보기〉에 대한 이해로 적절하지 <u>않은</u> 것은?

> → 보기 ←
>
> 눈이 오면 썰매장에 갈 것이다.
> 눈이 오지 않았다.
> 썰매장에 가지 않을 것이다.

① '눈이 오다'라는 명제를 부정하므로 전건을 부정한 형식이다.
② '썰매장에 갈 것이다'라는 명제를 부정하면 전건을 긍정해야 타당한 형식이 된다.
③ '만약 눈이 온다면 썰매장에 갈 것이다.'라는 조건문의 형식을 취하므로 조건적 삼단 논법에 해당한다.
④ '눈이 오면'이라는 명제를 부정하면 후건인 '썰매장에 갈 것이다'를 부정해야 타당한 형식을 갖추게 된다.
⑤ 눈이 오지 않았다고 해도 썰매장에 갈 가능성은 있으므로 '오직 눈이 올 경우에만'이라는 전건이 필요하다.

04 ⓛ의 이유를 추론한 것으로 가장 적절한 것은?

① 첫 번째 전제가 특칭 명제이면 명확한 결론을 도출해 낼 수 없기 때문이다.
② 첫 번째 전제가 긍정 명제이면 명확한 결론을 도출해 낼 수 없기 때문이다.
③ 두 번째 전제가 부정 명제이면 명확한 결론을 도출해 낼 수 없기 때문이다.
④ 첫 번째와 두 번째 전제의 술어의 질이 같으면 명확한 결론을 도출해 낼 수 없기 때문이다.
⑤ 첫 번째와 두 번째 전제의 주어의 양이 같으면 명확한 결론을 도출해 낼 수 없기 때문이다.

과거 그리스와 로마의 철학자들이 분노에 주목한 이유 중 하나는 분노와 행복이
밀접한 관계가 있다고 생각했기 때문이다. 그중 이성적인 인간뿐만 아니라 분노할
때 분노할 수 있는 인간이 행복할 수 있다고 본 ㉠아리스토텔레스는 부당한 모욕에
대해 무감각한 인간은 자신의 자존감을 세우지 못하므로 결과적으로 도덕적 주체가
5 될 수 없다고 말한다. 그는 분노를 야기한 모욕이 자신의 가치와 정당한 몫을 훼손
시키거나 부정했다는 지적인 판단을 거치고, 그러한 부당함이 하나의 분명한 사실
로서 공인된 경우, 마땅히 분노해야 한다고 본다. 물론 이 경우에도 아리스토텔레스
는 '마땅한 일로, 마땅한 때에, 마땅한 대상에게, 마땅한 방식으로, 마땅한 목적을
위해 화를 내는' 중용에 따른 분노여야 도덕적 차원에서 정당화될 수 있고, 정당화된
10 분노라면 인간의 삶과 공동체에 긍정적인 영향을 미친다고 주장한다. 하지만 그는
분노를 발생시킨 모욕이 어떤 불가피한 상황 속에서 의도적이지 않게 이루어진 것
이거나 모욕을 준 사람이 자신의 잘못을 인정하고 뉘우치는 경우에는 분노보다는
용서가 이루어져야 함을 인정한다.

반면에 스토아학파인 ㉡세네카는 아리스토텔레스와 그 계승자들의 분노론을 비
15 판한다. 세네카는 분노를 광기처럼 인간이 이성과 조언에 귀를 기울이지 않고, 격분
하여 정의와 진리를 구분하지 못하게 하는 악으로 보고 행복을 위해서는 이를 완전
히 제거해야 함을 강조한다. 세네카는 우리 모두가 같은 상황에서 같은 악행을 범할
수 있음을 인정하고 모욕을 준 상대방의 입장에서 상황을 재구성해 판단해야 하며,
부당한 대우와 같은 상대방의 행위가 분명히 부정의한 인격적 모독인 경우에도 악
20 행자에 대한 처벌이나 복수가 아니라 용서와 관용이 적절한 대처법이라고 말한다.
그에 의하면 악행을 범한 자들은, 마치 환자나 광인처럼 인간적인 성질을 상실하거
나 실수로 그러한 행위를 한 것으로 볼 수 있기 때문이다. 그렇기 때문에 세네카는
분노의 뿌리를 완전히 뽑아 분노로부터 우리가 자유로워져야 하며, 분노가 아닌 용
서를 통해 자신의 최고선을 실현해야 한다고 주장하는 것이다.

25 한편, 행복을 위해 '자연적이며 필수적인 욕구'를 추구하는 에피쿠로스학파 중
필로데모스는 분노를 단적으로 선이나 또는 악으로 규정해서는 안 된다고 말한다. 그
는 분노를 '자연적 분노'와 비자연적인 '@헛된 분노'로 나누고 전자는 인정하고 후자
는 부정한다. 왜냐하면 좋은 성향을 갖고 사태의 본질과 악행의 크기와 손해를 올바
르게 평가한 것을 근거로 한 '자연적 분노'는, 현자의 분노이며 이는 곧 선이라고 보
30 았지만, 타락한 성향을 갖고 사태에 대한 잘못된 판단이나 믿음으로 인한 '헛된 분노'
는, 곧 악이라고 보았기 때문이다. 예를 들면 제자의 올바르지 못함을 솔직하게 비판
하고 벌을 주는 현자의 가르침은 제자들에 대한 사랑에서 비롯된 분노이므로 그는

: 글을 읽고 빈칸을 채우시오.

문단 요약

1 □□□□□□□의
분노에 대한 견해

2 □□□의 분노에 대한 견
해

3 □□□□□의 분노에
대한 견해

↓

중심화제	분노

↓

주제	아리스토텔레스, 세네카, 필로데모스의 분노에 대한 견해

이를 '자연적 분노'로 보는 것이다. 이렇듯 분노를 두 종류로 구분한 필로데모스는 아리스토텔레스 철학을 계승하여 분노를 긍정적으로만 보는 페리파토스학파나 분노 무용론을 주장하는 스토아학파에 대해 ⓑ비판적인 견해를 제시하기도 하였다.

---

* **스토아학파(stoa學派):** 기원전 3세기 초에 제논(Zenon)이 창시한 그리스 철학의 한 학파
* **현자(賢者):** 어질고 총명하여 성인에 다음가는 사람

---

01 윗글의 내용과 일치하지 <u>않는</u> 것은?

① 아리스토텔레스가 말하는 정당화된 분노는 모욕에 대한 이성적인 판단을 전제로 한다.

② 세네카는 인간이 완벽하지 않은 존재임을 인정한다면 인간이 분노로부터 자유로울 수 있다고 보았다.

③ 필로데모스는 분노하는 사람의 성향에 따라 서로 다른 종류의 분노를 보여 준다고 보았다.

④ 아리스토텔레스와 필로데모스는 사랑을 바탕으로 한 분노를 긍정적으로 평가하지만, 세네카는 모든 분노를 광기와 비슷하다고 보았다.

⑤ 아리스토텔레스, 세네카, 필로데모스 모두 분노에 대한 태도가 인간의 행복과 관련이 있다고 보았다.

02 ㉠과 ㉡의 입장에서 〈보기〉를 이해한 내용으로 적절하지 <u>않은</u> 것은?

> **보기**
>
> • A는 만나기로 약속했던 친구가 연락도 없이 오지 않았지만 친구에게는 화를 내지 않았다. 그렇지만 집에 들어온 A는 무슨 일이 있냐고 자꾸 물어보시는 어머니께 짜증을 냈다.
>
> • 유명한 음식점에 갔다가 허름한 옷을 입었다는 이유만으로 출입을 제지당한 B는 음식점 주인에게 강력하게 항의하여 사과를 받아 냈다. 그 후 복장과 상관없이 누구나 그 음식점에서 맛있는 음식을 즐길 수 있게 되었다.

① ㉠의 입장에서 어머니께 짜증을 낸 A의 행동은 '마땅한 대상'에게 화를 낸 것이 아니므로 도덕적 차원에서 정당화될 수 없겠군.

② ㉡의 입장에서 연락도 없이 약속을 어긴 친구의 행동에 A가 화를 내지 않은 것은 적절한 대처라고 할 수 있겠군.

③ 친구가 오다가 사고가 나서 만나기로 한 장소에 오지 못했던 것이라면 ㉠은 A가 친구를 용서해야 한다고 생각하겠군.

④ ㉠과 ㉡은 모두 허름한 옷차림 때문에 출입을 제지당한 B가 모욕감을 느낄 수 있다고 생각하겠군.

⑤ B가 항의함으로써 누구나 음식점에 들어갈 수 있게 된 것이라면 B의 행동에 대해 ㉠과 ㉡은 모두 긍정적으로 평가하겠군.

03 ⓐ의 사례로 가장 적절한 것은?

① 거짓말을 한 직원에게 거짓말이 개인과 회사에 미치는 영향을 언급하며 비판하는 직장 상사의 분노

② 지하철 노약자석에 앉은 젊은이에게 노약자석을 지정한 의미를 가르쳐 주며 화를 내는 어르신의 분노

③ 길을 걸으면서 음식을 먹는 사람에게 음식물 쓰레기를 함부로 버리는 것의 문제점을 지적하는 청소부의 분노

④ 공적 지위를 활용하여 개인적 이득을 취한 국회 의원에게 공직자의 바른 자세를 제시하며 이를 지키라고 하는 유권자의 분노

⑤ 공중 화장실에서 줄을 서지 않고 새치기하는 사람에게 질서를 지키지 않는 것이 공익을 해치는 것임을 알려 주며 지적하는 시민의 분노

04 ⓑ에 해당하는 내용을 추론한 것으로 가장 적절한 것은?

① 페리파토스학파는 제한된 경험을 기준으로, 스토아학파는 검증되지 않은 진리를 바탕으로 분노를 구분한다는 점에서 문제가 있다.

② 페리파토스학파는 '헛된 분노'의 잘못된 영향력을 과소평가한다는 점에서, 스토아학파는 '자연적 분노'까지 모두 부정한다는 점에서 문제가 있다.

③ 페리파토스학파는 자기 방어를 위한 분노의 필요성만을 역설한다는 점에서, 스토아학파는 개인적인 분노의 한계만을 역설한다는 점에서 문제가 있다.

④ 페리파토스학파는 '자연적 분노'와 '헛된 분노'를 혼동하고 있다는 점에서, 스토아학파는 '자연적 분노'와 '헛된 분노'의 차이점만을 강조한다는 점에서 문제가 있다.

⑤ 페리파토스학파는 분노의 유용성을 간과하고 있다는 점에서, 스토아학파는 분노가 인간이라면 누구나 느끼는 보편적 감정이라는 것을 간과하고 있다는 점에서 문제가 있다.

합리적 기권 이론

공공 선택 이론은 경제학적 방법을 이용해 공공 부문에 대한 의사 결정을 분석하는 것으로, 기본적으로 합리적 선택을 가정한다. 즉 사람은 자신의 개인적 이익을 우선시하며 현재보다 나은 상황을 위해 계산된 선택을 하게 된다는 것이다. 이러한 가정에 따라 유권자가 투표에 참여하는 것보다 참여하지 않는 것이 더 합리적 선택이라는 것을 합리적 기권이라고 한다.

다운즈는 합리적인 유권자가 투표에 참여할 것인가를 결정하는 상황을 'R=p×B-C'로 모형화하였다. 이때 R은 유권자가 투표에 참여함으로써 얻는 이득을, p는 유권자의 한 표가 자신이 선호하는 후보자를 당선시키는 데 기여할 수 있는 확률을, B는 유권자 자신이 선호하는 후보자가 당선됨으로써 얻을 수 있는 효용을, 그리고 C는 유권자가 투표에 참여함으로써 지불해야 하는 비용을 의미한다. 다운즈에 따르면 유권자는 R〉0인 경우 투표하고 R〈0인 경우 기권하게 된다. 투표에 참여함으로써 지불해야 하는 비용(C)은 미미하긴 하지만 0보다 큰 값을 가진다. 유권자는 투표소까지 가기 위해 발품을 팔거나 투표소 앞에서 기다려야 하기 때문이다. 한편 유권자는 자신이 선호하는 후보자가 당선됨으로써 얻게 되는 효용(B)을 개인에 따라 다르게 느낄 수 있다. 그러나 유권자 개인의 한 표는 수십만이나 수백만의 유권자 가운데 한 표에 불과하므로 유권자가 자신의 표를 행사함으로써 선호하는 후보자를 당선시키는 데 기여하는 확률은 거의 0에 가깝다. 따라서 개별 유권자가 자신이 선호하는 후보자의 당선을 통해 얻을 수 있는 효용(B)이 아무리 크다 할지라도 p×B의 값은 0에 가까워지게 된다. 반면 유권자가 투표에 참여하면서 지불해야 하는 비용은 분명히 0보다 큰 값을 지니므로, 유권자의 투표 참여 여부를 결정하는 전체적인 이득, R은 0보다 작은 값이 된다. 따라서 이러한 것을 고려하는 개인은 투표에 참여하기보다는 기권하게 되는 것이다.

이와 같은 합리적 기권의 가능성에도 불구하고 현실적으로 다수의 유권자들이 선거에 참여하는 것은 어떻게 설명할 것인가? 이를 설명하기 위해 ⊙라이커와 오데슉은 다운즈의 모형에 유권자 개인이 투표 참여라는 공적 의무를 이행함으로써 얻게 되는 심리적, 공적 효용(D)을 추가하여 'R=p×B-C+D' 모형을 제시하였다. 이는 투표 행위 자체와 관련된 요인 이외의 투표 행위 외적 요인을 고려함으로써 때때로 투표 참여에 따른 비용을 넘어서는 이익(R)이 발생할 수 있음을 고려한 것이다. 즉 유권자가 투표 참여와 같은 의무 이행으로 얻게 되는 효용이 비용을 초과하는 경우 이득이 0보다 커져 유권자는 기권보다는 자신이 선호하는 후보자에게 투표하게 된다는 것이다.

공공 선택 이론에서의 ⓐ합리적 기권이 현실과 다르다는 문제를 지니고 있고, 이

글의 핵심 이해 〇⁺

: 글을 읽고 빈칸을 채우시오.

문단 요약

1 공공 선택 이론에서 □□ □□□의 의미

2 합리적 기권을 설명하는 □ □□의 모형

3 합리적 기권이 지닌 문제를 해결하기 위한 □□□와 □□□의 모형

4 합리적 기권 이론이 지닌 □□

↓

중심 화제 합리적 기권

↓

주제 합리적 기권 이론의 특징과 의의

를 해결하기 위한 논의도 진행되고 있다. 그러나 이러한 문제에도 불구하고 합리적 기권 이론은 특정 유형의 유권자, 다시 말해 앞에서 고려된 요인을 중심으로 자신의 투표 참여 여부를 결정하고자 하는 유권자들이 선거 당일 투표하지 않게 하는 유인*이 있을 수 있다는 것을 보여 준다는 점에서 의미가 있다.

---

*유인(誘因): 어떤 일 또는 현상을 일으키는 원인

---

01 윗글에서 언급한 내용이 아닌 것은?

① 합리적 기권의 의미
② 합리적 기권 이론이 지니는 의의
③ 라이커·오데슉 모형이 지니는 한계
④ 투표 참여 여부를 결정할 때 고려하는 요소
⑤ 라이커·오데슉 모형과 다운즈 모형의 차이

02 윗글에 따를 때, 다운즈 모형에 대한 이해로 적절하지 않은 것은?

① 국회 의원 선거보다는 대통령 선거의 경우가 p의 값이 더 작을 것이다.
② 투표를 위해 가족 여행을 취소한다면 투표 참여로 인한 C가 발생한 것이다.
③ 유권자가 투표에 참여함으로써 얻는 이득인 R은 p의 값에 반비례할 것이다.
④ B의 값이 크더라도 p의 값이 0에 가깝기 때문에 p×B도 0에 가까워지게 된다.
⑤ 후보자의 공약이 유권자에게 유리한 것이라면 유권자는 B를 크게 느낄 것이다.

03 윗글의 ⊙과 〈보기〉의 ⓒ이 제기한 논의를 이해한 내용으로 가장 적절한 것은?

> 보기

ⓒ레드야드는 투표 상황에서 발생하는 세 가지 상태를 제기하였다. 하나는 다른 모든 사람이 투표하지 않는 경우 유권자 개인의 투표가 선거 결과에 결정적인 영향을 줄 것으로 생각해 자신은 반드시 투표한다는 것이다. 다음은 모든 사람이 투표한다면 유권자 개인의 투표가 결과에 영향을 주지 못할 것이라 생각해 자신은 절대 투표하지 않는 것이다. 마지막은 투표 참여의 비용이 크지 않다고 생각하는 사람들은 투표하고, 비용이 이익보다 크다고 생각하는 사람들은 투표하지 않으며, 투표하는 것과 투표하지 않는 것의 차이가 없는 소수의 사람들이 존재하는 것이다.

① ⊙은 ⓒ과 달리 유권자들이 비용과 이익의 관계를 고려하여 투표 참여를 결정한다고 보았다.

② ⊙은 ⓒ과 달리 타인의 투표 참여 여부가 유권자 개인의 투표 참여에 영향을 미친다고 보았다.

③ ⓒ은 ⊙과 달리 투표 참여나 불참의 결정이 이루어진 후 발생하는 사후적 요인을 고려하였다.

④ ⓒ은 ⊙과 달리 유권자가 자신의 투표가 갖는 영향력에 대해 주관적으로 내리는 평가를 고려하였다.

⑤ ⊙, ⓒ 모두 유권자들의 한 표가 당선에 결정적인 영향력을 행사할 수 있는 확률을 높이 평가하였다.

04 윗글로 보아 ⓐ의 내용으로 가장 적절한 것은?

① 현실에서는 투표를 행사할 기회가 적다.

② 현실에서는 투표에 참여하는 유권자가 많다.

③ 현실에서는 투표소 앞에서 기다리는 시간이 짧다.

④ 현실에서는 투표에 기권하면 행정적인 불이익이 발생한다.

⑤ 현실에서는 투표에 참여함으로써 지불해야 하는 비용이 많다.

케인즈는 경제에서 생산하고 소비되는 하나의 국면을 국민 경제의 순환 모형으로 제시했다. 여기서 생산하는 주체이면서 생산 요소를 구매하는 경제 주체인 기업은 노동, 자본, 토지를 수요해 재화와 서비스를 생산하고 이를 가계에 공급한다. 또한 재화를 구매하는 주체이면서 생산 요소(노동)를 공급하는 경제 주체인 가계는 자신들이 공급한 노동, 자본, 토지에 대한 대가로 임금, 이자, 지대를 지급받아 이 돈을 가지고 기업이 공급하는 재화와 서비스를 소비한다. 정부는 가계와 기업에서 세금을 거두어 그것으로 재화와 서비스를 구입한다. 이 재화와 서비스는 공공 투자나 그 밖의 정부에 의한 서비스를 위해 사용된다. 국민 경제 순환 모형은 이처럼 경제에서 기업과 가계는 모두 수요자도 되고 공급자도 되어 재화와 화폐가 끊임없이 순환한다고 본다.

케인즈는 이 모형에서 소득의 순환으로부터 빠져나가 국민 소득(구매력)의 크기를 줄이는 요인을 누출이라고 하고, 순환 과정에 새로 들어와 국민 소득의 크기를 늘리는 요인을 주입이라고 하였다. 국민 소득을 감소시키는 누출에는 저축, 조세 등이 있으며 국민 소득을 증가시키는 주입에는 투자, 정부 지출 등이 있다. 여기서 저축이라 함은 소득 중에서 소비하고 남은 금액이며, 투자는 기업이 생산을 위해 구매하는 생산 요소에 대한 지출이다. 그러므로 저축은 생산물에 대한 구매의 형태로 지출되지 않기 때문에 그만큼 기업의 판매 수입을 감소시키고 그 결과 생산 요소의 구매를 감소시키므로 누출이라고 보는 것이며, 투자는 생산물을 생산하기 위해 필요한 생산 요소를 구매하기 위한 지출이라는 점에서 주입이라고 보는 것이다. 따라서 저축이 모두 투자로 지출된다면 총공급과 총수요가 일치하게 되어 국민 경제가 잘 순환하게 된다. 그런데 저축이 모두 투자 지출로 전환된다는 보장이 있을까?

고전학파는 이자율로 인해 저축이 모두 투자로 이어지기 때문에 총공급과 총수요가 일치할 것이라고 주장한다. 이자율은 저축을 했을 경우의 기회비용이 되기 때문에 경제가 활성화하여 이자율이 올라가면 사람들은 저축을 더 하게 되고, 이자율이 내려가면 저축을 줄이게 된다. 반대로 이자율이 올라가면 투자는 ⓐ줄고, 이자율이 내려가면 투자는 늘게 된다. 기업은 은행에서 대출을 받아 투자를 하므로 대출금에 대한 이자율은 기업의 비용이 되기 때문이다. 그러므로 경기 순환에 따라 이자율이 변동하며 이 과정에서 저축이라는 누출이 투자라는 유입으로 언젠가는 반드시 들어오게 된다는 것이다.

이에 대해 케인즈는 저축이 이자율에 대해 반응하는 것이 아니라 소득에 대해 반응한다고 보았다. 그리고 투자가 이자율에 대해 반응하는 것은 맞지만, 사실상 기대 수익에 더 크게 반응한다고 보았다. 예를 들어 경제가 불황일 때에는 사람들이 기대 수익에 대한 불안감으로 인해 상품에 대한 수요를 줄이게 된다. 이에 따라 총공급

: 글을 읽고 빈칸을 채우시오.

문단 요약

1 케인즈가 제시한 국민 경제의 ☐☐ 모형

2 케인즈가 생각한 ☐☐과 ☐☐의 요소

3 ☐☐☐로 인해 총공급과 총수요가 일치할 것이라고 주장한 고전학파

4 ☐☐이나 ☐☐가 소득, 기대 수익에 더 크게 반응한다고 생각한 케인즈

5 ☐☐가 수요를 창출하여 경제 불황을 극복해야 한다고 주장한 케인즈

중심 화제	국민 경제의 순환 모형

주제	케인즈의 경제 이론

중 저축의 비중이 늘어난다. 그러면 소비의 비중이 준만큼 저축이 투자가 되지 못할 가능성이 높아진다. 특히 실업으로 소비 수준이 매우 낮을 때는, 매우 낮은 이자율 수준에서도 기업의 투자가 활성화되지 않는다. 기업의 입장에서 이자율이 낮으면 비용이 낮아지기 때문에 투자 조건이 좋아지는 것이다. 하지만 경기가 불안하다면 기대 수익이 낮기 때문에 상품 투자를 연기하게 된다.

5 이런 낮은 이자율에서 사람들은 조금이라도 기대 수익이 높은 곳에 투자를 하기 위해 유동성이 높은 화폐를 선호하게 된다. 유동성이란 다른 상품을 획득할 수 있는 화폐의 기본적 속성으로 화폐의 유동성은 예금이나 채권보다 높다. 그러므로 저축을 화폐 형태로 보유한다면 투자로 이어지지 않는 저축이 증가할 수 있기 때문에 저축이 투자로 전환되지 않는 비율이 높아지는 것이다. 따라서 경기가 불황일 때에는 기업의 생산이 과잉 생산으로 이어지고 이는 곧 노동에 대한 수요의 감소, 즉 실업으로 나타나게 된다. 케인즈는 이 상황을 해결하기 위해서는 정부의 개입이 필요하다고 주장한다. 즉 정부가 수요를 창출하여 침체된 민간 수요를 창출해야 하고 이 과정에서 소득 재분배를 이루어야 한다고 주장하는 것이다.

✦ **지대(地代)**: 지상권자가 토지 사용의 대가로 토지 소유자에게 지급하는 금전이나 그 외의 물건
✦ **기회비용(機會費用)**: 한 품목의 생산이 다른 품목의 생산 기회를 놓치게 한다는 관점에서, 어떤 품목의 생산 비용을 그것 때문에 생산을 포기한 품목의 가격으로 계산한 것

---

01 윗글의 논지 전개 방식에 대한 설명으로 가장 적절한 것은?
① 특정 인물의 견해가 성립되는 과정을 통시적으로 분석하고 있다.
② 특정 인물의 견해를 다른 견해와 대조하며 내용을 전개하고 있다.
③ 특정 인물의 견해가 갖는 한계를 구체적 사례를 통해 설명하고 있다.
④ 통념에 대한 비판을 통해 특정 인물의 견해가 갖는 의의를 드러내고 있다.
⑤ 특정 인물의 견해와 다른 견해를 절충하여 새로운 견해를 이끌어 내고 있다.

02 윗글을 바탕으로 〈보기〉를 이해한 내용으로 적절하지 <u>않은</u> 것은?

> → 보기 ←
> A 씨는 K 회사에서 100만 원의 임금을 받고 일하는 노동자이다. A 씨는 100만 원 중 50만 원을 생활에 필요한 물품을 사는 데 구입하고 30만 원은 은행에 예금을 하고 20만 원은 재산 증식을 위해 증권에 투자를 한다. 그리고 K 회사는 생산한 제품을 팔고 얻은 소득으로 A 씨에게 임금을 지급한다.

① A 씨가 예금을 한 30만 원은 기업의 생산 요소 구매를 감소시키게 되므로 누출에 해당한다.
② A 씨가 증권에 투자한 20만 원은 기업의 생산물을 구매하는 행위이므로 주입에 해당한다.
③ A 씨는 자신의 노동력을 제공하여 K 회사로부터 100만 원의 대가를 얻었으므로 노동 공급의 주체라고 할 수 있다.
④ K 회사에서 A 씨를 고용하는 것은 생산에 필요한 생산 요소를 구매하기 위한 수요에 해당하므로 주입이라고 할 수 있다.
⑤ A씨가 생활에 필요한 물품을 구매하는 데 사용한 50만 원은 기업의 생산 요소에 대한 수요로 이어지므로 국민 경제 순환에 도움이 된다.

03 〈보기〉는 TV 뉴스의 일부이다. 〈보기〉에 대한 케인즈의 견해로 적절하지 <u>않은</u> 것은?

> → 보기 ←
>
> 최근 경기 불황의 여파로 인한 불안감 때문에 서민들의 소비 심리가 위축되고 있는 것으로 밝혀졌습니다. 서민들이 지갑을 열지 않아 제품의 소비가 감소하고 있으며 기업들도 판매 및 실적 부진으로 구조 조정을 실시하고 신규 채용을 줄이고 있습니다. 아울러 장기간 돈을 맡기는 적금보다는 필요할 때 꺼내서 쓸 수 있는 단기 예금에 돈이 몰리고 있습니다. 이에 일부 전문가들은 임금을 줄여서 제품의 가격을 낮추어야 경기가 활성화될 수 있다고 주장합니다. 하지만 다른 전문가들은 임금을 줄이는 것은 경기에 악영향을 줄 수 있으므로 정부가 개입하여 이자율을 낮추고 정부 투자를 늘려 경기를 활성화하는 정책을 펼쳐야 한다고 주장하고 있습니다.

① 이자율을 낮추는 정책은 기업의 비용을 감소시키기는 하지만 큰 효과를 기대하기는 어렵습니다.

② 정부 투자를 늘리는 것은 과잉 생산의 규모를 크게 할 수 있으므로 실업률을 낮추는 데 도움이 되지 않습니다.

③ 서민들이 지갑을 열지 않은 이유는 기대 수익에 대한 불안감으로 인해 수요를 줄이는 것이라고 할 수 있습니다.

④ 임금을 줄이는 것은 구매력의 약화로 이어져 재화에 대한 수요를 감소시키므로 임금을 높이는 정책이 효과적입니다.

⑤ 장기 적금보다는 단기 예금에 돈이 몰리는 이유는 서민들이 유동성이 높은 금융 상품을 선호하기 때문이라고 할 수 있습니다.

04 ⓐ의 사전적 의미로 가장 적절한 것은?

① 시간이나 기간이 짧아지다.

② 수나 분량이 본디보다 적어지다.

③ 힘이나 세력 따위가 본디보다 못하게 되다.

④ 살림이 어려워지거나 본디보다 못하여지다.

⑤ 물체의 길이나 넓이, 부피 따위가 본디보다 작아지다.

구매 의사 결정 과정

소비자들의 제품 구매 과정을 잘 관찰해 보면 하나의 문제 해결 과정과 비슷하다는 것을 알 수 있다. 예컨대 현재 사용 중인 컴퓨터 화면이 잘 보이지 않아 새로운 모니터를 구입할 필요성을 느끼고 있는 소비자를 생각해 보자. 이 소비자는 하나의 문제를 인식했으며, 이 문제를 해결하기 위해 제품 정보를 탐색하고, 얻어진 정보를
5 평가하여 최종적인 제품 선택 단계에 이르게 된다.

문제의 인식이라는 것은 소비자 자신의 현 상태와 이상적인 상태 간에 중요한
차이를 알게 될 때 발생한다. 자신의 현 상태와 이상적인 상태의 차이는 어떤 경
우에 발생할까? 첫째 이상적인 상태에 대한 소비자의 인식은 그대로이지만 소비
자가 기존에 사용하던 물건의 성능이 하락하여 둘 사이에 차이를 인식하는 경우 [A]
10 가 있는데, 이를 '욕구 인식'이라 한다. 둘째 소비자가 사용하던 물건의 성능은
그대로인데 소비자가 인식하는 이상적인 상태가 높아져서 둘 사이의 차이를 인
식하는 경우를 '기회 인식'이라 한다.

일단 문제가 인식되었다면 소비자들은 합리적인 문제 해결을 위해 적절한 정보를
구하게 되는데, 이를 정보 탐색이라 한다. 정보 탐색은 크게 두 가지로 나누어 볼 수
15 있다. 하나는 소비자들이 문제를 인식한 후에 특정 정보를 얻기 위해 관련된 정보를
비교적 상세히 탐색하는 것인데, 이를 '구매 전 탐색'이라고 한다. 다른 하나는 평소
에 정보를 즐겨 찾고 정보를 얻는 것을 즐거움으로 삼는다거나 또는 미래에 사용하
기 위해 정보에 관심을 두는 경우가 있는데, 이를 '지속적 탐색'이라고 한다.

광고는 이러한 두 가지 탐색 과정 모두에서 중요한 역할을 한다. 예를 들어, 출산
20 을 앞둔 부부의 경우 그전에는 눈에 띄지 않았던 아기 옷이나 유모차 등의 광고가
쉽게 눈에 들어오기 시작할 것이다. 이처럼 소비자들은 문제를 인식하고 어떤 제품
에 대한 관심이나 욕구가 발생하면 정보 탐색을 시작하는데 이때 손쉽게 접근할 수
있는 광고는 더 중요한 역할을 하게 된다. 대개의 경우 '구매 전 탐색'에 의존하는 소
비자는 상대적으로 광고의 영향을 쉽게 많이 받는 경향이 있다. '지속적 탐색'을 하
25 는 소비자들에게도 광고는 지속적인 정보의 역할을 해야 하므로 일관되고 지속적인
광고가 필요하다. 이러한 소비자들에게 제공되는 광고는 그 소비자들의 입을 통해
다시 다른 소비자들에게까지 영향을 미치게 되는 경우가 많다.

그렇다면 소비자는 어떤 경우에 정보를 많이 탐색할까? 일반적으로 자신한테 중요
한 구매일 경우나 관련 정보를 쉽게 얻고 이용할 수 있을 때 탐색 활동이 더 증가하며,
30 ㉮자신의 구매 결정에 따른 위험이 크다고 지각할 경우에 정보 탐색이 더 많이 일어
난다. 그리고 정보 탐색의 양은 제품에 대한 지식이 얼마나 있느냐에 따라서도 달라질
수 있다. 소비자들은 제품에 대한 지식이 많거나 적은 경우는 제품에 대한 정보 탐색

글의 핵심 이해

∴ 글을 읽고 빈칸을 채우시오.

문단 요약

1 ☐☐☐들의 제품 구매 과정
2 ☐☐ ☐☐의 두 가지 경우
3 ☐☐ ☐☐의 두 가지 종류
4 정보 탐색 과정에서 ☐☐의 역할
5 제품에 대한 ☐☐에 따라 달라지는 정보 탐색의 양

중심 화제	제품 구매 과정

주제	제품 구매 과정에서 이루어지는 정보의 탐색

량이 적으며, 중간 정도의 제품 지식을 갖고 있을 때 가장 정보 탐색이 활발해진다. 이는 제품에 대한 지식을 많이 가지고 있을 경우는 정보 탐색의 필요성을 별로 느끼지 못해서이며, 반대로 제품에 관한 지식이 적은 경우는 정보에 대한 접근성이 낮기 때문에 정보 탐색에 소극적이게 된다.

---

01 윗글의 서술상 특징으로 적절하지 <u>않은</u> 것은?

① 정의를 통해 용어를 알기 쉽게 설명하고 있다.
② 구체적인 사례를 통해 독자의 이해를 돕고 있다.
③ 묻고 대답하는 방식으로 독자의 관심을 환기하고 있다.
④ 분류의 방식을 활용하여 내용을 효과적으로 전개하고 있다.
⑤ 대비되는 두 관점을 비교하여 각각의 특징을 설명하고 있다.

02 [A]와 관련지어 〈보기〉를 이해한 내용으로 적절하지 <u>않은</u> 것은?

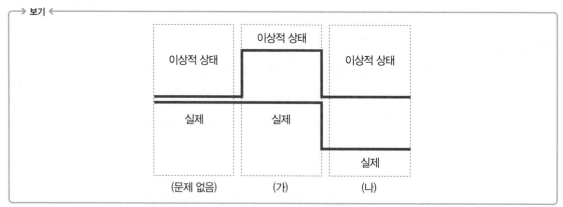

① (가)와 (나)는 모두 이상적 상태와 실제 간에 차이가 발생하고 있다.
② (가)와 (나)는 문제 해결을 위한 정보 탐색으로 이어지는 계기가 된다.
③ (가)보다 (나)의 경우에 광고로 인한 수요 창출 효과가 더 크다.
④ (가)의 경우 문제의 발생은 외부적 요인에 의해 조장되는 경우가 많다.
⑤ (나)는 사용하던 물건이 고장 등의 이유로 더 이상 제 기능을 하지 못하는 경우이다.

03 윗글을 참고하여 〈보기〉를 해석한 내용으로 적절하지 <u>않은</u> 것은?

> → 보기 ←
>
> 기존에 쓰던 TV가 고장 나서 새로운 TV를 살 필요를 느낀 철수는 이번에 신제품으로 출시된 3D 스마트 TV를 사려고 마음을 먹었다. 3D 스마트 TV는 고가의 제품인데다 한 번 사면 환불 과정도 까다롭기에 철수는 신중을 기하며 정보를 얻으려 하였다. 철수는 제조 회사 홈페이지에 들어가서 제품에 대한 광고를 보았지만 어떤 정보에 주목해야 할지 알 수 없어서 얼마 안 되어 광고 보기를 그만두었다. 이에 철수는 직장 후배 영수에게 도움을 요청하였다. 영수는 당장 3D 스마트 TV를 살 생각은 없지만 결혼 후에 사려고 꾸준히 관심을 가져왔기에 적극적으로 제품에 대한 정보를 구하여 철수가 제품을 구입하는 데 도움을 주었다.

① 기존에 쓰던 TV가 고장 난 것이 철수에게 닥친 문제 상황에 해당하겠군.

② TV 구매와 관련하여 철수는 '구매 전 탐색'을, 영수는 '지속적 탐색'을 하고 있군.

③ 3D 스마트 TV를 구매한 후에는 환불이 까다롭다는 것이 지각된 위험에 해당하겠군.

④ 철수는 3D 스마트 TV를 구매하고자 하는 욕구가 있기 때문에 정보에 대한 접근성이 높겠군.

⑤ 철수가 3D 스마트 TV 광고를 통해 정보를 얻는 것을 그만둔 것은 제품에 대한 지식이 적었기 때문이겠군.

04 ㉮의 이유로 가장 적절한 것은?

① 정보 탐색을 통해 구매 과정에 걸리는 시간을 단축시킬 수 있기 때문에

② 구매 이전에 지각된 위험은 구매가 이루어진 이후에는 사라지기 때문에

③ 정보 탐색을 통해 자신의 구매 결정에 영향을 준 요소가 더욱 부각되기 때문에

④ 정보의 탐색이 많이 이루어질수록 위험 요소를 인지하지 못할 가능성이 크기 때문에

⑤ 자신에게 확신이 갈 정도의 충분한 정보를 통해 위험을 줄일 수 있다고 인식하기 때문에

정당방위는 어디까지 허용되는가

정당방위는 자기 또는 타인의 법익에 대한 신체적·재산상의 부당한 침해를 방위하기 위한 행위를 일컫는다. 이러한 정당방위에는 두 가지 기본 사상이 깔려 있다. 그 하나가 자기 보존의 사상이다. 누구나 타인의 위법한 공격에 직면할 때 자기 자신 또는 제삼자를 보호하기 위해 방어 조치를 취하는 것은 너무나 자연스러운 일이다. 개인적으로 향유하는 이익이 눈앞에서 위법 또는 부당한 공격으로 침해되었을 때 법은 보통 사람들에게 자기 보존을 위해 공격자를 무력화시킬 선제공격이나 기선을 제압하는 공격을 허용하고 있다.

정당방위는 개인의 자기 보존 사상 외에도 법이 무엇인가를 확충시켜 주어야 한다는 사상을 밑에 깔고 있다. 자기 자신을 위법 또는 부당한 공격으로부터 방어하는 자는 이로써 법질서 전체의 효력까지도 방어하는 것이다. 이 사상을 옛날부터 '부정(不正) 대 정(正)의 원칙'이라고 불러 왔다. 즉 법은 불법에 양보를 해서는 안 되며, 정당한 것이 부당한 것에 길을 비켜 줄 필요는 없다는 것이다. 이처럼 법질서 전체의 효력을 확보하기 위한 정당방위의 옳음에 대한 신봉 때문에 정당방위는 가차 없는 방어 수단을 들이대도 허용한다는 결론이 나온다. 따라서 침해받은 이익이 재산적 가치밖에 없는 것인데도 방어 수단으로서는 그 공격자의 신체에 손해를 가해도 허용된다.

정당방위의 이 같은 과단성이 제대로 인식된 것은 우리 법 문화에서 비교적 최근의 일이다. 1960년대만 해도 우리나라 법원은 정당방위의 성립 여부를 판단할 때 큰 이익과 작은 이익의 갈등 사이를 비교하려는 법익 교량의 사상이 지배적이었다. 그리고 부정 대 정의 원칙은 피해자가 도망할 수 있는 경우에 도망하지 아니하고 가해자에게 공격한 경우까지도 허용하는 입장이다. 부당한 공격에 정당한 것이 길을 비켜야 할 이유가 없듯 공격을 당하는 자에게 비겁하게 도망하라고 하는 것을 기대할 수 없기 때문이다.

그렇다고 해서 이러한 정당방위가 무제한 허용되는 것은 아니다. 개인의 자기 보전과 법질서의 확충이라는 사회적 요구를 충족시키기 위해 법이 원칙적인 금지에 대해 예외적으로 허용하는 것이지 당당히 나서서 꼭 권리로서 실현해야 하는 것은 아니다. 그러므로 과격한 정당방위에도 그 내재적인 한계가 있다.

먼저 방위 행위는 사실상 방어의 필요성을 갖춘 것이어야 한다. 방어자는 위법한 공격에 대해 불안전한 방어 수단만을 사용할 필요는 없다. 주먹으로 방어해도 될 일에 무기를 사용했다 해서 언제나 정당방위가 불성립한다고 말할 수는 없다. 그러나 방어자는 공격을 확실하고 위험 없이 막기 위하여 많은 수단을 선택할 수 있다면 그 중 가장 경미한 것으로도 중한 것과 동일한 효과를 낼 수 있는 수단을 선택해야 한다. 더 나아가 방위 행위는 규범적으로 요구된 행위여야 한다. 법질서 전체의 입장

: 글을 읽고 빈칸을 채우시오.

문단 요약

1 정당방위의 개념과 □□ □□ 사상
2 □□□□의 두 번째 기본 사상
3 우리나라에서 정당방위에 대한 인식의 □□
4 정당방위의 □□ □□
5 정당방위의 □□ □□

중심 화제	정당방위

주제	정당방위에 대한 법률적 이해

에서 요구되지 않은 방어 행위는 정당방위가 아니라 권리 남용에 해당한다. 규범적으로 요구된 행위이기 위해서는 먼저 목적과 수단의 상당성이 있어야 한다. 방어 행위에 의해 야기된 손해가 공격 위험에 비해 극단적인 불균형을 이룰 때 자기 보전 근거가 탈락된다. 만약 이 같은 극단적 불균형이 존재함에도 방위 행위를 실행한다면 그것은 권리 남용일 뿐 정당방위는 아니다.

+**과단성(果斷性)**: 일을 딱 잘라서 결정하는 성질
+**상당성(相當性)**: 어떤 일이 어떤 경우나 상태에 알맞거나 합당한 상태를 말함.

---

01 윗글의 집필 의도로 가장 적절한 것은?
① 정당방위의 위법성을 강조하여 범죄 예방 효과를 높이기 위해
② 정당방위에 대한 구체적 사례를 통해 법률 지식을 전달하기 위해
③ 정당방위에 대한 법률적 접근을 통해 일반인의 이해를 돕기 위해
④ 법의 집행 과정에서 일반 시민들이 느끼는 피해 의식을 해소하기 위해
⑤ 정당방위에 대한 법률적 지식을 통해 현실 생활의 고통을 줄일 수 있도록 하기 위해

02 윗글에서 언급한 내용이 <u>아닌</u> 것은?
① 정당방위의 요건과 권리 남용에 대한 염려
② 정당방위의 특성에 대한 인식의 변화 양상
③ 정당방위의 근거가 되는 두 가지 기본 사상
④ 정당방위가 무제한으로 허용되지 않는 이유
⑤ 다른 나라와 우리나라의 정당방위 개념의 차이점

03 윗글의 내용으로 미루어 볼 때, 다음 중 글쓴이의 견해로 볼 수 <u>없는</u> 것은?

① 타인의 부당한 침해로부터 자기를 보호하기 위한 행위는 당연한 것이다.

② 자기 방어로 인해 상대방이 지나칠 정도로 피해를 입는다면 이는 정당방위가 아닐 수 있다.

③ 방어자는 선택 가능한 많은 수단 중에서 가장 효과적이고 치명적인 방어 수단을 선택해야 한다.

④ 정당방위는 단순히 자신을 지키기 위한 수단일 뿐만 아니라 법질서를 수호하기 위한 행위이기도 하다.

⑤ 물건을 강제로 빼앗으려는 가해자에 대한 방어 수단으로 그 가해자의 신체에 손해를 가하는 것이 허용된다.

04 〈보기〉는 인터넷에서 화제가 되었던 사건 기사이다. 〈보기〉에 대한 반응 중 윗글의 견해와 가장 가까운 것은?

> → 보기 ←
>
> **길동의 행동은 정당한가?**
>
> 　길동은 교실에서 친구와 사소한 일로 말다툼을 벌였다. 이를 지켜보던 영수가 길동의 잘못을 지적하며 길동과 영수의 싸움으로 번졌으나 곁에 있던 학급 친구들이 말려서 각자 자리로 돌아갔다. 그 후 길동은 독서실에 갔다가 집에 돌아갔는데, 집 앞에서 기다리던 영수가 길동을 가만두지 않겠다고 위협했다. 길동은 밤도 깊었으니 서로 이해하고 그만두자고 하였지만, 영수가 갑자기 길동을 공격했다. 일방적으로 맞기만 하던 길동은 계속 맞다가는 위험할 수도 있겠다는 생각이 들었고, 그 순간 옆에 놓인 벽돌이 눈에 들어왔다. 그러나 벽돌로 때리면 영수가 죽을지도 모른다는 생각에 벽돌을 들지는 않았다. 영수의 공격은 계속되었고 신체적으로 심한 고통을 당한 길동은 참다 못해 곁에 있던 나무 막대기를 들어 영수에게 휘둘렀다. 이 일로 인해 길동은 전치 3주의 부상을 당했고, 막대기에 맞은 영수는 전치 5주의 상처를 입었다.

① 어떠한 상황이라도 무기를 사용하여 상대방을 가격하는 행위는 허용될 수 없어.

② 영수의 공격으로 인해 길동이 심각한 위협을 느꼈으므로 길동은 더욱 강한 도구를 사용해 영수를 공격했어야 해.

③ 길동의 행동이 이해가 가지 않는 것은 아니지만, 심각한 피해가 없는데도 영수에게 신체적 피해를 입힌 것은 권리 남용이라고 생각해.

④ 친구를 끝까지 설득하지 못한 길동의 행동에 문제가 있다고 생각해. 그리고 벽돌로 영수를 때리려고 생각했다는 것 자체도 잘못된 거야.

⑤ 영수의 공격이 길동의 행위에 정당성을 부여했기 때문에, 길동이 영수에게 막대기를 휘두른 것은 정당방위로 아무런 문제가 없는 행동이라고 생각해.

생물학적 면역

우리 몸은 다양한 위험으로부터 스스로를 보호하기 위한 방어 체계를 갖추고 있다. 눈물, 땀, 콧물, 가래, 침은 라이소자임 효소를 이용하여 세균을 잡아 녹이고, 위액의 염산은 세균을 태워 죽이며, 든든한 피부는 세균의 침입을 막는다. 이런 1차 방어선을 통과하더라도 몸은 2차, 3차 방어 체계를 갖추고 있다. 2차 방어의 대표적인
5 예는 백혈구 등 대식 세포의 식균 작용이다. 백혈구는 세균의 침입을 받은 기관에 피를 타고 접근하여 백혈구의 리소좀 속에 저장해 둔 가수 분해 효소로 세균을 녹인다. 3차 방어는 항체가 ㉠맡는데, 이것을 면역이라 한다.

생물학적 면역에는 선천적 면역과 후천적 면역이 있다. 태아 때 이미 모체로부터 받은 항체가 몸에 존재하여 특수한 병원균이 체내에 침입해 와도 병에 걸리지 않는
10 경우를 선천적 면역이라고 한다. 갓 태어난 아이는 온갖 병원균에 맞닥뜨리게 되지만 그 병원균(항원)에 대한 항체가 아직 생기지 않아 병원균의 침입에 대해 무방비상태에 놓이게 된다. 하지만 모유를 통해 어머니로부터 항체를 건네받아 많은 종류의 병원균을 ㉡막을 수 있다. 그 외의 질병에 대한 면역을 전부 후천적 면역이라고 한다. 장티푸스에 걸린 적이 있는 사람은 장티푸스균이 체내에 들어왔을 때 이미 그
15 것에 대한 항체가 만들어져 있기 때문에 같은 병에 다시 ㉢걸리지 않는다. 이것이 자연 면역이다. 그리고 병에 걸리기 전에 이미 약화된 병원균을 주사하여 몸에 항체가 생기도록 하는 것이 인공 면역이다. 인공 면역을 다른 말로 백신이라고 부른다.

면역의 의미를 좀 더 구체적으로 알아보자. 면역에 관여하는 대표적인 세포는 T세포와 B세포가 있다. T세포는 세균을 직접 죽일 수도 있고 동시에 B세포의 분화
20 를 촉진하며, B세포는 항체를 만들어 백혈구 등이 세균을 잡아먹기 쉽도록 한다. 골수에서 만들어진 T세포는 몸 곳곳에 이동하여 세균의 공격에 대비한다. 어떤 항원이 침입하여 T세포의 세포막에 달라붙으면 T세포는 곧바로 그것을 느끼고 크기가 ㉣커지면서 빠르게 분열한다. 동시에 고분자 물질인 림포카인을 분비하여 감염 부위로 대식 세포를 유인해서 세균을 잡아먹도록 한다. 한편 T세포 자신이 림포톡신
25 이라는 독성 물질을 분비하여 직접 세균을 죽이기도 한다. 이렇게 세균을 직접 죽이는 일을 하는 세포를 T세포 중에서도 살해 세포라고 부른다.

B세포도 골수에서 만들어지는데, 항원이 세포막에 닿으면 그 항원과 결합하여 세포의 크기가 커지고 분화되어 형질 세포가 된다. 이 형질 세포에는 두 종류가 있다. 하나는 항체를 1초에 2천 개 이상 만드는 일을 며칠 동안 하다가 죽어버리는 것이
30 고, 다른 하나는 림프샘에 남아서 똑같은 항원이 다시 들어오면 그것에 맞는 항체를 만드는 기억 세포이다. 항원의 종류에 따라 각각 다른 항체를 만들게 되는데, 병원균의 종류가 다르듯이 항체도 그에 따라 수백만 가지가 만들어진다. 이렇게 만들어

:• 글을 읽고 빈칸을 채우시오.

문단 요약

1 우리 몸의 단계적인 □□ 체계
2 □□□ 면역과 □□□ 면역
3 면역에 관여하는 □□□
4 면역에 관여하는 □□□
5 □□의 2차 침입과 항원 항체 반응

⬇

중심 화제	면역

⬇

주제	생물학적 면역의 원리

진 항체는 단백질이 주성분인 감마 글로불린이다. 그렇기 때문에 단백질 결핍은 면역성을 떨어뜨리고, 심하면 생명까지 잃는 결과를 ⓜ가져온다.

그러면 몸에 같은 항원이 또다시 들어왔을 때 항체는 어떻게 반응할까? 일단 항체는 병원균에 결합한 뒤 항원의 종류에 따라 여러 가지 반응을 일으킨다. 항원을 침전시키는 경우도 있고, 항원을 꼭꼭 얽어매어 꼼짝 5 못하게 하는 응집 반응도 있으며, 항원 자체를 아예 녹여 없애버리는 용균 반응도 있다. 하지만 많은 경우는 항원을 꽉 붙잡고 있으면서 백혈구나 대식 세포가 잡아먹기 쉽도록 하는 역할을 한다. 이런 일들을 통틀어 항원 항체 반응이라 한다.

✛**식균 작용**: 살아 있는 식세포가 몸 안에 있는 다른 세포나 입자들을 섭취하는 과정. 주로 몸 안의 세균이나 이물질을 잡아먹음.

---

01 윗글의 내용을 통해 알 수 <u>없는</u> 것은?

① 항체의 수가 많을수록 병이 빨리 치유될 가능성이 높다.
② T세포는 가수 분해 효소를 이용하여 세균을 녹여 잡아먹는다.
③ 단백질을 제대로 섭취해야 몸의 면역 체계가 올바르게 유지될 수 있다.
④ 병원균을 죽이고 나면 B세포 일부가 림프샘에 남아 항원의 2차 침입에 대비한다.
⑤ 모유를 섭취한 사람은 그렇지 않은 사람에 비해 선천적 면역이 잘 갖추어져 있다.

02 〈보기〉는 윗글을 읽고 우리 몸의 항원 항체 반응을 도식화한 것이다. ㉮~㉺에 들어갈 말이 적절하게 묶인 것은?

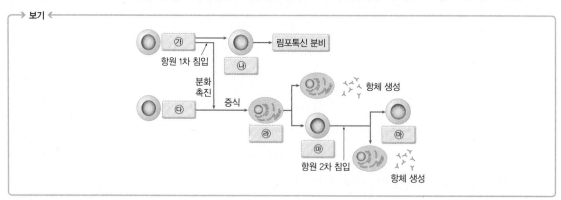

	㉮	㉯	㉰	㉱	㉲
①	T세포	살해 세포	B세포	기억 세포	형질 세포
②	T세포	살해 세포	B세포	형질 세포	기억 세포
③	T세포	형질 세포	B세포	살해 세포	기억 세포
④	B세포	기억 세포	T세포	살해 세포	형질 세포
⑤	B세포	형질 세포	T세포	기억 세포	살해 세포

03 윗글을 참고하여 〈보기〉의 ⓐ~ⓓ를 이해한 내용으로 적절하지 <u>않은</u> 것은?

> ▶ 보기 ◀
>
> ⓐ에이즈는 한마디로 ⓑHIV(인간 면역 결핍 바이러스)에 감염돼 항원 항체 반응을 통한 면역성을 잃어버리는 질병이다. HIV는 단백질과 RNA로 된 바이러스다. HIV는 우선 ⓒT세포에 구멍을 뚫고 자신의 RNA를 세포 속에 집어넣는다. 세포 안에 들어간 RNA는 ⓓ'역전사 효소'라는 효소를 만들어 DNA로 변신한 다음 T세포의 DNA 속에 끼어 들어간다. 다음은 T세포를 이용해 수백~수천 개 HIV로 증식한다. 충분히 증식한 HIV는 T세포의 '자살 유전자'를 활성화시키는 것으로 알려져 있다. 즉 이용 가치가 없어진 T세포에게 '자살하라'는 명령을 내림으로써 T세포를 죽게 만드는 것이다.

① ⓐ는 ⓑ로 인해 ⓒ에 문제가 생기는 질병이군.

② ⓓ는 ⓑ로 인해 생성되는 것으로 ⓒ의 수를 감소시키는군.

③ ⓓ의 기능을 억제하면 ⓑ가 인체 내에 침투하지 못하겠군.

④ ⓐ는 정상적인 면역 체계가 작동하지 못하도록 만드는 질병이군.

⑤ ⓑ는 인간의 몸에 세균이 침투해도 항원 항체 반응을 하지 못하게 하는군.

04 문맥상 ㉠~㉺과 바꿔 쓰기에 적절하지 <u>않은</u> 것은?

① ㉠: 담당하는데

② ㉡: 방어할

③ ㉢: 감염되지

④ ㉣: 팽배해지면서

⑤ ㉤: 초래한다

02 자기 이력 곡선

자기장에 대해 반응하는 방식에 따라 물질을 분류하면 강자성체, 상자성체, 반자성체로 나눌 수 있다. 강자성체는 강한 자기장을 띠는 물질이고, 상자성체는 자기장에 약하게 끌려가는 물질이며, 반자성체는 자기장을 가하면 약하게 밀리는 물질이다. 물질에 외부 자기장(B_0)이 가해졌을 때 물질 내부에 생기는 자기장(B)은 $B=(1+X_m)B_0$

5 의 공식으로 나타낼 수 있다. 여기서 X_m을 자화율이라고 하는데, 이는 주어진 자기장에 대해서 어떤 물질이 자화하는 정도를 나타내는 값이다. 자화율은 온도가 높아질수록 작아지는데, 이것은 온도가 증가하면 원자의 열운동이 증가하여 물질이 자화하는 것을 ⓐ방해하기 때문이다.

강자성 물질은 높은 자화율을 가지기 때문에 강한 자성을 띤다. 강한 자성이 나타

10 나는 이유는 무엇일까? 이 문제에 대해 고민하던 프랑스의 와이스는 1931년 강자성체의 경우 외부에서 자기장이 작용하지 않아도 내부에 이미 자화되어 있는 많은 미세한 영역, 즉 '자기 구역'이 있다는 사실을 발견했다. 예를 들어 강한 자기장이 나타나는 영구 자석의 경우, 길이와 폭이 대략 1 mm 정도인 자기 구역으로 ⓑ구성돼 있으며, 각각의 자기 구역은 N극과 S극을 갖는 아주 작은 자석처럼 행동한다.

15 전자석에서 자기력이 만들어지는 과정을 통해 강한 자기력의 원인을 좀 더 자세히 알아보자. 오른쪽 그림은 철심을 솔레노이드 중심에 넣어 만든 장치이다. 이 장치에 전류를 흘렸을 때 합성된 자기장은 B, 솔레노이드에 흐르는 전류에 의해 생긴 자기장은 B_0, 철의 자화에 의해 생긴

철심

20 자기장은 B_m으로 나타내며 $B=B_0+B_m$가 된다. 아직 전류가 흐르게 하지 않은 처음에는 자기 구역의 방향이 완전히 무작위하게 배열되어 있다. 이제 점차 B_0를 높이기 위해 전류를 증가시키면 자기 구역의 방향이 점차 정렬되어 자기장의 세기가 점점 강해진다. 그러나 전류의 증가가 어느 정도 진행되고 나면 더 이상 자기장의 세기가 증가하지 않는 자기 포화 상태에 이르게 된다. 이제 코일의 전류를 감소시키면 철심

25 의 자기 구역의 정렬도 다시 점점 약해지면서 총 자기장의 세기도 점점 감소한다. 그런데 코일에 흐르는 전류가 0이 되면 처음에 출발했던 점이 아니라 다른 점에 ⓒ도달하게 된다. 즉, 자기장의 세기가 0이 되지 않고 어느 정도 남아 있는 것이다. 이것은 외부의 자기장이 없어지더라도 철심의 자기 구역의 정렬이 어느 정도 ⓓ유지되어 잔류 자기장이 존재하기 때문에 나타나는 현상이다.

30 전류가 0이 된 지점에서 전류를 반대 방향으로 흘려 주면 철심의 자기장도 반대 방향으로 작용하여 총 자기장의 세기가 점점 0으로 ⓔ접근하게 된다. 여기서 전류의 세기를 증가시키면 총 자기장의 세기는 음의 값이 된다. 다시 전류를 감소시키면 총 자

글의 핵심 이해

∴ 글을 읽고 빈칸을 채우시오.

문단 요약

1 ☐☐☐에 대해 반응하는 방식에 따른 물질의 분류

2 내부에 자기 구역을 가지고 있는 ☐☐☐ 물질

3 철심을 ☐☐☐☐☐ 중심에 넣어 만든 장치를 이용한 자기장 실험

4 처음에 출발한 지점으로 돌아오지 않는 ☐☐☐ ☐☐

5 ☐☐☐☐가 왜 강한 자기력을 가지는지 알려 주는 자기 이력 곡선

중심 화제 강한 자성이 나타나는 이유

주제 강자성체가 강한 자성을 띠는 이유를 설명해 주는 자기 이력 곡선

기장의 값은 올라가고 여기서 다시 전류의 방향을 바꾸어 전류를 증가시키면 결국 자기 포화 지점에 도달한다.

이를 정리하면 자기장을 아무리 변화시켜도 처음에 출발한 점으로는 돌아오지 않는데, 이 현상을 '자기 이력'이라고 한다. 그리고 이때 그려진 곡선을 Ⓐ'자기 이력 곡선'이라고 한다. 자기 이력 곡선은 강자성체가 왜 강한 자기력을 나타내는지에 대한 중요한 정보를 제공해 준다. 즉 그래프에 그려지는 자기 이력 곡선의 의미는 자기력의 원인이 전하의 이동 외에도 ㉠다른 이유가 있다는 사실을 말해 주는 것이다. 이러한 자기 이력의 성질을 지니는 물질이 바로 영구 자석이다.

⁺ **자화(磁化):** 자기화(磁氣化). 자기장 안의 물체가 자기를 띠는 현상
⁺ **솔레노이드(solenoid):** 둥근 대롱 모양으로 감은 코일. 전류를 흘리면 전자석이 됨.

---

01 윗글에 대한 설명으로 가장 적절한 것은?

① 강한 자성을 가지는 영구 자석을 만드는 과정을 순서대로 제시하고 있다.
② 자기 이력 현상이 나타나는 과정을 구체적인 실험을 통해 설명하고 있다.
③ 전류에 반응하는 방식에 따라 물질을 나누어 그 차이점을 비교하고 있다.
④ 자기 이력 곡선을 통해 강자성체와 반자성체의 자기장 형성 과정을 설명하고 있다.
⑤ 강자성체가 높은 자화율을 가지는 이유를 온도와 원자 운동의 관점에서 설명하고 있다.

02 ㉠의 내용으로 가장 적절한 것은?

① 전류의 방향에 따라 자기장이 줄어들어 음의 값을 가질 수도 있다.
② 강자성체의 경우 전류의 양에 따라 자기 구역이 형성되는 범위가 달라진다.
③ 전류를 아무리 증가시키더라도 자기장이 더 이상 늘어나지 않는 포화 지점이 있다.
④ 자기 구역이 일정한 방향으로 배열되면 전류를 증가시켜도 자기장이 세지지 않는다.
⑤ 자기 구역이 외부의 자기장 변화에 의해 재배열되는 과정에서 자기장의 변화가 생긴다.

03 〈보기〉는 Ⓐ를 나타낸 것이다. 윗글을 참고할 때, 〈보기〉를 해석한 내용으로 적절하지 <u>않은</u> 것은?

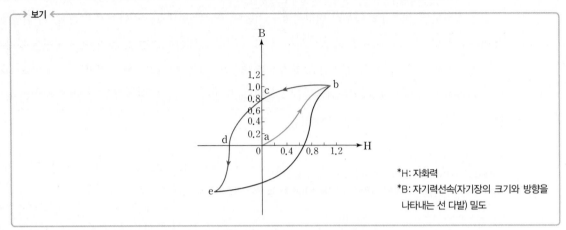

> 보기

*H: 자화력
*B: 자기력선속(자기장의 크기와 방향을 나타내는 선 다발) 밀도

① a에서 출발한 곡선은 자기장의 세기나 방향을 변화시켜도 다시 a로 돌아오지는 않겠군.

② a에서 무작위로 배열되어 있던 자기 구역 방향은 b로 오면서 점차 정렬되겠군.

③ c에서는 철심의 자기 구역 정렬이 어느 정도 유지되고 있기 때문에 총 자기장이 양의 값을 가지는군.

④ d에서는 코일에 흐르는 전류의 세기가 0이 되면서 솔레노이드에 흐르는 전류에 의해 생긴 자기장 역시 0이 되는군.

⑤ e에서 b로 가면서 '전류의 세기가 약해짐 → 전류의 방향이 바뀜 → 전류의 세기가 세짐'의 과정을 거치겠군.

04 문맥상 ⓐ~ⓔ를 바꿔 쓰기에 적절하지 <u>않은</u> 것은?

① ⓐ: 막기

② ⓑ: 이루어져

③ ⓒ: 이르게

④ ⓓ: 굳어져

⑤ ⓔ: 가까워지게

03 동양의 수학, 산학

동아시아의 전통 수학을 산학(算學)이라 부른다. 이미 2000년 이전에 고전 구장산술(九章算術)을 통해 ㉠토대를 다진 산학은 발전을 거듭해서 송·원 시대에는 수학의 황금기에 이르렀다. 사실, 근세까지도 서양의 수학보다 동아시아의 산학이 여러 면에서 훨씬 앞서 있었다. 유럽에서는 16, 17세기에서야 양수와 음수가 나타나고
5 그 연산 규칙은 그 후에서야 정립됐다. 그렇지만 동아시아에서는 양수와 음수 및 그 연산 규칙이 거의 기원전부터 정부술(正負術, 정은 양수, 부는 음수)이라는 이름으로 존재했었다. 현재 중학교에서 배우는 소거법은 ㉡통상 가우스 소거법이라 하는데, 동아시아에서는 가우스(1777~1855)가 태어나기 적어도 1500년 전부터 소거법으로 연립 일차 방정식을 풀었다.

10 동아시아에서는 계산 도구로 산가지를 아주 오래 전부터 사용했다. 수판으로 대체되기 전까지 산가지는 중국에서는 명나라의 15세기 중반까지 그리고 우리나라에서는 19세기에도 계산 수단의 ㉢대종을 이루었다. 산가지로 수를 나타내는 원리는 현재의 십진법과 같다. 오른쪽부터 왼쪽으로 나아가면서 일, 십, 백, [A] 천, 만, …의 자리를 정하고 각 자리에 산가지를 늘어놓는데, 일, 백…의 자릿수
15 는 아래 그림의 첫 행과 같이 세우고, 십, 천…의 자릿수는 둘째 행과 같이 옆으로 뉘어서 표현했다. 그리고 6 이상은 위쪽에 5를 나타내는 산가지를 놓는다.

	1	2	3	4	5	6	7	8	9
일, 백, …의 자리	〡	〢	〣	〤	〥	〦	〧	〨	〩
십, 천, …의 자리	一	二	三	亖	𝍦	⊥	⊤	⊥	⊥

20 곱셈 구구 또는 구구법은 중국에서 아주 오래 전에 ㉣유래한 것으로 보이는데, 한(漢)대의 곱셈 구구가 죽간에 표시되어 있는 것이 남아 있다. 여기에 나타난 곱셈 구구의 순서는 다음과 같다.

9×9=81(九九八十一)　　9×8=72(九八七十二)　…　9×1=9(九一九)
8×9=72(八九七十二)　　8×8=64(八八六十四)　…　8×1=8(八一八)

25 이렇게 고대의 곱셈 구구는 9×9=81에서 시작했다. 이에 따라 '곱셈 구구' 또는 '구구법'이라는 이름이 붙었다. 고대의 곱셈 구구는 9×9=81에서 시작해서 2×2=4에서 끝난다. 1~2세기까지도 이와 같았다. 곱셈 구구가 1×1=1까지 확장된 것은 5세기와 10세기 사이로, 4~5세기에 발간된 작자 미상의 산학 책 '손자산경'(孫子算經)에 이와 같은 꼴이 있다. 송(宋)대의 13~14세기 무렵에 이 순서가 역전되어 현재
30 와 같이 1×1=1부터 시작해서 9×9=81로 끝나는 곱셈 구구로 바뀌었다.

곱셈을 전통 수학에서는 승법(乘法)이라 했다. 한문에서 'A승(乘) B'는 'A를 B에 곱한다.', 즉 'B×A'로서, 'A'가 곱수(승수)이고 'B'가 곱하임수(피승수)이다. 동아시아

글의 핵심 이해

∵ 글을 읽고 빈칸을 채우시오.

문단 요약

1 근세까지도 서양의 수학보다 앞서 있었던 ☐☐

2 동아시아의 계산 도구인 ☐☐☐의 표기 원리

3 ☐☐☐의 유래와 변화 과정

4 전통 수학에서 곱셈을 '☐☐'이라고 한 이유

중심 화제	산학(算學)

주제	동아시아 전통 수학인 산학의 개념과 특징

에서는 전통적으로 곱셈을 덧셈의 ⓔ축약 또는 거듭 더하기로 생각했었는데, 두 수를 더하거나 곱할 때는 그 두 수를 나타내는 산가지를 위아래로 배치하고 자리를 옮기거나 해당하는 자릿수끼리 계산해서 답을 구했다. 그래서 다른 수보다 위에 '올라타는' 수가 생긴다. 그래서 일상 언어에서 '타다' 또는 '오르다'라는 뜻을 가진 '승(乘)' 자를 써서, 곱셈이 올라타는 법, 승법이 된 것이다.

⁺**소거법(消去法):** 둘 이상의 미지수를 가진 방정식에서 특정한 미지수를 없애 연립 방정식을 푸는 방법. 가감법, 대입법, 등치법 따위가 있다.

---

01 윗글에 대한 이해로 적절한 것은?

① 수판은 중국보다 우리나라에서 더 오래 사용되었다.
② 현대의 '구구법'은 고대의 곱셈 구구의 순서를 따르고 있다.
③ 한(漢) 대의 곱셈 구구는 구체적 증거 없이 문헌으로만 전해지고 있다.
④ 동양에서는 서양보다 훨씬 앞서 소거법으로 연립 일차 방정식을 풀었다.
⑤ 산가지 표기는 19세기에 이르러 현재 우리가 사용하는 십진법으로 바뀌었다.

02 [A]를 읽고 가진 의문점으로 적절하지 않은 것은?

① 산가지로 0.25와 같은 소수의 표현이 가능할까?
② 산가지로 수를 나타낼 때 0은 어떻게 표현했을까?
③ 산가지는 자연수뿐 아니라 음수까지도 표현할 수 있었을까?
④ 6 이상의 수에서 위쪽에 놓여 있는 산가지는 어떤 의미일까?
⑤ 자릿수를 번갈아 가며 가로 놓기와 세로 놓기를 한 이유는 무엇일까?

03 〈보기〉는 전통 수학에서 곱셈의 구체적 풀이 과정이다. 〈보기〉에 대한 반응으로 적절하지 <u>않은</u> 것은?

> ▸ 보기 ◂

실제로 전통적인 곱셈 과정을 보여 주면 그림과 같다(편의를 위해 산가지를 인도·아라비아 숫자로 나타냈다). 그 과정을 설명하면 다음과 같다.

⑴ 곱셈 78×46에서 곱수 46은 가장 위쪽에 위치하며 곱하임수 78 위에 '타고' 있다.

⑵ 곱하임수 78을 한 자리씩 올린다.

⑶ 78과 곱수의 4(0)를 곱해서 312(0)를 얻는다.

⑷ 곱하임수 78을 한 자리씩 내린다.

⑸ 7(0)에 곱수의 6을 곱해서 얻은 42(0)를 더한다.

⑹ 8에 6을 곱한 48을 더한다.

⑺ 곱 3588을 얻는다.

(1)		(2)		(3)		(4)		(5)		(6)		(7)	
	4 6		4 6		4 6		6		6		6		3 5 8 8
					3 1 2		3 1 2		3 5 4		3 5 8 8		
	7 8		7 8		7 8		7 8		7 8		7 8		7 8
					2 8				3 1 2		3 5 4		
					+ 3 2				+ 4 2		+ 4 8		
					3 1 2				3 5 4		3 5 8 8		

① 오래 전부터 사용된 '곱셈 구구'를 활용하여 계산을 하고 있군.

② 78×46은 한문으로는 '四十六乘七十八(46승 78)'이라고 표기하겠군.

③ 곱하임수는 곱수 위에 올라타고 곱수를 이리저리 움직이면서 답을 얻는군.

④ 위 곱셈의 답에 해당하는 3588은 산가지로는 '〓 ⅠⅠⅠⅠⅠ ≡ Ⲧ'과 같이 표현하겠군.

⑤ 실제로는 두 수를 나타내는 산가지를 위아래로 배치하고 해당하는 자릿수끼리 계산해서 답을 구하겠군.

04 문맥상 ㉠~㉤과 바꿔 쓰기에 적절하지 <u>않은</u> 것은?

① ㉠: 밑바탕

② ㉡: 보통

③ ㉢: 큰 흐름

④ ㉣: 생겨난

⑤ ㉤: 한가지

충돌구란 소행성이나 혜성 또는 그 파편이 행성, 위성, 소행성 같은 고체 상태의 천체 표면에 충돌하여 만들어진 구덩이를 말한다. 구덩이를 만들면서 충돌체가 거의 완전히 부서지거나 증발해 버리기 때문에 충돌체가 무엇이었는지 알지 못하는 경우가 매우 많다.

5 　충돌에 의해 커다란 구덩이가 형성되는 이유는 엄청난 충돌 속도 때문이다. 태양계의 행성, 소행성, 혜성 등은 매우 빠른 속도로 태양 주위를 ㉠돌고 있다. 이들의 궤도가 서로 겹치면 충돌이 일어날 수 있다. 지구의 경우 초당 30 ㎞의 속도로 태양 주위를 돌고 있으며, 지구 궤도의 물체는 최대 42 ㎞의 속도로 태양 주위를 돌 수 있다. 초당 40 ㎞의 속도로 지구 궤도로 진입하는 소행성의 경우를 가정해 보자. 만약

10 이 소행성이 지구와 같은 방향으로 태양 주위를 돌면서 지구를 따라오면 이 소행성은 초당 10 ㎞의 속도로 지구로 돌진하게 된다. 지구와 거리가 가까워지면 소행성과 지구 사이에 중력이 작용하고 이로 인해 소행성은 더욱 빠른 속도로 지구와 충돌하게 된다. 그런데 이 소행성이 지구와 반대 방향으로 태양 주위를 돌면서 지구와 만난다면 두 천체의 속도를 합한 초당 70 ㎞ 이상의 어마어마한 속도로 지구와 충돌하

15 게 될 것이다. 이처럼 빠른 속도로 충돌하는 충돌 에너지 때문에 충돌구가 만들어지는 것이다.

　달의 표면을 촬영한 사진을 보면 수많은 충돌구를 확인할 수 있는데, 특이한 것은 달의 바다라고 불리는 어두운 면이 밝은 면에 비해 상대적으로 충돌구의 분포가 매우 낮다는 것이다. 그 원인의 실마리는 달의 암석에서 찾을 수 있는데, 밝은 부분의

20 암석은 대부분 약 45억 년 전 것인 반면 어두운 부분의 암석은 약 32억 년에서 38억 년 전 것이다. 어두운 부분은 주로 현무암이라고 불리는 화산암으로 이루어졌는데, 약 32억 년에서 38억 년 전 사이에 달의 표면에 많은 양의 현무암질 용암이 흘러나와 이 지역을 형성한 것이다. 그러므로 용암이 흐르지 않은 달의 밝은 면에는 달의 생성 이후 만들어진 거의 모든 충돌구들이 보존된 반면, 용암으로 뒤덮인 달의 바다

25 에는 용암 분출 이전의 충돌구들이 사라지고 그 이후에 만들어진 충돌구만 보존되어 상대적으로 충돌구의 수가 적은 것이다.

　지구 표면에 존재하는 것으로 확인된 충돌구의 수는 2백 개를 조금 넘는다. 물론 충돌구에 대한 연구가 미흡한 아시아, 남미, 아프리카에서 추가로 충돌구가 더 확인될 가능성도 있다. 하지만 지구 표면에 확인되지 않은 충돌구가 현재 확인된 것의

30 몇 배가 된다고 하더라도, 여전히 지구 표면의 충돌구의 수는 더 작은 천체인 달이나 수성에 비해 훨씬 적다. 그 이유는 무엇일까?

　먼저 지구에 외계의 물체가 진입할 때 대기의 역할을 생각할 수 있다. 지구로 진

입하는 소행성이나 혜성의 크기가 크지 않다면 대기 상층부에 대해 매우 작은 각도를 가지고 즉, 수평에 가깝게 접근하는 물체는 지구 대기에 의해 튕겨 나가 버린다. 또한 조금 더 큰 각도로 진입하는 물체는 대기에 진입하면서 마찰에 의해 표면이 녹거나 증발하게 된다. 이때 만약 아주 작은 물체라면 충돌의 힘을 이기지 못하고 폭발하거나 여러 조각으로 부서진다. 하지만 충돌체의 크기가 클수록 대기의 역할은 줄어든다. 즉 지구의 대기는 우주에서 날아오는 물질로부터 지구를 보호하는 역할을 하지만, 이는 비교적 크기가 작거나 약한 물체에 국한된다.

지구의 충돌구가 적은 더 중요한 이유는 달의 바다에 충돌구가 적은 이유와 같이 여러 지질 활동에 의해 충돌구가 지워졌기 때문이다. 이러한 지질 활동으로는 비, 바람 등에 의한 풍화, 화산 활동, 판의 이동 등을 들 수 있다.

---

*판(板): 지구의 겉 부분을 둘러싸는, 두께 100km 안팎의 암석 판. 현재의 지구는 크고 작은 10여 개의 판이 모자이크 모양을 이루고 있음.

---

01 윗글의 내용과 일치하지 <u>않는</u> 것은?

① 수성이 달이나 지구에 비해 충돌구의 수가 많다.
② 충돌구가 만들어지는 원인은 빠른 충돌 속도 때문이다.
③ 충돌구를 만든 충돌체가 무엇인지 알 수 없는 경우가 많다.
④ 대기는 지구에 진입하는 물체를 막는 역할을 수행하기도 한다.
⑤ 지구에서는 지질 활동에 의해 충돌구가 지워졌을 가능성이 있다.

02 윗글을 읽고 〈보기〉에 대해 탐구한 내용으로 적절한 것끼리 묶인 것은?

> **보기**
> 지구와 소행성의 충돌을 연구하기 위해 다음과 같이 지구 궤도로 진입하는 소행성의 경우를 가정해 보았다.

	지구의 공전 방향과 소행성의 공전 방향	소행성이 지구 궤도로 진입하는 속도
㉮	같은 방향	초당 40km
㉯	같은 방향	초당 30km
㉰	반대 방향	초당 40km
㉱	반대 방향	초당 20km

> ㄱ. ㉮의 소행성은 초당 10km 이상의 속도로 지구에 돌진하겠군.
> ㄴ. ㉯의 소행성은 지구와 충돌할 가능성이 없겠군.
> ㄷ. ㉰의 소행성은 초당 70km 이상의 속도로 지구와 충돌하겠군.
> ㄹ. 지구의 중력을 무시한다면 ㉱의 소행성은 초당 10km의 속도로 지구와 충돌하겠군.

① ㄱ, ㄷ　　　② ㄴ, ㄹ　　　③ ㄱ, ㄴ, ㄷ　　　④ ㄱ, ㄷ, ㄹ　　　⑤ ㄴ, ㄷ, ㄹ

▶ 바른답•알찬풀이 44쪽

03 〈보기〉는 달 표면의 충돌구를 촬영한 사진이다. 이에 대한 학생의 반응으로 적절하지 <u>않은</u> 것은?

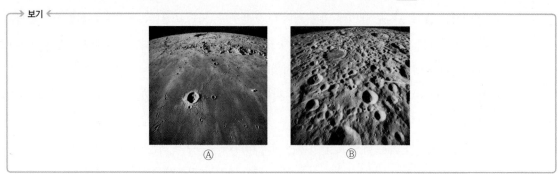

> 보기

Ⓐ   Ⓑ

① Ⓐ보다 Ⓑ의 암석이 더 오래된 것이겠군.

② Ⓑ보다 Ⓐ에 현무암이 더 많이 존재하겠군.

③ Ⓐ와 달리 Ⓑ에는 달 생성 이후 형성된 거의 모든 충돌구가 보존되어 있겠군.

④ Ⓑ와 달리 Ⓐ에는 용암 분출 이전에 만들어진 충돌구들이 보존되어 있겠군.

⑤ Ⓐ와 Ⓑ에는 모두 용암 분출 이후의 충돌구들이 보존되어 있겠군.

04 ㉠의 문맥적 의미와 가장 가까운 것은?

① 그의 표정에서는 희색이 돌기 시작했다.

② 사람들은 탑 주위를 빙빙 돌면서 소원을 빌었다.

③ 정답이 머릿속에서 뱅뱅 돌고 확 떠오르지 않았다.

④ 이 길로 가면 먼 길을 돌게 되니 지름길로 가야 한다.

⑤ 연휴임에도 불구하고 공장이 무리 없이 잘 돌고 있다.

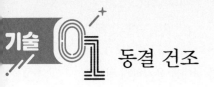

동결 건조

액체 상태보다 고체 상태가 운반 저장에 ⓐ용이하다. 액체 상태의 라면 스프와 인스턴트커피를 고체로 만드는 데 동결 건조가 이용되고 있다. 동결 건조는 물체를 얼린 다음에 물기를 없애는 것을 말한다. 동결 건조를 이해하기 위해서는 기체, 액체, 고체라는 물질의 상태와 상태의 변화에 영향을 미치는 요소에 대해 이해해야 한
5 다. 그런데 물이 0℃에서 얼고 100℃에서 끓는다는 것을 알고는 있어도 그것이 1기압인 상태에서만 나타나는 현상임을 모르는 사람이 많다. 물, 얼음, 수증기라는 상태는 온도뿐만 아니라 압력에 영향을 받는다는 것에 유의해야 한다.

이를 이해하는 데 도움을 주는 것이 물질의 상태와 온도, 압력의 관계를 나타낸 상평형*그림이
10 다. 옆의 그래프와 같이 상평형 그림의 세로축은 기압을 나타내고 가로축은 온도를 나타낸다. 선 3개는 증기 압력 곡선, 융해*곡선, 승화*곡선이다. 증기 압력 곡선은 액체와 기체 사이를 잇는

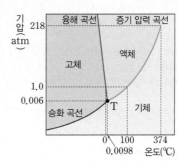

선으로, 그 선이 나타내는 환경에서 액체와 기체가 공존한다. 융해 곡선은 액체와
15 고체 사이에 있는 선으로, 그 선이 나타내는 환경에서 액체와 고체가 공존한다. 각 압력에 따른 끓는점은 증기 압력 곡선 위에, 어는점은 융해 곡선 위에 있다. 승화 곡선은 고체와 기체 사이에 있는 선으로, 선이 나타내는 환경에서는 고체와 기체가 공존한다. 이 그래프를 통해 우리는 1기압에서 물은 0℃에서 얼고 100℃에서 끓는다는 것을 알 수 있다.

20 점 T는 삼중점이다. 물의 삼중점은 0.006기압과 0.0098℃인 환경이다. 이 환경에서 물은 고체, 액체, 기체의 세 가지 상태로 공존한다. 이 상태를 일상생활에서 볼 수는 없다. 0.006기압을 경험하지 못하기 때문이다. 세계에서 가장 높다는 ㉮에베레스트 산(해발 약 8.8km) 정상의 기압만 해도 약 0.35기압인 것을 ⓑ감안하면, 0.006기압은 진공에 가까운 기압이다. 그런데 만약 삼중점 이하로 압력을 낮춘다면
25 어떤 현상이 일어날까? 결코 물이 존재하지 못하고 얼음 또는 수증기만 존재할 수 있다. 그리고 얼음인 상태를 유지하며 특정 압력을 가하면 얼음에서 수증기로 바뀌는 현상이 일어난다. 즉 승화가 일어나는 것이다.

동결 건조는 열풍 건조와는 전혀 다르다. 이 방법은 식품에 열을 가하는 것이 아니라 식품을 얼린다. 보통 식품을 −50~−70℃ 정도의 저온에서 얼리는데, 그 이유
30 는 식품 내에 있는 수분을 완전히 얼리기 위한 것이다. 다음으로 건조는 기계 내부의 압력을 완전 진공에 가깝도록 낮춰 주는 방법으로 한다. 그렇게 되면 식품 내부에 있는 얼음 상태의 수분을 물을 거치지 않고 바로 수증기로 만들 수가 있다. 그 수

글의 핵심 이해

:∙ 글을 읽고 빈칸을 채우시오.

문단 요약

1 □□ □□를 이해하기 위한 과학적 원리

2 □□□ 그림에 나타나는 곡선의 의미

3 □□□과 그 이하의 압력에서 일어나는 승화

4 동결 건조의 □□

5 동결 건조의 □□와 식품 동결 건조의 □□

6 식품 동결 건조의 □□

중심 화제	동결 건조

주제	동결 건조의 과학적 원리와 방법

증기를 외부로 배출하고 ⓒ밀봉하면 설령 온도가 올라 언 것이 녹더라도 건조한 상태를 유지하게 된다.

이 방법은 2차 세계 대전 때 혈액의 혈장을 보호하기 위해 처음 도입된 이래, 그 활용 범위는 단백질, 비타민, 호르몬 등을 연구하는 과학적인 실험에 ⓓ제한되었다. 동결 건조가 식품 가공에 도입된 것은 1990년대부터였다. 이 방법은 다른 건조 방법에 비해 동결과 진공 공정이 더 필요하므로 건조 비용이 많이 들고 건조 시간도 더 길어진다. 같은 식품을 건조할 경우 열풍 건조에 비해서 그 비용이 3배 정도 더 든다.

그럼에도 불구하고 이 방법을 식품 가공에 적용한 데는 분명한 이유가 있다. 열에 약한 식품의 맛, 냄새, 색깔 그리고 영양 성분 등이 거의 파괴되지 않기 때문이다. 또한 동결 건조 식품은 수분이 빠져나간 자리가 비어 있기 때문에 물을 다시 가하면 그 자리로 수분이 찾아 들어가면서 원래 식품으로 ⓔ복원되는 능력이 일반 건조식품에 비해 탁월하다.

✝상평형(相平衡): 물질계가 두 개 이상의 상으로 공존하는 평형. 1기압 0℃에서는 물과 고체인 얼음이 상평형을 이룸.
✝융해(融解): 고체에 열을 가했을 때 액체로 되는 현상
✝승화(昇華): 고체에 열을 가하면 액체가 되는 일이 없이 곧바로 기체로 변하는 현상

---

01 윗글에서 해결할 수 있는 질문이 <u>아닌</u> 것은?

① 동결 건조는 어디에 이용되는가?
② 동결 건조를 위해 압력을 어떻게 낮추는가?
③ 동결 건조는 다른 건조법보다 무엇이 좋은가?
④ 동결 건조를 식품 가공에 적용할 때 단점은 무엇인가?
⑤ 동결 건조를 이해하기 위해 고려해야 할 요소는 무엇인가?

02 윗글을 바탕으로 〈보기〉를 이해한 내용으로 적절하지 <u>않은</u> 것은?

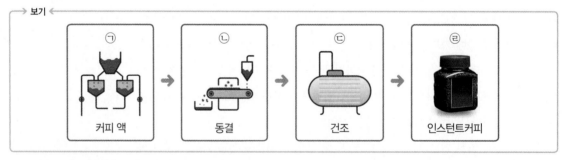

보기

ⓐ 커피 액 → ⓑ 동결 → ⓒ 건조 → ⓓ 인스턴트커피

① ⓐ의 수분을 얼리기 위해 ⓑ을 하는 것이다.
② ⓐ의 성분, 맛, 향 등은 ⓓ에서도 거의 변하지 않는다.
③ 삼중점 이하의 온도에서 ⓑ이 이루어진 뒤에 ⓒ을 해야 한다.
④ ⓑ에서 만들어진 고체는 ⓒ을 하는 과정에서 액체 상태를 거친다.
⑤ ⓑ에서 만들어진 고체와 달리 ⓓ에는 수분이 빠져나간 공간이 존재한다.

03 윗글의 내용으로 보아 ㉮에서 볼 수 있는 현상으로 적절하지 <u>않은</u> 것은?

① 0℃보다 높은 온도에서 물이 언다.

② 어떤 온도에서도 승화는 일어나지 않는다.

③ 얼음, 물, 수증기가 공존하는 상황이 있을 수 있다.

④ 얼음과 수증기가 공존하는 환경은 만들어지지 않는다.

⑤ 열을 가했을 때 100℃보다 낮은 온도에서 물이 끓는다.

04 ⓐ~ⓔ의 사전적 의미로 적절하지 <u>않은</u> 것은?

① ⓐ: 어렵지 아니하고 매우 쉬움.

② ⓑ: 여러 사정을 참고하여 생각함.

③ ⓒ: 단단히 붙여 꼭 봉함.

④ ⓓ: 일정한 한도를 정하거나 그 한도를 넘지 못하게 막음.

⑤ ⓔ: 과거의 모양, 정치, 사상, 제도, 풍습 따위로 돌아감.

쇼트 트랙 선수들이 코너를 돌 때 코너 바깥쪽으로 향하는 원심력과 아래로 향하는 중력의 영향을 받게 되는데, 이 두 힘의 합력은 빙판에 비스듬하게 작용한다. 이 각도만큼 몸을 기울여야 선수는 속도를 유지하면서도 넘어지지 않는다. 쇼트 트랙 선수와 마찬가지로 기차 역시 곡선 구간을 주행하면 바깥쪽으로 향하는 원심력의

5 영향을 받아 바깥쪽으로 기울어지려는 경향이 있다. 이때 곡선 반경은 'R'로 표시하는데 이는 곡선 커브를 포함하여 가상의 원을 그릴 때 그 원의 반지름 값을 의미한다. 이 곡선 반경이 작을수록 커브도 급해지며, 그만큼 열차의 통과 속도는 제한받을 수밖에 없다. 쇼트 트랙 선수가 몸을 기울이는 것처럼 기차도 차량의 속도를 급하게 줄이지 않으면서도 궤도를 이탈하지 않으려면 차체를 레일 안쪽으로 기울여서

10 원심력을 상쇄하는 조치를 취해야 한다. 이를 위해 곡선부에서는 바깥쪽 레일을 안쪽 레일보다 다소 높혀 원심력을 흡수시켜 차량을 안전하게 통과시키도록 되어 있다. 이 곡선부의 외측 레일을 내측 레일보다 높이는 경사의 정도를 캔트라고 하는데, 이는 어느 수준 이상 올릴 수 없다. 틸팅 열차는 이런 캔트의 부족을 차체를 기울여 보충함으로써 곡선 구간의 원심력을 상쇄하기 때문에 선로의 큰 개량 없이 속

15 도가 떨어지지 않게 한 것이다.

틸팅 기술에는 크게 두 종류가 있으며, 그 종류에 따라 구조 역시 달라진다. 첫 번째는 Ⓐ'수동적 틸팅'으로 차체의 회전 중심을 무게 중심보다 높게 설정한 것이다. 이렇게 하면 원심력이 우측으로 작용할 경우 무게 중심보다 위는 왼쪽으로, 아래는 오른쪽으로 힘을 받아 자연적인 틸팅이 이뤄지게 된다. 이처럼 기울어지는 동작과

20 그 각도를 인위적으로 조종하지 않는 수동적 틸팅은 얻을 수 있는 최대 경사각이 3.5° 정도로 작고 임의로 경사를 조절할 수 없으며 시간 지연의 발생으로 틸팅의 효과를 얻기 어려운 단점이 있어 현재는 잘 사용되지 않는다.

두 번째는 Ⓑ'능동적 틸팅'이다. 이는 차체와 철로 사이를 연결하는 부위, 즉 대차 부위에 별도의 동력과

25 제어 장치를 추가하는 방식이다. 이 대차 부위는 객실을 떠받치다가 GPS 시스템, 가속도 센서를 통해 곡선 진입을 감지하고, 컴퓨터로 제어되는 유압 실린더로 틸팅 링크를 조절하여 차체의 기울기를 변경한다. 능동적 틸팅은 최대 8°에 달하는 비교적 큰 경사각을 얻

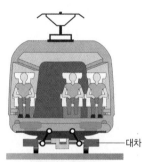
— 대차
직선 선로 주행 시

30 을 수 있으며 저속 차량과 공유해야 하는 선로에서도 큰 지장 없이 고속을 얻을 수 있다. 대신 별도의 장치와 동력이 요구되며, 정밀 제어 공학이 요구된다는 단점이 있다.

글의 핵심 이해

: 글을 읽고 빈칸을 채우시오.

문단 요약

① 차체를 기울여 □□를 유지한 채 □□ 구간을 통과하는 틸팅 열차

② □□□ 틸팅의 원리와 단점

③ □□□ 틸팅의 원리와 장단점

④ □□ □□ □□ 기술을 접목한 능동적 틸팅의 효과

중심 화제 : 틸팅 열차

주제 : 틸팅 열차의 작동 원리와 틸팅 기술의 종류 및 특징

최근 도입되고 있는 틸팅 열차는 능동적 틸팅을 채택하고 있으며, 이에 더해 '틸팅 조향 대차' 기술을 접목하고 있다. '틸팅 조향 대차'란 곡선부에서 차체를 기울이면서 대차의 바퀴 부분의 각도를 선로에 맞게 변동하는 기술을 말한다. 이 장치는 탈선의 위험을 감소시켜 곡선 구간에서의 안정성을 확보하는 데 유리하다. 이로써 열차의 기울어짐에도 불구하고 운행의 안정감과 승차감을 유지시켜 주며 속도 향상의 효과도 얻을 수 있다.

---

01 윗글의 내용과 일치하지 <u>않는</u> 것은?

① 능동적 틸팅은 수동적 틸팅에 비해 얻을 수 있는 경사각이 더 크다.

② 틸팅 열차는 차체를 기울여 곡선 구간에서 기차가 받는 원심력을 상쇄한다.

③ 틸팅 열차가 정상적으로 작동하기 위해서는 선로의 개선이 선행되어야 한다.

④ 수동적 틸팅의 경우에는 틸팅이 이뤄지기까지 시간의 지연이 발생할 수 있다.

⑤ 틸팅 조향 대차 기술을 적용하면 선로를 따라 진행하는 기차 바퀴의 각도를 조절할 수 있다.

02 윗글을 참고하여 〈보기〉를 설명한 내용으로 적절하지 <u>않은</u> 것은?

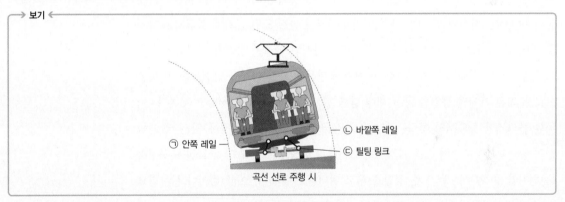

> 보기
>
> ㉠ 안쪽 레일 ― ㉡ 바깥쪽 레일 ― ㉢ 틸팅 링크
>
> 곡선 선로 주행 시

① 차체는 원심력에 의해 바깥쪽 방향으로 힘을 받겠군.

② ㉠보다 ㉡을 높게 만드는 것이 곡선 주행에 도움이 되겠군.

③ 곡선을 주행할 때 ㉢의 조절을 통해 차체의 기울기를 변경하겠군.

④ 선로의 곡선 반경이 현재보다 커진다면 선로의 캔트 역시 커져야겠군.

⑤ 기차 내부에는 GPS와 가속도 센서가 있어 곡선부에 진입했음을 감지하겠군.

03 ⒜와 ⒝를 비교하여 설명한 내용으로 적절한 것은?

① ⒜는 ⒝와 달리 별도의 동력이나 제어 장치가 필요하지 않다.

② ⒜는 ⒝와 달리 틸팅의 각도를 미세하게 조정하는 것이 가능하다.

③ ⒝는 ⒜와 달리 레일의 캔트가 부족한 상황에서도 적용하는 것이 가능하다.

④ ⒝는 ⒜와 달리 탈선을 막기 위해 곡선 선로를 주행할 때 속도를 줄여야 한다.

⑤ ⒜와 ⒝는 모두 차체의 무게 중심을 회전 중심보다 아래에 두어 차체의 각도를 조절한다.

 스퍼터링법

스마트폰의 화면에는 손가락의 접촉을 감지할 수 있는 박막이 기판에 형성되어 있으며, 액정 디스플레이(LCD) 모니터의 내부도 매우 얇은 층의 박막이 입혀져 있는 기판이 여러 층으로 쌓여져 있다. 이 박막을 기판에 증착시키는 방법으로 다른 방법들에 비해 박막의 흡착력이 큰 스퍼터링법을 주로 사용하고 있다. 스퍼터링 (sputtering)이란 이온이 어떤 물질의 원자 간 결합 에너지보다 큰 운동 에너지로 그 물질에 ⓐ충돌할 경우 이 이온의 충격에 의해 그 물질을 구성하는 원자가 튀어나오는 원자의 표면 탈출이 발생하게 하는 것을 말한다. 이 현상을 이용하여 기판에 박막을 증착하는 방법을 '스퍼터링법'이라고 하는데, 그 과정은 다음과 같다.

먼저 음(−)극에는 박막의 재료가 되는 타깃 물질을, 양(+)극에는 박막을 형성할 기판을 ⓑ배치한다. 진공 펌프를 통해 용기 안을 진공 상태로 만든 후, 진공 용기 내에 아르곤(Ar) 가스를 주입한다. 타깃 물질에 직류 전압을 걸어 주면 타깃 물질과 기판 사이에 있는 전자들이 양극으로 가속되어 움직이는데, 그 과정에서 아르곤 가스와 충돌하면 아르곤 가스는 음전하를 가진 전자와 양이온(Ar^+)으로 분리된다. 타깃 물질 뒤쪽에는 자석이 있는데, 자석은 전자를 타깃 물질 표면 근처에 형성되는 자기장 안에 모아 아르곤 가스와의 충돌 횟수를 증가시켜 아르곤 가스가 전자와 양이온으로 분리되는 것을 ⓒ촉진시킨다. 이처럼 음전하를 가진 전자와 양전하를 띤 이온으로 분리된 기체가 동일한 공간 내에 함께 있는 상태를 '플라즈마'라고 부른다. 이러한 플라즈마 상태에서 아르곤 양이온은 음극으로 가속되어 음극에 있는 타깃 물질과 충돌하게 된다. 이 충돌 과정에서 스퍼터링 현상으로 인해 타깃 물질을 구성하는 원자들 중 일부는 원자 간 결합을 끊고 튀어나오게 된다. 이때 튀어나오는 힘으로 스퍼터 입자들이 기판에 ⓓ도달하여 박막을 형성하게 되는 것이다.

그런데 박막이 형성되기 위해서는 스퍼터 입자들이 기판 표면에 제대로 흡착되어야 한다. 흡착이란 기판에 도달한 입자들이 기판 표면에 달라붙는 현상으로, 물리 흡착과 화학 흡착의 과정을 거친다. 물리 흡착은 스퍼터 입자와 기판 표면에 있는 분자 사이의 인력에 의해 일어난다. 따라서 분자 구조에는 변화가 없으며, 스퍼터 입자와 기판 표면에 있는 분자 사이에 전자의 이동 없이 서로의 분자 상태를 유지하면서 흡착한다. 스퍼터 입자가 기판 표면에 더 가까워지면 스퍼터 입자가 나누어지지 않은 상태로 기판 표면에 있는 분자와 서로 겹쳐 있는 상태가 되는데 이것을 전이 상태라고 한다. 전이 상태를 거친 후, 스퍼터 입자는 나누어져 기판 표면에 있는 분자와 화학 반응을 하게 된다. 이처럼 화학 반응을 통한 분자 간의 화학 결합력에 의해 흡착되는 상태를 화학 흡착이라고 한다. 이러한 과정으로 흡착된 분자들이 ⓔ응축되고 모여야만 박막이 형성되는 것이다.

▶ 글을 읽고 빈칸을 채우시오.

문단 요약
1 ☐☐☐☐의 개념과 이 현상을 이용하는 스퍼터링법
2 스퍼터링법으로 ☐☐을 형성하는 과정
3 박막을 형성하기 위한 ☐☐의 과정
4 ☐☐☐☐☐의 효율성을 높이는 방법과 한계

중심 화제 | 스퍼터링법

주제 | 스퍼터링법의 원리와 과정

한편 '스퍼터링법'을 통해 효율적으로 박막을 형성하기 위해서는 스퍼터링률을 높여야 한다. 스퍼터링률이란 타깃 물질에 충돌하는 아르곤 양이온 1개당 발생하는 스퍼터 입자의 수를 말한다. 일반적으로 스퍼터링률은 아르곤 양이온이 타깃 물질에 충돌하는 에너지가 커질수록 증가하며, 아르곤 양이온의 충돌 에너지는 타깃 물질에 걸어 주는 직류 전압의 세기와 비례한다. 그런데 이 직류 전압의 세기는 스퍼터 입자가 기판에 증착되는 속도인 증착 속도와도 관련이 있다. 증착 속도는 박막의 두께, 박막의 구조 등에 영향을 미치는 요소로, 직류 전압의 세기가 커질수록 증가한다. 또한 아르곤 양이온이 타깃 물질 표면에 비스듬히 충돌하면 스퍼터링률은 증가하고, 40°에서 최대가 된다. 충돌 각도를 제어하기 위해 아르곤 양이온 발생 장치를 통해 원하는 각도로 타깃 물질에 충돌시키기도 한다. 그런데 양이온 발생 장치의 크기의 한계로 인해 큰 면적의 박막을 형성하는 데 어려움이 있어, 자기 디스크, 자기 테이프 등 크기가 작은 장치의 박막 형성에 주로 사용된다.

⁺**박막(薄膜):** 기계 가공으로 만들 수 없는 두께 1/1000mm 이하의 막을 통틀어 이르는 말
⁺**기판(基板):** 배선을 변경할 수 있는 전기 회로가 편성되어 있는 판
⁺**증착(蒸着):** 진공 상태에서 금속이나 화합물 따위를 가열·증발시켜 그 증기를 물체 표면에 얇은 막으로 입히는 일. 렌즈의 코팅, 전자 부품이나 반도체 따위의 피막 형성에 이용함.

01 윗글을 통해 알 수 있는 내용으로 적절하지 않은 것은?

① 증착 속도는 박막의 두께와 구조에 영향을 준다.
② 타깃 물질의 종류가 달라지면 박막의 재료도 달라진다.
③ 화학 흡착은 전이 상태와 달리 스퍼터 입자들이 분리되며 이루어진다.
④ 양이온 발생 장치를 사용하는 스퍼터링법은 작은 면적의 박막 형성에 더 효율적이다.
⑤ 물리 흡착 과정에서 인력 때문에 스퍼터 입자와 기판 표면 사이에 전자가 이동하게 된다.

[02~03] 〈보기〉는 '스퍼터링법' 증착 장치의 구조도이다. 윗글과 〈보기〉를 바탕으로 물음에 답하시오.

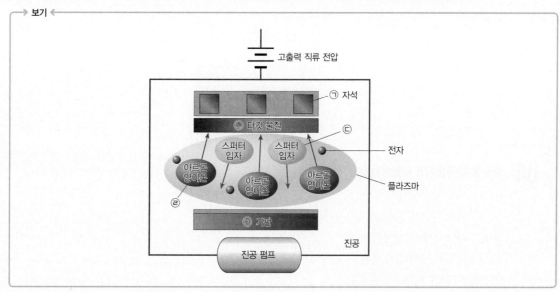

02 윗글을 바탕으로 할 때, 〈보기〉의 ㉠~㉢에 대한 설명으로 적절하지 <u>않은</u> 것은?

① ㉠은 아르곤 가스의 이온화를 촉진시키는 역할을 하는군.
② ㉡에 직류 전압을 걸지 않으면 ㉢에 박막을 형성하는 ㉢이 생성될 수 없겠군.
③ ㉡의 원자 간 결합 에너지가 ㉣의 운동 에너지보다 크면 ㉢이 발생하지 않겠군.
④ ㉢이 발생하더라도 ㉠을 설치하지 않으면 ㉢이 ㉢에 도달하지 않겠군.
⑤ ㉢과 ㉢ 표면의 분자가 화학 결합을 하지 않으면 ㉢에 박막이 제대로 형성되지 않겠군.

03 윗글의 내용을 고려할 때, 다음 질문에 대한 대답으로 가장 적절한 것은?

> ▶ 보기 ◀
> 모든 조건이 같다고 가정할 때, 〈보기〉의 장치에서 타깃 물질에 걸어 주는 직류 전압의 세기를 크게 한다면, 어떤 변화가 발생할까?

① 타깃 물질에서 튀어나오는 원자의 수가 증가할 것이다.
② 스퍼터링된 원자가 기판에 증착되는 속도가 느려질 것이다.
③ 아르곤 가스에서 분리되는 아르곤 양이온의 양이 증가할 것이다.
④ 아르곤 양이온이 타깃 물질에 충돌하는 에너지가 감소할 것이다.
⑤ 아르곤 양이온이 타깃 물질에 충돌할 때의 각도가 40°에 가까워질 것이다.

04 ⓐ~ⓔ의 뜻풀이로 적절하지 <u>않은</u> 것은?

① ⓐ: 서로 맞부딪치거나 맞섬.
② ⓑ: 서로 반대로 되어 어그러지거나 어긋남.
③ ⓒ: 다그쳐 빨리 나아가게 함.
④ ⓓ: 목적한 곳이나 수준에 다다름.
⑤ ⓔ: 한데 엉겨 굳어서 줄어듦.

자율 주행 기술

자율 주행 기술이란 일반적인 주행 상황에서 목적지까지 부분 자동화 또는 완전 자율 주행이 가능한 시스템을 의미한다. 이런 자율 주행 기술이 탑재된 차량을 '자율 주행 차'라고 부른다. '무인 자동차'라는 용어와도 혼용되고 있지만 기본적으로 '자율 주행 차'는 사람이 타는 것을 목적으로 한다. 자율 주행은 인지, 판단, 제어 등 크게 세 가지 기술로 구현한다.

인지 기술은 한마디로 우리 몸의 눈과 같다고 할 수 있다. 우리가 눈을 통해 각종 정보를 읽고 받아들이는 것처럼, 자율 주행 차는 위성 위치 정보 시스템(GPS)을 통해 도로 위에 자신의 위치를 인식하고 차량 앞뒤에 설치한 카메라나 레이더(radar), 라이다(lidar)와 같은 센서로 주변 환경을 파악하고, 스캐너로 정확한 정보를 습득해 주변의 교통 상황을 인지한다. 센서 사각지대 등 인지 시스템의 한계 극복을 위해 3차원 정밀 도로 지도와 V2X 통신(차량 – 사물 간 통신) 등도 활용한다. 센서들이 모든 정보를 수집할 수 없기에 지도로 상황을 예측하고 주변과의 끊임없는 통신을 통해 빠뜨린 정보를 보완하는 것이다.

판단 기술은 인지 센서를 통해 수집된 각종 정보를 바탕으로 주행 환경과 목표 지점에 적합한 주행 전략을 수립하는 기술, 즉, 경로 생성 기술이다. 차량의 PC에 설치된 소프트웨어 프로세서는 수많은 수집 정보들을 기존 정보들과 비교해 어떻게 반응을 할지 결정한다. 여기엔 차선 유지 및 변경 여부, 장애물 회피 등 상황별 판단은 물론, 최종 목적지까지의 경로 계획 설정 등이 포함된다.

제어 기술은 인지된 정보를 바탕으로 그 의미를 판단한 후 액추에이터에 명령을 내려 차량을 작동시키는 것을 말한다. 제어는 크게 조향과 가감속 기술이 있다. 조향은 운전자의 임의대로 스티어링 방향을 조작하는 것이고, 가감속은 가속 페달과 제동 페달을 통해 차량을 달리게, 혹은 멈추게 하는 기술을 말한다. 자율 주행 차는 조향 장치와 가감속 페달의 작동을 운전자가 아닌 시스템이 맡는 것이다.

미국 교통부 도로 교통 안전국(NHTSA)은 자동 운전 시스템 단계를 레벨 0~4까지 5단계로 구분한다. 이 분류에 따르면, '레벨 0'은 운전 지원 시스템이 없는 차이다. '레벨 1'은 미끄러짐 방지 장치, 자동 브레이크 등 한 종류의 운전 지원 시스템을 갖춘 차, '레벨 2'는 두 종류 이상의 운전 지원 시스템을 갖춘 차이다. 스마트 크루즈 컨트롤, 차선 유지 지원 시스템이 결합해 고속 도로 주행 시 차량과 차선을 인식해 앞차와의 간격을 유지하고 자동으로 조작하는 것이 이 단계에 해당한다. '레벨 3'은 주차장이나 고속 도로 등 특정 조건 아래서의 자동 운전 시스템을 갖춘 차를 말한다. '레벨 4'는 말 그대로 사람이 운전 조작을 할 필요가 전혀 없는 완전 자동 운전 시스템을 갖춘 차이다. 자율 주행 차의 최종 목표는 '레벨 4'이다.

글의 핵심 이해

글을 읽고 빈칸을 채우시오.

문단 요약

1 □□ □□ 기술의 개념
2 □□ 기술의 개념
3 □□ 기술의 개념
4 □□ 기술의 개념
5 자동 운전 시스템의 □□
6 □□ □□을 실현하기 위한 선결 과제

중심 화제 자율 주행 기술

주제 자율 주행의 개념과 구현 원리

자율 주행 차 시장 선점을 위한 각국 정부의 노력도 뜨거운데, ⓐ우리 정부의 자율 주행 차 지원 제도는 시작 단계에 있다. 완전한 의미의 자율 주행을 수행할 수 있는 4단계로 가기 위해선 법률적인 문제가 검토되어야 한다. 현재 우리나라 도로 교통법은 운전자가 운전석에서 떨어져서는 안 된다고 규정하고 있다. 또한 자동차 및 자동차 부품에 관한 성능과 기준에 관한 안전 기준에서는 자율 주행 시스템 설치를 금지하고 있다. 자
5 율 주행 차는 사고 발생 때 보험 처리 문제도 고민해야 한다. 자율 주행 차 내외부의 첨단 통신망을 활용한 사이버 해킹 등 보안 위협 역시 해결해야 할 숙제로 꼽힌다.

✦ **라이다(lidar):** 레이저 광선을 활용한 거리 및 형상 측정 장치
✦ **액추에이터(actuator):** 물리적인 힘을 기계적으로 변환시키는 기기
✦ **스마트 크루즈 컨트롤(smart cruise control):** 일정 속도 이상에서 앞차와의 거리를 유지해 주는 기술

---

01 윗글에서 다루지 <u>않은</u> 내용은?
① 자율 주행 차의 개념
② 자율 주행 기술의 구현 원리
③ 자율 주행 차의 단계별 수준
④ 자율 운행 기술의 도입이 필요한 이유
⑤ 자율 운행을 실현하기 위해 선결해야 할 과제

02 윗글에 대한 이해로 적절하지 <u>않은</u> 것은?
① 자율 주행 차의 최종 목표는 사람이 탑승하지 않고도 운행하는 것이다.
② 인지 기술이 우리 몸의 눈과 같다면 판단 기술은 두뇌와 같다고 할 수 있다.
③ 제어 기술은 방향을 조작하고 차량을 달리게 하거나 멈추게 하는 것을 말한다.
④ 자동 운전 시스템의 '레벨 3'은 경로 상 일정 부분에서 자동 운전을 하는 단계이다.
⑤ 인지 기술은 단순히 인지 과정만을 요구하는 것이 아니라 상황 예측 과정도 포함한다.

03 〈보기〉는 자율 주행 차량의 시스템을 간략하게 도식화한 것이다. ㉠～㉤에 대한 설명으로 적절하지 <u>않은</u> 것은?

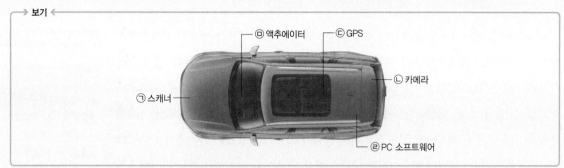

> 보기
>
> ㉤ 액추에이터   ㉢ GPS
> ㉠ 스캐너   ㉡ 카메라
> ㉣ PC 소프트웨어

① ㉠과 ㉡의 장치를 통해 주변의 환경에 대한 정보를 습득해 교통 상황을 인식한다.
② ㉢을 통해 차량은 위성에서 발신하는 신호를 받아 도로 위 자신의 위치를 인식한다.
③ ㉡의 사각지대에서는 정밀 지도와 V2X 통신 시스템을 통해 주변 상황을 예측한다.
④ ㉣에서 판단된 정보를 바탕으로 운전자는 ㉤을 이용하여 차량을 제어하고 운행한다.
⑤ ㉣에서는 센서 등을 통해 수집한 정보를 기존의 정보와 비교하여 주행 전략을 결정한다.

04 ⓐ에 담겨야 할 직접적인 내용과 거리가 <u>먼</u> 것은?
① 운전 중 운전자의 위치를 제한하는 도로 교통법의 개정
② 사이버 해킹 등 보안 위협 문제를 해결하기 위한 기술 개발 추진
③ 자율 주행 차의 사고 발생 때 보험 처리가 가능하도록 하는 법률 제정
④ 자동차에 관한 안전 기준에서 자율 주행 시스템 설치가 가능하도록 개선
⑤ 자율 주행 차량이 시험 운전을 할 수 있는 제도 수립 및 인프라 환경 구축

물성과 장소성에 의한 공간감 연구

건축이란 일정한 재료를 활용하여 일정한 장소에 구조물을 세우는 일련의 과정을 말한다. 그러므로 재료와 장소에 대한 이해는 건축을 이해하는 출발점이 될 수 있다. 건축을 이루는 재료는 물질이다. 고전적 의미의 물질 개념은 아리스토텔레스를 통해 이해할 수 있다. 그는 형상이란 육안으로 볼 수 있는 구체적인 형태이고, 질료란 그 형상을 만들어 주는 재료라고 설명하며 현실 세계가 질료와 형상으로 이루어져 있다고 주장한다. 아리스토텔레스의 이러한 생각은 현실 세계를 두 가지 대상으로 구분한다는 점에서 이분법적 사고라고 할 수 있다.

이후 아리스토텔레스의 이분법적 생각을 극복하려는 시도가 서양 철학사의 전반에 걸쳐 이루어진다. 그 결과, 모든 사물의 형상과 그것을 구성하는 질료는 물성을 통해 결합한다. 그리고 이에 따라 건축은 물질을 재료로 활용하여 형상을 갖춘 건축물을 만드는 과정으로 ⊙인식된다. 그리고 이 과정에서 물질은 특정한 성질이나 관념의 표상으로 자리매김하게 된다. 예를 들어 철이라는 금속은 인간의 의식과 무관한 자연물로서의 물질일 뿐이다. 하지만 철이 인간에 의해 발견되고 건축물을 구성하는 데 활용되면 그것은 건축물의 형상과 함께 인간에게 날카로움이나 차가움과 같은 심리적 반응을 유발하는 재료가 되는 것이다. 그러면 철이라는 재료는 사람들의 의식 속에서 날카로움과 차가움의 표상으로서 고유한 성질을 갖는 물성으로 자리 잡게 된다. 건축가는 이러한 물성을 활용하여 다양한 공간을 연출할 수 있다.

장소성의 개념은 인간을 ⓒ배제한 공간의 창출만을 중시하던 모더니즘의 극히 추상화되고 무미건조한 도시 환경에 대한 비판에서 등장하게 된다. 모더니즘의 건축이 인간을 ⓒ도외시하고 효율성을 내세우면서 환경 및 공간과 상관없는 천편일률적인 건축물과 도시 환경을 만들었다는 비판에서 장소성의 개념이 부각된 것이다. 장소의 의미는 본래 환경과 인간과의 상호 작용에서 생겨난다. 즉, 장소는 환경의 한 단위로서 위치 이상의 의미를 가지며 다른 장소와 구분될 수 있는 특이성뿐만 아니라 다른 장소와의 동질성과도 관련되며, 궁극적으로 인간의 삶의 의식과 관련된 것이다. 이러한 장소는 물리적 조건, 형태, 의미로 구분되며, 세 가지 요소들이 일련의 의미와 상징을 통해 정체성을 가지게 될 때 장소성이라 정의할 수 있다.

장소성은 장소성에 영향을 미치는 요소들이 상호 작용한 결과물로 형성된다. 장소성에 영향을 미치는 기본적 요소로는 물리적 요소와 활동적 요소, 그리고 인적 요소가 있다. 물리적 요소로서 장소는 공간의 특정한 부분으로서 위치적 성격을 지닌다. 활동적 요소로서 장소는 어떠한 사건의 발생과 특정한 목적의 활동을 수용한다. 인적 요소로서의 장소는 인간과 상호적 관계를 맺는 과정의 속성을 가진다. 그리고 이들 기본적 요소를 통해 만들어지는 장소의 정체성은 다시 장소 정신과 장소감으

글의 핵심 이해

∴글을 읽고 빈칸을 채우시오.

문단 요약

1️⃣ ☐☐의 개념과 아리스토텔레스가 생각한 ☐☐ 개념
2️⃣ 아리스토텔레스 이후 만들어진 건축에서의 ☐☐의 의미
3️⃣ ☐☐☐이라는 개념의 등장 배경과 의미
4️⃣ ☐☐☐에 영향을 미치는 기본적 요소와 장소성의 종류

중심 화제 물성, 장소성

주제 건축에서의 물성과 장소성의 의미

로 분류할 수 있다. 장소 정신은 한 집단의 차원에서 형성되는 것으로서 장소감에 비해 ㉣지속성을 가지고 있다. 반면 장소감은 한 개인의 차원에서 형성되는 것으로서 장소 정신에 비해 세대 간의 단절성이 높고 지속성이 낮은 특징을 갖는다. 이 같은 논의로 볼 때 건축은 장소성을 구체화하는 것을 의미한다. 그러므로 건축의 사명은 어떤 장소의 소명을 이해함으로써 스스로 ㉤포괄적인 정체성의 한 부분이 되는 것이라고 할 수 있다.

✦ **물성(物性):** 물질이 가지고 있는 성질
✦ **천편일률적(千篇一律的):** 여럿이 개별적 특성이 없이 모두 엇비슷한. 또는 그런 것

---

01 윗글을 통해 알 수 있는 내용으로 적절하지 <u>않은</u> 것은?

① 건축의 개념
② 장소를 구성하는 요소
③ 장소성 개념의 등장 배경
④ 장소성에 영향을 미치는 기본적인 요소
⑤ 장소감이 장소 정신으로 변화하는 이유

02 윗글을 바탕으로 〈보기〉를 이해한 내용으로 적절하지 <u>않은</u> 것은?

> ┤ 보기 ├
>
> 어느 마을의 한 미술가가 봉숭아로 만든 물감을 주재료로 활용하여 어린 시절 가족과 함께 살던 즐거운 추억을 그림으로 형상화하였다. 사람들은 그림을 보며 아늑함과 따뜻함을 느꼈다. 미술가가 태어나기 이전부터 봉숭아는 붉은색이었다. 하지만 그 붉은색은 미술가에 의해 이제는 아늑함과 따뜻함을 불러일으키는 색으로 인식되게 되었다.

① 아리스토텔레스에 따르면 미술가의 그림은 질료인 '봉숭아로 만든 물감'과 형상인 '어린 시절 즐거운 추억이 담긴 모습'이 결합한 것이로군.
② 미술가가 그림에서 활용하기 이전의 봉숭아는 미술가의 의식 밖에 존재한다는 점에서 자연물로서의 물질에 해당한다고 할 수 있겠군.
③ 미술가가 자신의 그림에서 활용하였다는 점에서 봉숭아로 만든 붉은색 물감은 건축의 재료에 해당한다고 할 수 있겠군.
④ 미술가가 그림을 그린 이후 붉은색에 대한 인식 변화로 볼 때, 아늑함과 따뜻함은 붉은색의 표상이라고 할 수 있겠군.
⑤ 붉은색이 갖는 아늑하고 따뜻한 성질은 사람들의 의식과 무관한 자연물이 갖는 고유한 물성이라고 할 수 있겠군.

03 윗글을 바탕으로 〈보기〉를 이해한 학생들의 견해로 적절하지 <u>않은</u> 것은?

> ➤ 보기 ◀
>
> 　철수는 은행나무가 많아서 사람들의 기억 속에 은행골로 자리 잡은 고향을 잊지 못해 고향에서 집을 짓고 살기로 하였다. 집은 주변의 다른 집처럼 2층 구조물로 짓되, 겉면은 은행나무를 주재료로 활용하였다. 하지만 단조로움을 피하고 주변 풍광을 조망하기 위해 집의 전면을 유리창으로 시공하여 색다른 느낌을 주었다. 또한 어렸을 적 온갖 놀이를 하던 공간인 마당은 흙으로 꾸며 자신의 아이들과 함께 뛰놀 수 있게 하였으며, 꽃을 좋아하시던 어머니를 기억하며 마당 한쪽 편에 화단을 만들어 가꾸기로 하였다.

① 집을 2층 구조물로 짓기로 한 것은 장소성을 이루는 물리적 요소를 고려한 것이라고 할 수 있겠군.

② 마당 한쪽에 화단을 꾸민 것은 인적 요소가 장소감 형성에 영향을 미쳤기 때문이라고 할 수 있겠군.

③ 은행나무를 주재료로 활용한 것은 고향 마을에서 형성된 장소 정신을 반영한 것이라고 할 수 있겠군.

④ 흙을 이용하여 마당을 꾸민 것은 장소성을 이루는 활동적 요소를 고려한 결과물이라고 볼 수 있겠군.

⑤ 집의 전면을 유리창으로 시공한 것은 동질성 속에서도 개개의 특이성을 살리려는 의도가 반영된 것이라고 할 수 있겠군.

04 ㉠∼㉤의 사전적 의미로 적절하지 <u>않은</u> 것은?

① ㉠: 사물을 분별하고 판단하여 앎.

② ㉡: 믿음과 의리를 저버리고 돌아섬.

③ ㉢: 상관하지 아니하거나 무시함.

④ ㉣: 어떤 상태를 오래 계속하는 성질

⑤ ㉤: 일정한 대상이나 현상 따위를 어떤 범위나 한계 안에 모두 끌어넣는 것

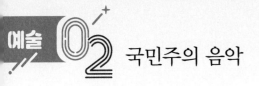

국민주의 음악

각기 자기 나라와 민족의 개성과 특성을 나타내려는 19세기의 음악을 '국민주의 음악'이라고 한다. 이는 후기 낭만주의 음악이 활성화되면서 두드러지게 나타난 것으로, 낭만주의 음악의 한 지류라고 할 수 있다. 그 이유는 낭만주의 음악이 처음부터 ⊙모색하고 있던 새로운 것의 하나가 민족적인 것의 표출이었고, 국민주의 음악의 주된 기법 또한 낭만주의적인 것이기 때문이다. 낭만주의가 유럽 사회에 널리 퍼짐으로써 인간의 본성이나 개인의 느낌과 생각이 이전 시기보다 더 존중되는 경향이 나타났고, 소박하고 평범한 사람을 전형적이고 이상적인 인간이라고 생각하게 되었다. 이러한 변화에 따라 예술가들은 과거에 거의 손대지 않았던 평범한 사람들의 삶의 모습을 작품 소재의 가장 소중한 근원으로 ⓒ생각하게 되었고, 이러한 인식이 국민주의 음악이 일어나게 된 근본적인 원인이 되었다.

국민주의는 나폴레옹 몰락 이후의 정치적, 사회적 정세의 변화에 자극되어 일어난 것인데, 그때까지 자기들의 예술 음악을 거의 가지지 않았던 민족 사이에 일어난 특별한 움직임이었다. 국민주의 음악이 특히 융성했던 나라인 러시아, 덴마크, 노르웨이, 핀란드 등은 독일과 같이 세계적 주류를 ⓒ형성하는 음악적 전통이 없던 나라들이다. 즉 음악적 주변국, 특히 독일 음악에 오랫동안 예속되어 있거나 영향을 받았던 나라들이었다. 이처럼 국민주의 음악은 음악 선진국 중심이었던 음악 활동이 점차 주변 국가나 민족으로 확대되었다는 것에 의미가 있다.

국민주의 음악은 작곡가들이 그들 조국의 민요, 춤곡, 전설 등의 소재를 중심으로 오페라, 교향시, 모음곡 등의 표제 음악을 만든 것이 특징이며, 19세기 전반에 걸친 각국의 시민 계급에 의한 자유와 평등 정신, 민족의식 등을 바탕으로 한다. 이러한 기반은 쇼팽이 조국 폴란드가 혁명에 실패하여 만들게 된 「혁명」, 이탈리아 베르디의 「나부코」가 작곡된 배경이 된다.

국민주의 음악은 민속 음악과는 구별되는데, 민속 음악은 서민들의 음악이고 자연 발생적인 반면에, 국민주의 음악은 국민정신을 구체화하거나 민족적인 소재를 이용하며, 음악 예술 작품을 창작하고자 노력한 결과이기 때문이다. 또한 국민주의 음악은 무대 연주를 위한 음악 작품이기에 각 나라의 생활 속에서 자연스럽게 이루어지는 민속 음악과는 ⓔ상이한 것이다.

민족적인 소재를 이용해 곡을 만드는 경향은 음악가들로 하여금 외국 음악의 영향으로부터 벗어나기 위해 노력하도록 만드는 자극제 역할을 했다. 예컨대 국민주의 작곡가들은 당시에 일반적으로 사용하던 이탈리아 어로 된 음악 용어들 대신에 자기 나라 말로 된 용어를 쓰는 경우가 나타났다. 물론 악보를 그렇게 했다고 해서 음향이 달라지는 것은 아니지만, 그러한 태도는 작곡가 특유의 사고방식과 빠르기

글의 핵심 이해

∴ 글을 읽고 빈칸을 채우시오.

문단 요약

1 ☐☐☐☐ 음악의 개념과 발생 배경

2 ☐☐☐☐ 음악이 발생했던 나라들의 특징

3 국민주의 음악의 특징과 사상적 ☐☐

4 국민주의 음악과 ☐☐☐ 의 차이

5 국민주의 ☐☐☐들의 자기 정체성을 찾기 위한 노력

6 국민주의 음악의 ☐☐

7 국민주의 음악에 대한 ☐☐

중심 화제 국민주의 음악

주제 국민주의 음악의 발생 배경과 특징

에 대한 자기 정체성 의식을 일깨우는 작용을 했다는 점에서 의미를 지닌다.

　　국민주의 음악은 자신들의 민족 영웅이나 자연 및 국토를 찬양하는 내용을 주제로 한 작품을 많이 쓰고, 각기 나라에 전래되어 온 음악적 요소들을 이용함으로써 민족성을 강하게 나타내는 데에 주력했지만, 시간이 지나면서 국민주의는 점차 쇠퇴하여 보다 ㉮절충적인 양식을 따르게 된 작곡가들은 다른 나라나 민족의 소재나 음악적 특성을 차용하는 경향을 드러내었다.

5

　　자의식이 강한 하나의 운동이었던 국민주의 음악은 각기 민족 국가를 ㉤수립하려고 노력했던 당시의 시대적 상황과 맞물리는 현상으로, 그들에게 국민주의 음악이란 정치적 민족주의처럼 외국 음악의 지배에서 벗어나 자신들만의 독창적인 음악 세계를 구축하려는 노력이었다고 평가된다.

✦**지류(支流)**: 분파. 학설이나 정당 따위의 주류에서 갈라져 나와 한 파를 이룸. 또는 그렇게 이룬 파
✦**표제 음악(標題音樂)**: 제목과 줄거리에서 곡의 내용을 알 수 있고, 문학적 · 회화적 · 극적 내용을 지니는 음악
✦**절충(折衷)**: 서로 다른 사물이나 의견, 관점 따위를 알맞게 조절하여 서로 잘 어울리게 함.
✦**구축(構築)**: 체제, 체계 따위의 기초를 닦아 세움.

---

01 윗글에서 알 수 있는 내용으로 적절하지 <u>않은</u> 것은?

① 국민주의 음악은 외국 음악의 지배에서 벗어나려는 노력이었다.
② 국민주의 이전 시기에는 독일 음악이 세계적 주류를 이루고 있었다.
③ 국민주의 음악은 그 기법 면에서 낭만주의 음악과 유사한 부분이 많았다.
④ 국민주의 음악은 자연 발생적이라는 특징을 지닌 점에서 민속 음악과 다르다.
⑤ 낭만주의 이전 시기의 예술가들은 평범한 사람들을 거의 소재로 삼지 않았다.

02 ㉮에 해당하는 예로 적절하지 <u>않은</u> 것은?

① 스페인의 집시 여인을 주인공으로 하여 「카르멘」을 작곡한 프랑스의 비제
② 일본의 선율을 상당 부분 사용하여 「나비 부인」을 창작한 이탈리아의 푸치니
③ 러시아의 차이콥스키로부터 호평을 받은 「페르 귄트」를 작곡한 노르웨이의 그리그
④ 중동의 「아라비안나이트」를 소재로 하여 「셰에라자드」를 창작한 러시아의 림스키코르사코프
⑤ 아메리카 인디언의 민요에서 암시를 받아 「신세계 교향곡」을 쓴 체코슬로바키아의 드보르자크

03 윗글을 읽은 학생들이 〈보기〉에 대해 보인 반응으로 적절하지 **않은** 것은?

> → 보기 ←
>
> 교향시 「핀란디아」는 장 시벨리우스가 러시아의 지배를 받던 핀란드 사람들의 민족의식을 고취시키기 위해 작곡한 것으로 조국 핀란드에 대한 찬가이다. 「핀란디아」는 안개에 쌓인 호수나 늪, 하얀 눈이 얼어붙은 평야 등 핀란드의 자연을 연상시키고, 핀란드 민중들의 투쟁 정신을 고취하는 휘몰아치는 바람 같은 음악이다. 특히 마지막 부분에서 핀란드 민요풍의 슬픈 노래가 나온 후, 분위기가 고조되고 특징적인 리듬이 첨가되며 발전하다가 승리를 선언하듯 힘찬 기상으로 끝을 맺는 점이 특징적이다.

① 시벨리우스의 「핀란디아」가 핀란드의 자연적 특성을 연상시키는 곡이라는 점에서 국민주의 음악의 주제 의식과 일치한다고 할 수 있어.

② 시벨리우스의 「핀란디아」가 핀란드 민요풍의 슬픈 노래가 나오는 교향시라는 것이 이 작품이 지닌 국민주의 음악으로서의 특징이라고 할 수 있어.

③ 시벨리우스가 「핀란디아」를 창작할 당시 핀란드가 러시아의 지배를 받고 있었다는 정치적인 상황은 이 작품의 작곡에 영향을 주었다고 할 수 있어.

④ 시벨리우스가 「핀란디아」를 핀란드 사람들의 민족의식을 고취시키기 위해 작곡했다는 것으로 보아, 이 작품은 국민주의 음악의 전형이라고 할 수 있어.

⑤ 시벨리우스가 「핀란디아」를 작곡하면서 특징적인 리듬을 첨가했다는 것은 이탈리아 어로 된 음악 용어를 사용하지 않으려는 국민주의의 경향을 드러낸 것이라고 할 수 있어.

04 문맥상 ㉠~㉤을 바꿔 쓰기에 적절하지 **않은** 것은?

① ㉠: 찾고   ② ㉡: 여기게   ③ ㉢: 꾸미는

④ ㉣: 다른   ⑤ ㉤: 세우려고

융합 독해 Ⅲ

근대 철학은 근대 과학의 양적인 크기를 중시하는 사고를 ⓐ수용하며 발달했다. 고대 과학이 사물 변화의 질적인 부분에 주목했던 것과 달리 근대 과학은 갈릴레오의 "자연이라는 책을 펴 보라. 거기에는 수(數)라는 글자로 가득 차 있다."라는 발언에 나타나듯 양적으로 수치화할 수 있는, 즉 양화할 수 있는 것을 과학으로 간주하
5 였음을 알 수 있다. 또한 근대 과학은 미리 수학적으로 설정한 믿음을 통해 자연에 접근하였다. 일례로 케플러는 우주가 기하학적인 원리에 의해 만들어졌다는 믿음에 따라, 이에 맞는 결과를 도출하기 위해 노력하였다. 자연 세계에 대하여 기하학과 같은 수학적 관점의 선험적 태도를 취한 것이다. 이런 태도는 근대 철학의 이성론에 많은 영향을 주었다.

10 특히 수학에 심취했던 근대 철학자 데카르트는 선험적으로 가지고 있다고 믿는 직관을 통해 인식한 것들로 세계에 접근하려 하였다. 직관은 '순수한 정신의 의심할 여지없는 파악이며, 이것은 오직 이성의 빛에서 유래하는 것'으로 그 어떠한 의심 없이 분명한 인식을 얻을 수 있는 것이었다. 데카르트는 의심할 수 없는 것을 찾기 위해 대상을 직관으로 분절하여 더 나눌 수 없는 단순 본성을 찾고, 이 단순 본성들을
15 복합한 개념을 통해 세계에 대한 이해를 ⓑ확장하려 했던 것이다. 그리고 이러한 태도는 이후 근대 철학의 흐름에 지대한 영향을 주었다.

그런데 현대 철학자 베르그송은 이러한 근대 철학의 흐름에 반발한다. 그는 이성이 세계를 분절시키며, 질적인 시간마저 양적으로 쪼개는 일을 한다고 이야기한다. 베르그송은 세계의 사물들이 서로 경계가 모호한 채로 연속적인 전체를 이루고, 서
20 로 수많은 관계 속에 처해 있다고 한다. 그런데 이성이 이러한 세계를 분절시킴으로써 전체성을 잃게 되었기 때문에 아무리 노력해도 세계에 대한 통찰에 실패할 수밖에 없다는 것이다.

그래서 베르그송은 세계를 통찰하기 위한 방법으로 이성 대신 직관과 지속을 제시한다. 그의 직관은 공감적 경험이자 통합적 경험을 의미한다. 즉 그의 직관은 사
25 물의 내부로 들어가 서로를 느끼게 되는 공감적 경험을 통해 각각의 이질성을 유지하면서도 동시에 하나가 다른 하나로 스며가면서 전체를 향해 통합되는 경험인 것이다. 예를 들어 우리가 오렌지색에 공감하는 과정을 보자. 이 과정에서 우리가 직관을 통해 공감을 확장하려는 노력을 하면, 가장 어두운색으로서의 붉은색과 가장 밝은색으로서의 노란색 사이의 이질적인 다양한 색들이 있음을 경험할 수 있으며,
30 다시 그것들이 모호한 경계 속에서 스며가면서 통합되는 과정도 느낄 수 있다는 것이다.

한편 베르그송은 공감과 통합은 지속되는 시간에서 이루어진다고 하였다. 근대

글의 핵심 이해

: 글을 읽고 빈칸을 채우시오.

문단 요약

1 ☐☐ ☐☐의 영향을 받은 근대 철학
2 직관에 대한 ☐☐☐☐의 견해
3 근대 철학의 흐름에 반발한 현대 철학자 ☐☐☐☐
4 ☐☐에 대한 베르그송의 견해
5 ☐☐에 대한 베르그송의 주장
6 베르그송의 철학과 유사성을 가진 ☐☐☐☐ 미술
7 ☐☐☐☐의 철학과 인상주의 미술의 유사점

중심 화제 근대 철학의 이성론, 베르그송, 인상주의

주제 근대 철학의 이성론을 반박한 ☐☐☐☐의 철학과 그와 유사한 ☐☐ ☐☐ 미술

철학의 이성론은 시간을 분절하여 공간 안에 정지된 상태로 보았지만, 베르그송은 시간은 계속해서 흐르기 때문에 오히려 공간적인 것이 시간적인 것에서 영향을 받아 생긴다는 주장을 하였다. 예를 들어 활짝 핀 장미꽃을 볼 때, 우리는 일정한 공간을 차지하고 있는 장미꽃을 보지만, 일정 시간이 지나면 꽃잎이 모두 떨어진 가지만을 보게 된다. 이전에 장미꽃이 차지하고 있던 공간은 비었고, 이는 시간에 의해 변화가 일어난 것이다. 그뿐만 아니라 시간이 양적인 변화를 담은 시간이 아닌 개인 체험이 반영된 질적인 시간임도 주장하였다.

미술사에서 이러한 베르그송의 철학과 유사성을 가진 사조가 인상주의이다. 인상주의자들은 색을 ⓒ혼합하는 방법을 즐겨 사용하였다. 그들은 서로 다른 색들을 합치는 대신 각각의 이질성을 살리면서 색들의 경계를 흐리게 표현하여 한 가지 색이 다른 하나의 색으로 감상자의 눈에 의해 분절됨이 없이 지속적으로 섞여 들어가도록 표현하였다. 또한 평면의 그림판에 그려진 그림이 3차원적 입체감을 갖도록 개발한 원근법과 같은 기법을 자제하고 색채를 중심으로 표현하였다. 더불어 인물화 속에 지성을 통해 ⓓ포착된 인물의 위대함이나 교훈을 담으려 했던 고전주의와 달리 대상의 인상을 표현하려 한 것도 특징이다. 예를 들어 마네의 「풀밭 위의 점심식사」에는 등장인물들에 대한 어떤 이야기도 의미도 없다. 오로지 검은색과 흰색의 대비라는 색

마네, 「풀밭 위의 점심식사」

채의 미적 효과를 위해 '검은 양복을 입은 남자'와 '나체의 여자'를 그렸다. 고전주의에서는 풍경이 인간과 인간 행위의 배경에 불과하였다. 하지만 인상주의 회화에서는 인간도 독점적 지위 대신 배경의 일부로서의 의미만을 지니거나 아예 사라지기도 하였다. 심지어 대상에게 받은 인상에 집중시키기 위해 배경이 존재하지 않는 경우도 있었다. 왜냐하면 인상주의 화가들에게 중요한 것은 대상에게 받은 인상을 전달하는 것이었지, 그 대상이 인간인지 풍경인지가 중요한 것이 아니었기 때문이다.

인상주의자들은 색들을 합쳐 만든 중간색은 편견이므로 이를 해체해 고유의 색으로 되돌린 후, 빛이 연출하는 색채의 아름다운 변화들을 연속적으로 느끼게 하는 것이 중요하다고 생각하였다. 이로써 대상에 어떤 의미나 교훈을 담는 것이 아니라 받은 인상을 그대로 전달하려고 노력하였다. 이는 베르그송이 이야기한 근대 철학이 가져온 지성에 의한 분절로부터의 회복과, 이질적인 것의 연속 안에서 공감을 통한 통합으로 전체성을 느끼는 것과 ⓔ유사한 의미를 가지는 것이다.

---

01 윗글에 대한 이해로 적절하지 <u>않은</u> 것은?

① 근대 과학의 수학적 관점은 근대 철학의 이성론에 영향을 주었다.

② 케플러는 우주의 구성 원리에 대한 선험적 태도를 바탕으로 자연에 접근하였다.

③ 고대 과학은 근대 과학과 달리 사물이 변화하는 과정의 질적인 측면에 주목하였다.

④ 고전주의 회화에서 인간은 중요한 대상이었기에 풍경과 차별성을 가진 존재로 작품에 표현하였다.

⑤ 근대 철학에서는 의심할 수 없는 분명한 것으로 개념화하기 위해 지속적으로 단순 본성을 분절하였다.

02 윗글을 참고하여 〈보기〉에 대해 이해한 것으로 가장 적절한 것은?

> → 보기 ←
>
> 날이 너무 더워 얼음을 넣은 물 한잔을 마시고 싶을 때, 내가 서둘러도 소용이 없다. 결국은 얼음이 물에 녹아 물이 시원해질 때까지 기다려야 한다. 여기서 내가 기다리는 시간은 물질계에 적용되는 수학적인 시간이 아니라는 교훈을 얻는다. 그 시간은 내 마음대로 바꿀 수 없는, 얼음이 녹는 데 걸리는 얼음만의 시간이며, 그 시간은 나의 경험된 시간의 어떤 부분과 합치되고 있다. 따라서 그것은 수치화된 시간이 아니라 나의 체험이 반영된 질적인 시간인 셈이다.

① 데카르트는 얼음이 녹는 현상을 교훈과 연결하며, 정지된 시간 속의 경험을 설명한 것이라 보겠군.

② 데카르트는 얼음이 녹는 시간에 대한 인식이 세계를 연속적인 전체로 파악하여 알게 된 것이라 보겠군.

③ 베르그송은 얼음이 녹는 시간을 인정하며, 공간의 영향을 받아 생긴 시간의 유의미성에 동의한 것이라 보겠군.

④ 베르그송은 얼음이 녹는 현상과 자신의 기다림을 통합하는 체험을 통해 질적인 시간의 의미를 드러낸 것이라 보겠군.

⑤ 베르그송은 얼음이 녹기를 기다리는 시간을 물질계와 차별화하며, 수(數)로 개념화된 시간 체험을 보여 준 것이라 보겠군.

03 윗글을 바탕으로 〈보기〉를 감상한 것으로 적절하지 <u>않은</u> 것은?

> → 보기 ←
>
>
>
> 마네, 「피리 부는 소년」
>
> 이 작품은 빛이 정면에서 대상을 비추지만 손과 발을 빼고는 그림자를 표현하지 않아 평면감이 나타난다. 또한 이 작품은 풍경이 없으며, 색이 입체감에 구애받지 않고 자신만의 영역을 분명히 하고 있다. 즉 검은색, 붉은색, 흰색과 같은 원색을 이용하여 각각의 색을 살리면서도 대상의 인상을 드러내는 인물화 안에 통합한 것이다.

① 풍경을 전혀 그리지 않은 것은 대상에서 받은 인상에 집중시키기 위한 것이겠군.

② 최소한의 그림자만으로 작품을 표현한 것은 입체감을 위한 기법에 구애받지 않은 것이겠군.

③ 색들을 합친 중간색을 사용하지 않은 것은 각각의 색들이 갖는 특징을 그대로 표현하기 위한 것이겠군.

④ 색채의 미적 효과를 중심으로 표현한 것은 인물에 특정한 의미나 교훈을 담기 위한 흐름에서 벗어난 것이겠군.

⑤ 대상을 향해 정면으로 빛을 비추는 구도로 그린 것은 색들이 감상자의 눈에서 섞이지 않고 이질적으로 독립되도록 한 것이겠군.

04 문맥상 ⓐ~ⓔ와 바꿔 쓰기에 적절하지 <u>않은</u> 것은?

① ⓐ: 받아들이며   ② ⓑ: 넓히려   ③ ⓒ: 섞는

④ ⓓ: 모아진   ⑤ ⓔ: 비슷한

미술 작품은 사용된 재료의 자연적 노화 현상이나 예기치 않은 사고, 재해 등으로 작품의 일부가 손상되기도 하는데, 손상된 작품을 작가의 의도를 살려 원래의 모습으로 되돌려 놓는 것을 미술품 복원 작업이라고 한다. 복원 작업을 할 때에는 미관적인 면보다는 작가가 표현하고자 하는 의도에 초점을 맞추어 인위적인 처리를 가급적 최소화하여야 한다.

미술품 복원 작업은 목적에 따라 예방 보존 작업과 긴급 보존 처리 작업, 보존 복원 처리 작업으로 ㉠나눌 수 있다. 먼저 예방 보존 작업은 작품의 손상을 사전에 방지하는 작업으로, 작품 보존에 적합한 온도 및 습도를 제공하고, 사고 예방 안전 장비를 설치하는 등 작품 전시에 필요한 최적의 환경을 제공하여 작품의 수명을 오래 지속시키기 위한 모든 활동이 해당된다. 긴급 보존 처리 작업은 작품의 손상이 매우 심해서 빠른 시일 내에 보존 처리를 하지 않으면 안 되는 작품들을 선별하여 위험 요소를 제거하거나 철거하는 작업으로, 허물어져 가는 벽화를 보강하거나, 모자이크 형식의 작품 사이에 생긴 잡초를 제거하는 일 등이 해당된다. 그리고 작품의 깨진 조각을 재배열하여 조합하는 경우처럼 작품의 일부가 심하게 없어지거나, 파손되었을 때에는 보존 복원 처리 작업을 실시한다. 이 작업을 진행할 때에는 작품이 만들어진 목적과 작가의 의도를 살려야 하기 때문에, 작품의 원본과 작품에 대한 완전한 이해와 존중이 요구된다.

미술품 복원 작업은 작품의 상태를 조사하는 것에서부터 출발한다. 이를 위해 육안으로 작품을 조사하기도 하지만, 주로 'X선 투과 사진법'을 이용한다. X선은 파장이 0.01~10nm인 전자파로 파장의 길이가 매우 짧은 편이다. 파장이 짧은 전자파는 물체를 투과하는 성질이 있는데, 파장이 짧을수록 투과력이 증가하며, 물체의 밀도가 크고 두께가 두꺼울수록 투과력은 감소한다. 또한 X선은 필름을 감광시키는 성질이 있기 때문에, 미술품을 사이에 두고 X선원의 반대 측에 필름을 놓은 후 X선을 쪼이면, 필름에 흑백의 영상을 얻을 수 있다. 이때 X선의 투과력이 감소할수록 투과율 또한 감소하여 물체의 영상은 필름에 하얗게 나타난다. 따라서 흑백의 명암 차를 분석하면 물체의 밀도와 두께뿐만 아니라, 육안으로 식별할 수 없는 미술품의 손상 부위도 찾아낼 수 있는 것이다. [A]

작품의 상태를 조사한 후에는 손상 정도에 맞게 복원 작업을 진행하는데, 작품을 오염시키고 있는 이물질을 제거하는 클리닝 작업을 먼저 실시한다. 이 작업은 작품이 원래의 모습을 찾도록 하는 데 큰 기여를 하지만, 여러 가지 화학 약품을 사용하기 때문에 작품에 손상을 가할 위험성이 매우 큰 작업이다. 따라서 클리닝 작업을 실시하기 전에는 작품에 사용된 재료의 화학 성분을 분석해야 하는데, 이때 사용하

∴ 글을 읽고 빈칸을 채우시오.

문단 요약

1 미술품 □□ 작업의 개념과 주의점

2 □□에 따른 미술품 복원 작업의 종류

3 □□□ □□□을 이용한 작품의 상태 조사

4 □□ □□을 이용한 작품의 화학 성분 분석

5 미술품 □□ 작업을 고려한 작품 감상의 필요성

중심화제	미술품 □□ 작업

주제	과학적 분석법을 활용한 미술품 복원 작업

는 방법이 ㉮'형광 X선 분석법'이다. 그리고 원자핵 주변에는 전자가 있다. 원소마다 고유의 원자핵 구조와 전자 수를 가지고 있으며, 원소의 전자는 원자핵 주위를 정해진 궤도를 따라 돌고 있다. 분석하고자 하는 대상에 X선을 쪼이면, 안쪽 궤도의 전자는 X선과 충돌한 후 밖으로 튀어나오게 된다. 그 자리를 바깥쪽에 위치한 전자가 이동하면서 원소에 따라 고유의 형광 X선이 발생하는데, 이 형광 X선의 파장을 분석하면 실험 재료 5 속에 포함되어 있는 원소의 종류를 알 수 있다. 또한 원소가 많이 포함되어 있을수록 형광 X선의 방출량이 증가하므로, X선의 세기를 측정하면 원소의 양 또한 알 수 있다. 이러한 형광 X선 분석법은 실험 재료를 파괴하지 않고 분석할 수 있으며, 측정 준비에 소요되는 시간이 짧고, 측정 또한 몇 분 만에 완료되기 때문에 벽화나 단청처럼 측정 대상을 이동시키기 어려운 경우의 성분 분석에 널리 사용되고 있다.

클리닝 작업을 마친 미술품은 이후 여러 과정을 거쳐 원래의 모습을 회복하게 된다. 이처럼 우리 주변의 미 10 술 작품들은 끊임없는 복원 처리 과정을 거치면서 원래의 모습을 간직하며 그 생명을 연장해 왔다. 따라서 미술 작품을 감상할 때 이러한 측면을 고려하여 감상한다면 작품을 보다 폭넓게 이해할 수 있을 것이다.

___

✝**감광**: 사진에서, 필름에 바른 감광제에 빛을 쬐어 흑백의 상을 만듦.

___

01 윗글에 대한 설명으로 가장 적절한 것은?
① 미술품 복원 과정을 설명하면서 미술품이 지닌 경제적 가치를 탐색하고 있다.
② 미술품 복원 작업의 종류를 구분하고 그것을 근거로 하여 예술의 형식을 분류하고 있다.
③ 미술품 복원 작업의 특징과 과정을 서술하면서 과학적 분석 방법이 활용되는 원리를 설명하고 있다.
④ 미술품 복원 작업이 등장하게 된 배경을 검토하며 과학적 분석 방법의 장점과 한계를 평가하고 있다.
⑤ 미술품 복원에 대한 평가가 작업 방식에 따라 달라지는 원인을 제시하고 과학적 분석과의 관계를 설명하고 있다.

02 윗글을 이해한 내용으로 가장 적절한 것은?
① 작품 보존에 필요한 최적의 환경을 제공하는 것은 보존 복원 처리 작업에 해당한다.
② 작품에 사용된 재료의 자연적 노화로 인해 발생한 작품의 손상은 복원 작업에서 제외된다.
③ 허물어져 가는 벽화의 성분 분석을 할 때에는 형광 X선 분석법을 사용하는 것이 효과적이다.
④ 형광 X선은 원소의 안쪽 전자 궤도에 위치한 전자가 X선과 충돌하여 바깥쪽 궤도로 이동할 때 발생한다.
⑤ 미술 작품의 보존 작업은 작품 원본에 대한 이해를 바탕으로 작가의 의도보다 미관적인 면에 초점을 두어야 한다.

03 [A]를 바탕으로 〈보기〉의 영상을 이해한 것으로 적절하지 <u>않은</u> 것은?

> 보기

밀도가 같은 동일한 재질로 이루어진 목판의 글자가 일부 손상되어 복원 작업을 하려고 한다. 목판을 복원하기 전에 'X선 투과 사진법'을 사용하여 다음과 같은 영상을 얻었다.

〈촬영 전 목판〉   〈X선 촬영 영상〉

① ⓐ~ⓓ 중에서 X선의 투과율이 가장 낮은 곳은 ⓑ이겠군.
② 파장이 짧은 X선을 사용할수록 ⓒ는 더 검게 나타나겠군.
③ ⓑ를 보니 목판에는 육안으로 식별할 수 없는 손상 부위가 있겠군.
④ ⓐ와 ⓒ의 명암 차이는 해당 부위의 목판 두께가 다르기 때문이겠군.
⑤ ⓓ는 목판의 해당 부위가 손상되었기 때문에 ⓐ보다 검게 나타난 것이겠군.

04 ㉮와 〈보기〉의 ㉯에 대한 설명으로 적절하지 <u>않은</u> 것은?

> 보기

화재로 인해 손상된 미술품을 복원하기 위해서는 작품 표면에 생긴 이물질인 그을음을 제거해야 한다. 그을음은 보통 탄화수소(CH)로 이루어져 있는데, 그을음에 산소(O)를 쏘게 되면 탄소는 산소와 반응하여 이산화 탄소(CO_2)나 일산화 탄소(CO)가 되어 증발한다. 또한 수소는 산소와 반응하여 수증기(H_2O)가 되므로 작품에 생긴 그을음은 사라지게 된다. 이러한 방법을 ㉯'산소 원자 복원법'이라고 하는데, 미술품을 이루는 원소들은 오랜 시간 동안 공기 중에 노출된 상태이므로 이 방법을 사용해도 작품의 손상이 일어나지 않는다.

① ㉮와 ㉯는 모두 복원하고자 하는 작품을 손상시키지 않기 위해 사용하는 방법이다.
② ㉮는 클리닝 작업을 실시하기 전에, ㉯는 클리닝 작업을 실시할 때 시행하는 방법이다.
③ ㉮는 특정 성분을 분석하는 것이 목적인 반면, ㉯는 특정 성분을 제거하는 것이 목적이다.
④ ㉮는 X선에 의해 원소의 양이 증가하는 원리를, ㉯는 산소 원자에 의해 원소끼리 결합하는 원리를 활용한다.
⑤ ㉮의 결과는 작품을 구성하고 있는 원소에 의해 결정되지만, ㉯의 결과는 작품을 구성하는 원소의 영향을 받지 않는다.

05 ㉠과 문맥적 의미가 가장 유사한 것은?

① 이 사과를 세 조각으로 <u>나누자</u>.
② 나는 물건들을 색깔별로 <u>나누는</u> 작업을 한다.
③ 형제란 한 부모의 피를 <u>나눈</u> 사람들을 말한다.
④ 우리 차라도 한잔 <u>나누면서</u> 이야기를 해 봅시다.
⑤ 상금을 모두에게 공정하게 <u>나누어야</u> 불만이 생기지 않는다.

'직관적 방법'은 프랑스 철학자 베르그송의 철학하기 방법이다. 베르그송은 철학의 탐구 대상인 실재의 본질은 지적 개념에 의하여 인식되는 고정된 존재가 아니라 언제나 역동적이고, 생동적이며, 연속적인 존재, 즉 '지속' 혹은 '순수 생성'이라고 보았다. 그러므로 '직관'만이 이 실재의 생생한 본질을 ⓐ꿰뚫어 볼 수 있다고 주장하였다.

5 　베르그송이 말하는 '직관'은 '지성'과 대립되는 개념이다. ㉮지성은 외부의 대상을 분석적으로, 추상적으로 파악하는 인간의 능력이고, 직관은 우리가 대상 안으로 들어가서 대상을 직접 인식하는 방법이다. 지성은 우리가 대상을 관찰할 수 있는 장점을 갖지만 관찰자에 따라 다른 상대적 지식을 제공해 준다. 지성은 특정한 관점에서 대상을 인식하기 때문에 대상을 그 전체로서 파악하는 데는 실패한다. 또한 지성은

10 과학적 추론에는 ⓑ적합한 능력이기는 하지만, 분석적 작업이기 때문에 대상의 본질을 역동적이고 생동적으로 파악하는 데는 실패한다. 반면에 ㉯직관은 대상 안으로 파고 들어가 대상과 하나가 되는 방법이다. 직관은 사물의 내부에 깊이 들어갈 수 있으므로 그렇게 얻은 인식은 절대적이다. 그러므로 오직 '직관'만이 끊임없이 흐르는 세계의 본질인 '지속'을 파악해 낼 수 있다. 베르그송은 직관을 일종의 '지적 공

15 감'이라 부른다.

그가 고대 여러 철학들을 비판하는 것도 그들이 지속, 또는 순수 생성을 심각하게 다루지 못했다는 이유에서이다. 베르그송의 철학은 이전까지 내려오던 사변적 철학이나 과학적 실증주의 철학에 종지부를 찍고, 이 우주의 모든 것, 그리고 인간이 끊임없이 변화하는 '생성' 그 자체임을 ⓒ밝히기 위한 과정이라고 할 수 있다. 이러한

20 이론을 바탕으로 베르그송은 진화에 대한 신다윈주의자들의 기계론적 주장을 반박하였다. 생명체가 공동 조상에서 ⓓ출발하여 각기 다르게 진화해 온 결과라는 다윈의 주장을 계승한 신다윈주의자들은 다윈의 이론을 더욱 발전시켜 현재의 생명체가 공동 조상에서 시작하여 여러 갈래로 가지를 뻗어 나왔으며, 변이와 자연 선택을 통해서 점진적으로 진화해 왔다고 주장하였다. 즉, 변화가 아주 조금씩 일어나면서 지

25 금에 이르렀다고 주장한 것이다.

하지만 베르그송은 진화 과정 전체를 지속적으로 발전시키면서 새로운 형태를 발생시키는 ㉠'어떤 힘'이 있다고 보았다. 그는 저서 《창조적 진화》에서 진화가 신다윈주의자들의 주장처럼 점진적으로 일어나는 것이 아니라 폭발적으로 일어난다고 하였다. 즉, 공동 조상에서 시작하여 지금처럼 무수히 많은 가지가 뻗어 나온 것은

30 '폭발'이라고 밖에 주장할 수 없으며, 물질과 달리 생명에는 내재하는 폭발적인 힘이 있었기에 지금과 같은 진화가 가능했다는 것이다. 또한 베르그송은 생명 진화의 근원에는 '알랭비탈'이라는 힘이 있고 이것이 진화에 결정적인 작용을 한다고 보았다.

글의 핵심 이해

∴ 글을 읽고 빈칸을 채우시오.

문단 요약

1 ☐☐으로 본질을 파악할 수 있다는 베르그송

2 ☐☐에 대한 베르그송의 견해

3 ☐☐☐☐☐☐들의 진화론을 반박한 베르그송

4 ☐☐☐☐의 개념과 그에 의한 진화의 원리

5 진화의 ☐☐과 진화에 대한 베르그송의 견해

6 베르그송 철학의 ☐☐와 ☐☐

중심 화제	직관, 진화

주제	직관과 진화에 대한 베르그송의 철학

'알랭비탈'이란 생명에 내재하는 폭발적인 힘을 의미한다. 이 힘 때문에 마치 포탄에서 화약이 폭발할 때 ⌐
순식간에 무수히 많은 파편들이 튀는 것과 같이 개체들이 가지를 뻗어 나왔다는 것이다. 그는 이런 폭발
의 원인을 '생명의 힘'과 '물질의 저항'의 만남에서 시작되었다고 보았다. 화약이 포탄의 외부를 둘러싼 탄
피를 뚫고 자유롭게 밖으로 뻗어 나가려는 성질과 같은 것이 바로 생명의 성질이고, 탄피가 화약이 밖으
5 로 나가지 못하도록 가두는 힘과 같은 것이 바로 물질의 성질인 것이다. 이때 생명은 밖으로 나가려는 자   [A]
유를, 물질은 그 자유를 가두려는 저항을 상징한다. 그렇다면 '폭발'은 언제 일어나는가? 베르그송은 자유
를 원하는 생명의 힘이 물질의 저항을 넘어서는 순간, 폭발이 일어나면서 ⓔ무수한 개체로 나누어지는 진
화가 일어난다고 보았다. ⌐

또한 베르그송은 생명의 진화는 방향이 결정되어 있지 않으며 진화의 본질은 우연성과 불확실성에 기초하
10 고 있다고 보았다. 그는 생명과 물질의 본성이 서로 갈등하고 투쟁한 결과 진화의 방향이 정해진다고 본 것이
다. 그는 진화를 '잠재성의 현실화'라고 표현하기도 하였다. 이는 생명에 내재한 잠재성이 무수한 요소들과 상
호 침투하면서 그 전과는 다른 창조를 이루어낸다는 뜻이다. 즉, 무한한 잠재성을 가진 생명은 자유를 통해
새로움을 창조하고 그 과정에서 진화가 이루어진다는 뜻이다. 따라서 인간은 자기 안에 있는 알랭비탈이 가
진 잠재성을 현실화하려는 노력을 해야 한다고 보았다.

15 이처럼 진화가 폭발적으로 일어났다는 베르그송의 주장에도 직관적 방법으로 대상의 본질을 파악하고자
한 시도가 담겨 있다. 또한 생명 진화의 방향이 정해져 있는 것이 아니라며 인간의 잠재성을 중시했다는 측면
에서 의의가 있다. 하지만 이러한 주장은 과학적 실험을 통해 증명된 것이 아니라 단순히 가설적으로 진화에
대한 자신의 입장을 밝힌 것에 불과하다는 한계가 있다.

---

01 윗글을 통해 알 수 있는 내용으로 적절하지 <u>않은</u> 것은?

① 고대 철학자들은 실재의 본질에 대해 심각하게 다루지 못했다.
② 철학의 탐구 대상인 실재의 본질은 고정된 것이 아니라 생동적인 것이다.
③ 베르그송은 진화에 대한 다윈의 기계론적인 설명에 대해 만족하지 못했다.
④ 진화는 물질의 본성과 생명이 갈등하고 투쟁한 결과에 따라 방향이 정해진다.
⑤ 무한한 잠재성을 내재한 생명이 새로움을 창조하는 과정에서 진화가 이루어진다.

02 '베르그송'에 대한 이해로 가장 적절한 것은?

① 베르그송은 과학적 실험을 통해 그의 주장을 증명하였다.
② 베르그송은 진화는 점진적으로 일어난다는 주장을 받아들였다.
③ 베르그송은 과학적 실증주의 철학을 계승한 형이상학을 수립하였다.
④ 베르그송은 진화의 본질은 필연성이나 확실성에 기초한다고 보았다.
⑤ 베르그송은 지성보다 직관이 세계의 본질을 파악하는 인식 방법임을 강조하였다.

03 ㉮와 ㉯에 대한 베르그송의 설명으로 적절하지 **않은** 것은?

① ㉮는 대상을 외부에서, ㉯는 내부에서 인식하는 것이다.

② ㉮는 실재의 본질을 파악할 수 없고, ㉯는 파악할 수 있다.

③ ㉮로 얻은 인식은 상대적이고, ㉯로 얻은 인식은 절대적이다.

④ ㉮는 대상을 관찰하는 것이고, ㉯는 대상과 일체화되는 것이다.

⑤ ㉮는 대상을 분석적으로 인식하지만, ㉯는 통합적으로 인식한다.

04 ㉠에 대한 설명으로 적절하지 **않은** 것은?

① 생명 안에 내재하는 폭발적인 힘

② 생명 진화에 결정적으로 작용하는 힘

③ 진화가 폭발적으로 일어나게 하는 힘

④ 생명의 진화 방향을 예측할 수 있는 힘

⑤ 잠재성의 현실화가 이루어지게 하는 힘

05 [A]를 참고하여 〈보기〉를 이해한 내용으로 적절하지 **않은** 것은?

> → 보기 ←
>
> TV 드라마나 영화를 보면 간혹 아버지의 뜻에 따라 사업을 물려받을 생각을 하지 않고, 자신이 좋아하는 음악을 하겠다며 주장하는 자녀가 등장하는 이야기가 있다. 이야기 속 아버지는 굳이 힘든 길을 가겠다는 자녀의 이런 선택을 선뜻 이해하지 못한다. 아버지가 보기에 자녀는 음악에 탁월한 재능이 있거나 성공할 가능성이 있다고 생각하지 않을 수도 있다.

① 자녀 안에 내재된 음악에 대한 본능은 포탄에서 '화약'에 해당할 것이다.

② 자녀가 아버지의 뜻을 따르지 않는 이유는 자녀가 가진 '알랭비탈' 때문일 것이다.

③ 자녀가 사업을 물려받기를 원하는 아버지의 기대는 포탄의 외부를 둘러 싼 '탄피'로 볼 수 있다.

④ 음악을 하겠다는 자녀의 뜻은 '저항'을, 사업을 물려받기를 원하는 아버지의 뜻은 '억압'을 상징할 것이다.

⑤ 자녀가 아버지의 뜻과 달리 음악의 길을 걷는다면 이것은 '화약'이 '탄피'를 뚫고 나온 상황이라고 할 수 있다.

06 문맥상 ⓐ~ⓔ와 바꿔 쓰기에 적절하지 **않은** 것은?

① ⓐ: 잘 알아   ② ⓑ: 알맞은

③ ⓒ: 드러내 알리기   ④ ⓓ: 시작하여

⑤ ⓔ: 헤아릴 수 있는

02 인공 지능과 진화론적 산물인 법

인간과 동물의 다른 점으로 인간은 법을 만들고 따르는 존재라고 말하기도 한다. 동물계에도 일정한 종류의 행동 규칙이 있다고 볼 수 있지만 인간 사회의 법에 비견할 만한 수준이 아니다. 이때의 법은 문화적 산물로서의 법을 지칭한다. 법은 인간의 생활 양식, 즉 문화의 한 영역이지만 본능에 의한 동물의 행동 규칙과는 다른 것이다. 문화적 산물로서의 법은 얼마든지 문화적 가공을 거쳐서 모방되고 전파될 수있다. 따라서 최근 등장한 인공 지능도 프로그래밍을 통해 인간이 만든 법을 얼마든지 따를 수 있다. 그렇다면 인공 지능을 지닌 기계적 인간 유사체와 인간이 다르다 할 수 있을까? 이와 관련한 의문을 해결하기 위해 법을 진화의 산물로 보는 입장을 살펴볼 필요가 있다.

진화 심리학은 오랜 시간에 ⓐ걸쳐서 인간의 마음이 어떻게 현재와 같은 형태로 진화했는지를 탐구하는 학문이다. 이 학문의 목표는 진화론의 관점에서 인간의 마음과 뇌의 기제를 이해하는 것이다. 이때 핵심은 인간의 마음도 육체와 마찬가지로 자연 선택에 의해 진화했다고 보는 것이다. 즉 인간의 심리적 특질을 형성하는 유전자 복합체가 자연 선택에 의해 진화해 현재의 심리적 기제를 만들어 냈다는 것이 진화 심리학의 입장이다. 진화론의 다른 분과인 인간 행동 생태학과 비교해 볼 때 진화 심리학에서 연구의 초점은 진화된 심리적 메커니즘이지 진화된 행동의 패턴이 아니다. 특정 문제 상황에 대한 행동 방식은 얼마든지 다양하게 나타날 수 있다. 그래서 진화 심리학은 행동 수준이 아닌 심리 수준에서 신뢰할 만한 반응 패턴을 찾아 내는 것이 더 의미 있고 충분히 가능하다고 본다.

진화 심리학은 가족법과 관련된 여러 제도의 근원적 유래를 해명해 줄 수 있다. 가족법과 관련된 대표적인 제도는 상속과 관련된 것이다. 우리나라의 경우 법정 상속은 직계 혈족이 4촌 이내의 방계 혈족보다 우선된다. 이처럼 상속과 관련하여 왜 직계 혈족을 우선하는지, 왜 4촌 이내의 방계 혈족에게까지 상속이 이루어질 수 있는지 등에 대한 의문을 가질 수 있다. 이에 대한 답은 영국의 진화 생물학자인 윌리엄 도널드 해밀턴이 제안한 포괄적 적응도 이론을 통해 설명할 수 있다.

해밀턴은 동물들의 이타적인 행동이 이루어질 조건을 'rB>C'라는 공식으로 제시했다. 유전적 연관도(r)와 이득(B)을 곱한 값이 비용(C)보다 클 때 이타적인 행동을 한다는 것이다. ㉠유전적 연관도란 이타적 행동을 받을 개체인 수혜자와 이타적 행동을 해줄 개체가 동일한 유전자를 지니는 정도이다. 나와 아버지 또는 어머니의 유전적 연관도, 그리고 나와 형제의 유전적 연관도는 각각 0.5로 같다. 그리고 나와 3촌의 유전적 연관도는 0.25이고, 나와 4촌 형제의 유전적 연관도는 0.125이다. 자손은 아버지와 어머니의 유전자를 각각 1/2씩 받고, 부부의 유전적 연관도는 0이기 때문이다. 이득은 이타적 행동을 통해 얻을 수 있는 혜택으로, 다시 말해 수혜자가 낳을 수 있는 자손의 수를 의미한다. 임신이 가능한 연령일 경우는 그렇지 못한 연령보다 낳을 수 있는 자손의 수가 많으므로 이득이 크다. 한편 비용은 자신이 자식 대신 살아 있을 때 낳을 수 있는 자손의 수이다. 이 공식에 의하면 상속과 같은 이타적 성향은 나의 포괄 적응도를 높이는 행위, 즉 나의 유전자를 전파하는 데 기여하는 행위인 것이다.

5   한편 진화 심리학은 형법의 본질을 이해하는 데도 도움이 된다. 형법은 사회 구성원들 간에 암묵적으로 체결된 약속을 지키는 데 협력하지 않음으로써 이기적으로 이익을 추구하는 자를 응징하는 법이다. 그것은 '눈에는 눈, 이에는 이'라는 탈리오 법칙, 즉 받은 대로 되갚는 원칙에서 유래한다. 이 원칙은 동서고금을 막론하고 인간 사회에 보편적으로 나타난다. 그런데 이러한 형법의 본질은 비친족 간에 협력이라는 심리적 기제를 만들어 내기 위한 인간 진화의 결과일 수 있다. 이 설명에 따르면 형법의 본질은 인간들 사이에서 협력이라는
10   상호 이타주의적 행위를 이끌어 내기 위한 응보라는 것이다.

인간 사회에서 가족법은 인간의 진화적 본성을 촉진하는 방향으로 인간을 규율한다. 그런데 인공 지능은 인간의 진화적 본성을 촉진할 수 있는 존재가 아니다. 따라서 인간이 인공 지능을 가진 인간 유사체에게 상속하거나, 그것이 인간에게 상속하는 행위는 문화적 측면에서는 가능할 수 있으나 진화적 측면에서는 가능하지 않다. 또한 인공 지능은 기본적으로 인간 또는 다른 인공 지능의 이익을 침해하지 않도록 프로그래밍된다. 따
15   라서 인공 지능은 애초에 이타적으로 행동하도록 만들어지기 때문에 인간에게 가해지는 형법의 원칙이 적용될 필요가 없는 것이다.

✦**분과(分科):** 각 전문 과목이나 업무에 따라 나눔. 또는 그렇게 나누어진 과목이나 업무
✦**메커니즘(mechanism):** 사물의 작용 원리나 구조
✦**방계(傍系):** 시조(始祖)가 같은 혈족 가운데 직계에서 갈라져 나온 친계(親系)

---

01 윗글의 내용과 일치하지 <u>않은</u> 것은?
① 법은 본능에 의한 행동 규칙과는 다른 것이다.
② 상호 이타주의는 형법의 본질을 이해하는 근거가 된다.
③ 진화 심리학은 진화된 행동의 패턴을 찾는 데 초점을 둔다.
④ 제작되는 과정상 인공 지능에게 형법의 원칙이 적용될 필요가 없다.
⑤ 인공 지능은 문화적 측면에서 상속하거나 상속을 받는 것이 가능할 수 있다.

02 윗글의 내용 전개 방식에 대한 설명으로 적절한 것은?
① 인간과 인공 지능의 개념을 밝히고, 구체적인 사례들을 들어 법의 필요성을 주장하고 있다.
② 진화 심리학이 가족법에 적용된 사례를 제시하여 진화론의 이론적 타당성을 검증하고 있다.
③ 진화 심리학을 설명하고 진화적 산물로서의 법으로 인간과 인공 지능을 구분할 수 있음을 밝히고 있다.
④ 법을 문화적 산물로 보는 관점과 진화적 산물로 보는 관점을 비교한 뒤, 절충 가능성을 제안하고 있다.
⑤ 인공 지능의 출현으로 인해 법을 보완해야 함을 제기하고, 진화 심리학에 입각한 법의 본질을 밝히고 있다.

03 ㉠과 관련하여 〈보기〉를 설명한다고 할 때 적절하지 <u>않은</u> 것은?

> 보기

① '나'와 '부'의 유전적 연관도는 '동생'과 '모'의 유전적 연관도와 같다.

② '자식 2'와 '자식 4'의 유전적 연관도는 '나'와 '동생'의 유전적 연관도와 같다.

③ '자식 1'과 '동생'의 유전적 연관도는 '동생'과 '자식 3'의 유전적 연관도보다 작다.

④ '나'와 '배우자 1'의 유전적 연관도는 '동생'과 '배우자 2'의 유전적 연관도와 같다.

⑤ '나'와 '자식 2'의 유전적 연관도는 '부'와 '자식 4' 사이의 유전적 연관도보다 크다.

04 이 글을 바탕으로 〈보기〉를 해석한 내용으로 적절하지 <u>않은</u> 것은?

> 보기

제1000조(상속의 순위)

제1항: 상속에 있어서는 다음 순위로 상속인이 된다.

    1. 피상속인의 직계 비속

        ⋮

    4. 피상속인의 4촌 이내의 방계 혈족

        ⋮

제3항: 태아는 상속 순위에 관하여는 이미 출생한 것으로 본다.

        ⋮

제1003조(배우자의 상속 순위)

제1항: 피상속인의 배우자는 제1000조 제1항 제1호와 제2호의 규정에 의한 상속인이 있는 경우에는 그 상속인과 동 순위로 공동 상속인이 되고……

        ⋮

제1012조(유언에 의한 분할 방법의 지정, 분할 금지)

피상속인은 유언으로 상속 재산의 분할 방법을 정하거나 …….

① 4촌 이내의 방계 혈족이 상속 순위에 있는 것은 포괄적 적응도를 높이는 행위이다.

② 직계 비속이 4촌 이내의 방계 혈족보다 유전적 연관도가 높은 것을 반영하여 만든 법이다.

③ 배우자가 직계 비속과 공동 상속인이 되는 것은 포괄적 적응도를 높이는 행위이기 때문이다.

④ 상속 순위에 관하여 태아를 이미 출생한 것으로 보는 이유는 피상속인과 유전적 연관도가 있기 때문이다.

⑤ 유언에 의해 재산 분할 방법을 정할 때는 가임 직계 비속이 불임 직계 비속보다 상속 받을 가능성이 크다.

05 밑줄 친 단어의 의미가 @와 같은 것은?

① 해가 지평선에 <u>걸쳐</u> 있다.

② 이틀에 <u>걸쳐</u> 회담이 진행되었다.

③ 빌딩의 그림자가 빌딩 사이에 <u>걸쳐</u> 있다.

④ 그는 욕조에 한쪽 다리를 <u>걸치고</u> 있었다.

⑤ 그는 급한 나머지 외투를 <u>걸치고</u> 그냥 나갔다.

구분은 유개념을 그것에 종속하는 종개념으로 나누는 것이고, 분류는 이 구분의 어떤 총계를 의미한다. 이때 어떤 개념의 외연이 다른 개념의 외연보다 클 때, 전자를 유개념이라 하고 후자를 종개념이라고 한다. 유·종개념은 상대적이며, 유개념은 외연이 크지만 내포는 작게 되고 종개념은 그 반대이다. 일반적으로 분류를 할 때 각 대상의 본질적 특징의 유사점과 차이점에 기초를 둔 것은 자연적 분류라고 하고, 그렇지 않은 것은 인위적 분류라고 한다. 그렇다면 생물의 분류는 어떻게 되는가?

지구상에 존재하는 생물종의 수는 500만에서 1억에 이른다. 불확실한 것을 제외하더라도 대부분의 생물학자들은 그 수가 1,000만에 가까울 것이라고 생각한다. 이처럼 생물종은 다양하지만, 알려진 모든 종들 사이에는 유사성이 존재한다. 모든 생물들은 탄수화물, 지질, 단백질, 핵산을 포함하는 동일한 기본적 생화학을 가지고 있으며, 원형질막으로 둘러싸인 세포들로 구성되어 있다. 또한 모든 생물들은 거의 동일한 세포 소기관을 가지고 있다는 유사성이 있다. 이처럼 모든 생물종들이 공유하고 있는 특징에 대해 생물학자들은 '생명의 통일성'이라고 말한다. 모든 생물들은 지구상에 약 40억 년 전에 생겨난 공통 조상을 공유하고 있다는 것이다.

그럼에도 현존하는 생물종들 사이에 분기가 이루어지고 차이점이 발생하는 것을 진화론에서는 주로 자연 선택의 과정으로 본다. 단 하나의 조상으로부터 생명의 다양화에 이르는 주요 과정은 자연 선택에 따른 것이라는 주장이다. 자연 선택설에 따르면 생물 개체는 서로 다르며, 이 변이들 중에 일부는 그들의 생존이나 생식의 기회를 증가시킨다. 생존과 생식을 증가시키는 유전 형질은 시간이 지나면서 더욱 우세하게 된다. 반대로 보다 덜 성공적인 변종들은 집단으로부터 마침내 사라지게 된다.

공통 조상은 지구상 생명의 출발점으로 생각할 수 있으며, 생물종과 종들의 집단 사이에서 계속적으로 이루어지는 분기는 생명의 가지치기에 비유될 수 있다. 따라서 현대 생물들은 그들의 기본적 동일성과 상호 관계를 반영하여 생명의 계통수에 배열될 수 있다. 생명의 계통수란 생물이 진화해 온 역사를 생물 무리의 유사한 특성과 차이점을 따져 나뭇가지 모양으로 나타낸 것을 말한다. 조상으로부터 후손이 유래되는 것을 줄기에서 가지가 갈라진다는 생각으로 만든 것이다.

계통수 작성은 분류군* 간 형질* 비교를 바탕으로 이루어진다. 계통수를 그리기 위해서는 먼저 분류 기준이 될 수 있는 생물의 형질을 조사해야 하며, 형질을 기준으로 형태적 특징을 분류할 때는 가급적 환경, 계절 등에 따라 변하지 않으면서 관찰하기 쉬운 특징을 사용한다. 먼저 관찰된 모든 분류학적 형질을 이용하여 분류군 간 형질 비교표를 작성하고, 이를 토대로 분류군 간 형질 차이를 측정한다. 다음 〈표〉는 분류군 A~C의 형질을 조사하여 비교한 것이다. 분류군 A와 B 사이는 조사된

:· 글을 읽고 빈칸을 채우시오.

문단 요약

1 ☐☐☐과 종개념의 의미와 특징

2 ☐☐☐☐을 공유하는 다양한 생물종

3 생물종의 분기 및 차이점 발생을 ☐☐☐☐의 과정으로 본 진화론

4 진화의 역사를 나뭇가지 모양으로 나타낸 생명의 ☐☐☐

5 분류군 간 ☐☐ 비교를 바탕으로 한 계통수의 작성 방법

6 ☐☐☐☐ 및 진화 경로에 대한 정보를 제공하는 계통수

중심 화제 생물의 분류

주제 계통수의 작성 방법과 그 의의

5개의 형질 중에서 2개의 형질이 다르다. 분류군 간 거리는 차이가 나는 형질을 전체 조사된 형질의 개수로 나눈 값이다. 따라서 A와 B의 거리는 2/5, 즉 0.4가 되고, A와 C 사이, B와 C 사이의 거리는 각각 4/5로서 0.8이 된다. 이 중 분류군 간 거리 값이 가장

5 작은 A와 B를 먼저 묶어 준다. 이어서 묶인 A와 B를 하나의 분류군 A-B로 간주하고 거리를 다시 계산한다. 이때 A-B와 C 사이

〈표〉 분류군 간 형질 비교표					
형질 분류군	1	2	3	4	5
A	-	-	-	-	-
B	-	+	+	-	-
C	+	-	+	+	+

(-: 해당 형질 없음. +: 해당 형질 있음.)

의 거리는 A와 C 사이 거리와 B와 C 사이 거리의 산술 평균값인 0.8이 된다. 이를 토대로 C를 A-B에 묶어 준다. 네 종 이상의 분류군을 대상으로 할 경우 이 단계에서 여러 개의 거리 값이 나오므로 가장 작은 거리 값을 찾아 해당 분류군을 묶어 주면 된다.

10 계통수의 아래쪽에는 조상 생물이 위치하고 위쪽으로 갈수록 최근에 갈라져 나온 생물이 위치한다. 분류 형질의 차이를 비교하여 분화된 종을 가지로 나누어 표시한다. 분류 형질에 공통점이 많을수록 가까운 종으로 간주할 수 있으며 계통수의 가까운 위치에 놓는다. 〈그림〉의 계통수에서 ①은 분류군 A~C의 공통 조상을, ②는 분류군 B~C의 최근 공통 조상을 나타내며, 분류군 B는 분류군 A보다

15 더 최근의 공통 조상을 갖는 분류군 C와 유연관계가 더 가까움을 알 수 있다. 이처럼 계통수를 분석하면 생물들 사이에 진화적으로 가까운 정도인 유연관계와 진화 경로를 알 수 있다.

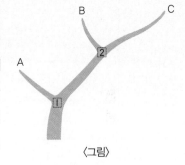

〈그림〉

+ **분류군(分類群):** 생물 분류 단위의 하나. 속(屬)이나 종(種)과 같은 분류 단계임.
+ **형질(形質):** 동식물의 모양, 크기, 성질 따위의 고유한 특징

---

01 윗글의 표제와 부제로 가장 적절한 것은?
① 생물 종의 분류 과정 – 계통수 작성 방법의 종류를 중심으로
② 진화론의 기원과 특징 – 자연 선택설의 증거를 중심으로
③ 생물의 계통 분류 – 계통수 작성 방법과 의의를 중심으로
④ 자연 선택설의 중심 원리 – 계통수 작성 과정을 중심으로
⑤ 진화론 연구 범위와 그 의미 – 계통수의 의의를 중심으로

02 윗글의 내용과 일치하지 <u>않는</u> 것은?
① 모든 생물 종들은 공통된 특징을 공유하고 있다.
② 진화론에서는 생물종들 사이에 차이점이 존재한다고 본다.
③ 공통 조상은 지구상에 존재하는 생명들의 기원으로 볼 수 있다.
④ 생물을 분류할 때는 환경에 따라 변하는 형질까지 고려해야 한다.
⑤ 자연 선택설에 의하면 현존하는 생물들은 생존과 관련된 유전 형질이 상대적으로 우월하다.

03 윗글의 '계통수'에 대한 설명으로 적절하지 <u>않은</u> 것은?

① 계통수는 분류군 간의 형질 비교를 통해 작성한다.

② 계통수는 생물 종들이 과거부터 진화해 온 경로를 보여 준다.

③ 계통수는 지구상에 존재하는 생물들의 동일성과 상호 관계를 나타낸다.

④ 계통수의 가까운 위치에 놓이는 분류군에서는 분기가 일어나지 않는다.

⑤ 계통수를 작성할 때는 분류군 간 거리 값이 작은 분류군을 우선적으로 묶는다.

04 윗글을 참고하여 〈보기〉의 분류군 A∼D의 계통 관계를 나타낸 것으로 가장 적절한 것은?

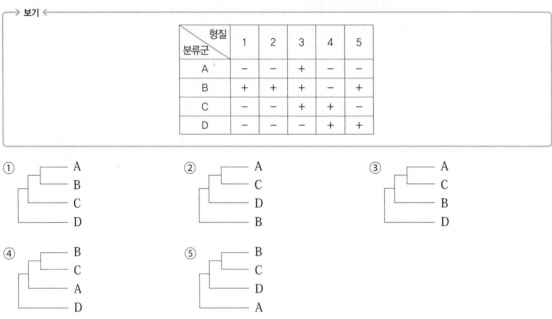

> 보기

분류군＼형질	1	2	3	4	5
A	−	−	+	−	−
B	+	+	+	−	+
C	−	−	+	+	−
D	−	−	−	+	+

05 〈보기〉는 어느 한 생물 종의 계통수를 나타낸 것이다. 윗글을 바탕으로 〈보기〉를 이해한 내용으로 적절하지 <u>않은</u> 것은?

> 보기

① ㄷ과 ㅂ은 ㄱ과 ㄴ보다 분류 형질에 공통점이 더 많을 것이다.

② ㅁ은 ㅂ보다 더 최근의 공통 조상을 갖을 것이다.

③ ㄹ과 ㅁ이 ㄱ과 ㄴ보다 더 가까운 종일 것이다.

④ ㄹ은 ㄷ보다 ㅁ과 유연관계가 더 가까울 것이다.

⑤ ㄹ은 ㄷ보다 더 최근에 분화되었을 것이다.

동물의 체온 조절 메커니즘과 기능성 섬유의 원리

동물의 체온이 주로 체내에서 발생하는 대사열로 유지되는 상태 또는 특성을 내온성이라 하고, 이러한 상태의 동물을 내온 동물이라 한다. 내온 동물은 대사 작용을 통해 열을 만들어내기 때문에 항온성, 즉 외부 온도와 독립적으로 일정한 온도를 유지한다. 이와 반대로 동물의 체온이 일정한 환경에서 얻는 열에너지에 의해 결정되는 상태 또는 특성을 외온성이라 하고, 이러한 상태를 취하는 동물을 외온 동물이라고 한다. 외온 동물은 환경에 따라 체온이 변화하기 때문에 변온성을 가진다. 이렇게 동물의 체온 조절이 다른 이유는 무엇일까?

동물이 체온 조절에 관하여 내온성과 외온성 중 무엇을 택할 것인가 하는 문제는 동물의 환경 적응에 관련된다. 각 전략은 동물이 서로 다른 환경 조건에서 남보다 뛰어날 수 있도록 만드는 장점이 있는 반면 그로 인한 단점도 가지고 있다. 예를 들어, 내온성은 동물이 주변 환경 온도에 상관없이 활동적일 수 있게 하는 반면 내온 동물이 누리는 활동의 자유는 많은 에너지 비용을 치르고 얻어진다. 호흡을 통해 열을 생산하는 대사 작용을 하기 위해서 항온 동물은 칼로리를 섭취해야 하는 것이다. 체온 유지를 위해 내온 동물의 경우 먹이를 통해 얻은 에너지에서 최소가 생장으로 ⓐ배분되고 대부분은 대사 작용을 위해 호흡으로 이용한다. 내온 동물과는 대조적으로 외온 동물은 먹이 활동을 통해 얻은 에너지 소득을 대사 작용이 아니라 생장에 배분할 수 있다. 대사열을 공급하기 위해 칼로리를 태울 필요가 없어서 외온 동물은 몸무게 그램당 적은 칼로리가 필요하며, 먹이와 물이 제한된 지역이나 극단적으로 온도가 낮은 지역에 위치해 있어도 대사 활동을 ⓑ축소하여 생존을 이어갈 수 있다.

동물의 체온 조절 능력에 영향을 미치는 가장 중요한 특성의 하나는 몸의 크기이다. 몸은 노출된 표면적과 비례하여 외부 환경과 열을 교환하기 때문에 표면적 대 부피의 비는 열의 흡수와 체온 유지를 조절하는 핵심 요인이 된다. 외온 동물은 표피를 통해 외부로부터 열을 흡수해야 하는데, 이 열은 동물의 몸 전체를 데울 만큼 충분해야 한다. 그런데 동물이 커질수록 표면적 대 부피의 비는 감소하기 때문에 외부 환경으로부터 흡수한 열이 몸을 덥힐 정도로 충분하지 못하다. 그래서 외온성은 변온 동물에게 몸 크기의 최대 한계를 부여하고 몸집이 큰 외온 동물은 보다 덥고 계절이 없는 열대와 아열대 지역으로 분포가 제한된다.

크기가 내온 동물에 부여하는 제한은 외온 동물의 경우와 반대이다. 내온 동물에 있어 호흡을 통해 열을 생산하는 것은 몸의 질량이고 열은 몸 표면을 통해 ⓒ소실된다. 작을수록 표면적 대 부피의 비가 더 커지고, 따라서 주변 환경으로 더 많이 열을 뺏기게 된다. ㉮따라서 작은 항온 동물은 큰 동물보다 단위 체질량 당 대사율이 더 높으며, 일정한 체온을 유지하려면 대사 활동을 증가시켜 열 손실을 보상해야 한다.

글의 핵심 이해

∴ 글을 읽고 빈칸을 채우시오.

문단 요약

1 □□□과 □□□의 개념
2 □□□과 □□□의 장단점
3 몸의 크기가 □□ 동물의 체온 조절에 미치는 영향
4 몸의 크기가 □□ 동물의 체온 조절에 미치는 영향
5 □ □□을 억제하도록 발전한 겨울옷 섬유
6 기능성 섬유인 □□□□의 원리

중심 화제 | 동물의 체온 조절, 기능성 섬유

주제 | 동물의 체온 조절 메커니즘과 기능성 섬유의 원리

대표적인 내온 동물인 인간은 체내에서 발생하는 대사열로 체온을 일정하게 유지한다. 인간이 입는 옷의 대표적인 기능 중에 하나가 체온을 쉽게 외부로 빼앗기지 않도록 하는 것이다. 온도가 낮은 겨울에 체온을 빼앗기지 않기 위해 입는 겨울옷은 대류 현상에 의한 열 손실을 억제하는 쪽으로 발전해 왔다. 공기는 섬유보다 10배 정도 열을 전달하기 힘들다. 면직류가 털로 만든 모직보다 보온에 취약한 것도 면의 열 [A] 전도도가 양모에 비해 3배 가까이 높아, 그만큼 체열을 쉽게 대기로 전달하기 때문이다. 솜옷이나 오리털, 거위털 옷들은 섬유 사이의 공기층을 극대화해 열전도율을 떨어뜨리는 방식으로 보온성을 높인 의복이다.

최근에는 땀의 증발을 조절하거나 복사되는 열을 반사하는 방식의 기능성 섬유들이 인기를 모으고 있는데 대표적인 것이 고어텍스다. 고어텍스는 1제곱인치당 90억 개 이상의 미세한 구멍을 가진 고에텍스 멤브레인을 이용해 외부에서 ㉣침투하는 빗방울 등은 막고 내부의 땀은 배출한다. 고어텍스 멤브레인은 방수, 방풍, 투습 기능이 있는 원단으로 이 원단의 구멍은 5000~25만 분의 1㎜에 불과하다. 빗방울은 가장 작은 안개비도 지름이 0.1㎜여서 구멍을 통과하지 못하는 반면 땀이 ㉤증발해 생기는 수증기는 지름이 이 구멍보다 훨씬 작아 쉽게 빠져나간다. 이러한 장점을 가지고 있기에 고어텍스 원단은 다양한 야외 활동에 적합한 옷을 만드는 재료로 활용되고 있다.

01 윗글을 통해 대답할 수 없는 질문은?

① 내온성과 외온성이란 무엇인가?
② 내온성의 장점과 단점은 무엇인가?
③ 내온 동물의 경우 어떤 방식으로 먹이를 획득하는가?
④ 고어텍스는 어떤 원리로 빗방울을 막고 땀을 배출하는가?
⑤ 면직류가 털로 만든 모직보다 보온에 취약한 이유는 무엇인가?

02 윗글의 내용과 일치하지 않는 것은?

① 동물의 경우 몸의 크기가 커질수록 표면적 대 부피의 비는 작아진다.
② 섬유 사이에 공기층이 두꺼울수록 대류 현상에 의한 열 손실은 작아진다.
③ 내온 동물은 주위 온도에 상관없이 대사 작용을 위해 에너지를 많이 소비한다.
④ 내온 동물과 달리 외온 동물은 몸의 크기가 클수록 체온을 유지하는 데 유리하다.
⑤ 외온 동물은 내온 동물에 비해 단위 몸무게를 유지하기 위해 필요한 칼로리가 적다.

03 ㉮를 통해 추론할 수 있는 내용으로 가장 적절한 것은?

① 작은 항온 동물은 주변의 환경 온도에 따라 활동의 범위나 정도가 달라진다.
② 작은 항온 동물은 표면적 대 부피의 비율을 높이기 위해 몸의 크기를 키우려 한다.
③ 작은 항온 동물은 큰 항온 동물에 비해 먹이를 찾고 먹는 데 더 많은 시간을 쓴다.
④ 작은 항온 동물은 대사열을 공급하기 위해 섭취한 칼로리를 태울 필요가 없게 된다.
⑤ 작은 항온 동물은 몸의 크기에 최소 한계가 있어 계절에 상관없이 모든 지역에서 생존이 가능하다.

04 윗글을 참고하여 〈보기〉를 해석한 내용으로 적절하지 <u>않은</u> 것은?

> → 보기 ←
>
> ㄱ. 도마뱀은 아침 햇빛을 받아 신속히 가열된다. 이들이 선호하는 체온에 도달하면 도마뱀은 일상적 활동을 하고 필요하면 몸을 식히기 위해 그늘 속으로 물러간다. 낮의 일상적 활동이 끝나면 저녁에는 체온이 서서히 식는다.
>
> ㄴ. 사막 지역의 많은 조류는 깃털로 태양 복사를 반사하고, 낙타는 열이 통과하지 못하도록 두꺼운 털 외피를 가지고 있다.

① ㄱ에서 도마뱀은 낮에 활동하는 동안 일정한 범위의 체온을 유지하겠군.
② ㄱ에서 아침 햇빛과 그늘은 도마뱀에게 열을 공급하거나 열을 빼앗는 역할을 하겠군.
③ ㄱ에서 도마뱀의 크기가 크다면 이 도마뱀은 열대나 아열대 지역에 위치할 가능성이 높겠군.
④ ㄴ에서 조류의 깃털과 낙타의 털 외피는 몸의 열을 일정하게 유지하게 하는군.
⑤ ㄴ에서 조류보다 낙타가 외부로의 열 손실을 보상하기 위해 활발한 대사 활동을 하겠군.

05 [A]를 바탕으로 할 때, 〈보기〉에 대해 보인 반응으로 적절하지 <u>않은</u> 것은?

> → 보기 ←
>
> 필 파워(Fill Power)는 다운⁺ 1온스(28g)를 24시간 압축한 후 압축을 풀었을 때 부풀어 오르는 복원력을 말한다. 예를 들어 필 파워가 800인 제품은 1온스의 다운으로 800세제곱 인치의 공간을 채운다는 의미다. 일반적으로 거위털의 필 파워가 오리털의 필 파워보다 높은 것으로 알려져 있다. 옷을 만들 때는 다운과 깃털을 적절하게 혼용하게 되는데 깃털은 다운에 비해 무겁고 복원력이 좋지 못하기 때문에 다운과 깃털의 비율에 따라 옷의 보온성이 결정된다.
>
> ⁺다운: 새의 솜털 혹은 깃털 밑에 자라는 잔털

① 필 파워가 높을수록 섬유 사이에 공기층이 두껍게 형성되겠군.
② 같은 무게의 옷이라면 거위털로 만든 옷이 오리털로 만든 옷보다 보온성이 좋겠군.
③ 오리털로 만든 옷이건 거위털로 만든 옷이건 다운의 비율이 높을수록 보온성이 좋겠군.
④ 일정 시간 동안 옷을 접은 놓은 후 다시 풀었을 때 더 많이 부풀어 오르는 옷은 열전도율이 높은 옷이겠군.
⑤ 옷의 충전재를 거위털로 하고 겉감은 모직류로 하는 것이 겉감을 면직류로 하는 것보다 열 손실을 억제하겠군.

06 ㉠~㉤의 사전적 의미로 적절하지 <u>않은</u> 것은?

① ㉠: 뭇뭇이 별러 나눔.
② ㉡: 모양이나 규모 따위를 줄여서 작게 함.
③ ㉢: 움직여 옮김. 또는 움직여 자리를 바꿈.
④ ㉣: 액체 따위가 스며들어 뱀.
⑤ ㉤: 어떤 물질이 액체 상태에서 기체 상태로 변함. 또는 그런 현상

암호는 군사, 정치, 경제 분야 등 다양한 필요에 의해서 오래전부터 발전해 왔다. 암호의 종류는 암호를 만드는 방식에 따라 스테가노그래피와 크립토그래피로 나눌 수 있다. ⓐ스테가노그래피는 메시지의 존재 자체를 감추는 비밀 통신 방법이다. 하지만 이 방법은 메시지의 존재가 발견될 경우 그 내용 또한 단번에 적에게 알려질 가능성이 있다. 이런 이유에서 크립토그래피도 함께 발전해 왔다. 이는 메시지의 존재 자체를 감추는 것이 아니라 메시지의 의미를 감추는 비밀 통신 방법이다.

크립토그래피는 전치법과 대체법으로 나뉜다. ㉠전치법은 단순히 메시지 안에 들어 있는 문자의 위치를 바꾸는 방법이다. 영어권에서는 이와 같은 방법을 애너그램이라 부르기도 한다. 한 단어 정도의 경우에는 이 방법이 별로 안전하지 못하다. 하지만 메시지에 사용되는 문자의 수가 많아지면 재배열의 수는 기하급수적으로 증가해서 해독이 거의 불가능하게 된다. 글자의 위치를 무작위로 바꾸는 이 방법은 보안성이 아주 높다.

㉡대체법은 메시지에 사용되는 글자를 짝을 이루는 다른 글자로 대체하는 방법이다. 대체법을 군사적으로 처음 사용한 사람은 카이사르이다. 카이사르가 사용한 암호법은 메시지에 쓸 각각의 글자를 알파벳에서 세 자리 뒤에 나오는 글자로 대체하는 간단한 방법이다. 암호 전문가들은 원문에 사용되는 글자들을 원문 알파벳이라 부르고, 이를 대체한 암호문 알파벳을 사이퍼 알파벳이라 부른다. 원문 알파벳과 사이퍼 알파벳을 정하는 약속을 알아야 암호를 해석할 수 있기 때문에 적군에게 메시지가 발견되어도 적군은 암호를 해석하기 힘들다.

이후 암호의 역사는 지속적으로 발전되어 암호의 기계화가 이루어진다. 이 중 슈르비우스가 고안한 에니그마라는 암호화 기계가 만들어지게 된다. 에니그마는 전선으로 이어진 세 부분으로 이루어져 있다. 원문 텍스트의 글자를 입력하는 자판, 원문 텍스트의 각 글자를 대체하는 스크램블러, 그리고 암호문에 들어갈 글자를 나타내는 여러 개의 램프로 이루어진 램프보드이다. 자판에서 원문 알파벳에 해당하는 글자를 누르면, 중앙 스크램블러를 거쳐 램프보드의 해당 사이퍼 알파벳 글자 램프에 불이 켜진다.

스크램블러는 전선으로 뒤엉킨 두꺼운 고무 디스크로, 이 기계에서 가장 중요한 역할을 하는 부분이다. 자판에서 나온 전선은 여섯 개의 경로를 거쳐 스크램블러로 들어간 뒤, 스크램블러 안에서 복잡한 회로를 거쳐 다시 여섯 개의 램프가 있는 디스플레이, 즉 램프보드로 나온다. 이때 스크램블러 안의 회로가 어떻게 구성되어 있는지에 따라 원문 텍스트의 글자가 어떤 암호로 바뀌는지 결정된다. 예를 들어 a를 입력하면 B에 불이 켜지고, b를 입력하면 A에 불이 켜지고. c를 입력하면 D에 불이

글의 핵심 이해

글을 읽고 빈칸을 채우시오.

문단 요약

1 ⬜⬜를 만드는 방식에 따른 암호의 종류

2 ⬜⬜⬜의 개념과 장단점

3 ⬜⬜⬜의 개념과 장점

4 ⬜⬜⬜⬜의 구성 요소와 작동 원리

5 ⬜⬜⬜⬜⬜의 기능과 에니그마의 특징

6 ⬜⬜⬜과 ⬜⬜을 대응시켜 음악에 암호를 활용하는 방법

7 ⬜⬜를 활용해 제목을 지은 작곡가 조스캥 데프레

| 중심 화제 | 암호 |

| 주제 | 암호의 종류와 에니그마의 특징 및 음악에서 활용된 암호 |

켜지고, e를 입력하면 F에 불이 켜지며, f를 입력하면 C에 불이 켜진다. 이런 식으로 'cafe'라는 메시지는 DBCF로 암호화된다. 그러나 슈르비우스는 여기서 그치지 않고 글자 하나를 암호화할 때마다 스크램블러의 디스크가 한 칸씩 회전하게 만들었다. 이 암호문은 같은 방식을 적용한 에니그마가 없으면 해독이 힘들기 때문에 보안성이 아주 높다.

5 　또한 암호는 예술에서도 활용되었다. 음악에서 암호를 사용하는 가장 간단한 방법은 계이름과 음이름을 대응시키는 것이다. 계이름인 '도, 레, 미, 파, 솔, 라, 시'는 서양 음악에서 각각 음이름 'C, D ,E, F, G, A, B'와 대응된다. 따라서 이 글자들을 조합하여 의미를 표현할 수 있다. 하지만 음이름이 A~G까지의 알파벳으로만 이루어져 있기 때문에 모든 단어를 음이름으로 표현할 수는 없다. 그럼에도 이와 같은 방식으로 악보에 일종의 메시지를 암호화하여 부여하려는 시도는 오래전부터 음악가들을 매혹시켜 왔다. 예를 들어 '시미미파'는
10 소고기인 'beef'라는 의미를 가진 암호가 되는 것이다.

　이 방법을 사용하여 15세기 르네상스 시대의 작곡가 조스캥 데프레는 미사 음악인 「라솔파레미」를 작곡하였다. 그는 왜 음계를 음악의 제목으로 지었을까? 이 음악은 선율이 '라, 솔, 파, 레, 미'의 음계에 맞춰 진행되는데, 이 음계는 유사한 발음의 이탈리아어인 'Lascia fare a me'라는 말에서 나왔다는 일화가 있다. 이 말은 "내게 맡겨 두시오."라는 의미이다. 당시 데프레를 고용한 추기경은 재정난으로 인해 급료를 제대로 지급하지 못
15 했다. 데프레가 이에 대해 걱정하는 말을 하자, 추기경은 "내게 맡겨 두시오."라고 말했는데, 데프레는 여기서 아이디어를 얻어 음악을 통해 밀린 급료를 달라는 의미를 간접적으로 표현한 것이다. 이처럼 얼핏 보아서는 평범한 멜로디를 담은 악보로 보이지만 음표를 음이름으로 읽으면 숨겨진 의미가 드러나는 것이다.

---

01 윗글의 내용 전개 방식에 대한 설명으로 적절하지 <u>않은</u> 것은?

① 대상의 구성 요소를 분석하여 설명하고 있다.
② 구체적인 예를 제시하여 독자의 이해를 돕고 있다.
③ 범주가 다른 대상의 공통점을 찾아 비교하고 있다.
④ 일정한 기준에 따라 대상을 분류하여 서술하고 있다.
⑤ 용어의 개념을 정의하여 내용을 명확히 전달하고 있다.

02 ⓐ의 사례로 적절하지 <u>않은</u> 것은?

① 메시지의 글자를 그림에 숨겨서 수신인에게 보낸다.
② 종이에 투명 잉크로 메시지를 써서 수신인에게 보낸다.
③ 메시지를 쓴 종이를 작은 공에 넣어서 수신인에게 보낸다.
④ 사람의 등에 메시지를 쓰고 옷을 입혀 수신인에게 보낸다.
⑤ 메시지의 문자를 다른 기호로 바꾸어서 수신인에게 보낸다.

03 ㉠과 ㉡을 비교하여 이해한 것으로 가장 적절한 것은?

① ㉠과 달리 ㉡은 모두 암호의 존재를 감추는 방식에 해당한다.
② ㉠과 달리 ㉡은 암호문만 알고 있는 상태에서 이를 해석할 수 없다.
③ ㉠과 달리 ㉡은 메시지의 양이 많아질수록 암호의 해독이 힘들어진다.
④ ㉡과 달리 ㉠은 메시지의 길이가 짧아도 안전한 방법이다.
⑤ ㉡과 달리 ㉠은 암호를 만드는 규칙을 알아야 암호문을 해석할 수 있다.

04 윗글을 바탕으로 〈보기〉를 이해한 학생들의 반응으로 적절하지 않은 것은?

> ─▶ 보기 ◀─
>
> 철수는 알파벳을 입력하면 그 다음 순서의 알파벳에 불이 켜지는 회로와 여섯 개의 램프를 사용하여 에니그마를 만들었다. 그래서 자판의 a를 치면 램프보드의 B에 불이 켜지고 자판의 b를 치면 램프보드의 C에 불이 켜지며, 자판의 f를 치면 다시 A에 불이 켜지게 된다. 여기서 나아가 철수는 매번 글자가 입력될 때마다 스크램블러가 한 자리씩 회전 이동을 하게 만들었다. 그래서 cafe라는 단어를 입력하면 램프보드에는 DCCC라는 암호문이 나오게 된다.
>
>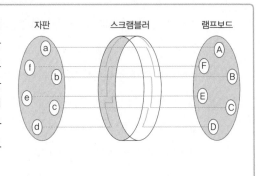

① cafe가 원문 알파벳이라면 DCCC는 사이퍼 알파벳이라고 할 수 있겠군.
② 같은 글자 b를 연속해서 여섯 번 치면 BCDEFA라는 암호문이 나오게 되겠군.
③ 자판에 입력하는 글자가 다른 문자로 대체되므로 크립토그래피에 해당하는 방식이겠군.
④ 철수가 보낸 암호문을 해독하기 위해서는 철수가 사용한 에니그마와 같은 기계 장치가 필요하겠군.
⑤ 카이사르 암호법이 단일한 방식을 사용한 것이라면 철수의 에니그마는 이중의 방식을 사용한 것이로군.

05 윗글을 참고하여 〈보기〉를 이해한 것으로 적절하지 않은 것은?

> ─▶ 보기 ◀─
>
>
>
> 미 솔 솔   시 미 미 파

① 카이사르 암호법을 적용하면 '시'는 '미'로 표시되겠군.
② 'egg'과 'beef'라는 메시지를 숨긴 악보라고 할 수 있겠군.
③ 일곱 개의 글자만을 이용할 수 있는 암호법이라 할 수 있겠군.
④ 계이름이 원문 알파벳이라면 음이름은 사이퍼 알파벳이라 할 수 있겠군.
⑤ 메시지에 사용되는 글자를 다른 글자로 대체하는 방식의 암호라고 할 수 있겠군.

풍성한 머리치장법과 파마의 원리

예로부터 '신체와 터럭과 살갗은 부모에게서 받은 것이다.'라고 하며 머리카락은 신체에서 중요하게 여겼던 부위 중 하나였다. 그러면서도 한편으로는 머리카락만이 그 ⓐ양식의 변화가 자유로워, 옷차림이나 몸단장과 함께 그 사람을 표현하는 중요한 역할을 해 왔다. 머리를 풍성하게 치장하는 것은 자신을 드러내 보여 줄 수 있는
5 가장 단순하면서도 확실한 방법이기 때문에 지금까지도 머리를 풍성하게 치장하는 다양한 방법이 시도되고 있다. 머리를 풍성하게 보이도록 하는 가장 간단한 방법에는 자신의 머리카락을 땋거나 묶어 올리는 방법이 있다. 그러나 아무리 머리카락을 길게 길러도 자신의 머리카락만으로는 풍성하게 보이는 데에 한계가 있다. 그래서 부분적으로 다른 사람의 머리카락을 붙이거나 얹어서 사용하는 방법이 있는데, 이
10 러한 머리치장 ⓑ장식을 조선 시대에는 다리 혹은 가체라고 하였다.

다리를 이용한 여성들의 머리 장식은 대수, 큰머리, 트레머리 등 다양한 종류가 있다. 대수는 궁중에서 왕비가 적의를 착용할 때 머리에 쓰도록 화려하게 꾸민 대례용 가체이다. 큰머리는 왕실이나 반가에서 ⓒ의식이 있을 때 하던 머리 모양으로 어여머리 위에 떠구지라는 나무로 만든 큰머리를 얹어 놓은 것이다. 트레머리는 큰머
15 리 모양을 축소한 머리로 서북 지방에서 흔히 볼 수 있다. 그리고 과거에는 신분에 따라 할 수 있는 다리의 종류가 달랐다. 상류층은 좋은 다리를 보기 좋게 머리 위에 얹고 끝에는 빨간 댕기를 매었지만, 하류층은 머리를 풀어 헤친 풀머리에 다리를 초라하게 얹혔다. 이처럼 과거에 다리는 여성들의 부와 계급을 상징하는 물건이었는데, 머리카락을 함부로 자르지 않았던 과거에는 사람의 머리카락으로 만든 다리의
20 가격이 값비쌌던 것은 당연한 일이었다.

한편 머리카락을 풍성하게 치장하는 또 다른 방법으로 웨이브가 있다. 인공적으로 머리카락에 웨이브를 주는 일은 아주 오래 전, 클레오파트라 시대로 거슬러 올라간다. 당시에는 머리카락에 알칼리성 진흙을 바른 다음, 막대기에 감아 붙이고 말렸다가 씻어 내는 방법을 사용하였다고 한다. 오늘날의 파마와는 다르지만 그 원리는
25 상당히 비슷하다. 그렇다면 오늘날 파마의 원리는 무엇일까?

머리카락은 단백질로 ⓓ구성되어 있는데, 이 단백질은 기본적으로 아미노산으로 구성되어 있다. 이 아미노산이 서로 공유 결합을 통해 연결된 구조를 펩타이드 사슬이라고 부르고 이를 단백질의 1차 구조라고 한다. 1차 구조가 서로 결합하면 2차 구조를 형성하는데, 2차 구조에는 나선 구조 형태의 알파 헬릭스와 병풍 형태의 베타
30 시트가 있다. 2차 구조끼리 서로 결합을 통해 3차 구조의 단백질을 형성하면 이 단백질은 하나의 생체 분자로써 기능을 담당할 수 있게 된다. 머리카락을 구성하고 있는 알파 케라틴 단백질은 단백질의 2차 구조 가운데 하나인 알파 헬릭스처럼 나선

글의 핵심 이해

글을 읽고 빈칸을 채우시오.

문단 요약

1 □□를 이용해 머리를 풍성하게 치장하는 방법
2 □□를 이용한 머리 장식의 종류와 □□에 따른 다리 종류의 차이
3 □□□로 머리를 풍성하게 치장하는 방법
4 □□□□□□□□□의 구성과 구조
5 □□ 결합과 □□ 결합을 통한 웨이브의 원리
6 파마를 한다는 것의 의미와 □□□□이 유지되는 원리

중심 화제 머리를 풍성하게 치장하는 다양한 방법, 오늘날 파마의 원리

주제 풍성한 머리를 위한 다리와 웨이브 방법 및 파마의 원리

구조를 띠고 있기 때문에 알파 케라틴이라고 부른다. 이 알파 케라틴의 나선 구조 형성에 중요한 역할을 하는 것이 수소 결합과 이황 결합이다.

　　수소 결합은 알파 케라틴에 열이나 물을 가하면 깨진다. 알파 케라틴의 수소 결합이 깨지면서 나선 구조가 풀려 쭉 뻗은 형태로 변하고, 물을 증발시키거나 다시 냉각시키면 자발적으로 나선 구조로 돌아가는 성격이
5　있다. 알파 케라틴이 다시 수소 결합이 생성될 때는 당시에 가장 가까운 수소와 산소가 서로 결합하기 때문에 머리에 열을 가해 원하는 모양을 잡은 후 그대로 냉각시켜 새로운 수소 결합을 유도하면 원하는 스타일의 머리를 ⓔ연출할 수 있다. 그러나 수소 결합은 구조적인 변화가 생기는 것이 아니므로 열을 가해 고정한 머리카락에 물을 묻혀 물 분자의 수소와 산소가 머리카락 속의 수소 결합을 끊게 만든 후 머리를 말리게 되면 이전의 결합으로 돌아갈 수 있다. 이황 결합은 수소 결합보다 훨씬 강력한 결합으로 단백질의 구조를 보다 안정되
10　게 유지하는 역할을 한다. 이황 결합은 아미노산의 하나인 시스테인의 −SH 그룹이 서로 [−S−S−] 공유 결합을 한 것인데, 이 [−S−S−] 결합은 −SH 그룹을 갖는 환원제에 의해 깨진다. [−S−S−] 결합에 −SH 환원제인 알칼리성 물질을 첨가하면 [−S−S−] 결합이 [−SH]⋯[HS−]로 환원되면서 결합이 깨지는 것이다. 반대로 산화제는 깨져 있는 [−SH]⋯[HS−]가 다시 [−S−S−]로 결합하게 도와주는데, 이때 알파 케라틴의 위치에 따라 처음 이황 결합과는 다른 이황 결합을 할 수 있다.

15　우리가 미용실에서 파마를 한다는 것은 생머리였던 머리카락을 곱실대는 머리카락으로 바꾼다는 이야기이고, 이는 생화학적으로 머리카락을 구성하고 있는 단백질의 결합을 재배치한다는 의미이다. 환원제를 통해 알파 케라틴의 이황 결합을 깬 후 원하는 스타일로 열을 가해 곱슬머리를 연출하고 이후 다시 이황 결합을 유도한다. 이를 냉각하면 머리카락은 나선 구조로 자연스럽게 다시 복원되고, 그럼으로써 ㉮물에 젖어도 풀리지 않는 곱실거림이 유지되는 것이다.

---

01 윗글의 내용과 일치하지 <u>않는</u> 것은?
① 수소 결합은 단백질의 2차 구조 형성에 관여한다.
② 이황 결합은 알파 케라틴의 펩타이드 사슬에 관여한다.
③ 머리를 풍성하게 만드는 것은 자신을 표현하는 중요한 방법이다.
④ 조선 시대에는 신분에 따라 사용할 수 있는 머리치장의 종류가 달랐다.
⑤ 머리카락에 알칼리성 진흙을 바르는 것은 수소 결합을 이용한 방법이다.

02 ㉮의 이유로 가장 적절한 것은?
① 시스테인의 결합 모양이 변하였기 때문이다.
② 열을 가해 수소 결합의 모양이 변하였기 때문이다.
③ 수소 결합의 수가 이황 결합의 수보다 많기 때문이다.
④ 머리카락의 단백질이 병풍 형태로 바뀌었기 때문이다.
⑤ 산화제로 인해 수소 결합이 더 이상 깨지지 않기 때문이다.

03 윗글과 〈보기〉를 통해 이끌어 낼 수 있는 반응으로 적절하지 <u>않은</u> 것은?

> 보기

　이집트인들은 어린 시절부터 머리를 밀고 가발을 사용했다. 파라오는 가발을 쓰지 않고는 결코 대중 앞에 서지 않았으며, 당시에도 가발 재질이 사람의 머리카락이냐 양털이냐를 따졌다. 가발을 이용해 머리를 꾸몄던 또 다른 나라는 프랑스이다. 프랑스 궁정의 사치가 최고조에 달한 1660년에는 가발 관리사가 200여 명이나 있었다고 한다. 당시 프랑스 귀족들은 똑바로 눕는 게 불가능할 만큼 가발의 길이가 길어졌다.

① 이집트의 가발과 조선의 다리는 모두 권위의 상징으로도 쓰였겠군.
② 이집트의 가발은 조선의 다리와 달리 남성도 착용하는 물건이었군.
③ 조선 시대와 옛 프랑스에서 머리를 풍성하게 치장하는 것은 부의 상징이었겠군.
④ 서양의 가발은 조선 시대의 다리와 달리 민머리를 가리기 위한 목적을 가졌겠군.
⑤ 머리를 풍성하게 꾸미고자 하는 욕구는 동서고금을 막론하고 이어졌다고 할 수 있겠군.

04 〈보기〉는 파마 중인 머리카락의 구조를 도식화한 것이다. 윗글을 바탕으로 〈보기〉를 이해한 내용으로 적절하지 <u>않은</u> 것은?

> 보기

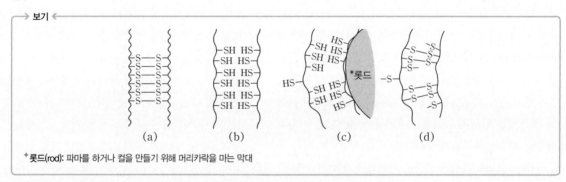

(a)　　　(b)　　　(c)　　　(d)

⁺**롯드(rod):** 파마를 하거나 컬을 만들기 위해 머리카락을 마는 막대

① (a)는 환원제를 첨가하기 전 이황 결합이 유지되고 있는 상태로군.
② (b)는 환원제로 인해 수소 결합과 이황 결합이 모두 깨진 상태로군.
③ (c)는 롯드 모양대로 머리카락이 구부러진 상태로군.
④ (d)는 산화제의 작용으로 시스테인이 다시 [−S−S−] 결합을 한 상태로군.
⑤ (d)는 단백질이 처음 이황 결합과는 다른 이황 결합을 한 상태로 볼 수 있군.

05 ⓐ~ⓔ의 사전적 의미로 적절하지 <u>않은</u> 것은?

① ⓐ: 일정한 모양이나 형식
② ⓑ: 액세서리 따위로 치장함. 또는 그 꾸밈새
③ ⓒ: 겉으로 보이는 모양
④ ⓓ: 몇 가지 부분이나 요소들을 모아서 일정한 전체를 짜 이룸. 또는 그 이룬 결과
⑤ ⓔ: 어떤 상황이나 상태를 만들어 냄.

[01~04] 다음 글을 읽고 물음에 답하시오.

인간은 어떤 조건에 대해서 거의 무의식적으로 반응하는 경향이 있는데, 이때 인간이 어떤 프레임을 갖고 있느냐에 따라 해석이 달라진다. 이 때문에 프레임을 '마음의 창'이라고도 한다. '프레임'은 인간이 정치·사회적 의제를 인식하는 과정에서 본질과 의미, 사건과 사실 사이의 관계를 정하는 직관적 틀을 의미한다. 미국의 언어학자 조지 레이코프가 주장한 '프레임 이론'에 따르면, ㉠프레임은 우리가 사용하는 모든 언어에 연결되어 존재하는 것으로, 우리가 듣고 말하고 생각할 때 머릿속에서는 늘 프레임이 작동한다고 한다. 즉, 인간의 생각은 프레임을 통해 이루어진다는 것이다.

레이코프가 정의한 프레임은 특정한 언어와 연결되어 연상되는 사고의 체계 모두를 말한다. 예를 들어 '의사'라는 단어를 떠올렸을 때 환자, 간호사, 병실 등 의사와 연결된 다양한 단어들이 함께 떠오르는데 이런 단어들의 집합체가 '병원'이다. 즉 '병원'은 '의사'라는 단어와 연결되어 연상된 사고의 체계로서 그 단어가 가진 '프레임'인 것이다. 그는 인간이 특정 단어를 떠올렸을 때 프레임을 연상하는 이유를 인간의 언어 습득 과정에서 찾았다. 우리가 말을 배우던 시절에 '의사'라는 단어의 개념을 처음으로 이해했다면 아마도 '일정한 자격을 가지고 병을 고치는 것을 직업으로 하는 사람'이라는 정도로 '의사'의 의미를 이해했을 것이다. 이를 살펴보면 우리는 처음부터 '의사'의 의미를 환자, 간호사, 병실 등이 포함되어 있는 '병원'이라는 틀과 연결하여 이해한 것을 알 수 있다. 실제로 이 체계를 함께 이해하지 않고 '의사'라는 개념만 분리해서 이해하기는 어렵다. 처음 언어를 배울 때는 이를 이해하는 것이 다소 번거롭지만 일단 머릿속에 언어와 프레임이 연결되어 함께 입력된 후에는 생각하거나 의사소통하는 데 있어 큰 도움이 된다. 그래서 인지 언어학적 측면에서 프레임은 '진화의 결과물'이라고 여겨진다.

그런데 이 프레임에 의한 사고 체계에는 한 가지 문제점이 있다. 즉 특정한 언어에 연결된 프레임은 우리가 그 프레임을 의식적으로 선택하는 것이 아니라 기존에 연결된 프레임이 무의식적으로 떠올려진다는 점이다. 그래서 언어에 맞는 프레임을 선택해야 하는 수고로움이 없어 편하기도 하지만, 한편으로는 인식의 주체가 프레임을 능동적으로 제어할 수 없게 되는 것이다. 나아가 누군가 의도적으로 언어의

의미를 바꾸게 되면 우리는 의식하지 못하는 상태에서 바뀐 프레임으로 생각하게 될 가능성이 높다. 예를 들어 누군가가 '의사'를 '병을 고치는 것을 직업으로 하는 사람'이라는 의미보다는 '고소득자'라는 의미를 강조하여 사용했다고 가정해 보자. 이 경우에 우리는 아마도 '병원'이라는 프레임보다 고소득자에 연결된 '돈'이라는 프레임을 떠올리게 될 것이다. '의사'가 '병원'이라는 프레임과 연결될 때는 직업이나 역할로 받아들여지지만, '돈'이라는 프레임과 연결될 때는 계급이나 계층으로 받아들여지기 때문에 두 프레임의 의미 차이는 매우 크다. 이처럼 언어의 의미가 달라짐으로써 그에 연결된 프레임까지 함께 바뀌는 것을 '프레임 전환'이라고 한다.

한편 표현 방식에 따라 동일한 사건이나 상황임에도 불구하고 개인의 판단이나 선택이 달라질 수 있는 현상을 '프레이밍 효과'라고 한다. 이 중 '미디어 프레이밍'은 뉴스 미디어가 사회적 이슈를 취재해 보도하는 과정에서 해당 사건에 대해 특정 프레임을 선택하거나 누락함으로써 그에 대한 특정 이미지를 생산해 제공하는 것을 의미한다. 그런데 이처럼 특별한 목적을 가지고 생산된 프레임이 대중들에게 퍼지면 실제 사건 현장에 갈 수 없는 대중들은 이 프레임을 통해 사건을 이해한다는 것이 문제가 된다. 즉 왜곡된 프레임을 통해 사건을 이해하게 되므로 진실의 왜곡 현상이 일어나게 되는 것이다. 따라서 대중들이 특정 사안을 어떤 시각으로 바라볼 것인가, 즉 어떤 프레임으로 사건을 바라봐야 하는가가 중요해지는 것이다.

01

윗글의 내용 전개 방식으로 가장 적절한 것은?

① 프레임에 대한 서로 상반된 이론을 비교하고 있다.

② 구체적 예시를 활용하여 프레임 이론을 설명하고 있다.

③ 프레임의 유형을 제시하고 각 유형의 장단점을 비교하고 있다.

④ 기존의 통념을 반박한 후 프레임 이론이 갖는 의미를 분석하고 있다.

⑤ 프레임 이론의 연구 과정을 소개하고 앞으로의 전망을 제시하고 있다.

02

윗글의 내용과 일치하는 것은?

① 프레임은 인간이 자극에 무의식적으로 반응하는 경향이다.

② 성인은 특정 단어의 개념을 프레임에서 분리하여 이해할 수 있다.

③ 프레임은 사건과 사실 사이의 관계를 통해 의제를 인식하는 과정이다.

④ 언어와 프레임이 연결된 후라도 기존 프레임을 의식적으로 선택할 수 있다.

⑤ 프레임 전환은 언어의 의미가 달리 인식됨으로써 그에 연결된 프레임까지 바뀌는 것이다.

03

윗글의 ㉠과 〈보기〉의 ㉡에 대한 설명으로 적절하지 않은 것은?

> → 보기 ←
>
> 프레임과 비슷한 개념인 ㉡'패러다임(Paradigm)'이 있다. 패러다임은 프레임에 포함되는 개념이며, '패러다임'보다 프레임이 더 일반적인 용어이다. '패러다임'은 어떤 한 시대 사람들의 견해나 사고를 근본적으로 규정하고 있는 테두리로서의 인식 체계 또는 사물에 대한 이론적 틀이나 체계이다. 통상 패러다임은 대규모의 인식 체계를 말하고, 프레임은 소규모의 인식 체계를 말한다. 프레임이 나타나는 데는 패러다임이 영향을 준다. 천동설과 지동설이라는 지식에 따라 인간의 세계관이 달라진 것이 대표적인 예이다. 보통 패러다임은 어떤 법칙과 같은 형태로 인식되고, 프레임은 일상생활 속에서 경험할 수 있다. 예를 들어 '싼 것이 비지떡.'이라는 속담에서 드러나는 생각은 일상생활 속에서 나타나는 '프레임'이고, '물질은 입자인 동시에 파동이다.'라는 양자역학적 개념은 보편적인 상태를 이야기하는 '패러다임'이다.

① ㉠에는 ㉡의 개념이 포함되어 있다.

② ㉠은 ㉡보다 인식 체계의 규모가 작다.

③ 같은 언어권에 사는 사람끼리는 ㉠을 공유할 가능성이 크다.

④ ㉡을 공유하는 사람들이더라도 서로 다른 ㉠을 가질 수 있다.

⑤ 같은 시대를 사는 사람들은 보편적으로 ㉠을 공유하는 속성을 가지고 있다.

04

윗글을 읽고 〈보기〉에 대해 보일 수 있는 반응으로 적절하지 않은 것은?

> → 보기 ←
>
> 언론의 해석적 프레임과 수용자의 인식적 프레임 간의 인과 관계의 강도를 매개하는 요인들은 매우 중요하다. 특히 뉴스 수용자의 개인적 성향은 프레이밍 효과의 정도를 결정하는 중요한 요인이다. 예를 들어 현안에 대한 논쟁이 벌어지는 경우에 그 현안에 대한 평가가 필요하기 때문에 프레이밍 효과가 반감될 수 있다. 또한 다수 프레임 간의 경쟁, 숙의적 대화, 수용자 개인의 지식수준 등도 프레이밍 효과에 영향을 주는 요인으로 볼 수 있다.

① 동일한 언론 보도도 뉴스 수용자의 개인적 성향에 따라 판단이 달라질 수 있겠군.

② 언론의 해석적 프레임은 해당 사건을 취재해 보도하는 과정에서 특정 이미지를 생산해 제공하는 것이군.

③ 뉴스 수용자가 보도된 현안에 대해 평가가 필요하다고 생각한다면 언론의 프레이밍 효과가 감소할 수 있겠군.

④ 언론의 해석적 프레임은 특히 수용자의 기본 언어 능력이 높은 수준일 때 강력한 영향력을 발휘하게 되겠군.

⑤ 왜곡된 프레임이 다수 존재할 경우 프레임 간의 경쟁이 발생하여 뉴스 수용자의 인식적 프레임에 영향을 줄 수 있겠군.

[05~10] 다음 글을 읽고 물음에 답하시오.

인간다운 삶을 누림으로써 인간의 존엄과 가치를 유지할 수 있다면, 인간다운 삶은 행복을 추구하는 과정에서 실현될 수 있다. 각각의 인간은 나름대로의 기준에 따른 성취에 의해 행복을 느낀다. 인간의 존엄성이란 말에서 인간의 이기심이나 자만심을 제거한다면, 행복을 추구하는 과정이야말로 인간을 인간답게 만들어 인간으로서의 위엄과 체면을 지키게 할 수 있다. 그것이 인간 본연의 모습이다. 그런 이유로 1980년대에 들어서면서 우리 헌법은 행복 추구권을 인간의 존엄과 가치에 덧붙여 다음과 같이 규정했다.

"모든 국민은 인간으로서의 존엄과 가치를 가지며, 행복을 추구할 권리를 가진다."

인권으로서 행복 추구권은 소극적으로는 고통과 불쾌감이 없는 상태를, 적극적으로는 만족감을 느낄 수 있는 상태를 추구할 권리를 말한다. 다만 여기서 행복 추구권은 각 개인이 행복을 추구할 수 있는 법적 조건을 보장한다는 것이지, 정부가 행복을 선사한다는 것은 아니다.

철학에서도 행복은 오래도록 관심의 대상이 되었다. 공리주의의 창시자인 ⓐ벤담은 행복은 쾌락이 있고 고통이 없는 상태라고 규정한다. 그리고 여러 쾌락들을 비교하여 행복의 정도를 계산하는 기준을 제시한다. 그런데 벤담은 쾌락을 만들어 낸 주체가 누구인지는 상관없다고 주장한다. 똑같은 양의 쾌락이라면 누구의 쾌락이든 똑같이 취급해야 한다는 것이다. 그러나 벤담을 계승한 ⓑ밀은 그와 달리 쾌락의 양보다는 질을 계산해야 한다고 생각했다. 즉 밀은 쾌락을 누구나 쉽게 얻을 수 있는 저급 쾌락과 쾌락을 얻기 위해 오랜 훈련이 필요한 고급 쾌락으로 나누고 저급 쾌락이 아닌 고급 쾌락을 추구해야 한다고 주장한 것이다.

한편 경제학에서도 행복은 관심의 대상이 되어 왔다. 후생 경제학은 인간의 경제 활동의 핵심 목표가 행복 추구라는 전제하에 사회 구성원의 후생 증가를 목표로 경제 문제를 분석하는 학문이다. 그렇다면 사회 전체의 후생을 늘리기 위해서는 어떻게 할까? 이에 대한 하나의 해답을 주는 것이 파레토 최적 이론이다.

파레토 최적이란 같은 사회에 속한 어느 한 사람의 후생이라도 감소시키지 않는 한, 아무도 자신의 후생을 증가시킬 수 없는 상태를 말한다. 파레토 최적 기준을 이해하기 위해서는 다음 두 가지 개념에 대한 이해가 필요하다. 첫 번째, 실현 가능성이란 주어진 자원 부존량을 초과하지 않은 상태에서 자원 배분이 이루어지는 것을 말한다. 두 번째, ㉠파레토 우위란 초기의 배분 상태에 비해서 어느 한 사람의 후생도 감소하지 않은 상태에서 최소한 한 사람의 후생이 증가한 배분 상태를 말한다. 이때 후자의 배분 상태는 전자의 배분 상태에 대해 파레토 우위에 있으며, 전자에서 후자로의 변화는 파레토 개선을 의미한다.

다음의 예를 통해 파레토 최적을 이해해 보자. 어느 한 사회에 부존된 자원의 최대 수량을 아래 그림처럼 100이라고 하자. 또한 그 사회의 소비자가 갑과 을뿐이라고 하자.

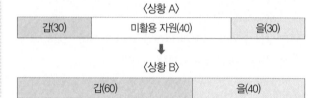

〈상황 A〉에서 가운데 칸은 소비되지 않은 상품이 있음을 뜻한다. 즉 부존된 자원 중 40이 활용되지 못하는 것이다. 이에 반해서 〈상황 B〉에서는 모든 상품이 소비되고 있다. 그러므로 〈상황 A〉에 비해서 〈상황 B〉의 갑과 을은 모두 후생이 증가했다고 할 수 있다. 따라서 〈상황 A〉에서 〈상황 B〉로의 변화는 파레토 개선을 뜻한다. 그런데 〈상황 B〉에서 갑의 후생을 그대로 둔 채 을의 후생을 늘린다면 주어진 자원 부존량을 초과하므로 이는 실현 가능하지 않다. 그러므로 갑이나 을의 후생을 증가시키기 위해서는 다른 한 사람의 후생을 감소시켜야 한다. 이러한 상태를 파레토 최적이라고 하는 것이다. 파레토 최적을 x축이 갑의 후생, y축이 을의 후생인 그래프로 그리면 〈그림〉처럼 우하향하는 효용 곡선이 만들어지게 된다. 그래프의 곡선은 파레토 최적인 상태를 의미하므로 곡선의 내부는 파레토 개선이 이루어질 수 있지만 곡선의 외부는 실현 불가능하다.

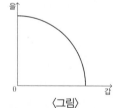

〈그림〉

파레토 최적은 서로에게 유리한 결과를 가져오는 선택의 기회를 제공한다는 점에서 확실히 긍정적인 상태이지만 ㉡분명한 한계가 있다. 사회 구성원의 후생 극대화란 효용성과 공평성이 접점을 이루는 상태에서 이루어져야 하기 때문이다. 만약 한 사회가 시장 경제에 의해서 후생 극대화를 이루지 못하고 있으면 보상 정책을 통해서 후생 증대를 도모할 수 있다. 그러기 위해서는 정책을 실시함으로써 발생하는 변화가 현재 상태의 개선인지 아니면 퇴보인지를 평가할 만한 기준이 필요하다.

이에 대해 파레토 기준은 보상을 통해서 어느 누구의 후생도 감소하지 않으면서 최소한 한 사람의 후생이 증가하면 개선의 효과가 있다고 본다. 칼도 기준은 보상을 통해서 한 편의 후생 증대가 다른 편의 후생 감소보다 크면 개선의 효과가 있다고 본다. 시토프스키 기준은 보상을 통한 변화가 칼도 기준에 의한 개선을 의미하고 역방향으로의 변화가 칼도 기준에 의한 악화를 의미하면 전자는 개선의 효과가 있다고 본다. 롤즈 기준에 따르면 보상을 통해서 최저 소득층의 후생이 증가하면 개선의 효과가 있다고 본다.

05

윗글의 논지 전개 방식에 대한 설명으로 가장 적절한 것은?

① 중심 화제에 대해 다양한 학문적 논의를 소개하고 있다.
② 중심 화제에 대한 여러 견해의 장점과 단점을 분석하고 있다.
③ 중심 화제에 대한 대립적인 견해를 중도적 입장에서 서술하고 있다.
④ 중심 화제에 대한 논의의 변화 과정을 통시적 관점에서 고찰하고 있다.
⑤ 중심 화제에 대한 기존 견해의 문제점을 지적하며 그 대안을 제시하고 있다.

06

〈보기〉에 대한 ⓐ, ⓑ의 반응으로 적절하지 않은 것은?

> → 보기 ←
> "배부른 돼지보다 배고픈 소크라테스가 낫다."라는 말이 있다. 행복에 관련된 대표적인 격언이라고 할 수 있다.

① ⓐ라면 소크라테스의 배고픔은 고통이므로 행복이 아니라고 주장하겠군.
② ⓐ라면 돼지와 소크라테스의 행복을 똑같이 취급하겠군.
③ ⓑ라면 돼지가 먹이를 배부르게 먹어 얻는 행복을 저급 쾌락으로 보겠군.
④ ⓑ라면 소크라테스가 배고픔을 견디며 얻는 지식을 고급 쾌락으로 보겠군.
⑤ 고통이 없다면 ⓐ와 ⓑ 모두 배가 부른 것이 행복한 상태라는 것에 동의하겠군.

07

윗글을 바탕으로 〈보기〉를 이해한 내용으로 적절하지 않은 것은?

> → 보기 ←
> 여름철 폭염으로 인해 더위에 시달리는 저소득층의 고통이 가중되자 그들이 더위를 피할 수 있는 공간을 만들어야 한다는 주장이 대두되었다. 이에 정부는 마을 곳곳에 더위를 피할 수 있도록 냉방 시설을 갖춘 휴식처를 만들어 저소득층이 이용할 수 있게 하였다. 휴식처를 이용한 사람들은 휴식처에서 더위를 느끼지는 않으나 생각보다 시원하지 않다고 하면서 냉방 온도를 낮추고 다양한 편의 시설과 함께 음료를 제공해 줄 것과 장기적으로는 각자의 집에 냉방 시설을 설치해 주어야 한다고 주장하였다.

① 저소득층에게 휴식처를 제공한 것은 정부가 개인에게 행복을 제공해야 할 의무가 있기 때문이겠군.
② 저소득층의 요구에 자만심이나 이기심이 개입했다면 정당한 행복 추구권을 행사하는 것이라고 볼 수 없겠군.
③ 자신이 거주하는 집에 냉방 시설의 설치를 요구하는 것은 자신의 행복을 추구할 권리가 있기 때문이라고 할 수 있겠군.
④ 편의 시설과 음료 제공을 요구하는 것은 만족감을 위한 것이라는 점에서 적극적으로 권리를 추구하는 것이라고 볼 수 있겠군.
⑤ 더위를 피할 수 있는 공간을 만들어야 한다는 주장은 고통이 없는 상태를 추구한다는 점에서 소극적으로 행복을 추구할 권리를 행사한 것이라고 할 수 있겠군.

08

㉠과 관련하여 〈보기〉의 상황에 대한 설명으로 적절하지 <u>않은</u> 것은?

> 보기 <
>
> 　어머니는 시장에 가서 아이들이 좋아하는 귤 30개를 사 오셨다. 집에 돌아오신 어머니는 귤을 두 형제에게 각각 10개씩 나누어 주셨다.

① 어머니가 형에게만 귤 5개를 더 준다면 파레토 개선이라고 할 수 있겠군.

② 파레토 이론에 따르면 형제가 소비할 수 있는 자원 부존량은 귤 30개라고 할 수 있겠군.

③ 어머니가 아우에게 귤 8개를, 형에게 귤 2개를 더 준다면 파레토 최적인 상태라고 할 수 있겠군.

④ 어머니가 형과 아우에게 귤 6개씩을 더 준다는 것은 실현 가능성이 없으므로 파레토 최적이 이루어질 수 없겠군.

⑤ 어머니가 형에게 귤 10개를 더 주는 상황은 아우에게 귤 10개를 더 주는 상황에 대해 파레토 우위에 있다고 할 수 있겠군.

09

㉡의 이유를 추론한 것으로 가장 적절한 것은?

① 파레토 최적이 이루어질수록 자원 배분의 공평성은 감소하기 때문이다.

② 파레토 최적이 이루어질수록 자원 배분의 효율성은 감소하기 때문이다.

③ 파레토 최적 상태에서 자원 배분의 효율성과 공평성은 비례하기 때문이다.

④ 파레토 최적은 자원 배분의 공평성이 충족되는 기준을 제시하지 못하기 때문이다.

⑤ 파레토 최적은 자원 배분의 효율성이 충족되는 기준을 제시하지 못하기 때문이다.

10

〈보기 1〉은 어느 사회의 효용 곡선이며, 갑은 최저 소득층, 을은 고소득층이다. 윗글을 참고할 때 A~D에 대한 이해로 적절한 것을 〈보기 2〉에서 골라 바르게 짝지은 것은?

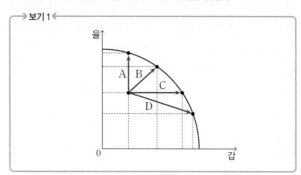

> 보기 2 <
>
> ㄱ. 칼도 기준에 따르면 A는 개선이라고 할 수 있겠군.
>
> ㄴ. 롤즈 기준에 따르면 A는 개선이 아니라고 할 수 있겠군.
>
> ㄷ. 시토프스키 기준에 따르면 D는 개선이 아니라고 할 수 있겠군.
>
> ㄹ. 파레토 기준에 따르면 A~D는 모두 개선이라고 할 수 있겠군.

① ㄱ, ㄴ　　　② ㄱ, ㄷ　　　③ ㄴ, ㄷ
④ ㄴ, ㄹ　　　⑤ ㄷ, ㄹ

[11~15] 다음 글을 읽고 물음에 답하시오.

자연은 인류에게 경외의 대상이며, 인류는 그런 자연의 무한한 아름다움 속에 숨은 법칙을 찾아내기 위해 여러 가지 시도를 해 왔다. 특히 그리스의 피타고라스 학파 등 만물의 근원을 수(數)로 믿었던 수학자들은 자연 속에 숨은 아름다움의 원리를 하나의 수치나 기하학적 도형으로 표현하기 위해 노력해 왔으며, 그 결과 황금비를 발견하였다. 황금비를 수학적으로 명확히 정의한 사람은 고대 그리스의 수학자 유클리드다. 유클리드는 자신의 저서에서 황금비를 언급했다. 그에 따르면 어떤 직선을 둘로 나눴을 때 직선 전체(a+b)와 긴 선분(a)의 비가 긴 선분(a)과 짧은 선분(b)의 비와 같다면 이 직선은 황금비에 따라 분할되었다고 한다. 유클리드의 이 정의를 수식으로 나타내면 (a+b):a=a:b이다. 이를 이차 방정식으로 나타낸 후 계산한 근의 양수값이 황금비이다.

비록 구체적인 수나 용어로 표현하지는 않았지만 유클리드 이전의 고대 바빌로니아인이나 이집트인들도 이 같은 비율의 존재에 대해 이미 알고 있었다. 이후 황금비는 '신성한 비례'라고 불렸고, 가장 정돈되고 쾌적하며, 이상적이고도 조화로운 비례 관계의 대표적인 단어가 되었다. 황금비는 수학 외에도 물리학, 천문학, 음악, 미술, 건축 등 다양한 분야에서 응용되었는데 그 중 미술 분야에서 많은 미술가들이 황금비를 자신의 작품에 적용하였다.

황금비에 관심을 가진 대표적인 미술가는 몬드리안이다. 몬드리안은 처음에는 주로 풍경화와 같은 정통 회화를 그리다가 서서히 추상화에 경도되었다. 이후 그는 마치 수학의 공리처럼 미리 정한 원칙에 따라서 예술적 기하학과 색채에 대한 새로운 시도를 선구적으로 해 나갔다. 몬드리안은 1917년에 선과 색채로 순수한 추상적 조형을 나타내자는 '신조형주의'를 주창했다. 이후 그는 작품에서 모든 대상을 수평선과 수직선으로 극단화시켜 화면을 구성했다. 그리고 사물을 ⒜있는 그대로 나타내는 방법을 버리고 한 대상을 몇 가지 모티프로 단순화하기 위한 연구를 하였다. 그는 수직은 남성성으로, 수평은 여성성으로 보고 수직선을 나무에서, 수평선을 바다의 수평선에서 찾았다. 몬드리안은 우리가 사는 세상을 단순화해 바라보면 점, 선, 면으로 이루어져 있기 때문에 가장 기본적인 조형 요소만으로 사물의 본질을 드러낼 수 있다고 생각한 것이다.

몬드리안의 대표작인 「빨강, 검정, 파랑, 노랑, 회색의 구

성」을 살펴보자. 오른쪽 작품은 나무를 추상화한 것으로 검정색 수직선과 수평선으로 구획을 나눈 단순한 구성에 빨강, 노랑, 파랑 등 3원색을 사용하였다. 이 작품은 무질서한 요소를 배제한,

몬드리안,
「빨강, 검정, 파랑, 노랑, 회색의 구성」

수학적이고 건축적인 균형을 미술로 이루어 내고자 한 몬드리안의 이론에서 탄생한 작품이다. 몬드리안은 작품 속 화면 안에 있는 모든 직사각형들이 대칭되는 것을 피하고자 했으며, 이를 창작의 기본 원리로 삼았다. 그리고 ⒤그는 검정 수직선과 수평선을 서로 교차하여 사각형의 격자 구조를 만들었다. 그는 이 격자 구조의 사각형에 황금비를 적용하였는데, 이를 통해 감상자가 편안함과 미적 균형을 느낄 수 있다고 보았다.

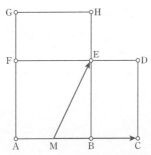

그러면 위 작품의 사각형의 격자 구조에 대해 알아보자. ㉮왼쪽 그림은 위 작품의 일부를 도식화한 것으로 직사각형 ACDF의 가로, 세로 길이의 비가 1:1.618로 황금비를 이루고 있다. 또 직사각형 BCDE와 FEHG도 가로, 세로의 길이의 비가 1:1.618이다. 이와 같이 가로, 세로의 길이의 비가 황금비인 직사각형을 '황금 직사각형'이라고 하는데, 몬드리안의 작품들에는 황금 직사각형이 많이 등장한다. 이 황금 직사각형은 다음의 과정을 거쳐 만들어진다. 먼저 한 변의 길이가 2인 정사각형 ABEF를 그린다. 그 다음 변 AB의 중점 M을 잡고, 그 점 M에서 꼭짓점 E로 직선을 그린다. 그러면 그 길이는 피타고라스 정리에 따라 $\sqrt{5}$가 된다. 이는 약 2.236이다. 그 다음 변 AB를 C까지 연장하는데 이때 점 M에서 점 C까지의 거리는 $\sqrt{5}$가 되도록 점 C를 잡는다. 그러면 직사각형 ACDF의 변의 비율은 2:1+$\sqrt{5}$이다. 이렇게 완성된 직사각형 ACDF의 가로 세로의 길이의 비는 1:$\frac{1+\sqrt{5}}{2}$=1:1.618인 황금비가 되고, ACDF는 황금직사각형이 된다.

몬드리안은 가장 단순한 요소인 직선과 원색으로 그림을 완성하고자 했다. 그는 우주의 객관적인 법칙을 느낄 수 있게 해 주는 명료하고 절도 있는 회화를 그리기를 열망했으

며, 끊임없이 변화하는 것으로 보이는 형태들 속에 감춰진 불변하는 실재를 예술로 밝혀내려고 노력했다. 몬드리안의 작품 세계를 알게 되면 단순한 선과 면 분할 및 채색만으로 완성되는 작품일수록 제대로 된 감상을 위해서는 깊은 사고와 성찰이 요구됨을 깨닫게 된다.

✦ **경도(傾倒):** 온 마음을 기울여 사모하거나 열중함.
✦ **공리(公理):** 수학이나 논리학 따위에서 증명이 없이 자명한 진리로 인정되며, 다른 명제를 증명하는 데 전제가 되는 원리

11

윗글에 대한 이해로 적절하지 <u>않은</u> 것은?

① 몬드리안의 작품 속 격자 구조의 사각형 중에는 황금비가 적용된 것이 있다.
② 유클리드가 자신의 저서에서 정의 내린 황금비는 이차방정식의 근의 양수값이다.
③ 몬드리안은 추상화를 통해 무질서한 것을 배제하고 수학적인 균형과 조화를 추구하였다.
④ 몬드리안은 빨강, 노랑, 파랑의 3원색으로 이루어진 사물을 추상화의 대상으로 삼았다.
⑤ 황금 직사각형은 자연 속에 숨은 아름다움을 기하학적 도형으로 나타낸 것이라고 할 수 있다.

12

㉠에서 선으로 화면을 구성한 이유로 가장 적절한 것은?

① 빨강, 노랑, 파랑 등의 3원색만으로 대상을 표현하려 했기 때문에
② 화면 안에 있는 모든 직사각형이 대칭이 되는 것을 피하기 위해서
③ 대상을 단순화해 바라보면 사물의 본질을 드러낼 수 있다고 생각했기 때문에
④ 수직선과 수평선이 교차할 때 감상자가 편안함을 느낄 수 있다고 생각했기 때문에
⑤ 감상자로 하여금 작품을 보면서 작품의 모티프가 된 나무를 쉽게 떠올리게 하기 위해서

13

윗글을 바탕으로 할 때, 〈보기〉에 대한 설명으로 적절하지 <u>않은</u> 것은?

▶ 보기 ◀

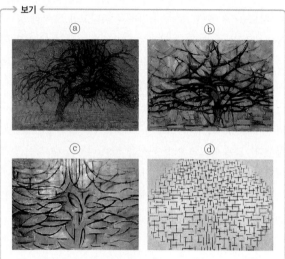

위 그림 ⓐ~ⓓ는 몬드리안의 나무 연작으로 대상의 추상성이 심화되어 가는 과정을 보여 준다. ⓐ에서 ⓓ로 갈수록 나무는 구체적인 모습이 사라지고 점차 기하학적인 형태로 바뀌고 있다.

① 'ⓐ → ⓑ → ⓒ → ⓓ'의 순서로 추상성이 강해진다.
② ⓐ는 대상의 모습을 있는 그대로 재현하려는 의도가 가장 잘 드러나는 작품이다.
③ ⓒ는 ⓑ보다 기본적인 조형 요소인 선으로 사물의 본질을 구현하려는 의도가 더 드러난다고 볼 수 있다.
④ ⓒ와 달리 ⓓ는 곡선을 배제하고 대상을 극도로 단순화하여 수직선과 수평선만으로 나타내었다.
⑤ ⓓ는 나무를 기하학적 형태로 표현하여 끊임없이 변화하는 실재를 예술로 보여 주고자 하였다.

14

㉠에서 황금비를 이루는 것만을 〈보기〉에서 골라 묶은 것은?

> 보기 ◀

ㄱ. 선분 AF : 선분 AC

ㄴ. 선분 AM : 선분 MB

ㄷ. 선분 FG : 선분CD

ㄹ. 선분 EH : 선분MC

① ㄱ, ㄴ

② ㄱ, ㄷ

③ ㄴ, ㄷ

④ ㄴ, ㄹ

⑤ ㄷ, ㄹ

15

문맥상 Ⓐ와 바꿔 쓰기에 가장 적절한 것은?

① 재생(再生)하는

② 재현(再現)하는

③ 발현(發現)하는

④ 구현(具現)하는

⑤ 표출(表出)하는

[01~05] 다음 글을 읽고 물음에 답하시오.

현대 복지 사회에서 국가는 저소득층에게 식비뿐만 아니라 거주비, 의료·보건비, 교육비 등을 어떠한 방식으로 지원하는 것이 가장 효율적일지에 대한 고민을 줄곧 해 왔다. 이에 국가는 예산 낭비를 막을 방법이나 지원 대상자에게 효율적으로 전달될 수 있는 방법 등을 고려하여 보조금 제도에 대해 다양한 방식을 시도해 왔다. 일반적으로 보조금 제도는 현금 보조, 현물 보조, 가격 보조로 구분할 수 있다.

현금 보조는 말 그대로 보조금을 돈으로 지급하는 방법이다. 영세민에게 매월 일정 금액을 지원해 주는 방식이 여기에 해당한다. 현물 보조는 현금이 아니라 지원하고자 하는 재화나 서비스 그 자체로 보조해 주는 방법이다. 노숙자에게 음식과 숙소를 제공해 주는 것, 저소득층에게 지급되는 식료품 교환권이나 직장인들에게 제공되는 식권 등이 현물 보조라고 할 수 있다. 이러한 지원을 받는 사람 입장에서는 현금 보조를 더 선호한다. 현금으로 받을 경우는 자신이 원하는 대로 지출할 수 있기 때문이다. 국가에서는 기초적인 생계 지원을 목적으로 현금을 지급했지만, 자신이 원하면 유흥비로도 얼마든지 사용할 수 있다. 하지만 현물로 받을 경우에는 해당 현물 형태로 사용할 수밖에 없다.

이처럼 현물 보조가 현금 보조에 비해 당초 기대한 목표를 실현하기에 용이한 것은 분명하지만, 몇 가지 문제점이 있다. 현물 보조가 가진 문제 중 하나는 현물 보조를 받은 사람이 지원받은 현물을 처분하여 현금으로 바꾸는 것이다. 미국에서는 이런 문제를 해결하고자 ⓐ식권 카드제를 새로 도입했다. 이 제도는 보조금 지급 대상자들에게 카드를 나누어 주고, 이들이 음식점에서 실제로 음식을 구매할 때만 카드를 사용할 수 있도록 만든 것이다.

또한 현물 보조는 현금 보조에 비해 상대적으로 비효율적이다. 국가는 보조해 주어야 할 개별 대상자들이 각각 무엇을 얼마만큼 필요로 하는지를 정확히 알기 어렵다. 따라서 현물로 지원하다 보면, 어떤 물건의 경우에는 별로 필요하지 않은 물건인데 초과 지급받는 경우가 생기기도 하고, 반대로 정작 필요한 물건은 적게 보급될 수도 있다. 하지만 현금으로 지원할 경우 이러한 문제를 상대적으로 줄일 수 있다. 따라서 현금이 본연의 목적에 의해 사용될 수만 있다면 지원 받는 사람의 입장에서는 더욱 효과적인 지원책이라 할

수 있다. 하지만 이 두 보조금 제도는 빈곤층이 스스로 빈곤에서 벗어나기 위한 노력을 저하시킨다는 점에서 공통된 한계가 있다.

그렇다면 가격 보조는 어떠한가? 가격 보조는 특정 재화를 소비할 때 가격을 할인해 주는 방식이다. 예를 들어, 1만 원짜리 상품을 구매하고자 할 때 이를 5천 원에 구매할 수 있도록 하고 나머지 5천 원은 국가에서 보조해 주는 것이다. 이 제도는 해당 수혜자가 해당 물건을 얼마만큼 구매하느냐에 따라 실질적으로 지원받는 규모가 달라지므로, 수혜자가 자신의 필요 수준에 따라 상이한 보조금을 지급받게 된다. 따라서 보조금을 지급하는 입장에서는 현물 보조와 현금 보조에 비해 효율적인 보조금 집행이 가능한 것이다.

하지만 보조금을 받는 사람 입장에서는 다른 보조 형태보다 가격 보조를 선호할 이유가 없다. 가격 보조는 자신이 해당 물건을 구매할 때만 보조금이 지급되는 방식이므로, 해당 물건을 전혀 구매하지 않으면 아무런 보조금 혜택도 받지 못하게 되기 때문이다. ⓑ또한 이러한 성격으로 인해 가격 보조 제도는 상황에 따라 또 다른 문제가 있을 수 있다. 따라서 수혜자 입장에서는 자신의 행동 여부와 관계없이 무조건 지급되는 현물 보조와 현금 보조가 더욱 윤택한 보조 형태라고 할 수 있다.

01

윗글에 대한 설명으로 가장 적절한 것은?

① 보조금 제도가 도입된 배경을 다각도로 살펴보고 있다.

② 보조금 제도에 대한 상반된 입장과 절충안을 제시하고 있다.

③ 보조금 제도의 종류를 구분하고 각각의 장단점을 기술하고 있다.

④ 보조금 제도에 대한 통념을 비판하며 그 개념을 새롭게 규정하고 있다.

⑤ 보조금 제도에 대한 다양한 사례를 제시한 후 이를 유형별로 분류하고 있다.

02

윗글에 대한 이해로 적절하지 <u>않은</u> 것은?

① 가격 보조는 수혜자의 행동 여부와 관계없이 지급된다.

② 수혜자가 현금 보조금을 본래의 용도와 다르게 사용할 수도 있다.

③ 국가는 지원 대상자들이 어떤 물건을 필요로 하는지 정확히 알기 어렵다.

④ 현대 복지 사회에서는 국가가 저소득층의 삶을 향상시키기 위해 보조금 제도를 시행하고 있다.

⑤ 현금 보조와 현물 보조는 빈곤층이 빈곤을 벗어나려는 의지를 저하시킬 수 있다는 부작용이 있다.

03

윗글을 참고하여 〈보기〉의 ㉠~㉢에 대해 이해한 내용으로 적절하지 <u>않은</u> 것은?

> ┌→ 보기 ┌
>
> 최근 복리 후생 차원에서 직원들에게 점심 값을 추가로 주는 기업들이 늘어나고 있다. 그런데 직원들에게 점심 값을 추가로 지원하는 방식은 회사마다 다양하다. 하나는 ㉠직원들에게 추가되는 식비를 현금으로 지급한 뒤 직원들이 알아서 점심을 사먹게 하는 방식이다. 또 다른 하나는 ㉡식사를 할 수 있는 증표인 식권을 나눠 준 후, 이를 인근 식당이나 구내식당에 제시하고 점심을 먹을 수 있게 하는 방식이다. 마지막은 ㉢인근 식당가에서 자사의 직원들이 점심 식사를 할 때 통상적인 가격보다 할인된 가격으로 이용할 수 있도록 하고 차액은 회사가 부담하는 방식이다.

① ㉠, ㉡에 비해 ㉢은 직원들이 지원받는 비용이 유동적이군.

② 직원들의 입장에서는 ㉠이 ㉡보다 편의성이 높다고 할 수 있군.

③ 점심 값 지원이라는 당초의 목표를 실현하기에는 ㉠보다 ㉡이 용이하겠군.

④ 직원의 입장에서는 ㉢보다 ㉠이나 ㉡이 더욱 윤택한 보조 형태라고 할 수 있겠군.

⑤ 직원들의 입장과 달리 기업의 입장에서는 ㉠보다 ㉡이 더 효율적이라고 여기겠군.

04

ⓐ에 대한 이해로 적절하지 <u>않은</u> 것은?

① 현물을 처분하여 현금으로 바꾸는 것을 막기 위한 것이다.

② 지급된 카드가 다른 용도로 결제되지 않도록 조치해야 한다.

③ 지원하고자 하는 현물을 실제로 구매하는 경우에만 사용할 수 있다.

④ 지원 받는 사람의 입장에서도 가장 효과적인 지원책이라 할 수 있다.

⑤ 해당 보조금 제도가 본연의 기능을 수행할 수 있도록 유도하기 위한 것이다.

05

ⓑ의 이유를 추론한 것으로 가장 적절한 것은?

① 수혜자가 필요로 하는 물건을 원하는 수량만큼 구매할 수 없는 문제가 발생하기 때문이다.

② 할인된 가격만큼 물건의 질이 떨어져 구매자의 만족도가 하락하는 문제가 발생하기 때문이다.

③ 수혜자가 구매하는 물건의 종류가 많을 경우 오히려 혜택이 줄어드는 문제가 발생하기 때문이다.

④ 수혜자가 필요로 하는 물건의 양을 예측하기 어려워 실질적인 도움을 주지 못하는 문제가 발생하기 때문이다.

⑤ 정상적인 가격이었으면 구매하지 않았을 물건을 구매하게 하여 불필요한 소비를 유도하는 문제가 발생하기 때문이다.

[06~11] 다음 글을 읽고 물음에 답하시오.

노트르담 대성당의 서쪽 정면은 기하학의 보고라 할 수 있다. 먼저 이곳은 베시카 피시스를 염두에 두고 보아야 한다. 반지름이 같은 두 원을 ⓐ중첩했을 때 세 개의 영역이 생기는데, 베시카 피시스는 물고기 몸통 모양의 영역을 말한다. 그 모양이 아몬드 모양으로 되어 있다고 하여 동양의 인도에서는 만돌라라고도 부른다. 그것은 초기 인간 문명에 널리 알려졌고, 수학뿐 아니라 미술, 건축, 신화 등에서 다양한 상징으로 사용되었다.

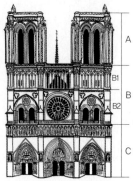
노트르담 대성당의 서쪽 정면

다음 그림과 같이 노트르담 대성당은 탑(A), 장미창이 있는 상부(B)와 세 개의 출입문이 있는 하부(C)로 나눌 수 있다. 두 원이 위 아래로 위치할 때 베시카 피시스는 가로로 나타나는데, 대성당의 상부가 그 곳에 위치하고 나머지 두 부분도 각각 원의 두 영역에 정확하게 위치한다. 이는 하늘에서 내려오는 원과 땅에서 솟아오르는 원이 중첩된 형태로 설계된 것으로, 이를 통해 우리가 성당에 들어섬으로써 속세에서 종교적인 세계로 변환 가능한 공간에 들어설 수 있음을 상징적으로 나타낸다.

「최후의 심판」부조로 유명한 출입문도 세로로 된 베시카 피시스를 활용한 것이다. 베시카 피시스의 두 곡선 위 정중앙에 있는 2개의 점과, 그곳에서 아래로 수직선을 그어 두 원과 만나는 2개의 점을 서로 이으면 정사각형이 된다. 그 사각형 안에서 두 원이 만나는 점을 지나는 직선이 베시카 피시스의 두 곡선 위 정중앙에 있는 2 개의 점을 이은 직선과 수직일 때, 그 사각형은 이등분된다. 그 이등분된 부분에 해당하는 것이 바로 출입문이다. 대성당의 설계자는 엄격한 기하학을 ⓑ적용하여 그 문이 속세에서 종교의 세계로 들어가는 정신적 통로임을 드러내고자 하였다. [A]

그리고 서쪽 정면은 황금 분할을 통해 그 아름다움을 드러내고 있다. 황금 분할은 한 선분을 두 부분으로 나눌 때에 전체에 대한 큰 부분의 비와 큰 부분에 대한 작은 부분의 비가 같게 되는 분할로서, 그 비를 숫자로 나타내면 1:1.618이다. 황금 분할을 이룰 경우 조화가 잘 이루어지기 때문에,

아인슈타인은 '나쁜 것을 만들기 어렵게 하고, 좋은 것을 쉽게 만들어 내는 비례'라고까지 말했다. 대성당의 서쪽 정면의 경우 B2와 C, B1과 B2, 두 탑 사이의 거리와 탑 한 개의 너비 등은 각각 황금 분할을 이룬다. 그로 인해 우리가 노트르담 대성당 서쪽을 정면에서 바라보면 조화의 아름다움을 무의식적으로 느낄 수 있는 것이다.

장미창은 스테인드글라스로 장식한 창으로서, 고딕 양식으로 된 교회의 두드러진 특징이다. 노트르담 대성당의 서쪽 장미창은 전체적으로 하나의 중심을 가진, 크기가 다른 세 개의 원으로 되어 있다. 크기가 두 번째인 원은 12개, 바깥의 가장 큰 원은 24개의 창살이 방사형으로 되어 있는데, 이는 각각 정십이각형, 정이십사각형을 기본 구조로 하는 것이다. 이들은 완전한 수를 의미하는 6과 그와 관련된 육각형에서 나온 것으로, 그로 인해 장미창은 태양을 상징한다. 이를 바탕으로 장미창은 그리스도를 상징하는 가장 작은 원과 함께, 신의 뜻이 인간 세계에 퍼져나감을 의미한다. 실제로 장미창을 통해 성당 안으로 들어오는 빛은 그 화려함 못지않게 기하학적인 의미를 생각하며 보아야 한다.

㉠한편 장미창을 바라볼 때는 고딕 양식의 대표적인 특징인 첨두아치를 염두에 두어야 한다. 창, 문 등의 개구부(開口部)는 그 위에서 작용하는 하중을 이겨 내야 하는데, 이를 위해 ⓒ고안해 낸 것이 아치이다. 전체적인 모양이 반원인 아치를 이루는 돌들은 사다리꼴로서, 쐐기돌처럼 작용하여 서로를 밀어낸다. 아치 위에서 작용하는 하중은 지면에 수직으로 작용하다가, 아치에 의해 돌들을 따라 똑같은 크기의 두 하중으로 분산된다. 그리고 마침내 전체 하중이 아치의 양 끝에서 기둥을 통해 땅으로 전달된다. 이로 인해 개구부의 기둥과 기둥 사이가 비더라도 높은 건물을 쉽게 올릴 수 있다. 그런데 이전의 로마네스크 양식에도 아치는 있었으나 아치의 힘을 받기 위해 육중한 기둥이 필요하다는 단점이 있었다. 또한 아치는 그 끝에서 기둥으로 전해지는 힘뿐만 아니라 양옆으로 밀어나는 힘, 즉 횡력도 작용하는데, 이를 ⓓ지탱하기 위해 두꺼운 벽이 필요했고 창을 마음대로 낼 수 없었다. 그래서 개구부 위로 건물을 높이는 데 한계가 있고, 벽으로 인해 건물 내부가 좁고 어두웠다.

이를 보완하기 위해 개발된 것이 첨두아치이다. 오른쪽 그림에서 보듯 이것은 반원이 아니라 삼각형에 가깝고, 첨두아치의 최상단은 삼각형의 꼭짓점에 해당한다. 첨두아치는 횡력이 그대로이더라도 일반 아치보다 더 큰 하중을 견

딜 수 있기 때문에 개구부 위로 더 높이 건물을 올릴 수 있고, 벽을 얇게 만들 수도 있으며, 창을 좀 더 자유롭게 낼 수 있게 한다. 따라서 고딕 양식의 성당들은 더 넓고 환한 분위기를 ⓔ연출할 수 있다. 사람들은 스테인드글라스로 치장되어 화려한 빛을 자랑하는 장미창에 감탄하지만, 그와 함께 기하학적 변형으로 인한 장미창의 크기까지 생각하며 그것을 보아야 신의 뜻을 느끼고자 했던 당대인의 생각을 제대로 이해할 수 있다. 따라서 노트르담 대성당을 비롯한 건축물의 기하학은 곧 신에 의해 부여된 우주의 법칙을 전하고 있는 것이다.

＊부조(浮彫): 조각에서, 평평한 면에 글자나 그림 따위를 도드라지게 새기는 일

06

윗글의 표제와 부제로 가장 적절한 것은?

① 기하학을 통해 본 우주의 법칙
 – 원, 삼각형, 육각형을 중심으로
② 노트르담 대성당 서쪽 측면의 건축미
 – 아치와 첨두아치의 차이를 중심으로
③ 로마네스크 양식과 고딕 양식의 건축미
 – 노트르담 대성당 건축 전후를 중심으로
④ 건축에 적용된 기하학의 의미와 아름다움
 – 노트르담 대성당 서쪽 측면을 중심으로
⑤ 건축, 자유로운 예술이냐 엄격한 예술이냐
 – 고딕 양식의 현대적 의미를 중심으로

07

윗글의 내용과 일치하지 <u>않는</u> 것은?

① 베시카 피시스는 동양과 서양이 모두 갖고 있는 기하학 개념이다.
② 노트르담 대성당의 서쪽 정면은 두 개의 원이 좌우로 중첩된 형태로 설계되었다.
③ 로마네스크 양식의 성당은 고딕 양식의 성당보다 좁고 어두운 내부를 지니고 있다.
④ 노트르담 대성당의 서쪽 정면은 황금 분할로 인해 조화의 아름다움을 느끼게 한다.
⑤ 노트르담 대성당 서쪽 정면의 장미창은 종교적 뜻이 인간 세계에 퍼져 나감을 상징한다.

08

[A]를 이해하기 위한 자료로 가장 적절한 것은?

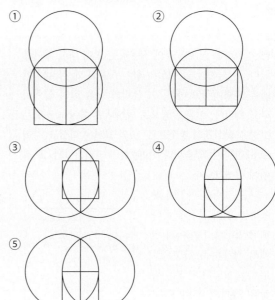

09

㉠에 대한 이해로 가장 적절한 것은?

① 장미창을 통해 들어오는 빛이 왜 화려한지를 생각해 보라는 것이군.
② 장미창에 작용하는 하중에는 어떤 것들이 있는지를 분석해 보라는 것이군.
③ 장미창을 왜 육각형에서 나온 도형으로 만들었는지를 이해해 보라는 것이군.
④ 장미창이 어떻게 해서 그렇게 큰 규모로 만들어졌는지를 생각해 보라는 것이군.
⑤ 장미창이 로마네스크 양식에서 고딕 양식으로 바뀌면서 어떻게 발달했는지를 추적해 보라는 것이군.

10

윗글을 참고할 때, 〈보기〉의 질문에 대한 답으로 가장 적절한 것은?

> ▶ 보기 ◀
>
> 선생님: 오늘은 아치 구조에 작용하는 힘에 대해 알아봅시다. 한 물체에 둘 이상의 힘이 작용할 때 각각의 힘들을 분력이라고 하며, 이 분력의 합을 힘의 합력이라고 합니다. 이를 그림으로 나타내면 힘이 작용하는 방향은 화살표의 방향으로, 힘의 크기는 화살표 길이로 표현할 수 있습니다. 이때 힘의 크기는 화살표 길이에 비례합니다.
>
>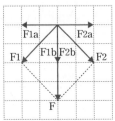
>
> 다음 그림은 아치에 작용하는 힘의 분산을 나타낸 것입니다. F는 아치 위에서 작용하는 하중으로 누르는 힘입니다. F는 똑같은 크기의 분력 F1과 F2로 나뉩니다. F1은 다시 힘 F1a과 F1b로 나뉘고 F2도 F1과 같은 방법으로 나뉩니다. 이때 F1a와 F2a는 횡력이며, F1과 F2가 이루는 각이 클수록 합력의 크기는 작아집니다. 이를 참고하면 횡력이 그대로이더라도 첨두아치가 더 큰 하중을 견딜 수 있는 원리를 이해할 수 있습니다. 다음 중 첨두아치에 작용하는 힘의 분산을 그림으로 바르게 나타낸 것은 무엇일까요?

①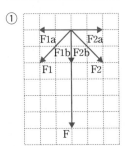

②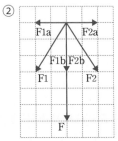

③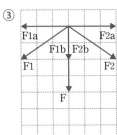

④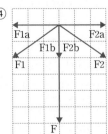

⑤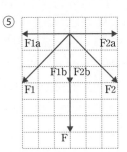

11

@~@의 사전적 의미로 적절하지 <u>않은</u> 것은?

① @: 거듭 겹치거나 포개어지다.

② ⓑ: 알맞게 이용하거나 맞추어 쓰다.

③ ⓒ: 어떤 상태를 오래 계속하다.

④ ⓓ: 오래 버티거나 배겨 내다.

⑤ ⓔ: 어떤 상황이나 상태를 만들어 내다.

[12~15] 다음 글을 읽고 물음에 답하시오.

안견(安堅)은 조선 초기 산수화에 가장 강력한 영향력을 행사한 화가이다. 그와 그의 추종자들을 이른바 안견파라 하는데, 이들은 산을 묘사할 때 먹을 칠한 부분과 칠하지 않고 남겨 두는 부분이 보여 주는 흑백의 강한 대조라든지, 단선과 점을 위주로 하여 산이나 표면을 처리하는 단선점준(短線點皴) 등 개성적인 필묵법과 준법을 사용하였다. 그러나 안견파가 가장 뚜렷한 한국적인 산수화풍의 특색을 보여 준 것은 구도와 공간 개념에서의 독특함이다. 이는 하나의 산수는 흩어져 있으면서도 서로 조화된 통일체를 이루는 몇 개의 경물(景物)들로 이루어진 구도이며, 또 이 경물들 사이에는 넓은 공간과 여백이 시사되어 있는 것이다. 이러한 화풍상의 특색은 안견의 진작인 「몽유도원도」와 전칭작인 「사시팔경도」 등에 잘 나타나 있다.

「몽유도원도」는 안견의 후원자인 안평 대군이 꿈속에서 거닌 도원(桃原)을 묘사한 작품이다. 전통적인 방법과는 반대로 그림의 왼편 하단부에서 시작하여 오른쪽 상단부로 대각선을 따라 점차 상승하는 운동세를 보이며 이야기가 전개되고, 수직적인 요소와 수평적인 요소가 큰 대조를 보이고 있다. 이러한 사선 운동과, 수직과 수평의 현저한 대조가 이 작품을 웅장한 자연의 세계로 나아가도록 구성하고 있다.

또한 이 작품은 좌측의 자연스러운 현실 세계와 우측의 환상적인 도원의 세계가 대조를 보이고 있다. 즉 현실 세계의 모습은 왼편의 토산인 야산으로 나지막하고 부드럽게 표현된 반면에 화면의 대부분을 차지하는 도원의 세계는 기이한 형태의 바위산들로 이루어져 극도로 환상적인 느낌을 자아낸다.

그리고 「몽유도원도」는 몇 무더기의 경물들이 서로 어울려 하나의 총체적인 산수화를 이루고 있다. 각 경물들은 파고드는 안개 때문에 서로 분리되어 있으면서도 전체적으로는 하나의 조화를 이루고 있다. 이렇게 「몽유도원도」의 전체 경관은 독립성을 띠고 따로따로 떨어져 있는 몇 개의 경물들이 합쳐져 이루어진 종합체라고 할 수 있다.

「몽유도원도」의 또 다른 특색은 상이한 시각의 적용과 넓은 공간에 대한 관심이다. 즉 이 작품의 왼쪽 반은 정면에서 본 것으로 묘사되어 있는데 반하여 오른쪽 반은 높은 곳에서 내려다본 듯한 부감법을 이용하여 넓은 공간을 시사하고 있다.

이러한 화풍상의 특색은 부분적으로 그의 전칭작에도 나타나고 있는데, 가장 대표적인 것이 「사시팔경도」이다. 사계절의 변화를 각각 이른 시기와 늦은 시기로 구분하여 표현함으로써 팔경을 팔 폭으로 구성한 이 작품은, 각 폭이 거의 비슷비슷한 구도를 지니고 있는데, 대개 한 쪽 하단부가 다른 쪽 하단부보다 무게가 더 주어져 있는 편파 구도를 지니고 있다. 이 때문에 이른 봄과 늦은 봄, 이른 여름과 늦은 여름 등 두 폭씩 맞대어 볼 때 좌우가 균형을 이루게 된다.

또한 하나의 작품은 몇 개의 따로따로 떨어져 있는 경물들로 이루어져 있으며 이 경물들 사이는 대개 넓은 수면이나 안개로 채워져 있다. 이로 인해 흩어져 있는 경물들이 교묘하게 결합된 듯이 조화를 이루며 확대 지향적인 넓은 공간의 활용도 이루고 있다. 「늦은 봄[晚春]」의 작품에서 보듯이 근경의 경물은 안개에 의해 원경의 주산과 분리되어 있으나, 그림의 왼쪽 구석에서 45도 각도로 솟아오른 비스듬한 언덕과 그 위에 서 있는 소나무에 의해 서로 연결되어 있다. 또한 건너편 강안의 사구도 이 두 개의 경물들과 조화를

안견, 「몽유도원도(夢遊桃源圖)」

안견, 「늦은 봄(晚春)」

이루는 지점에 놓여 있다. 이처럼 「사시팔경도」는 실제로는 경물들이 각각 분리되어 있으면서도 서로 연결된 듯 표현된 것이 구도상의 큰 특징이다.

　이러한 공간 개념과 건너편 강안 및 사구의 묘사도 안견파의 화풍상의 특징이라고 할 수 있다. 「사시팔경도」에 보이는 편파 구도, 흩어진 경물들의 유기적 분산과 시각적 조화, 확대 지향적인 공간의 설정 등 구도상의 특색과 공간 개념은 16세기 전반기의 화가들에 의해서 계승 발전되었다.

⁺준법(皴法): 동양화에서, 산악·암석 따위의 입체감을 표현하기 위하여 쓰는 기법
⁺진작(眞作): 참된 작품. 또는 진짜 작품
⁺전칭작(傳稱作): 확실하지 않으나, 그 사람이 그렸다고 전해지는 작품

12

윗글에 대한 설명으로 가장 적절한 것은?

① 작가의 화풍에 대한 상반된 논쟁을 소개하고 있다.
② 구체적인 작품을 예로 들어 화풍에 대해 설명하고 있다.
③ 역사적 사건을 통해 화풍의 형성 과정을 분석하고 있다.
④ 후대 작품과 비교하여 예술사적 의미를 확장하고 있다.
⑤ 조선 초기 풍경화에 대한 통념과 감상을 비판하고 있다.

13

「몽유도원도」에 대한 이해로 적절하지 않은 것은?

① 하나로 연결된 몇 개의 경물들로 이루어진 생물체와 같은 그림이다.
② 토산과 바위산을 통해 좌측과 우측에 상반된 세계를 표현하고 있는 그림이다.
③ 사선 운동 및 수직과 수평의 대조로 웅장한 느낌을 주는 구성을 취한 그림이다.
④ 왼쪽은 정면에서 본 것처럼, 오른쪽은 위에서 내려다본 것처럼 그린 그림이다.
⑤ 안개 때문에 서로 분리된 경물들이 하나의 조화로운 산수를 이루도록 그린 그림이다.

14

안견파 화풍의 특징으로 적절하지 않은 것은?

① 단선과 점을 위주로 산이나 표면을 처리하였다.
② 산을 그릴 때 먹으로 흑백의 강한 대조를 표현하였다.
③ 경물을 여백 없이 밀착시키는 공간 개념을 활용하였다.
④ 공간 개념에서 한국적 산수화풍의 특색을 보여 주었다.
⑤ 16세기 전반기의 화가들에게 영향을 미쳐 계승되었다.

15

윗글을 바탕으로, 〈보기〉의 작품을 감상한 내용으로 적절하지 않은 것은?

▶ 보기 ◀

　「늦은 가을(晚秋)」은 안견의 전칭작으로 알려진 「사시팔경도(四時八景圖)」의 하나로, 「늦은 봄(晚春)」에 나타난 안견 화풍의 특징이 잘 드러나 있다.

안견, 「늦은 가을(晚秋)」

① 오른쪽 하단부보다 왼쪽 하단부가 무거운 편파 구도를 취하고 있군.
② 분산되어 배치된 경물들 사이의 단절감을 부각하는 구도를 사용하고 있군.
③ 경물들 사이를 넓은 수면으로 채워서 확대 지향적인 공간 활용을 이루고 있군.
④ 「이른 가을(初秋)」이라는 그림과 맞대어 보면 좌우가 균형을 이루게 된다고 할 수 있군.
⑤ 근경의 언덕과 원경의 주산, 그 사이의 강안의 사구 등 몇 개의 경물들로 이루어져 있군.

개념과 유형의 완벽한
수학 중심 잡기!

구성 보기

수학 I

고등 수학(상), 고등 수학(하),
수학 I, 수학 II, 확률과 통계, 미적분, 기하

1 개념과 유형 학습의 균형을
딱 맞춘 통합 학습!

2 주제별로 개념과 유형을
필요한 만큼만 충분하게!

3 읽는 학습이 아닌 생각하고
해결하는 학습으로!

BOOK LIST

고등 도서 목록

*ⓝ은 새 교육과정 적용 도서입니다.

실력이 상승하는 강력한 실전서

국어영역
독서

바른답·알찬풀이

바른답·알찬풀이

STUDY POINT

1 제재 분석과 정리
제재에 대한 핵심 정리와 해설을 통해 지문 이해도를 높입니다.

2 알찬 해설
정확하고 상세한 해설로 문제의 핵심을 짚어 문제 해결력을 키웁니다.

3 오답 풀이
꼼꼼한 오답 풀이로 출제자들이 의도하는 함정을 피하는 전략을 배웁니다.

바른답·알찬풀이

유형 연습하기 ① 중심 화제 파악하기

1 고래의 유선형 몸매나 북극곰의 흰색 털처럼 주어진 환경에 어울리는 생물학적
<u>생물이 주어진 환경에 적응하여 진화한 예</u>
'적응'은 어떻게 일어났을까? 찰스 다윈은 종의 기원에서 자연 선택에 의한 진화'를
■■■ : 중심 문장   중심 화제
그 해답으로 제시하였다. 개체의 번식에 도움이 되는 유전적 변이만을 여러 세대에
<u>'자연 선택에 의한 진화'의 의미</u>
걸쳐 우직하게 골라내는 자연 선택의 과정이 결국 환경에 딱 맞는 개체를 만들어
낸다는 것이다. 다윈은 자연 선택이 각 개체의 적합도(fitness), 즉 번식 성공도를 높
<u>자연 선택이 일어나는 방향</u>
이는 방향으로 일어난다고 보았다.
▶ 개체의 번식 성공도를 높이는 방향으로 자연 선택이 일어난다고 본 다윈
2 그렇다면 자신은 번식을 하지 않으면서 집단을 위해 평생 헌신하는 일벌이나
일개미의 행동은 어떻게 설명할 수 있을까? 다윈은 그와 같은 경우 집단의 번성에
<u>이타적 행동이 자연 선택 된 경우</u>
이득을 주므로 자연 선택이 되었다고 결론을 내렸는데, 이것은 자연 선택이 개체에
게 이득이 되는 방향으로 일어난다는 그의 기본적인 생각에서 벗어난 것이었다.
▶ 집단의 번성에 이득을 주는 경우에도 자연 선택이 일어난다고 본 다윈
3 윌리엄 해밀턴은 다윈 이론의 틀 안에서 일벌이나 일개미와 같은 개체의 이타
적 행동이 자연 선택 되는 과정을 규명하고자 하였다. 즉, 다윈 시대에는 없던 '유
전자' 개념을 진화 이론에 도입함으로써, 개체 자신의 번식 성공도는 낮추면서 상
<u>이타적 행동이 자연 선택 된 것은 결국 개체에 이득이 되기 때문임을 증명한 방법</u>
대방의 번식 성공도를 높이는 이타적 행동이 여러 세대를 거치면서 결국은 개체 자
신에게 이득이 되는 방향으로 자연 선택이 됨을 입증하려 한 것이다.
▶ 이타적 행동이 자연 선택 되는 과정을 규명하고자 한 해밀턴
4 다윈이 정리한 자연 선택의 과정을 해밀턴은 각 개체가 다음 세대에 자신의 유
<u>자연 선택의 과정에 대한 해밀턴의 해석</u>
전자 복제본을 더 많이 남기는 과정으로 보았다. 이때 행위 당사자인 개체는 자기
자신의 번식 성공도를 높임으로써 직접 자신의 유전자 복제본을 남길 수도 있지만,
<u>'직접 적합도'를 높이는 경우</u>
자신과 유전자를 공유할 확률이 있는 상대의 번식 성공도를 높이는 데 도움을 줌으
<u>'간접 적합도'를 높이는 경우</u>
로써 간접적으로 자신의 유전자 복제본을 남길 수도 있다. 쉽게 설명하면, 철수는
스스로 자식을 많이 낳음으로써 직접 자신의 유전자 복제본을 다음 세대에 남길 수
도 있지만, 유전자를 공유하고 있는 동생 영수가 자식을 많이 낳도록 도움으로써
자신의 유전자 복제본을 다음 세대에 남길 수도 있는 것이다. 해밀턴은 전자는'직
접 적합도'를 높이는 것으로, 후자는'간접 적합도'를 높이는 것으로 설명하며, 개체
의 자연 선택은 두 적합도를 합한'포괄 적합도'를 높이는 방향으로 일어난다고 보
았다.   ▶ 개체의 자연 선택은 포괄 적합도를 높이는 방향으로 일어난다고 본 해밀턴
5 해밀턴에 따르면 이타적 행동 또한 개체의 포괄 적합도를 높이는 방향으로 자
<u>이타적 행동은 '간접 적합도'를 높이는 것이므로 결과적으로 포괄 적합도가 높아짐.</u>
연 선택이 일어난다.[그런데 이타적 행동은 개체 자신의 번식 성공도인 직접 적합
도를 낮추게 되므로 그를 상쇄하고도 남을 정도로 간접 적합도를 높일 수 있어야
자연 선택이 일어날 수 있다. 즉, 개체 자신이 남기는 유전자 복제본에 대한 손실보
다 유전자를 공유할 확률이 있는 상대방을 통해 남기는 유전자 복제본에 대한 이득
[ ]: 직접 적합도가 낮아진 정도보다 간접 적합도가 높아진 정도가 커야 자연 선택이 일어남.
이 더 클 때 이타적 행동은 선택되는 것이다.]
▶ 이타적 행동에 의한 자연 선택도 개체의 포괄 적합도를 높이는 방향으로 일어남.
6 이때 개체와 상대방이 유전자를 공유할 확률을'유전적 근연도'라 하는데, 유전
<u>유전적 근연도의 개념</u>
적으로 100% 같은 경우는 유전적 근연도가 1이 된다. 유전적 근연도의 값이 클수

이 글은 이타적 행동이 자연 선택 되어 진화하는 과정에 대해 '포괄 적합도' 이론을 활용하여 설명하고 있다. 다윈의 이론을 계승한 해밀턴은 유전자 개념을 도입하여 이타적 행위가 개체의 포괄 적합도를 높이는 방향으로 자연 선택 된다는 것을 밝혔다.

👤 **핵심 이해**

문단 요약
1 개체의 번식 성공도를 높이는 방향으로 자연 선택이 일어난다고 본 다윈
2 집단의 번성에 이득을 주는 경우에도 자연 선택이 일어난다고 본 다윈
3 이타적 행동이 자연 선택 되는 과정을 규명하고자 한 해밀턴
4 개체의 자연 선택은 포괄 적합도를 높이는 방향으로 일어난다고 본 해밀턴
5 이타적 행동에 의한 자연 선택도 개체의 포괄 적합도를 높이는 방향으로 일어남.
6 유전적 근연도와 다른 대상을 통해 유전자 복제본을 남길 가능성의 비례 관계
7 이타성이 진화하는 조건을 알려 주는 해밀턴 규칙
8 포괄 적합도 이론의 의의

⬇

중심 화제	자연 선택

⬇

주제	자연 선택에 대한 다윈의 이론을 발전시킨 해밀턴의 포괄 적합도 이론

⭐ **핵심 내용**

이타적 행동이 자연 선택 되는 이유

다윈
집단의 번성에 이득을 주기 때문임.

⬇ 이론 보완

해밀턴
포괄 적합도를 높여 유전자 복제본을 더 많이 남길 수 있기 때문임.

록 개체와 상대방이 유전자를 공유할 가능성이 크므로, 개체가 상대방을 통해 자신

의 유전자 복제본을 남길 수 있는 가능성 또한 커진다.

▶ 유전적 근연도와 다른 대상을 통해 유전자 복제본을 남길 가능성의 비례 관계

7 이를 바탕으로 해밀턴은 아래와 같은 '해밀턴 규칙'을 도출하였다.

$$rb > c \ (단, \ b>c>0으로 \ 가정함.)$$

유전적 근연도 × 이타적 행동으로 인해 상대방이 얻은 이득 > 이타적 행동으로 개체가 감수하는 손실

즉, 이타적 행동은 그로 인해 상대방이 얻는 이득(b)이 충분히 커서 1보다 작은

유전적 근연도(r)를 가중하더라도 개체가 감수하는 손실(c)보다 클 때 선택된다는

것을 확인할 수 있다. 이러한 해밀턴의 규칙은 이득, 손실, 유전적 근연도의 세 가

지 변수를 활용하여 이타성이 진화하는 조건을 알려 준다.

▶ 이타성이 진화하는 조건을 알려 주는 해밀턴 규칙

8 해밀턴의 '포괄 적합도 이론'은 다윈의 이론을 발전시켜 이타성이 왜 진화했는

지를 매끄럽게 설명함으로써 진화 생물학자들이 이타적 행동에 대해 통찰력을 가

포괄 적합도 이론의 의의 ①

질 수 있는 계기를 제공하였으며, 자연 선택이 유전자의 수준에서 일어난다는 점을

포괄 적합도 이론의 의의 ②

분명히 하여 이후 진화에 대한 연구의 길잡이가 되었다. ▶ 포괄 적합도 이론의 의의

유형 연습하기 문제 정답

01 ⑤　　**02** ⑤

---

01 중심 화제 파악하기　　답 ⑤

1 지문을 읽으면서 전체적인 내용의 흐름을 파악한다.

1문단에서 중심 화제인 자연 선택을 소개하고, 2문단에서 이 타적 행동에 대한 다윈의 입장을, 3~8문단에서 이타적 행동에 대한 해밀턴의 입장을 제시하였다.

▽

2 핵심어를 바탕으로 문단별 중심 내용을 확인한다.

1문단에서 다윈은 개체의 번식 성공도를 높이는 방향으로 자연 선택이 일어난다고 하였고, 2문단에서 다윈은 집단의 번성에 이득을 주는 경우에도 자연 선택이 일어난다고 하였다. 3~7문단에서는 이러한 다윈의 이론을 보완하여 이타적 행동이 자연 선택 되는 과정을 규명하고자 한 해밀턴을 소개하면서 유전자의 개념을 활용한 포괄 적합도 이론을 설명하였다. 끝으로 8문단에서는 포괄 적합도 이론이 이후 진화 연구의 길잡이가 되었다는 의의를 제시하였다.

▽

3 글의 주제를 파악하고 적절한 선지를 확인한다.

이 글은 이타적 행동이 자연 선택 되는 이유에 대해 다윈과 해밀턴의 이론을 제시하였다. 특히 다윈의 이론을 계승하여 보완한 해밀턴의 이론을 중심으로 이타적 행동이 자연 선택 되는 이유에 대해 자세하게 설명하고 있다. 따라서 이 글의 표제는 '이타적 행동이 자연 선택 되는 이유', 부제는 '해밀턴의 이론을 중심으로'가 가장 적절하다.

---

02 세부 정보 파악하기　　답 ⑤

8문단에서 해밀턴의 '포괄 적합도 이론'은 다윈의 이론을 발전시켜 이타성이 왜 진화했는지를 매끄럽게 설명함으로써 진화 생물학자들이 이타적 행동에 대해 통찰력을 가질 수 있는 계기를 제공하였다'고 하였다. 이를 통해 해밀턴의 이론이 진화 생물학자들에게 영향을 주었음을 알 수 있다. 그러나 진화 생물학자들이 이타성이 진화하는 다양한 이유를 제시하였는지에 대한 내용은 제시되지 않았으며, 그들이 해밀턴의 이론을 뒷받침하였다는 내용은 적절하지 않다.

오답 해결

① 1문단에서 '개체의 번식에 도움이 되는 유전적 변이만을 여러 세대에 걸쳐 우직하게 골라내는 자연 선택의 과정이 결국 환경에 딱 맞는 개체를 만들어 낸다.'라고 하였다. 따라서 개체가 주어진 환경에 적응한 것은 자연 선택의 결과라고 할 수 있다.

② 6문단에서 '개체와 상대방이 유전자를 공유할 확률을 '유전적 근연도'라 하는데'라고 하였다. 따라서 유전적 근연도는 두 개체 간에 유전자를 공유할 확률을 의미한다고 할 수 있다.

③ 1문단에서 '다윈은 자연 선택이 각 개체의 적합도(fitness), 즉 번식 성공도를 높이는 방식으로 일어난다고 보았다.'라고 하였다. 이를 통해 개체의 포괄 적합도를 높이는 데 기여하지 못하는 유전적 변이는 자연 선택에서 도태될 것임을 알 수 있다.

④ 3문단에서 '다윈 시대에는 없던 '유전자' 개념을 진화 이론에 도입함으로써, 개체 자신의 번식 성공도는 낮추면서 상대방의 번식 성공도를 높이는 이타적 행동이~개체 자신에게 이득이 되는 방향으로 자연 선택이 됨을 입증하려 한 것이다.'라고 하였다. 따라서 해밀턴은 다윈이 살았던 시기에는 없었던 개념을 적용하여 이타적 행동의 진화를 설명하였음을 알 수 있다.

1 동물들은 홍채에 있는 근육의 수축과 이완을 통해 눈동자를 크게 혹은 작게 만들어 눈으로 들어오는 빛의 양을 조절하므로 <u>동물이 눈으로 들어오는 빛의 양을 조절하는 방법</u> 눈동자 모양이 원형인 것이 가장 무난하다. 그런데 <u>고양이와 늑대와 같은 육식 동물</u>은 세로로, 양이나 염소와 같은 초식 동물은 가로로 눈동자 모양이 길쭉하다. 특별한 이유가 있는 것일까? ▶ 육식 동물과 초식 동물의 눈동자 모양 차이

2 육상 동물 중 모든 육식 동물의 눈동자가 세로로 길쭉한 것은 아니다. 주로 매복형 육식 동물의 눈동자가 세로로 길쭉하다. 이는 숨어서 기습을 하는 사냥 방식과 밀접한 관련이 있는데, 세로로 길쭉한 눈동자가 사냥감과의 거리를 정확히 파악하는 데 효과적이기 때문이다. ▶ 매복형 육식 동물의 눈동자가 세로로 길쭉한 이유

3 일반적으로 매복형 육식 동물은 양쪽 눈으로 초점을 맞춰 대상을 보는 양안시로, 각 눈으로부터 얻는 영상의 차이인 양안 시차를 하나의 입체 영상으로 재구성하면서 물체와의 거리를 파악한다. 그런데 이러한 양안 시차뿐만 아니라 거리 지각에 대한 정보를 주는 요소로 심도 역시 중요하다. 심도란 초점이 맞는 공간의 범위를 말하며, 심도는 눈동자의 크기에 따라 결정된다. 즉 눈동자의 크기가 커져 빛이 많이 들어오게 되면, 커지기 전보다 초점이 맞는 범위가 좁아진다. 이렇게 초점의 범위가 좁아진 경우를 심도가 '얕다'고 하며, 반대인 경우를 심도가 '깊다'고 한다. ▶ 양안 시차와 심도를 이용해 거리를 지각하는 매복형 육식 동물

4 이런 원리로 매복형 육식 동물은 세로로는 커지고, 가로로는 작아진 눈동자를 통해 세로로는 심도가 얕고, 가로로는 심도가 깊은 영상을 보게 된다. 세로로 심도가 얕다는 것은 영상에서 초점이 맞는 범위를 벗어난, 아래와 위의 물체들, 즉 실제 세계에서는 초점을 맞춘 대상의 앞과 뒤에 있는 물체들이 흐릿하게 보인다는 것이고, 가로로 심도가 깊다는 것은 초점을 맞춘 대상이 더욱 뚜렷하게 보인다는 것을 말한다. 세로로 길쭉한 눈동자를 통해 사냥감은 더욱 선명해지고, 사냥감을 제외한 다른 물체들이 흐릿해짐으로써 눈동자가 원형일 때보다 정확한 거리 정보를 파악하는 데 유리해진다. ▶ 눈동자 모양에 따른 심도의 의미와 세로로 길쭉한 눈동자의 장점

5 한편, 대부분의 초식 동물은 가로로 길쭉한 눈동자를 지니고 있으며 눈의 위치가 좌우로 많이 벌어져 있다. 이는 주변을 항상 경계하면서 포식자의 출현을 사전에 알아채야 하는 생존 방식과 관련이 있다. 초식 동물은 가로로 길쭉한 눈동자를 통해 세로로는 심도가 깊고 가로로는 심도가 얕은 영상을 얻게 되는데, 이로 인해 초점이 맞는 범위의 모든 물체가 뚜렷하게 보여 거리감보다는 천적의 존재 자체를 확인하는 데 더욱 효과적이다. 게다가 눈동자가 가로로 길쭉하기 때문에 측면에서 들어오는 빛이 위아래에서 들어오는 빛보다 많아 영상을 밝게 볼 수 있다. 또한 양안시인 매복형 육식 동물과 달리 초식 동물은 한쪽 눈으로 초점을 맞추는 단안시여서 눈의 위치가 좌우로 많이 벌어질수록 유리하다. 두 시야가 겹쳐 입체 영상을 볼 수 있는 영역은 정면뿐이지만 바로 뒤를 빼고 거의 전 영역을 볼 수 있기 때문이다. ▶ 초식 동물의 눈동자 모양과 심도

지문 해설

이 글은 육식 동물과 초식 동물의 눈동자 모양이 다른 이유를 양안 시차와 심도를 통해 설명한 글이다. 매복형 육식 동물은 사냥에 유리하도록 세로로 긴 눈동자를 갖게 되었으며, 초식 동물은 천적을 잘 볼 수 있도록 가로로 긴 눈동자를 갖게 되었다.

핵심 이해

문단 요약

1 육식 동물과 초식 동물의 눈동자 모양 차이

2 매복형 육식 동물의 눈동자가 세로로 길쭉한 이유

3 양안 시차와 심도를 이용해 거리를 지각하는 매복형 육식 동물

4 눈동자 모양에 따른 심도의 의미와 세로로 길쭉한 눈동자의 장점

5 초식 동물의 눈동자 모양과 심도

6 동물의 생존과 밀접한 관련이 있는 눈동자 모양

↓

중심 화제	(동물의) 눈동자 모양

↓

주제	생존 방식에 따라 달라진 동물의 눈동자 모양

핵심 내용

매복형 육식 동물

- 양안시
- 세로로 길쭉한 눈동자
→ 세로로 심도가 얕고 가로로 심도가 깊은 영상을 보게 됨.
→ 사냥감과의 거리를 정확히 파악하는 데 효과적임.

+

초식 동물

- 단안시
- 가로로 길쭉한 눈동자
→ 세로로 심도가 깊고 가로로 심도가 얕은 영상을 보게 됨.
→ 천적의 존재 자체를 뚜렷하게 볼 수 있으며, 영상을 밝게 볼 수 있음.

6 이렇게 동물의 눈동자 모양은 동물들의 생존과 밀접한 관련이 있다. 생태학적
매복형 육식 동물은 사냥 방식과, 초식 동물은 생존 방식과 관련이 있음.
측면에서 포식자가 될지, 피식자가 될지 그 위치에 따라 각각의 동물들은 생존을

위해 가장 최적화된 형태로 진화해 온 것이다. ▶ 동물의 생존과 밀접한 관련이 있는 눈동자 모양

유형 연습하기 문제 정답

01 ⑤   **02** ④

01 세부 정보 파악하기   답 ⑤

1 선지에 제시된 정보의 내용과 성격을 파악한다.
발문을 보니 지문과 선지의 내용 일치 여부를 묻고 있다. 선지
에서 동물들의 눈동자와 관련된 내용을 서술하고 있으므로, 이
에 초점을 맞춰 지문을 읽으면 된다.

⌄

2 선지에 제시된 개념이 나오면 표시하면서 지문을 읽는다.
'눈동자', '양안 시차', '홍채', '초식 동물', '매복형 육식 동물' 등
선지에 나온 중요 단어들에 표시하면서 지문을 읽는다.

⌄

3 지문과 선지의 내용 일치 여부를 확인한다.
3문단에서 '매복형 육식 동물들은~양안 시차를 하나의 입체
영상으로 재구성하면서 물체와의 거리를 파악한다.'라고 하였
다. 그리고 5문단에서 '두 시야가 겹쳐 입체 영상을 볼 수 있는
영역은 정면뿐이지만'이라고 하였다. 이를 통해 매복형 육식 동
물뿐만 아니라 초식 동물도 두 시야가 겹쳐져 입체 영상을 볼
수 있음을 알 수 있다.

오답 해결

① 3문단에서 '심도란 초점이 맞는 공간의 범위를 말하며, 심도는
눈동자의 크기에 따라 결정된다.'라고 하였으므로, 이를 통해
동물들은 눈동자의 크기에 따라 초점이 맞는 범위가 달라짐을
알 수 있다.

② 3문단에서 '매복형 육식 동물은~양안 시차를 하나의 입체 영
상으로 재구성하면서 물체와의 거리를 파악한다.'라고 하였으
므로, 이를 통해 매복형 육식 동물은 양안 시차를 통해 물체와
의 거리를 파악함을 알 수 있다.

③ 1문단에서 '동물들은 홍채에 있는 근육의 수축과 이완을 통해
~눈으로 들어오는 빛의 양을 조절'한다고 하였으므로, 이를 통
해 동물들은 홍채에 있는 근육의 수축과 이완을 통해 빛의 양
을 조절함을 알 수 있다.

④ 5문단에서 '대부분의 초식 동물은~눈의 위치가 좌우로 많이
벌어져 있다. 이는 주변을 항상 경계하면서 포식자의 출현을
사전에 알아채야 하는 생존 방식과 관련이 있다.'라고 하였으

므로, 이를 통해 단안시인 초식 동물은 눈의 위치가 좌우로 벌
어질수록 시야가 넓어짐을 알 수 있다.

02 정보 간의 관계 파악하기   답 ④

4문단에서 '매복형 육식 동물은 세로로는 커지고, 가로로는 작
아진 눈동자를 통해 세로로는 심도가 얕고, 가로로는 심도가 깊
은 영상을 보게 된다. 세로로 심도가 얕다는 것은 영상에서 초점
이 맞는 범위를 벗어난, 아래와 위의 물체들, 즉 실제 세계에서
는 초점을 맞춘 대상의 앞과 뒤에 있는 물체들이 흐릿하게 보인
다는 것이고, 가로로 심도가 깊다는 것은 초점을 맞춘 대상이 더
욱 뚜렷하게 보인다는 것을 말한다.'라고 하였다. 따라서 늑대는
세로로 길쭉한 눈동자를 지니고 있기 때문에 이러한 눈동자를 통
해 세로로는 심도가 얕고, 가로로는 심도가 깊은 영상을 보게 된
다. 이로 인해 두 눈의 초점을 양에게 맞추고 있는 늑대에게는 앞
에 있는 바위와 뒤에 있는 나무가 양보다 더 흐릿하게 보인다. 즉
늑대에게는 나무와 바위보다 양이 더욱 뚜렷하게 보이는 것이다.

오답 해결

①, ② 5문단에서 '초식 동물은 가로로 길쭉한 눈동자를 통해 세
로로는 심도가 깊고 가로로는 심도가 얕은 영상을 얻게 되는
데, 이로 인해 초점이 맞는 범위의 모든 물체가 뚜렷하게 보여
거리감보다는 천적의 존재 자체를 확인하는 데 더욱 효과적이
다.'라고 하였다. 따라서 양의 경우에는 세로로는 심도가 깊고
가로로는 심도가 얕으며, 늑대와 나무, 바위가 모두 뚜렷해 보
일 것이다.

✛ 지식 넓히기

시야(視野)

시야는 한 점을 주시하였을 때 눈을 움직이지 않고 볼 수 있는 범위
를 말한다. 물체를 볼 때 시선 방향에 있는 것은 가장 뚜렷하게 보
이는데 이를 중심 시야라고 하며, 불완전하지만 주변에 있는 상(像)
의 존재를 알 수 있는데 이를 주변 시야라고 한다. 시야의 범위는
시선의 각도로 나타내며, 시야의 넓이는 색에 따라 다르게 나타난
다. 흰색의 시야가 가장 넓고 파랑, 빨강, 노랑, 녹색의 순서로 시야
가 좁아진다.

본문 20~21쪽

1 '지방'은 몸을 구성하는 주요 성분이다. 또한 지방은 우리 몸의 에너지원이 되기
지방의 역할 ①   지방의 역할 ②
도 하는데, 탄수화물과 단백질은 1g당 4kcal의 열량을 내는 데 비해 지방은 9kcal의 열
▒▒ : 중심 문장
량을 낸다. '체지방'은 섭취한 영양분 중 쓰고 남은 영양분을 지방의 형태로 몸 안
중심 화제   체지방의 개념
에 축적해 놓은 것을 지칭하는 용어이다. 체지방은 지방 조직을 이루는 지방 세포
에 축적되며, 피부 밑에 위치하는 피하 지방과 내장 기관 주위에 위치하는 내장 지
위치에 따라 분류한 체지방의 종류
방으로 나뉜다. 이 체지방은 내장 보호와 체온 조절 기능을 할 뿐 아니라 필요시 분
체지방의 기능
해되어 에너지를 만들기도 한다.   ▶ 체지방의 개념과 기능

2 체지방이 과잉 축적된 상태인 비만은 여러 가지 질병을 유발할 수 있으므로 건
비만의 개념
강을 유지하기 위해서는 체지방을 조절해야 한다. 이때 활용할 수 있는 지수가 체
중에서 체지방이 차지하는 비율인 체지방률이다. 체지방률은 남성의 경우
체지방률의 개념
15~20%, 여성의 경우 20~25%를 표준으로 삼고, 남성은 25% 이상, 여성은 30%
비만 판정 기준
이상을 비만으로 판정한다.   ▶ 체지방률의 개념과 그 비율에 따른 비만 판정 기준

3 비만의 판정과 관련하여 흔히 쓰이는 '체질량 지수(BMI)'는 신장과 체중을 이용
한 여러 체격지수 중에서 체지방과 가장 상관성이 높은 것으로 알려져 있다. BMI
BMI의 장점
는 체중(kg)을 신장의 제곱(㎡)으로 나누어 구하는데, [18.5~22.9이면 정상 체중,
BMI를 구하는 방법
23이상이면 과체중, 25이상이면 경도 비만, 30이상이면 고도 비만으로 판정한다.]
[ ]: BMI 지수에 따른 비만 판정 기준
그러나 운동선수처럼 근육량이 많은 사람은 체지방량이 적어도 상대적으로 BMI가
높을 수 있다. 이처럼 BMI는 체지방량에 대한 추정만 가능할 뿐 체지방량을 정확
BMI의 단점
하게 알려줄 수 없다는 단점이 있다. 그렇다면 BMI의 단점을 보완할 수 있는 체지
방 측정 방법에는 어떤 것이 있을까?   ▶ 체질량 지수(BMI)에 따른 비만 판정과 단점

4 체지방을 측정하는 방법 중 가장 간단한 방법으로 ㉮피부 두겹법이 있다. 이
방법은 살을 캘리퍼스로 집어서 피하 지방의 두께를 잰 후 통계 공식에 넣어 체지
피부 두겹법으로 체지방을 측정하는 방법
방을 산출한다. 하지만 이 방법은 측정 부위나 측정자의 숙련도에 따라 측정 오차
피부 두겹법을 이용한 체지방 측정의 한계
가 발생할 수 있고, 내장 지방을 측정할 수 없다는 한계가 있다.
▶ 피부 두겹법을 이용한 체지방 측정과 한계
5 ㉯수중 체중법은 신체를 물에 완전히 잠근 후 수중 체중을 측정하고 물 밖 체
수중 체중법으로 체지방을 측정하는 방법
중과 비교하여 체지방량을 계산하는 방법이다. 체중은 체지방과 제지방의 합이다.
체지방은 밀도가 0.9g/㎤로 물에 뜨고, 제지방은 밀도가 1.1g/㎤로 물보다 높아 가
물의 밀도 1.0g/㎤
라앉는다. 그러므로 체지방량이 많을수록 수중 체중이 줄어들어 물 밖 체중과의 차
수중 체중법으로 체지방량을 알아내는 원리
이가 커진다. 이 차이를 이용하여 체지방량을 얻어낼 수 있다.

이 방법은 체지방량을 구하는 표준 방법으로 쓰일 정도로 이론적으로는 정확성이
수중 체중법의 장점
높다.[하지만 신체 부위별 체지방의 구성이나 비율은 정확하게 측정할 수 없다. 그
리고 체내 공기량에 따라 측정치가 달라질 수 있으므로 이에 대한 보정이 필요하
[ ]: 수중 체중법의 단점-① 신체 부위별 정확한 측정 X ② 체내 공기량에 따라 달라진 측정치 보정 필요 ③ 고가의 장비 필요
며, 고가의 장비가 필요한 점 등으로 인해 연구 목적 외에는 잘 사용되지 않는다.]
▶ 수중 체중법을 이용한 체지방 측정과 단점
6 체지방 측정기를 이용하여 체지방을 측정할 수도 있는데, 이때 생체 전기 저항

✎ 지문 해설

이 글은 체지방량을 측정하는 다양한 방법과
원리, 한계 등을 설명한 글이다. 체지방의 개
념과 역할을 설명한 후, 체지방률에 따라 비
만을 판정하는 기준을 밝히고 있다. 그리고
체지방량을 측정하는 방법인 체질량 지수,
피부 두겹법, 수중 체중법, 생체 전기 저항
분석법에 대해 설명하고 있다.

🔑 핵심 이해

문단 요약
1 체 지 방 의 개념과 기능
2 체 지 방 률 의 개념과 그 비율에 따른 비만 판정 기준
3 체 질 량 지 수 (BMI)에 따른 비만 판정과 단점
4 피 부 두 겹 법 을 이용한 체지방 측정과 한계
5 수 중 체 중 법 을 이용한 체지방 측정과 단점
6 생 체 전 기 저 항 분 석 법 을 이용한 체지방량 측정

중심 화제	체지방

주제	다양한 체지방량 측정 방법

⭐ 핵심 내용

체질량 지수(BMI)
체중(kg)을 신장의 제곱(㎡)으로 나눔.
피부 두겹법
살을 캘리퍼스로 집어 피하 지방의 두께를 잰 후 통계 공식에 넣어 체지방을 산출함.
수중 체중법
신체를 물에 완전히 잠근 후 수중 체중과 물 밖 체중을 비교하여 체지방량을 계산함.
생체 전기 저항 분석법
신체 부위에 접촉된 전극을 통한 전기 저항으로 체지방량을 산출함.

분석법(BIA)이 활용된다. 이 방법은 일정한 신체 부위에 접촉된 전극을 통해 체내

_{생체 전기 저항 분석법의 개념}

에 미약한 전류를 흘려보내 전기 저항을 알아봄으로써 체지방량을 산출하는 방법

이다. 전류가 흘러갈 때 이를 방해하는 힘을 저항 또는 전기 저항이라고 하는데, 인

_{저항(전기 저항)의 개념}

체 내의 수분은 전기가 잘 통하므로 전기 저항이 매우 작다. 근육 세포는 많은 수분

_{세포의 수분 함유량에 따라 전기 저항이 다름.}

을 함유하고 있어 근육이 많은 곳에서는 전기 저항이 비교적 작게 나타난다. 반면

지방세포는 수분을 거의 함유하지 않아 지방이 많은 곳에서는 전기 저항이 크게 나

타난다. 따라서 음료 섭취나 운동 등으로 체내 수분의 양에 변화가 생기면 전기 저

항 수치가 변하여 체지방량을 정확하게 측정할 수 없다. 그러므로 체지방 측정기를

사용할 때에는 매일 정해진 시간에 일정한 조건에서 측정해야 한다.

_{체지방 측정기를 사용할 때 주의할 점}

▶ 생체 전기 저항 분석법을 이용한 체지방량 측정

유형 연습하기 문제 정답

01 ⑤　　**02** ②

---

01 세부 정보 파악하기　　답 ⑤

5문단에서 '체중은 체지방과 제지방의 합이다.'라고 하였으며, 6문단에서 '생체 전기 저항 분석법'은 '체내에 미약한 전류를 흘려보내 전기 저항을 알아봄으로써 체지방량을 산출하는 방법이다.'라고 하였다. 이를 통해 체중은 체지방과 제지방을 더해 산출하면 되고, 전기 저항을 이용해 산출하는 것은 체지방량임을 알 수 있다. 따라서 체중을 체지방과 제지방의 전기 저항 차이를 통해 산출한다는 내용은 적절하지 않다.

오답 해결

① 1문단에서 '탄수화물과 단백질은 1g당 4kcal의 열량을 내는 데 비해 지방은 9kcal의 열량을 낸다.'라고 하였다. 따라서 지방은 탄수화물과 단백질에 비해 열량이 높다는 내용은 적절하다.

② 2문단에서 체지방률은 '남성은 25% 이상, 여성은 30% 이상을 비만으로 판정한다.'라고 하였다. 따라서 체지방률은 판정 기준치가 성별에 따라 다르다는 내용은 적절하다.

③ 1문단에서 체지방은 '피부 밑에 위치하는 피하 지방과 내장 기관 주위에 위치하는 내장 지방으로 나뉜다.'라고 하였다. 따라서 체지방은 피하 지방과 내장 지방으로 나눌 수 있다는 내용은 적절하다.

④ 2문단에서 비만은 '체지방이 과잉 축적된 상태'라고 하였다. 따라서 비만은 인체에 체지방이 과잉 축적된 상태를 말한다는 내용은 적절하다.

---

02 정보 간의 관계 파악하기　　답 ②

1 핵심어와 핵심 문장을 파악하며 글을 읽는다.

1문단을 통해 이 글의 중심 화제는 '체지방'이라는 것을 쉽게 확인할 수 있다. 이어지는 지문은 이와 관련된 '체지방률', '체질량 지수' 등의 단어가 있는 문장에 집중하며 읽는다.

⌄

2 정보의 내용상 차이를 비교·대조하여 공통점과 차이점을 파악한다.

지문의 내용을 통해 ㉮와 ㉯에 대한 정보를 확인한 다음, ㉮와 ㉯에 대한 세부 정보를 비교해 선지에 제시된 내용이 공통점인지, 차이점인지, 혹은 둘 다 해당되지 않는 내용인지 확인해 본다.

⌄

3 선지의 내용이 지문의 내용과 일치하는지 여부를 판단한다.

4문단에서 ㉮(피부 두겹법)는 '살을 캘리퍼스로 집어서 피하 지방의 두께를 재'기 때문에 '내장 지방을 측정할 수 없다는 한계가 있다.'라고 하였다. 5문단에서 ㉯(수중 체중법)는 '신체 부위별 체지방의 구성이나 비율은 정확하게 측정할 수 없다.'라고 하였다. 따라서 '내장 지방을 별도로 측정할 수 없다는 한계가 있다.'는 것은 ㉮와 ㉯의 공통점으로 적절하다.

오답 해결

③ 5문단에서 '이 방법(수중 체중법)은 체지방량을 구하는 표준 방법으로 쓰일 정도로 이론적으로는 정확성이 높다.'라고 하였다. 따라서 '측정의 정확성이 높아 표준 측정 방법이 될 수 있다.'는 내용은 ㉯(수중 체중법)에만 해당되는 설명이다.

■ : 미술사의 흐름에 따른 변화 양상　■ : 중심 문장

1 근대 이전의 조각은 고유한 미술 영역의 독립적인 작품으로서가 아니라 신전이
　　　중심 화제
나 사원, 왕궁과 같은 장소의 일부로서 존재했다. [중세 유럽의 성당 곳곳에 성서와
관련 있는 각종 인물이 새겨지거나 조각상으로 놓였던 것, 왕궁 안에 왕이나 귀족
의 인물상들이 놓였던 것]이 그 예이다. 이러한 조각은 그것이 놓여 있는 장소의 성
[ ]: 근대 이전의 조각이 장소의 일부로 존재한 예
격에 따라 종교적인 분위기를 조성하거나 왕의 권력을 상징함으로써 사람들을 감
　　　　　　　　　　　　　　　　　　　근대 이전 조각의 기능
화시키는 기능을 수행하였다.　　　　　　▶ 장소의 일부로서 존재한 근대 이전의 조각

2 조각이 장소와 긴밀한 관련성을 지니고 그 장소의 맥락과 의미를 강조하는 수
　　　　　　　　근대 이전에 조각이 활용된 경향
단으로 활용되는 경향은 근대에 들어서면서 큰 변화를 맞이했다. 종교의 영향력 및
왕권이 약화되면서 관련 장소가 지녔던 권위도 퇴색하여, 그 장소에 놓인 조각에
　　　　조각을 종교적, 정치적 차원에서 장소의 일부로 본 경향이 쇠퇴한 이유
부여되었던 종교적, 정치적 의미도 약해진 것이다. 또 특정 장소의 상징으로서의
　　　　　　　　　　　　　　　　　　근대에 들어선 조각의 변화 양상 ①
조각이 원래의 장소에서 물리적으로 분리되어 기존의 맥락을 상실하는 경우도 생
　　　　　　　　　　　근대에 들어선 조각의 변화 양상 ②
겨났다. 이러한 상황이 전시 및 교육을 목적으로 하는 박물관, 미술관 등 근대적 장
소가 출현하는 상황과 맞물리면서 조각에 대한 새로운 관점이 부각되기 시작했다.
조각이 박물관이나 미술관에 놓이면서 미적 감상의 대상인 '작품'으로서의 성격이
강조된 것이다. 사람들은 조각을 예술적인 기법이나 양식 등 순수한 미적 현상이
구현된 독립적인 작품으로 감상하게 되었다.　　　▶ 작품으로서의 성격이 강조된 근대의 조각
　　　종교적, 정치적 의미 대신 조각 자체의 미적 가치가 중시됨.
3 이러한 경향은 19세기 이후 미술의 흐름 속에서 더욱 두드러졌고, 작품 외적 맥
락에 구속되기보다는 작품 자체에서 의미의 완결을 추구하는 경우가 많아졌다. 그
　　　　　　　19세기 이후 미술의 경향 ①
래서 작품 바깥의 대상을 지시하거나 재현하기보다는 감상자의 시선을 작품에만
집중시키는 단순하고 추상화된 작품들이 이 시기부터 많이 등장하였다. 이러한 작
　　　　　　　19세기 이후 미술의 경향 ②
품들은 대개 미술 전시장의 전형적인 화이트 큐브, 즉 출입구 이외에는 사방이 막
힌 실내 공간 안에서 받침대 위에 놓여 실제적인 장소나 현실로부터 분리된 느낌을
주었다.　　　　　　　▶ 조각을 독립적 작품으로 보는 경향이 두드러진 19세기 이후 미술

4 이렇게 조각이 특정 장소로부터 독립해 가는 경향 속에서 미니멀리즘이 등장하
였다. 미니멀리즘은 [1960년대에 미국을 중심으로 발달한 예술 사조로, 작품의 의
미가 예술가의 의도에 의해 결정되는 것을 최소화하고 꾸밈과 표현도 최소화하여
극단적으로 단순화된 기하학적 형태를 추구했다.] 미니멀리즘 작가들은 가공하지
[ ]: 미니멀리즘의 개념
않은 있는 그대로의 산업 재료들을 사용하는 등의 방법으로 무의도성과 단순성을
구현했기 때문에, 그 결과물은 작품이라기보다는 사물로 인식되기도 하였다. 또한
　　　　　　　　　　　　　　　　가공하지 않은 있는 그대로의 산업 재료를 사용하였기 때문임.
미니멀리즘 조각은 감상자들이 걸어 다니는 바닥이나 전시실 벽면과 같은 곳에 받
침 없이 놓임으로써 감상자와 작품 간의 거리를 축소하고, 동선에 따라 개별적이
고 다양한 경험과 의미 형성이 가능하도록 하였다.

그 결과 미니멀리즘 조각은 단순성과 추상성을 특징으로 한다는 점에서 이전 시기
　　　　　　　　　　　　　　1960년대 이전 추상 조각과의 공통점
의 추상 조각과 공통점을 지니면서도, 전시장이라는 실제 장소의 물리적 특성을 작
　　　　　　　　　　　　　　　1960년대 이전 추상 조각과의 차이점

✎ **지문 해설**

이 글은 미술사의 흐름에 따라 조각이 장소
와 관련해 의미가 달라진 양상을 설명하고
있다. 근대 이전에는 조각이 장소의 일부로
서 존재했으나 근대 이후 독립적인 작품으로
서 의미가 강조되었으며, 1960년대 이후 미
니멀리즘이 등장하면서 작품과 장소 간의 관
련성이 새롭게 시도되었다.

☝ **핵심 이해**

문단 요약

1 장소의 일부로서 존재한 근대 이전의
　　조각

2 작품으로서의 성격이 강조된 근대의
　　조각

3 조각을 독립적 작품으로 보는 경향이
　　두드러진 19세기 이후 미술

4 1960년대 미니멀리즘의 등장에
　　의한 조각의 변화

5 미니멀리즘에 의한 새로운 시도
　　와 대지 미술

↓

| 중심 화제 | 조각 |

↓

| 주제 | 미술사의 흐름에 따른 조각과 장소 관련성의 시대적 변화 |

⭐ **핵심 내용**

근대 이전	장소의 일부로서 정치적, 종교적 의미가 부여됨.

↓

근대	독립적인 작품으로서 성격이 강조됨.

↓

19세기 이후	독립적 작품으로 보는 경향이 더욱 두드러짐.

↓

1960년대	미니멀리즘이 등장함.

↓

미니멀리즘 이후	도시나 자연을 작업 장소이자 대상으로 삼음.

품에 의도적으로 결부하여 활용했다는 점에서 차별성을 띠게 되었다. 이런 특징은 근대 이전의 조각이 장소의 특성에 종속되어 있었던 것과도 차별화된다.
▶ 1960년대 미니멀리즘의 등장에 의한 조각의 변화

5 이후 미술에서는 미니멀리즘을 통해 부각된 작품과 장소 간의 관련성을 새롭게 실현하려는 시도들이 이어져 왔다. 미니멀리즘 작품이 장소와의 관련성을 모색하고 구현한 것이기는 해도 미술관이라는 공간 내부에 제한된다는 점을 간파한 일부 예술가들은, 미술관 바깥의 도시나 자연을 작업의 장소이자 대상으로 삼아 장소와
기존 미니멀리즘의 한계
의 관련성을 다양한 방식으로 실현하려 하였다. 대지 미술은 이러한 시도 중 하나
공간의 한계를 극복하기 위해 모색된 방법
로, 대지의 표면에 형상을 디자인하고 자연 경관 속에 작품을 만들어 냄으로써 지
역이나 환경 자체를 작품화하였다. 구체적인 장소의 특성을 작품 의미의 근원으로
대지 미술의 개념
삼는 이러한 작품들에서는 작품과 장소, 감상자 간의 상호 작용을 통해 의미가 형
성된다는 특징이 드러났다.
지역이나 환경 자체를 작품화한 대지 미술의 특징
▶ 미니멀리즘에 의한 새로운 시도와 대지 미술

유형 연습하기 문제 정답

01 ⑤　　　**02** ②

01 내용 전개 방식 파악하기　　　답 ⑤

1 선지에 나타난 설명 방식의 종류와 특징을 파악한다.
①은 분석, ②는 비판을 통한 이론 도출, ③은 관점 절충, ④는 나열, ⑤는 시간의 흐름에 따른 설명의 방식이 제시되어 있다.

2 선지에 제시된 개념이나 내용이 나타난 부분을 표시하면서 지문을 읽는다.
'논쟁', '통념', '특정 이론', '현상', '역사적 사건', '논의' 등의 개념이나 이와 관련된 내용이 제시된 부분에 도형을 그리거나 밑줄을 그으며 지문을 읽는다.

3 선지에 제시된 내용 전개 방식이 지문에 나타나는지 확인한다.
이 글은 조각과 장소의 관련성에 대한 이야기를 하고 있다. 근대 이전에 조각은 장소에 귀속되었으며, 근대 시대에는 조각이 장소로부터 분리되기 시작하였다. 19세기 이후에는 미술관에 전시되어 작품 외적 맥락보다 작품 자체의 미적 특성이 강조되었고, 1960년대에는 미니멀리즘이 등장하였다. 그 이후 미니멀리즘은 제한된 내부 공간을 벗어나 공간 외부에서도 실현되는 대지 미술로 발전하였다. 따라서 이 글은 근대 이전부터 1960년대 이후까지 시간의 흐름에 따라 조각과 장소의 관련성이 변모해 온 양상을 설명하고 있다.

02 세부 내용 파악하기　　　답 ②

3문단에서 19세기 이후 '미술 전시장의 전형적인 화이트 큐브, 즉 출입구 이외에는 사방이 막힌 실내 공간 안에서 받침대 위에 놓여 실제적인 장소나 현실로부터 분리된 느낌을 주었다.'라고 하였다. 따라서 '화이트 큐브는 현실로부터 작품이 분리된 느낌을 완화해 주는 역할을 하였다.'라는 내용은 지문의 내용과 일치하지 않는다.

(오답 해결)
① 5문단에서 대지 미술은 '대지의 표면에 형상을 디자인하고 자연 경관 속에 작품을 만들어 냄으로써 지역이나 환경 자체를 작품화하였다.'라고 하였다. 따라서 '대지 미술가들은 자연을 창작 작업의 장소이자 대상으로 삼았다.'라고 할 수 있다.
③ 2문단에서 '종교의 영향력 및 왕권이 약화되면서 관련 장소가 지녔던 권위도 퇴색하여, 그 장소에 놓인 조각에 부여되었던 종교적, 정치적 의미도 약해진 것이다.'라고 하였다. 따라서 '왕권이 약해짐에 따라 왕의 모습을 담은 인물상에 부여되는 상징적 의미가 변화되었다.'라고 할 수 있다.
④ 3문단에서 19세기 이후 '감상자의 시선을 작품에만 집중시키는 단순하고 추상화된 작품들이 이 시기부터 많이 등장하였다.'라고 하였다. 따라서 '19세기 이후의 추상 조각은 감상자의 시선을 작품 외적 맥락보다 작품 자체에 집중시키는 경향이 있었다.'라고 할 수 있다.
⑤ 4문단에서 '미니멀리즘 작가들은 가공하지 않은 있는 그대로의 산업 재료들을 사용하는 등의 방법으로 무의도성과 단순성을 구현했'다고 하였다. 따라서 '미니멀리즘 작가들은 가공하지 않은 산업 재료들을 사용하여 무의도성과 단순성을 구현하기도 하였다.'라고 할 수 있다.

1 누군가 자신이 불행한 일을 겪었다고 말한다면 사람들은 그에게 동정심을 느낄 것이다. 그러나 다음 순간 자신의 이야기가 전부 꾸며 낸 것이라고 말한다면, 더는 그에게 동정심을 느끼지 않게 될 것이다. **일반적으로 감정은 그 감정을 유발하는 대상이나 사건이 실제로 존재한다는 믿음이 전제되어 있기 때문이다.** ■ : 중심 문장 그렇다면 허구임이 분명한 공포 영화를 보는 관객들이, 존재한다고 믿지 않는 괴물과 그 괴물을 중심으로 펼쳐지는 허구적 사건을 보면서 공포를 느끼는 현상은 어떻게 이해해야 할까? 중심 화제
▶ 허구적 사건을 보면서 공포를 느끼는 이유에 대한 의문

2 래드포드는 허구적 인물과 사건에 대해 감정 반응을 보이는 현상을 '허구의 역설'이라 규정하고, 다음 세 가지 전제를 제시하였다. '허구의 역설'의 개념

> 전제 1. 우리는 존재한다고 믿는 것에 대해 감정적으로 반응한다.
> 전제 2. 우리는 허구적 사건이나 인물은 존재하지 않는다고 믿는다.
> 전제 3. 우리는 허구적 사건이나 인물에 대해 감정적으로 반응한다.

㉠이 세 가지 전제가 동시에 참일 수 없다는 모순을 해결하는 방법은 그중 일부를 부정하는 것이다. 래드포드는 감정을 유발하는 대상이 존재한다는 믿음 없이 허구에 의해서도 감정이 발생할 수 있다고 보았다. 그렇지만 그 감정은 존재에 대한 믿음이 결여된 것이므로 비합리적이라고 하였다. 존재에 대한 믿음 없이 발생한 감정 이후 학자들은 허구에서 비롯된 감정이 합리적일 수 있다고 주장하며, 믿음이나 생각과 같은 인지적 요소가 어떤 역할을 하는지에 대해 논의를 전개해 왔다.
▶ 허구의 역설의 개념과 래드포드의 입장

3 환영론에서는 사람들이 허구를 감상하는 동안 허구에 몰입하여 허구적 사건이나 인물이 존재하지 않는다는 사실을 잊어버리고, 그 사건이나 인물이 실제로 존재한다는 환영에 빠져 감정 반응을 하게 된다고 보았다. 이에 대해 월턴과 캐럴은 공포 영화의 관객이 영화를 감상하는 동안에도 영화가 허구라는 사실을 잊지 않는다 허구에 몰입하여 허구적 사건이나 인물이 존재하지 않는다는 사실을 잊는다는 환영론의 주장을 반박함. 고 주장하였다. [만약 관객이 영화 속 괴물이 실제로 존재한다고 믿는다면 공포로 [ ]: 관객이 영화가 허구라는 사실을 잊지 않는다는 근거 인해 영화관에서 도망을 가거나 도움을 요청하는 등의 행동을 보여야 하는데 그렇게 하지 않는다는 것이다.]㉡이런 점에서 월턴과 캐럴은, 환영론은 허구에서 느끼는 감정을 설명하는 타당한 이론이 될 수 없다고 주장하였다.
▶ 환영론의 입장과 이에 대한 월턴과 캐럴의 반박

4 월턴은 관객이 허구의 세계에 빠져드는 현상을 상상의 인물과 세계에 대해 '믿는 체하기' 놀이를 하는 것으로 설명하였다. 믿는 체하기란, 어린아이들이 소도구를 가지고 노는 소꿉장난에서 볼 수 있는 것처럼 실제 사물을 가지고 하는 일종의 상상하기이다. 믿는 체하기의 개념 공포 영화를 보는 관객은 영화를 소도구로 하는 믿는 체하기 놀이에 참여하는 중이고, 관객의 감정 반응은 허구에 대한 믿음에서 비롯되는 것이 아니라 허구적 사건을 보면서 공포를 느끼는 이유에 대한 월턴의 입장 상상하기의 결과인 것이다. 이때 괴물은 상상의 세계 안에서는 실제로 존재하는 대

지문 해설

이 글은 공포 영화의 관객이 영화 속 괴물이 실제로 존재하지 않는다고 믿으면서도 공포를 느끼는 현상에 대해 설명하는 이론들을 소개하고 있다. 래드포드에 의해 '허구의 역설'로 제기된 이 문제에 대해, 환영론, 믿는 체하기, 사고 이론 등이 다양한 방식으로 설명을 해 왔다.

핵심 이해

문단 요약
1 허구적 사건을 보면서 공포를 느끼는 이유에 대한 의문
2 허구의 역설의 개념과 래드포드의 입장
3 환영론의 입장과 이에 대한 월턴과 캐럴의 반박
4 믿는 체하기와 유사 감정의 개념과 월턴의 입장
5 사고 이론의 개념과 캐럴의 입장
6 관객의 공포에 대한 최근 논의의 시사점

중심 화제	허구적 사건을 보면서 공포를 느끼는 현상

주제	허구적 사건을 보면서 공포를 느끼는 현상에 대한 다양한 이론

핵심 내용

래드포드
감정을 유발하는 대상이 존재한다는 믿음 없이 허구에 의해서도 감정이 발생함.

환영론
허구에 몰입하여 허구적 사건이나 인물이 존재하지 않는다는 사실을 잊어버리고 환영에 빠져 감정 반응을 함.

월턴
실제 사물을 가지고 상상한 결과 감정 반응을 함.

캐럴
믿음 없이 공포 대상을 생각하는 것만으로도 감정이 유발됨.

상이다. 다만 허구적 대상에서 비롯된 감정은 상상의 세계에서만 성립하는 것일 뿐, 대상이 실제 세계에 존재한다는 믿음에서 비롯된 것은 아니다. 이런 점에서 월턴은 허구를 감상할 때 유발되는 감정을 '유사 감정'이라고 하였다.

└ 유사 감정의 개념   ▶ 믿는 체하기와 유사 감정의 개념과 월턴의 입장

⑤ 캐럴은 생각도 감정을 유발하는 인지적 요소라고 하면서 사고 이론을 전개하였다. 사고 이론은 허구를 감상하는 사람은 허구적 사건이나 인물 자체에 대해 반응하는 것이 아니라 그것들에 대한 '생각'에 반응한다고 보았다.
└ 사고 이론의 개념
마음속에서 명제가 참임을 받아들이는 상태가 믿음이라면, 명제를 그저 머릿속에 떠올리는 것이 생각
                                      └ 믿음의 개념
이다. 캐럴은 생각을 품는 것만으로도 감정이 유발될 수 있다고 보았다. 괴물이 실
└ 생각의 개념
                              └ 허구적 사건을 보면서 공포를 느끼는 이유에 대한 캐럴의 입장
제로 존재한다는 믿음 없이 괴물에 대해 생각하는 것만으로도 공포를 느낄 수 있다
는 것이다.
                              ▶ 사고 이론의 개념과 캐럴의 입장

⑥ 허구의 감상과 그에 따른 감정 발생을 연구하는 학자들은 허구가 사실이 아님을 알면서도 그 허구에 대해 감정 반응을 보이는 인간의 행동을 설명하기 위한 고민을 계속하고 있다. 특히 공포 영화를 보는 관객의 공포가 인지적 경험과 감각적 경험의 통합에서 비롯된다는 최근의 논의는 영화 제작 시 공포를 주는 대상의 존재감이나 위협감이 어떻게 구성되어야 하는가를 말해 주고 있다.
                              ▶ 관객의 공포에 대한 최근 논의의 시사점

유형 연습하기 문제 정답

01 ②   **02** ②

01 의도와 관점 추론하기   답 ②

3문단에서 환영론은 '사람들이 허구를 감상하는 동안 허구에 몰입하여 허구적 사건이나 인물이 존재하지 않는다는 사실을 잊어버리고, 그 사건이나 인물이 실제로 존재한다는 환영에 빠져 감정 반응을 하게 된다고 보았다.'라고 하였다. 이 입장은 래드포드가 제시한 '우리는 허구적 사건이나 인물은 존재하지 않는다고 믿는다.'라는 전제 2를 부정하는 것이다. 따라서 전제 2를 부정한다면, '우리는 존재한다고 믿는 것에 대해 감정적으로 반응한다(전제 1). → 그런데 우리는 영화를 보는 동안은 환영에 빠져 허구적 사건이나 인물이 존재한다고 믿는다(전제 2의 부정). → 그러므로 우리는 허구적 사건이나 인물에 대해 감정적으로 반응한다(전제 3).'와 같이 이해할 수 있다. 즉 환영론은 래드포드가 제시한 세 가지 전제 중, 전제 2를 부정하고 전제 1과 전제 3을 받아들이는 입장인 것이다.

02 세부 내용 추론하기   답 ②

1 발문과 선지에서 핵심어를 찾아 추론할 내용을 확인한다.
발문을 보면 추론해야 할 내용은 월턴과 캐럴이 '환영론은 허구에서 느끼는 감정을 설명하는 타당한 이론이 될 수 없다.'라고 주장한 것이다. ① 모순, ② 믿음에서 유발된 감정, ③ 허구에서 느끼는 감정, ④ 통합, ⑤ '믿는 체하기' 놀이가 선지의 핵심어이다.

⌄

2 핵심어가 드러나는 부분에 집중하여 지문을 읽는다.
'모순'은 2문단에, '믿음에서 유발된 감정'은 1문단에, '허구에서 느끼는 감정'은 3문단에, '통합'은 6문단에, ⑤ '믿는 체하기' 놀이는 4문단에 언급되어 있다.

⌄

3 지문에서 추론의 단서를 찾아 선지의 적절성 여부를 판단한다.
3문단에 따르면 환영론은 영화를 보는 동안은 관객이 환영에 빠져 허구적 대상이 실제로 존재한다고 믿게 된다고 주장한다. 이에 대해 월턴과 캐럴은, 관객이 환영에 빠져 괴물이 실제로 존재한다고 믿는다면 괴물을 피해 달아나거나 도움을 요청하는 등의 행동을 보여야 하는데 그러지 않았다는 점에서, 관객이 괴물의 존재를 정말로 믿었다고 볼 수 없다고 반박한다. 즉 월턴과 캐럴은 실제로 존재하는 대상은 감정을 유발하고, 그 감정은 해당 감정과 관련된 행동을 촉발하기 마련이라고 보고 있는 것이다.

본문 32~33쪽

1 고대 중국인들은 인간이 행하지 못하는 불가능한 일은 그들이 신성하다고
▨▨▨ : 중심 문장
생각한 하늘에 의해서 해결 가능하다고 보았다. 그리하여 [하늘은 인간에게 자

신의 의지를 심어 두려움을 갖고 복종하게 하는 의미뿐만 아니라 인간의 모든

일을 책임지고 맡아서 처리하는 의미로까지 인식되었다. 그 당시에 하늘은 인

간에게 행운과 불운을 가져다 줄 수 있는 힘이고, 인간의 개별적 또는 공통적   [A]

운명을 지배하는 신비하고 절대적인 존재라는 믿음이 형성되었다. 이러한 하

늘에 대한 인식은 결과적으로 하늘을 권선징악의 주재자로 보고, 모든 새로운

왕조의 탄생과 정치적 변천까지도 그것에 의해 결정된다는 믿음의 근거로 작
[ ]: 하늘에 대한 고대 중국인들의 인식
용하였다.] 하지만 그러한 하늘에 대한 인식은 인간 지혜의 성숙과 문명의 발달
                              중심 화제   고대 중국인들과 다른 관점이 등장한 배경
로 인한 새로운 시대의 요구에 의해서 대폭 수정될 수밖에 없었다.
                                              ▶ 하늘에 대한 고대 중국인들의 인식과 인식의 수정
2 순자의 하늘에 대한 주장은 그 당시까지 진행된 하늘의 논의와 엄격히 구분될
                                    순자의 하늘에 대한 주장의 의의
뿐만 아니라 그것을 매우 새롭게 변모시킨 하나의 획기적인 사건으로 규정지을 수

있다. 순자는 하늘을 단지 자연 현상으로 보았다. 그가 생각한 하늘은 별, 해와 달,

사계절, 추위와 더위, 바람 등의 모든 자연 현상을 가리킨다. 따라서 하늘은 사람

을 가난하게 만들 수도 없고, 병들게 할 수도 없고, 재앙을 내릴 수도 없고, 부자로

만들 수도 없으며, 길흉화복을 줄 수도 없다. 사람들이 치세(治世)와 난세(亂世)를

하늘과 연결시키는 것은 심리적으로 하늘에 기대는 일일 뿐이다. 치세든 난세든 그
                    실제로 하늘과 인간은 무관함.
원인은 사람에게 있는 것이지 하늘과는 무관하다. 사람이 받게 되는 재앙과 복의

원인도 모두 자신에게 있을 뿐 불변의 질서를 갖고 있는 하늘에 있지 않다.
                    하늘을 자연 현상에 불과하다고 보았기 때문임. ▶ 하늘을 단지 자연 현상으로 본 순자
3 하늘은 그 자체의 운행 법칙을 따로 갖고 있어 인간의 길과 다르다. 천체의 운

행은 불변의 정규 궤도에 따른다. [해와 달과 별이 움직이고 비가 내리고 바람이 부
                              [ ]: 하늘이 그 자체의 운행 법칙을 따른다는 증거
는 것은 모두 제 나름의 길이 있다. 사계절은 말없이 주기에 따라 움직일 뿐이다.

물론 일식과 월식이 일어나고 비바람이 아무 때나 일고 괴이한 별이 언뜻 출현하는

경우는 있을 수 있다.] 하지만 이런 일이 항상 벌어지는 것은 아니며 하늘이 이상 현

상을 드러내 무슨 길흉을 예시하는 것은 더더욱 아니다. 즉, 하늘은 아무 이야기도

하지 않는데 사람들은 하늘과 관련된 이야기를 만들어 낸다는 것이다. 그래서 순자

는 천재지변이 일어난다고 해서 하늘의 뜻이 무엇인지 알려고 노력할 필요가 없다
                    불구지천의 개념
고 말한다. 그것이 바로 순자가 말하는 불구지천(不求知天)의 본뜻이다.
                                          ▶ 순자가 말한 불구지천의 의미
4 순자가 말한 '불구지천'의 뜻은 자연 현상으로서의 하늘이 아니라 하늘에 무슨

의지가 있다고 주장하고 그것을 알아내겠다고 덤비는 종교적 사유의 접근을 비판

하려는 것이다. 그러니까 억지로 하늘의 의지를 알려고 힘을 쏟을 필요가 없다.
                        하늘은 자연 현상일 뿐 의지가 있지 않으므로, 이를 알려는 시도는 무의미함.
사람들은 자연 현상에 대해 특별한 의미를 부여하지 말고 오직 인간 사회에서 스스
                    인간의 능동적이고 적극적인 태도를 중시함.
로가 해야 할 일을 열심히 해야 한다. 즉, 재앙이 닥치면 공포에 떨며 기도나 하는

것이 아니라 적극적인 행위로 그것을 이겨 내야 한다는 것이다.
                                          ▶ 인간의 능동적, 적극적 행동을 중시한 순자

📝 지문 해설

이 글은 하늘을 절대시한 고대 중국인들과 달리 단지 자연 현상일 뿐이라고 본 순자의 사상을 설명하고 있다. 순자는 하늘이 의도를 가지고 있는 것이 아니므로 인간이 하늘의 의도를 알려고 하는 것은 무의미하다는 불구지천을 제시하였다. 그리고 순자는 사람들은 인간 사회에서 스스로가 해야 할 일을 열심히 하면 된다며 인간 중심 사상을 주장하였다.

💡 핵심 이해

문단 요약
1 하늘에 대한 고대 중국인들의 인식과 인식의 수정
2 하늘을 단지 자연 현상으로 본 순자
3 순자가 말한 불구지천의 의미
4 인간의 능동적, 적극적 행동을 중시한 순자
5 인간 중심으로 세상을 바라본 순자

중심 화제	하늘에 대한 인식

주제	인간 중심으로 우주의 본질을 바라본 순자

⭐ 핵심 내용

고대 중국인들
하늘은 신성하며 인간의 모든 일을 처리해 주는 신비하고 절대적인 존재임.

⇕

순자
하늘은 단지 자연 현상이며 인간의 일은 하늘과 무관함.

5 순자의 관심은 하늘에 있지 않고 사람에 있었다. 특히 인간 사회의 정치야말로

인간을 중심에 두고 우주의 본질을 이해하려고 한 순자

순자가 중점을 둔 문제였다. 순자는 "하늘은 만물을 낳을 수 있지만 만물을 변별할

수는 없다."라고 말한다. 이는 인간도 만물의 하나로 하늘이 낳은 존재이나 하늘은

인간을 낳았을 뿐 인간을 다스리려는 의지는 갖고 있지 않다는 것이다. 따라서 하

늘은 혈기나 욕구를 지닌 존재도 아니다. 그저 만물을 생성해 내는 자연일 뿐이다.

▶ 인간 중심으로 세상을 바라본 순자

유형 연습하기 문제 정답

01 ②   **02** ④

01 의도와 관점 추론하기   답 ②

1 지문에서 서술하는 대상이 무엇인지 파악한다.
이 글에서는 고대 중국인들의 하늘에 대한 인식과 그러한 인식
이 새로운 시대의 요구에 의해 수정된 양상을 순자의 주장을 들
어 설명하고 있다.

⌄

2 서술 대상에 대해 글쓴이나 인물이 취하고 있는 태도나 관점 등을 이해한다.
고대 중국인들은 인간이 행하지 못하는 불가능한 일은 하늘에
의해서 해결 가능하다고 보았으며, 하늘은 인간의 모든 일을 책
임지고 맡아서 처리하는 존재로까지 인식하였다. 또한 그들은
하늘이 인간에게 행운과 불운을 가져다 줄 수 있는 힘이고, 인간의
개별적 또는 공통적 운명을 지배하는 신비하고 절대적인 존재
라는 믿음이 있었다.

⌄

3 선지의 내용이 글쓴이나 인물의 관점이나 의도에 부합하는지 판단한다.
[A]에서 하늘에 대한 고대 중국인들의 인식은 '하늘은 ~ 모든
새로운 왕조의 탄생과 정치적 변천까지도 그것에 의해 결정된
다는 믿음의 근거로 작용하였다.'라고 하였다. 따라서 고대 중
국인들이 '하늘'에 대해 '인간 왕조의 탄생이나 정치적 변천과
무관한 존재로 인식하였다.'라는 설명은 적절하지 않다.

오답 해결
① [A]에서 '하늘은 인간에게 자신의 의지를 심어 두려움을 갖고
복종하게 하는 의미'로 인식되었다고 하였다. 따라서 고대 중
국인들이 하늘을 '인간에게 자신의 의지를 심어 인간이 두려움
을 갖고 복종해야 하는 존재로 인식하였다.'라는 설명은 적절
하다.
③ [A]에서 '고대 중국인들은 인간이 행하지 못하는 불가능한 일
은 그들이 신성하다고 생각한 하늘에 의해서 해결 가능하다고
보았다.'라고 하였다. 따라서 고대 중국인들이 하늘을 '인간이
할 수 없는 불가능한 일을 해결할 수 있다고 인식하였다.'라는

설명은 적절하다.
④ [A]에서 '인간의 개별적 또는 공통적 운명을 지배하는 신비하
고 절대적인 존재라는 믿음이 형성되었다.'라고 하였다. 따라
서 고대 중국인들이 하늘을 '인간의 힘으로 거스를 수 없는 신
비한 존재로 인식하였다.'라는 설명은 적절하다.
⑤ [A]에서 하늘은 '인간의 모든 일을 책임지고 맡아서 처리하는
의미로까지 인식되었다.'라고 하였다. 따라서 고대 중국인들이
하늘을 '인간의 길흉화복을 결정짓는 주체로 인식하였다.'라는
설명은 적절하다.

02 세부 정보 파악하기   답 ④

4문단에서 순자는 재앙이 닥쳤을 때 인간들이 공포에 떨며 기
도나 하는 것이 아니라 적극적인 행위로 그것을 이겨 내야 하며
(ㄱ), 3문단에서 독립된 운행 법칙을 가진 하늘의 길은 인간의 길
과 다르고(ㄴ), 4문단에서 하늘에 의지가 있음을 주장하며 그것
을 알아내려고 하는 종교적 사유의 접근을 비판하려 하였다고
(ㄹ) '불구지천'에 대해 설명하고 있다.

오답 해결
2문단에서 순자는 치세와 난세를 하늘과 연결시키는 것은 사람들
의 심리적인 기대일 뿐이라고 하였다. 그러므로 치세나 난세의
원인을 인간에게서 찾고자 하였으며 하늘과는 무관하다고 보았
다. 따라서 치세와 난세의 원인을 하늘에서 찾고자 한 것(ㄷ)은
적절하지 않다.

1 열차 운행의 중요한 과제는 열차를 신속하게 운행하면서도 열차끼리의 충돌 사 ▬ : 중심 문장

고를 방지하는 것이다. 열차를 운행할 때는 일반적으로 역과 역 사이에 일정한 간

격으로 구간을 설정하고 하나의 구간에는 한 대의 열차만 운행하도록 하는데, 이러

한 구간을 폐색 구간이라고 한다. 폐색 구간을 안전하게 관리하면서도 열차 운행
　　　　　　폐색 구간의 개념　　　　　　　　　　　　안전장치를 설치하는 이유

의 속도를 높이는 데 도움을 주기 위해서 열차나 선로에는 다양한 안전장치들이 설
　　　　　　　　　　　　　　　　　　　　　　　　　　중심 화제

치되어 있다.

▶ 안전한 열차 운행을 위한 폐색 구간

2 자동 폐색 장치(ABS)는 폐색 구간의 시작과 끝에 신호를 설치하고 궤도 회로를

이용하여 열차의 위치에 따라 신호를 자동으로 제어하는 장치이다. [폐색 구간에 열
　　　　　　　　　　　　　　ABS의 개념　　　　　　　　　　　[ ]: ABS의 이용 원리

차가 있을 때에는 정지 신호인 적색등이 켜지고, 열차가 폐색 구간을 지나간 후에

는 다음 기차가 진입해도 좋다는 녹색등이 표시된다. 이를 바탕으로 뒤따라오는 열

차의 기관사는 앞 구간의 열차 유무를 확인하여 열차의 운행 속도를 제어하고 앞
　　　　　　　　　등의 색깔로 정지와 진입 구분

열차와의 안전거리를 유지하며 열차 사고를 방지한다.] ▶ 자동 폐색 장치의 개념과 이용 원리

3 그런데 악천후나 응급 상황으로 기관사가 신호기에 표시된 정지 신호를 잘못
　　　　　　　　　　　　　　　　　ABS의 한계

인식하거나 확인하지 못해 충돌 사고가 발생하는 경우가 있다. 이러한 충돌 사고를

방지하기 위한 장치를 설치하는데, 이를 '자동 열차 정지 장치(ATS)'라고 한다. ATS

는 선로 위의 지상 장치와 열차 안의 차상 장치로 구성되는데, [열차가 지상 장치를
　　　　　　　　　　　　　　　　　　　　　　　　　　　　[ ]: ATS의 이용 원리

통과할 때 지상 장치에서 차상 장치로 신호기 점등 정보를 보낸다. 이때 차상 장치

에 '정지'를 의미하는 적색등이 켜지면 벨이 울려 기관사에게 알려 준다. 그러면 기

관사는 이를 확인하고 제동 장치를 작동하여 열차를 감속하거나 정지시키는 등 열

차 전반의 운행을 제어하고 앞 열차와의 안전거리를 유지해야 한다. 그런데 벨이 5

초 이상 계속 울리고 있는데도 열차 속도가 줄어들지 않으면 ATS는 이를 위기 상
　　　　　　　　　기관사가 정지해야 하는 상황임을 인지하지 못한 경우

황으로 판단하고 제동 장치에 비상 제동을 명령하여 자동으로 열차를 멈춰 서게 한

다.] 이렇게 ATS는 위기 상황으로 인한 충돌 사고를 예방해 준다. 하지만 ㉠평상시
　　　　　　　　　　　　　　ATS의 장점

기관사의 운전 부담을 줄여 주는 데는 한계가 있다. ▶ 자동 열차 정지 장치의 역할과 한계
　　　　　　　　　　　　　ATS의 한계

4 '자동 열차 제어 장치(ATC)'는 [신호에 따라 여러 단계로 나누어진 열차 제한 속
　　　　　　　　　　　　　　　　　[ ]: ATC의 이용 원리

도 정보를 지상 장치에서 차상 장치로 전송한다. 그리고 전송된 제한 속도를 넘지

않도록 열차의 속도를 자동으로 감시하고 제어함으로써 선행 열차와의 충돌을 막

아 주고 좀 더 효율적인 열차 운행이 가능하게 해 준다.] ATC는 송수신 장치, 열차

검지 장치, 속도 신호 생성 장치, 속도 검출기, 처리 장치, 제동 장치 등으로 구성되
　　　　　　　　　　　　ATC를 구성하는 장치

어 있다. ▶ 자동 열차 제어 장치의 역할과 구성

5 여러 개의 궤도 회로로 나뉜 선로 위를 A열차와 B열차가 달리고 있다고 가정해

보자. A, B열차가 서로 다른 궤도 회로에 각각 진입하면 지상의 송수신 장치에서

열차 검지 장치로 신호를 보내고 열차 검지 장치는 이 신호를 바탕으로 선로 위에
　　　　송수신 장치의 역할 ①　　　　　　　　　　　　열차 검지 장치의 역할

있는 A, B열차의 위치를 파악한다. 속도 신호 생성 장치는 앞서가는 A열차의 위치

지문 해설

이 글은 열차를 안전하게 운행하기 위해 마련된 안전장치의 종류와 작동 원리에 대해 설명하고 있다. 우선 하나의 구간에 한 대의 열차만 운행하게 하는 폐색 구간을 설정하고, 선로에 자동 폐색 장치(ABS), 자동 열차 정지 장치(ATS), 자동 열차 제어 장치(ATC) 등의 안전장치를 설치하여 열차가 안전하게 운행될 수 있도록 하고 있다.

핵심 이해

문단 요약

문단 요약
1 안전한 열차 운행을 위한 폐색 구간
2 자동 폐색 장치의 개념과 이용 원리
3 자동 열차 정지 장치의 역할과 한계
4 자동 열차 제어 장치의 역할과 구성
5 자동 열차 제어 장치의 원리
6 자동 열차 제어 장치의 제동 원리
7 열차의 안전과 속도를 높이기 위한 연구의 진행

중심 화제	안전장치

주제	열차의 안전 운행을 위한 안전장치의 종류와 작동 원리

핵심 내용

자동 폐색 장치(ABS)

궤도 회로를 이용하여 열차의 위치에 따라 신호를 자동으로 제어하는 장치

자동 열차 정지 장치(ATS)

기관사가 정지 신호를 잘못 인식하거나 확인하지 못해 일어날 수 있는 충돌 사고를 방지하기 위한 장치

자동 열차 제어 장치(ATC)

열차 제한 속도 정보를 지상 장치에서 차상 장치로 전송하여 속도를 감시하고 제어하는 장치

와 뒤따라오는 B열차의 위치를 바탕으로 B열차가 주행해야 할 적절한 속도를 연산

속도 신호 생성 장치의 역할

하여 B열차의 제한 속도를 결정한다. 이 속도는 B열차가 위치하고 있는 궤도 회로

에 전송되고 지상의 송수신 장치를 통해 B열차에 일정 시간 간격으로 계속 전달

된다. 송수신 장치의 역할 ②

▶ 자동 열차 제어 장치의 원리

6 그러면 B열차의 운전석 계기판에는 수신된 제한 속도와 속도 검출기를 통해 얻

열차의 현재 속도를 측정함.

은 B열차의 현재 속도가 동시에 표시되어 기관사가 제한 속도를 확인하며 운전할

수 있도록 한다. 이때 열차의 현재 속도가 제한 속도를 초과하면 처리 장치에서 자

동으로 신호를 보내고 신호를 받은 제동 장치가 작동되며 열차의 속도를 줄여 준

처리 장치의 역할　　　　　　　　　　　　　　제동 장치의 역할

다. 속도가 줄어 제한 속도 이하가 되면 제동이 풀리고 기관사는 속도를 높이게 된

다. ATC는 열차가 제한 속도를 넘지 않도록 자동으로 속도를 조절하기 때문에 과

속으로 인한 사고를 예방해 주지만, 제한 속도 안에서는 기관사가 직접 속도를 감

ATC의 장점　　　　　　　　　　　　ATC의 한계

속하고 가속해야 한다는 점에서 기관사의 부담은 여전히 남아 있다.

▶ 자동 열차 제어 장치의 제동 원리

7 많은 사람들이 이용하는 열차의 특성상 열차 충돌 사고가 발생하면 큰 인명 피

열차 운행에 대한 연구가 지속되어야 하는 이유

해로 이어진다. 그래서 현재까지도 열차 사이의 안전거리를 확보하면서도 운행 간

격을 최대한 단축하고 열차의 운행 속도를 높이는 기술에 대한 연구가 지속적으로

이루어지고 있다.　　　▶ 열차의 안전과 속도를 높이기 위한 연구의 진행

유형 연습하기 문제 정답

01 ②　　**02** ⑤

---

01 세부 내용 파악하기

답 ②

2문단에서 '자동 폐색 장치(ABS)'는 '폐색 구간의 시작과 끝에 신호를 설치하고 궤도 회로를 이용하여 열차의 위치에 따라 신호를 자동으로 제어하는 장치이다.'라고 하였다. 그리고 3문단에서 '기관사가 신호기에 표시된 정지 신호를 잘못 인식하거나 확인하지 못해 충돌 사고가 발생하는 경우'에 '이러한 충돌 사고를 방지하기 위한 장치를 설치하는데, 이를 '자동 열차 정지 장치(ATS)'라고 한다.'라고 하였다. 따라서 '정지 신호를 오인하여 발생하는 사고를 예방'하는 것은 '자동 폐색 장치'가 아니라 '자동 열차 정지 장치'이다.

오답 해결

① 1문단에서 '열차를 운행할 때는 ~ 이러한 구간을 '폐색 구간'이라고 한다.'라고 하였다. 따라서 '폐색 구간'은 '한 대의 열차만 운행하도록 정해진 구간이다.'라는 내용은 적절하다.

③ 2문단에서 '자동 폐색 장치(ABS)'는 '폐색 구간의 시작과 끝에 ~ 자동으로 제어하는 장치이다.'라고 하였다. 따라서 '자동 폐색 장치'는 '궤도 회로를 이용하여 열차 위치에 따라 신호를 자동으로 제어한다.'라는 설명은 적절하다.

---

02 논리적 관계 추론하기

답 ⑤

1 글 전체의 흐름과 구조를 파악한다.

이 글은 1문단에서 폐색 구간에 대해 이야기한 후, 2문단에서 자동 폐색 장치의 개념과 이용 원리, 3문단에서 자동 열차 정지 장치의 역할과 한계, 4문단에서 자동 열차 제어 장치의 역할과 구성에 대해 열거하였다. 그리고 5문단에서 자동 열차 제어 장치의 원리, 6문단에서 자동 열차 제어 장치의 제동 원리에 대한 정보를 제시하였다. 끝으로 이처럼 열차에 대한 지속적 연구가 이루어지고 있음을 제시하였다.

2 제시된 부분의 앞뒤 문맥에 집중하여 논리적 관계를 파악한다.

㉠의 앞부분에는 ATS가 위기 상황일 때는 제동 장치에 비상 제동을 명령하여 자동으로 열차를 멈춰 서게 한다고 설명되어 있다.

3 선지의 내용이 제시된 부분의 근거나 전제가 될 수 있는지 판단한다.

3문단을 보면, ATS는 기관사가 신호기에 표시된 정지 신호를 잘못 인식하거나 확인하지 못하고 달리는 위기 상황에서 열차를 강제로 정지시켜 충돌 사고를 예방하는 기능을 한다. 하지만 평상시에는 기관사가 열차의 가속과 감속을 직접 조절하여 앞 열차와의 안전거리를 유지해야 한다는 부담이 있다.

1 성리학에서 일반적으로 '이'는 만물에 내재하는 원리이고, '기'는 그 원리를 현실
'이'의 개념
에 드러내 주는 방식과 구체적인 현실의 모습이라 할 수 있다. '이'는 '기'를 통해서
'기'의 개념
드러난다. '이'는 언제나 한결같지만 '기'는 여러 가지 모습으로 존재하므로, 우주
만물의 원리는 그대로지만 형체는 다양하다. 이러한 '이'와 '기'를 어떻게 보는가에
: 중심 문장   중심 화제
따라 성리학자들이 현실을 해석하고 인식하는 자세가 달라진다.
▶ '이'와 '기'의 성리학적 개념

2 '기'를 중시했던 대표적인 성리학자로 서경덕을 들 수 있다. 그는 '기'를 우주 만
물의 근원이라고 보았다. 서경덕에 의하면, 태초에 '기'가 음기와 양기가 되고, 음
만물이 만들어진 원리에 대한 서경덕의 의견
기와 양기가 모이고 흩어지고를 반복하면서 하늘과 땅, 해와 달과 별, 불과 물 등의
만물이 만들어졌다. '기'는 어떤 외부의 원리나 힘에 의해 움직이는 것이 아니라 스
스로 움직여 만물을 생성하고 변하게 한다. 하지만 '이'는 '기' 속에 있으면서 '기'가
작용하는 원리로 존재할 뿐 독립적으로 드러나거나 작용하지 않는다. 즉, '이'와
'기'는 하나이며, 세계에 드러나는 것은 '기'뿐이라는 것이다. 이와 같은 입장을 '기
기일원론의 개념
일원론(氣一元論)이라 한다. 기일원론의 바탕에는, 현실 세계의 모습은 '기'의 움직
임에 의한 것이므로, '기'가 다시 움직이면 현실도 변할 수 있을 것이라는 사고가
기일원론적 사고의 전제
깔려 있다.
▶ '이'와 '기'는 하나라는 서경덕의 기일원론

3 '이'를 중시했던 대표적인 성리학자는 이황이다. 이황은 서경덕의 논의를 단호
하게 비판하며 '이'와 '기'는 하나가 아니라는 주장을 펼쳤다. 그는 '이'를 우주 만물
의 근원이자 변하지 않는 절대적 가치이며 도덕 법칙이라고 보았다. '이'는 하늘의
뜻, 즉 천도(天道)이며, 만물이 선천적으로 지니고 태어나는 본성이라고 여겼다.
'이'에 대한 이황의 의견
따라서 인간이 '이'를 깨우치고 실행하면 하늘이 부여한 본성을 회복하고, 인간 사
회는 천도에 맞는 이상적이고 도덕적인 질서를 확립한다고 보았다. 현실 사회가 비
도덕적이고 타락한 모습을 보이는 이유는 인간이 본성을 잃어버리고 사악한 마음
현실 사회가 비도덕적이고 타락한 모습을 보이는 이유
을 따르기 때문인데, 이러한 사악한 마음은 인간의 생체적 욕구, 욕망 등인 '기'에
사악한 마음의 근원
서 나오는 것이다. 따라서 '이'와 '기'가 하나일 수는 없으며, 둘은 철저히 구분되어
이기이원론의 개념
야 한다는 것이 이황의 주장이다. 이러한 입장을 '이기이원론(理氣二元論)이라 한
다. 이황은 인간이 '이'를 깨우치고 실행하기 위해서는 학문과 수양에 힘써야 한다
고 생각하였다. 그는 현실의 문제 상황은 학문과 수양을 통해 '이'를 회복함으로써
해결될 수 있다는 점을 강조하였다.
▶ '이'와 '기'는 구분된다는 이황의 이기이원론

4 한편, 이이는 서경덕과 이황의 논의가 양극단을 달리는 오류를 범하고 있다고
이이가 서경덕과 이황을 모두 비판한 이유
비판하면서, '이'와 '기'의 관계를 새롭게 규정하였다. 이이는 '이'를 모든 사물의 근
원적 원리로, '기'를 그 원리를 담는 그릇으로 보았다. 둥근 그릇에 물을 담으면 물
의 모양이 둥글고 모난 그릇에 물을 담으면 물의 모양이 모나 보이지만, 그 속에 담
긴 물의 속성은 달라지지 않는다. 이처럼 '기'는 현실에서 다양한 모습으로 존재하
지만 그 속에 담겨 있는 '이'는 달라지지 않는다. 물이 그릇에 담겨 있지만 물과 그

📝 **지문 해설**

이 글은 성리학에서 말하는 '이'와 '기'를 중
심으로, 이에 대한 서경덕, 이황, 이이의 주
장을 제시하여 비교하고 있다. 서경덕은 '이'
와 '기'가 하나라는 '기일원론'을 주장하였으
며, 이황은 이를 비판하고 '이'와 '기'는 철저
히 구분되어야 한다는 '이기이원론'을 주장
하였다. 이이는 서경덕과 이황의 주장을 모
두 비판하며 '이'와 '기'는 한 몸처럼 붙어 있
지만 각각 존재한다고 주장하였다.

🔑 **핵심 이해**

문단 요약
1 '이'와 '기'의 성리학적 개념
2 '이'와 '기'는 하나라는 서경덕의 기일원론
3 '이'와 '기'는 구분된다는 이황의 이기이원론
4 '이'는 '기'에 담겨 있지만 '기'만 현실에 작용한다는 이이의 주장

중심 화제	'이'와 '기'

주제	'이'와 '기'에 대한 조선 성리학자들의 관점

⭐ **핵심 내용**

서경덕의 기일원론
• '이'와 '기'는 하나이며, 세계에 드러나는 것은 '기'뿐임. • '기'가 움직이면 현실노 변할 수 있음.

이황의 이기이원론
• '이'와 '기'는 철저히 구분되어야 함. • 현실의 문제는 학문과 수양을 통해 '이'를 깨우치고 실행하면 회복 가능함.

이이의 입장
• '이'과 '기'는 한 몸처럼 붙어 있지만 각각 존재함. • 현실의 문제는 '기'의 잘못이므로 '기'로 나타나는 현실 모습 자체를 바꿔야 함.

롯이 다른 존재이듯이, '이'와 '기'도 한 몸처럼 붙어 있지만 '이'와 '기'로 각각 존재한다는 것이다. 이이에 따르면, '이'는 현실에 아무 작용을 하지 않고 '기'만 작용한다. 현실의 모습이 문제를 드러내고 있다면, 이는 '이'가 잘못된 것이 아니라 '기'가 잘못된 것이다. 그러므로 '이'를 회복하기보다는 '기'로 나타난 현실의 모습 자체를 바꾸기 위해 싸워야 한다는 것이 이이의 주장이다. 이이가 조선 사회의 변화를 위한 여러 가지 개혁론을 펼칠 수 있었던 것은 이러한 사고가 바탕을 이루고 있었기

'이'를 담고 있는 '기'가 잘못되어 문제가 드러나므로 현실 모습 자체를 바꿔야 한다는 사고가 전제됨.

때문이다. ▶ '이'는 '기'에 담겨 있지만 '기'만 현실에 작용한다는 이이의 주장

유형 연습하기 문제 정답

01 ⑤   02 ②

01 세부 내용 파악하기 답 ⑤

이 글은 '이'와 '기'를 어떻게 보는가에 따라 현실을 해석하고 인식하는 자세가 달라진다는 점을 제시하고 이에 대한 서경덕, 이황, 이이의 입장을 살펴보고 있다. 기일원론을 제시한 서경덕의 입장, 이기이원론을 제시한 이황의 입장, '이'와 '기'는 한 몸처럼 붙어 있지만 각각 존재한다고 주장한 이이의 입장이 나열되어 있다.

오답 해결

① '이'와 '기'라는 철학적 용어에 대해 설명하고 있지만, 그 현대적 의미를 재조명하고 있지는 않다.

② '이'와 '기'라는 철학적 용어에 대한 사회적 통념을 비판하고 있지는 않다.

③ 이 글은 묻고 답하는 형식으로 내용을 서술하고 있지 않다.

④ '이'와 '기'라는 철학적 용어를 가지고 현실을 해석한 여러 관점에 대해 설명하고 있지만, 그것의 등장 배경을 소개하고 있지는 않다.

02 구체적 상황에 적용하기 답 ②

1 〈보기〉의 중심 내용을 파악하고 이와 관련된 내용을 지문에서 찾는다.

〈보기〉는 군포를 면제받기 위해 양반이 되는 길을 모색하는 백성들의 모습을 언급하며 현실의 문제를 제기하고 있는 글이다. 이와 관련된 이이의 입장은 4문단에서 확인할 수 있다.

⌄

2 지문을 바탕으로 〈보기〉의 내용을 구체적으로 이해한다.

4문단에서 이이는 현실의 모습이 문제를 드러내고 있다면 '기'가 잘못된 것이며 '기'로 나타난 현실의 모습 자체를 바꾸어야 한다고 하였다. 〈보기〉에서 '고을 호적부에 기록되면 양반이 되고, ~ 두건을 쓰고 과거 시험장을 드나들면 양반이 된다.'라고 한 것을 통해 편법으로 쉽게 양반이 될 수 있는 현실임을 알 수 있다.

⌄

3 지문과 〈보기〉를 바탕으로 선지의 진위 여부를 판단한다.

4문단에서 '이이'는 현실의 모습이 문제를 드러내고 있다면 이것은 '이'가 잘못된 것이 아니라 '기'가 잘못된 것이므로 '기'로 나타난 현실의 모습을 바꾸어야 한다고 주장하였다. 따라서 '기'로 드러난 현실, 즉 편법으로 쉽게 양반이 될 수 있는 현실의 모습을 우선적으로 개선해야 한다는 주장이 적절하다.

오답 해결

① 3문단에서 '현실 사회가 비도덕적이고 타락한 모습을 보이는 이유는 인간이 본성을 잃어버리고 사악한 마음을 따르기 때문'이며, '현실의 문제 상황은 학문과 수양을 통해 '이'를 회복함으로써 해결될 수 있다'고 한 것은 이황의 의견이다. 따라서 '본성을 잃어버려서 생긴 문제이므로, 학문과 수양을 통해 본성을 회복'해야 한다는 것은 이이가 할 수 있는 말로 적절하지 않다.

③ ③에서 '현실에 내재하는 원리'란 '이'를 의미하는데, 세 학자는 모두 현실의 문제를 해결하기 위해 만물의 근원인 '이'가 바뀌어야 한다는 주장을 하지 않았다. 따라서 '현실의 문제를 근본부터 해결하기 위해서는 이 원리부터 바꾸어야' 한다는 것은 이이가 할 수 있는 말로 적절하지 않다.

④ 2문단에서 서경덕은 '태초에 '기'가 음기와 양기가 되고, 음기와 양기가 모이고 흩어지고를 반복하면서 ~ 만물이 만들어졌다.'라고 하였다. 따라서 '양반이 되려는 백성들의 모습은 음양의 작용에 의해 생겨난 것'이라는 내용은 서경덕의 주장에 해당하므로, 이이가 할 수 있는 말로 적절하지 않다.

⑤ 3문단에서 이황은 '사악한 마음은 인간의 생체적 욕구, 욕망 등인 '기'에서 나오는 것이다.'라고 하였다. 또한 '하늘이 부여한 본성을 회복하고, 인간 사회는 천도에 맞는 이상적이고 도덕적인 질서를 확립한다고 보았다.'라고 하였다. 따라서 '군포를 면제받고자 하는 잘못된 욕구'라는 것과 '천도에 맞는 질서를 확립해야 한다.'는 내용은 이황의 주장에 해당하므로, 이이가 할 수 있는 말로 적절하지 않다.

본문 44~45쪽

1 고대 그리스 철학자들은 '변화'에 대해 많은 관심을 가졌다. 그들은 변화라는 현
■■■ : 중심 문장   중심 화제
상의 실재(實在) 자체에서부터 종류, 원인 등에 이르기까지 많은 의문을 제기하였
고, 특히 아리스토텔레스에 이르러 학문적 성과를 이룰 수 있었다.
▶ '변화'에 관심을 가진 고대 그리스 철학자들

2 먼저 헤라클레이토스는 모든 것이 항상 변화하고 있다고 믿었다. 그는 그 믿음
'변화'에 대한 헤라클레이토스의 견해
을 "같은 강물에 두 번 들어갈 수 없다."라는 말로 표현했다. 새로운 강물이 끊임없
이 흘러들기 때문에 같은 강물에 다시 들어가는 것은 불가능하다는 것이다. 또한
"같은 강물에 두 번 들어갈 수 없다."라는 말의 의미
그는 불꽃이 끊임없이 흔들리듯이 항상 변화하고 있는 '불'을 세계의 근원적 요소로
보았다. 반면 파르메니데스는 변화라는 현상 그 자체를 부정했다. 그는 '존재하는
것은 이미 존재하고 있으며, 존재하지 않는 것은 아무것도 존재하지 않는 것'이라고
인식했으므로, 절대적인 무(無)에서의 생성과 절대적인 무로의 소멸과 같은 변화는
'변화'에 대한 파르메니데스의 견해
있을 수 없다고 주장했다. 또한 세계는 존재하는 것들이 하나로 뭉쳐 있고 빈 공간
이 없기 때문에 변화가 가능하지 않다고 보았다. 따라서 그는 우리가 일상에서 감
변화가 가능하지 않다고 본 이유
각을 통해 흔히 경험하는, 변화라고 믿는 현상이 사실은 착각 또는 환상에 불과하
다고 간주했다.   ▶ '변화'에 대한 헤라클레이토스와 파르메니데스의 견해

3 이와 같이 변화라는 현상의 실재성에 대한 상반된 견해가 제시된 이후, 후대에
이르러 플라톤과 아리스토텔레스는 변화의 문제에 대해 깊이 있는 논의를 펼쳤다.
그들은 변화에 대한 앞선 두 철학자의 견해를 받아들였지만 그 방식에는 서로 차이
가 있었다. 플라톤은 모든 것이 항상 변화한다는 헤라클레이토스의 견해를 현실 세
계에, 아무것도 변화하지 않는다는 파르메니데스의 견해를 이상 세계에 적용하여
이원론적 세계관을 확립했다. 하지만 아리스토텔레스는 플라톤이 주장하는 이상
변화하는 현실 세계와 변화하지 않는 이상 세계의 공존
세계를 거부했다. 그는 변화의 실재에 대한 헤라클레이토스와 파르메니데스의 상
반된 견해를 어떤 방식으로든 현실 세계에 적용하려고 노력했다.
▶ '변화'에 대한 플라톤과 아리스토텔레스의 견해

4 아리스토텔레스는 『자연학』에서 '기체(基體)'와 '형상(形相)'이라는 개념을 통해
변화의 문제를 설명하려고 했다. '기체'란 변화의 시작부터 끝까지 유지되는 변화의
기체의 개념
토대를 의미한다. 그리고 '형상'이란 그런 토대 위에 구현되어 현실 세계에서 감각
형상의 개념
적으로 나타나는 것을 의미한다. 예를 들어 검은색의 머리카락이 흰색으로 변할 때
머리카락은 변화의 시작부터 끝까지 유지되는 기체이며, 검은색과 흰색과 같은 머
리카락의 색깔이 형상에 해당한다. 이처럼 아리스토텔레스는, 변화란 현실 세계에
서 실체의 기저에 깔린 머리카락이라는 기체 위에서 검은색의 형상이 흰색의 형상
으로 대체되는 현상과 같은 것이라고 보았다.
'변화'에 대한 아리스토텔레스의 견해
▶ '기체'와 '형상'의 개념으로 변화를 설명한 아리스토텔레스

5 또한 그는 변화의 종류와 성격에 대해서도 분석했는데, 먼저 변화를 실체적 변
화와 비실체적 변화로 구분하였다. 실체적 변화란 실체의 변화 정도가 커서 기체가
실체적 변화의 개념
무엇인지 분명하지 않은 변화를 가리킨다. 애벌레가 나비가 되는 것을 그 예로 들
수 있는데, 이는 변화의 전체 과정을 관찰하지 않는다면 마치 애벌레 자체가 소멸

지문 해설

이 글은 아리스토텔레스를 중심으로 '변화'
에 대한 철학자들의 생각을 살펴보고 있다.
플라톤은 헤라클레이토스와 파르메니데스의
견해를 모두 수용하여 이원론적 세계관을 확
립하였지만 아리스토텔레스는 플라톤의 이
상 세계를 거부하였다. 아리스토텔레스는 기
체와 형상을 통해 변화를 설명하였으며 변화
의 종류를 실체적 변화와 비실체적 변화로
나누어 그 성격에 대하여 분석하였다.

핵심 이해

문단 요약
1 '변화'에 관심을 가진 고대 그리스 철학자들
2 '변화'에 대한 헤라클레이토스와 파르메니데스의 견해
3 '변화'에 대한 플라톤과 아리스토텔레스의 견해
4 '기체'와 '형상'의 개념으로 변화를 설명한 아리스토텔레스
5 '실체적 변화'와 '비실체적이라는 것'의 의미
6 아리스토텔레스 연구의 의의

중심 화제	변화

주제	변화에 대한 고대 그리스 철학자들의 연구

핵심 내용

헤라클레이토스	파르메니데스
모든 것이 항상 변화하고 있다고 믿음.	변화라는 현상 그 자체를 부정함.

플라톤	아리스토텔레스
헤라클레이토스의 견해는 현실 세계에, 파르메니데스의 견해는 이상 세계에 적용하여 이원론적 세계관을 확립함.	플라톤의 이상 세계를 거부하고, 헤라클레이토스와 파르메니데스의 상반된 견해를 현실 세계에 적용하고자 함.

하고 나비가 생성되는 것으로 생각될 수도 있다. 그러나 아리스토텔레스는 파르메니데스와 마찬가지로 무에서의 생성과 무로의 소멸을 인정하지 않는데, 왜냐하면 모든 변화에서 기체가 유지된다는 것을 전제하기 때문이다.
무에서의 생성과 무로의 소멸을 인정하지 않는 이유
따라서 실체적 변화는 변화의 시작부터 끝까지 유지되는 기체가 정확히 무엇인지 알 수 없다는 것을 의미할 뿐이지, 기체가 없이 무로부터의 생성이나 무로의 소멸이 일어난다는 것은 아니다. 비실체적 변화에는 얼굴이 빨개지는 등의 질적 변화, 작은 풍선이 커지거나 살이 찌거나 빠지는 등의 양적 변화, 이곳에서 저곳으로 장소를 이동하는 장소 변화가 있는데, 이들이 비실체적이라는 것은 실체가 전혀 또는 많이 변하지 않아서 기체가 분명하게 식별된다는 것을 의미한다. 특히 장소 변화의
비실체적이라는 것의 의미
경우 실체 자체는 아무런 변화를 겪지 않는다. ▶ '실체적 변화'와 '비실체적이라는 것'의 의미

6 이처럼 아리스토텔레스는 이전 철학자들과는 달리 새로운 방식으로 변화를 규정했다. 그는 다수의 저술 속에서 변화 자체에 대한 분석뿐만 아니라 그 결과를 우주, 자연물, 인간 등의 사례에 적용할 정도로 변화의 문제에 깊은 관심을 보였으며, 이는 근대 자연 과학의 발전에 밑바탕이 되었다. ▶ 아리스토텔레스 연구의 의의

유형 연습하기 문제 정답

01 ⑤   **02** ⑤

01 세부 정보 파악하기   답 ⑤

2문단에서 '또한 세계는 존재하는 것들이 하나로 뭉쳐 있고 빈 공간이 없기 때문에 변화가 가능하지 않다고 보았다.'라고 하였다. 따라서 파르메니데스는 세계를 존재하지 않는 것들이 뭉쳐 있다고 인식한 것은 아니므로, 그가 세계를 존재하는 것들과 존재하지 않는 것들이 하나로 뭉쳐 있는 것이라고 인식했다는 내용은 적절하지 않다.

오답 해결

④ 1문단에서 '그들은 변화라는 현상의 실재(實在) 자체에서부터 종류, 원인 등에 이르기까지 많은 의문을 제기하였고, 특히 아리스토텔레스에 이르러 학문적 성과를 이룰 수 있었다.'라고 하였다. 또한 6문단에서 '그는 다수의 저술 속에서 변화 자체에 대한 분석뿐만 아니라 그 결과를 우주, 자연물, 인간 등의 사례에 적용할 정도로 변화의 문제에 깊은 관심을 보였으며, 이는 근대 자연 과학의 발전에 밑바탕이 되었다.'라고 하였다. 따라서 아리스토텔레스가 이룬 변화에 대한 학문적 성과는 근대 자연 과학의 발전에 영향을 미쳤다고 할 수 있다.

02 반응의 적절성 판단하기   답 ⑤

1 지문을 읽으며 반응 대상과 관련한 맥락을 파악한다.
이 글은 '변화'에 대한 여러 학자들의 견해를 제시한 후 그중 아리스토텔레스의 생각을 집중적으로 살펴보고 있다.

⌄

2 반응 대상에 대한 학자, 글쓴이의 생각이나 견해를 정리한다.
2문단에서 파르메니데스는 절대적인 무(無)에서의 생성과 절대적인 무로의 소멸과 같은 변화는 있을 수 없다고 주장하였다고 했다. 그리고 3문단에서 아리스토텔레스는 변화의 실재에 대한 헤라클레이토스와 파르메니데스의 상반된 견해를 현실 세계에 적용하려고 노력했다고 하였다.

⌄

3 지문과 〈보기〉를 바탕으로 선지의 진위 여부를 판단한다.
〈보기〉에서 탈레스는 '물'을 만물의 근원이라고 보았고, 만물의 근원을 '아르케(arche)'라고 한다고 하였다. 또한 아르케를 주장한 그리스 철학자들은 절대적인 무에서의 생성과 절대적인 무로의 소멸을 인정하지 않았다.'라고 하였다. 이를 통해 탈레스는 물을 만물의 근원인 아르케로 본 그리스의 철학자임을 알 수 있다. 따라서 탈레스 역시 절대적인 무에서의 생성과 절대적인 무로의 소멸을 인정하지 않았다고 할 수 있다. 아리스토텔레스의 경우 5문단에서 '아리스토텔레스는 파르메니데스와 마찬가지로 무에서의 생성과 무로의 소멸을 인정하지 않는데'라고 하였다. 따라서 아리스토텔레스와 탈레스는 모두 절대적인 무에서의 생성과 절대적인 무로의 소멸을 인정하지 않았다고 할 수 있다.

1 최근 예술 분야에서는 과학 기술을 이용하여 새로운 장르를 ⓐ개척하려는 시도가 이루어지고 있다. 이러한 배경을 바탕으로 등장한 예술의 하나가 바로 ㉠**'엑스레이 아트(X-ray Art)'**이다. 엑스레이 아트는 엑스레이 사진을 활용하여 만든 예술 작품을 의미한다.
중심 화제　　　■ : 중심 문장　　　엑스레이 아트의 개념
▶ 엑스레이 아트의 개념

2 엑스레이 아트의 거장인 닉 베세이는 엑스레이를 활용하여 오브제 내부에 ⓑ주목한 작품을 만들었다. [그는 「튤립」이라는 작품을 통해 꽃봉오리에 감추어진 암술
일상 용품이나 물건을 본래의 용도로 쓰지 않고 예술 작품에 사용하는 기법 또는 그 물체
[ ]: 오브제의 내부에 주목한 엑스레이 작품의 예
과 수술을 드러냄으로써, 꽃의 보이지 않는 내부의 아름다움을 탐색하였다. 또한 「셀피」라는 작품을 통해 현대 사회의 외모 지상주의를 비판하기도 했다.] 이 작품은 자기 얼굴을 찍는 사람의 모습을 엑스레이로 촬영한 것으로, 엑스레이로 인체를 촬영할 경우 외양이 드러나지 않는 점을 이용하여 창작 의도를 나타낸 것이다.
닉 베세이가 창작 의도를 드러낸 방법
▶ 엑스레이 아트로 창작 의도를 나타낸 닉 베세이

3 엑스레이 아트의 창작 의도를 ⓒ구현하기 위해서는 오브제의 특성을 고려해야 한다. 이는 오브제의 재질과 두께에 따라 엑스레이의 투과율이 달라지기 때문이다.
엑스레이 촬영할 때 오브제의 특성을 고려해야 하는 이유
이러한 이유로 엑스레이 아트에서는 엑스레이가 투과되지 않는 물질이 포함된 오브제를 배제하기도 하고, 역으로 이를 활용하기도 한다. 촬영을 할 때에는 오브제의 두께에 따라 엑스레이의 강도와 오브제에 엑스레이가 투과되는 시간을 조절해
의도하는 명도의 사진을 얻기 위해 조절해야 하는 요소
야 의도하는 명도의 사진을 얻을 수 있다. [또한 오브제와 근접한 거리에서 촬영해
[ ]: 엑스레이 촬영할 때 발생할 수 있는 다양한 상황에 대처하는 방법
야 하는 엑스레이의 특성상, 가로 35cm, 세로 43cm인 엑스레이 필름의 크기보다 오브제가 클 경우 오브제를 여러 부분으로 나누어서 촬영한다. 한편 작품 창작 의도를 구현하는 데 오브제의 모든 구성 요소가 필요하지 않다면 오브제의 일부 구성 요소만 선택하여 창작 의도를 드러낼 수도 있다. 그리고 오브제가 겹쳐 있을 경우, 창작 의도와 다른 사진이 나올 수 있으므로 이를 고려하여 오브제를 적절하게 ⓓ배치하고 촬영 각도를 결정한다.] ▶ 오브제 특성을 고려한 엑스레이 아트의 창작 의도 구현

4 이렇게 촬영한 엑스레이 사진은 컴퓨터 그래픽 작업을 거치는데, 창작 의도를 드러내기 위해 여러 장의 사진을 합성하기도 한다. 특히 항공기 동체와 같이 크기가 큰 대상을 오브제로 삼아 여러 날에 걸쳐 촬영할 경우, 촬영할 당시의 기온, 습도 등의 영향으로 각각의 사진들마다 명도가 다르게 나타날 수 있다. 그러므로 그
오브제의 크기가 엑스레이 필름의 크기보다 큰 경우 여러 번 나눠서 촬영했기 때문임.
래픽 작업을 통해 사진들의 명도를 보정한 뒤, 이 사진들을 퍼즐처럼 맞추어 하나의 사진으로 합성하여 작품을 완성한다. ▶ 합성을 이용한 엑스레이 아트의 창작 의도 구현

5 엑스레이는 대상의 골격이나 구조를 노출하는 기술이라는 점에서 차가운 느낌을 주기도 한다. 하지만 [이를 활용한 엑스레이 아트는 발상의 전환을 통해 감상자
[ ]: 엑스레이 아트의 의의
들에게 기존의 예술 작품과는 다른 미적 감수성을 불러일으킨다는 점에서 현대 예술의 외연을 넓히는 데 ⓔ기여하였다는 평가를 받고 있다.]
▶ 엑스레이 아트에 대한 예술적 평가

이 글은 현대 예술의 외연을 넓히는 데 기여한 엑스레이 아트를 소개하고 대표 작가인 닉 베세이의 작품을 예로 들어 엑스레이 아트를 통해 창작 의도를 구현하는 방법에 대해 설명하고 있다. 엑스레이 아트는 발상의 전환을 통해 감상자들에게 기존의 예술 작품과는 다른 미적 감수성을 불러일으킨다는 점에서 높은 평가를 받고 있다.

핵심 이해

문단 요약
1 엑스레이 아트의 개념
2 엑스레이 아트로 창작 의도를 나타낸 닉 베세이
3 오브제 특성을 고려한 엑스레이 아트의 창작 의도 구현
4 합성을 이용한 엑스레이 아트의 창작 의도 구현
5 엑스레이 아트에 대한 예술적 평가

중심 화제	엑스레이 아트

주제	엑스레이 아트의 개념과 창작 의도 구현 방법

핵심 내용

엑스레이 아트의 개념
엑스레이 사신을 활용하여 만든 예술 삭품

엑스레이 아트로 창작 의도를 구현하는 방법
• 오브제의 재질과 두께에 따라 엑스레이 투과율이 달라지기 때문에 오브제의 특성을 고려해야 함. • 오브제의 두께에 따라 엑스레이 강도와 엑스레이가 오브제에 투과되는 시간을 조절함. • 오브제의 일부 구성 요소만 선택함. • 사진을 합성하거나 명도를 보정하는 등의 컴퓨터 그래픽 작업을 거침.

01 세부 내용 추론하기

엑스레이 아트는 오브제의 골격이나 구조를 노출하는 기술로, 드러나지 않는 오브제의 내부에 주목할 수 있게 만들어 준다는 점을 이용하여 창작 의도를 드러낸다. 특히 기존의 예술 작품과는 다른 미적 감수성을 불러일으킨다는 점에서 현대 예술의 외연을 넓히는 데 기여하였다는 평가를 받고 있다. 이로 보아 엑스레이 아트는 겉으로 드러나지 않는 오브제 내부를 의도적으로 보여 주어 예술의 영역을 확장한 예술이라고 평가할 수 있다.

(오답 해결)

① 4문단에서 '엑스레이 사진은 컴퓨터 그래픽 작업을 거치는데, 창작 의도를 드러내기 위해 여러 장의 사진을 합성하기도 한다.'라고 하였다. 이를 통해 오브제를 찍은 사진에 컴퓨터 그래픽 작업과 같은 의도적인 변형을 가하는 것은 오브제의 보이지 않던 부분까지 보여 주어 창작 의도를 드러내려는 것임을 알 수 있다. 따라서 엑스레이 아트가 '오브제의 실체를 감추는 예술'이라는 설명은 적절하지 않다.

② 1문단과 3, 4문단을 통해 엑스레이 아트는 엑스레이 사진을 활용하여 만든 예술 작품이며, 오브제를 촬영한 엑스레이 사진은 창작 의도를 구현하기 위해 그래픽 작업을 거치게 된다는 것을 알 수 있다. 즉 오브제는 실존하는 대상이므로 실존하지 않는 대상을 그래픽 작업으로 만든다는 설명은 적절하지 않다.

③ 2문단에서 '엑스레이로 인체를 촬영할 경우 외양이 드러나지 않는 점을 이용하여 창작 의도를 나타낸 것이다.'라고 하였다. 따라서 '인체나 사물의 외양을 있는 그대로 드러냄'이라는 설명은 적절하지 않다.

④ 3문단에서 '오브제의 재질과 두께에 따라 엑스레이의 투과율이 달라지기 때문'에 '엑스레이가 투과되지 않는 물질이 포함된 오브제를 배제하기도 하고, 역으로 이를 활용하기도 한다.'라고 하였을 뿐, 눈에 보이지 않을 정도로 작은 오브제를 눈에 보이게 한다는 내용은 제시되어 있지 않다. 따라서 '눈에 보이지 않을 만큼 작은 오브제를 가시화'한다는 설명은 적절하지 않다.

02 어휘의 사전적 의미 파악하기

 답 ①

1 핵심어와 핵심 문장을 체크하며 지문을 읽는다.
'엑스레이 아트', '오브제', '컴퓨터 그래픽' 등에 도형 표시를 하며 지문을 읽는다. 이렇게 하면 선지에서 해당 내용이 제시된 경우 지문에서 내용을 파악하기가 쉽다.

2 문장 성분 간의 호응 관계를 고려하여 단어의 의미를 추측한다.
'개척'과 호응하는 주어부는 '예술 분야에서는'이며, 개척의 대상은 '장르를'이다. 이처럼 문장 성분의 호응 관계를 따져 단어의 의미를 추측해 본다.

3 선지의 의미를 지문에 바꾸어 넣어 그 의미가 적절한지 판단한다.
'개척'의 사전적 의미는 '새로운 영역, 운명, 진로 따위를 처음으로 열어 나감.'이다. '새로운 물건을 만들거나 새로운 생각을 내어놓음.'을 뜻하는 말은 '개발'이므로 적절하지 않다.

(오답 해결)

② '주목'은 '관심을 가지고 주의 깊게 살핌. 또는 그 시선'이라는 뜻이다.

③ '구현'은 '어떤 내용이 구체적인 사실로 나타나게 함.'이라는 뜻이다.

④ '배치'는 '사람이나 물자 따위를 일정한 자리에 알맞게 나누어 둠.'이라는 뜻이다.

⑤ '기여'는 '도움이 되도록 이바지함.'이라는 뜻이다.

지식 넓히기

X선(X-ray)

X선은 빠른 전자를 물체에 충돌시켰을 때 방출되는, 투과력이 강하고 파장이 짧은 전자기파이다. 1895년 뢴트겐(W. Roentgen)이 처음 발견하였기 때문에 뢴트겐선이라고도 한다. 그는 진공 방전을 연구하던 중 우연히 이 전자기파를 발견하였다. 이 전자기파는 물질에 대해 이상한 투과력을 가지고 있으며 전기장이나 자기장을 주어도 진로를 굽히지 않고, 거울이나 렌즈에서도 쉽게 반사나 굴절을 일으키지 않는 등 그 정체를 알 수 없다는 의미로 X선이라고 하였다.

엑스레이 아트의 예

인문 01 덕(德) 윤리의 현대적 의의

본문 52~53쪽

1 유교에서는 인(仁), 의(義), 예(禮), 지(智)를 4덕(德)이라 하는데, 이 중 유교의 핵심 개념이자 중심 덕목은 인(仁)이다. 맹자는 동정과 사랑의 감정은 인의 단초이
　　중심 화제
　　: 중심 문장
며 측은지심(惻隱之心)이 없다면 인간이 아니라고 했다. 또한 측은지심을 우리에게 가까운 사람만이 아니라 그렇지 않은 사람에게까지 일관되게 확대하고자 노력할 때 얻어지는 결과가 인이라고 했다. 측은지심이 도덕의 잠재적 씨앗이라면 인은 측은지심이 성숙하여 얻어진 온전한 덕목이라 본 것이다.　▶ 유교의 핵심 덕목으로서의 '인'

2 의(義)는 일반적으로 옳음으로 해석된다. 인이 도덕의 원천이요 기원이라 한다면 의는 도덕 판단으로서 행위자로 하여금 도덕적 실천으로 인도하는 것이라 할 수 있다. 덕목으로서 의는 본질적으로 도덕 판단을 내리는 것을 함축하는 까닭에 의는
　　　　　　　　　　　'의'의 역할
적절함 혹은 적합함이라고도 한다. 주희는 맹자를 해석하면서 '의는 인에 대한 판단'이라며 '특수 상황에서 적절한 도덕 판단을 내리는 능력'으로 해석했다.
　　　　　　　▶ 특수한 상황에서 적절한 도덕 판단을 내리는 능력인 '의'

3 ⊙ 예(禮)는 원래 제물 혹은 관행을 가리키는 말이었으나 시대와 더불어 하나의 덕목으로 발전하고 나아가 모든 규칙, 법규, 형식, 관습, 의례 등을 총칭하는 이름이 되었다. 맹자는 예가 인, 의와 맺는 관계에 주목하였다. 그는 예의 중심적 성격은 인에 대해 적합한 형식을 제시하는 것이라 했다. 또한 의는 본질적으로 인에 대한
　　　　　　　　　　　　　　　　　'인'과 '예'의 관계
판단을 내포하는 데 비해, 예는 그렇게 확립된 판단들에 대한 정당화된 규칙과 예절들을 의미한다.　　▶ 도덕 판단에 대한 정당화된 규칙과 예절로서의 '예'

4 지(智)는 지혜나 지식 혹은 도덕의식으로 해석될 수 있다. 지는 시비지심(是非之心)에서 발현된 덕목으로서 그에 의거해서 인과 의를 인식하고 파악함을 뜻한다. 주희에 따르면 지는 인에 의거해서 도덕적으로 분별하는 능력이다. 그런데 지와 의는 모두 도덕적 분별과 판단을 내포하며 양자 모두 옳은 것에 대한 인지뿐만 아니
　　　　　　　　　　　　'지'와 '의'의 공통점
라 그에 따라 행위해야 한다는 적극적 의무감을 내포한다. 그러면 지와 의의 차이점은 무엇인가? 의는 행위 주체가 당면하고 있는 구체적 상황과 관련되지만 지는
　　　　　　　　　　　　　　'의'와 '지'의 차이점
행위 주체가 대면하지 않은 상황까지도 평가함을 의미한다. 즉, 의가 본질적으로 인에 의해 주어지는 도덕 판단이라면 지는 그러한 판단의 진리 가치를 확인하는 것과 관련되는 인지 능력이라고 할 수 있다.
　　　　　　▶ 도덕 판단의 진리 가치를 확인하는 인지 능력으로서의 '지'

5 유교 윤리의 기본이 인이긴 하나 인은 공동체적 유대를 강하게 갖는 소규모 마을 공동체에 적합한 규범이라 할 수 있다. 사회가 보다 복잡화·다원화되는 과정에
　　　　　　　　　　　　　　'인'에서 '의'로 현실 도덕의 무게 중심이 전환되는 계기
서 현실 도덕의 무게 중심이 인에서 의로 전환하지 않을 수 없다. 시대가 더 발전하면서 의와 같은 추상적이고 일반적인 원칙이나 판단은 행위 지침으로서 불확실성과 미결정성을 보이게 되어 시소(時所)에 보다 적절한 명시적이고 구체적이며 세목에 걸친 규칙 체계로서 예와 같은 규범을 필요로 하게 된다. 인으로부터 의로, 의로부터 예로 사상의 중심이 변한 것은 개인 도덕으로부터 사회 도덕, 주관적 윤리로부터 객관적 윤리로 전환하는 것을 의미한다. 즉 윤리 도덕의 사회화, 객관화 과정을 의미하는 것이다.　▶ 윤리 도덕의 사회화, 객관화 과정에 따른 유교 사상의 중심 변화

📝 지문 해설

이 글은 유교의 4덕에 해당하는 '인, 의, 예, 지'에 대해 설명하고 있다. 각각의 덕목이 지닌 다양한 의미를 다른 덕목과의 비교를 통해 제시하여 이해를 돕고 있다. 덧붙여 사회가 복잡하고 다원화되면서 유교의 핵심 사상의 중심이 변화하게 된 과정을 제시하면서, 이것이 윤리 도덕의 사회화, 객관화 과정을 의미한다고 설명하고 있다.

👤 핵심 이해

문단 요약
1 유교의 핵심 덕목으로서의 '인'
2 특수한 상황에서 적절한 도덕 판단을 내리는 능력인 '의'
3 도덕 판단에 대한 정당화된 규칙과 예절로서의 '예'
4 도덕 판단의 진리 가치를 확인하는 인지 능력으로서의 '지'
5 윤리 도덕의 사회화, 객관화 과정에 따른 유교 사상의 중심 변화

중심 화제	4덕(德)

주제	유교의 4덕의 의미와 특징

⭐ 핵심 내용

인	측은지심의 일관된 확대	
⬇ 사회의 복잡화·다원화		
의	도덕 판단을 내리는 능력	윤리 도덕의 사회화, 객관화
⬇ 시대 발전		
예	인에 대한 적절한 형식	
+		
지	도덕 판단의 진리 가치 인식	

실전 문제 정답

01 ④   **02** ⑤   **03** ③

01 세부 정보 파악하기
답 ④

3문단에서 '예'는 '의'를 통해 확립된 판단들에 대해 정당화된 규칙과 예절을 의미한다고 하였다. 이렇게 볼 때, 세세한 항목에 이르기까지 옳은 행위를 구체적으로 적시한 규칙은 '지'가 아니라 '예'이다.

(오답 해결)
① 1문단에서 '유교의 핵심 개념이자 중심 덕목은 인(仁)'이라고 하였다.
② 2문단에서 '주희는 맹자를 해석하면서 '의는 인에 대한 판단'이라며 '특수 상황에서 적절한 도덕 판단을 내리는 능력'으로 해석했다.'라고 하였다.
③ 5문단의 '사회가 보다 복잡화·다원화되는 과정에서 현실 도덕의 무게 중심이 인에서 의로 전환하지 않을 수 없다.'를 통해 확인할 수 있다.
⑤ 1문단의 '측은지심을 우리에게 가까운 사람만이 아니라 그렇지 않은 사람에게까지 일관되게 확대하고자 노력할 때 얻어지는 결과가 인이라고 했다.'라는 내용을 통해 알 수 있다.

02 세부 정보 파악하기
답 ⑤

3문단의 내용으로 볼 때, '예'는 '인'과 '의'에 의해 확립된 판단들에 대한 정당화된 규칙과 예절들을 의미하므로 ⑤가 적절하다.

(오답 해결)
① 2문단에서 '의'는 '특수 상황에서 적절한 도덕 판단을 내리는 능력'이라고 하였다. 따라서 상황에 따라 적절하게 도덕적 판단을 내리는 것은 '의'이다.
② 5문단에서 '예'는 '시소(時所)에 보다 적절한 명시적이고 구체적이며 세목에 걸친 규칙 체계'라고 하였으므로, 때와 장소에 상관없이 고정되어 있다는 설명은 적절하지 않다.
③ 5문단에서 공동체적 유대를 강하게 갖는 작은 집단에 적절한 규범은 '인'이라고 하였다.
④ '인'을 기준으로 한 판단의 진리 가치 여부를 확인하는 것은 '지'이다.

03 구체적 상황에 적용하기
답 ③

3문단에서 '예'는 모든 규칙, 법규, 형식, 관습, 의례 등을 총칭하는 이름으로, '의'에 의해 확립된 판단들에 대한 정당화된 규칙과 예절들을 의미한다고 하였다. 이를 〈보기〉의 상황에 대입하면, 위험에 처한 아이를 구하려는 노력을 해야 한다는 것을 규칙으로 정해 놓는 것이 '예'에 해당하는 행위이다. 따라서 ③에서 제시한 규칙은 '예'의 본질에 부합하는 것이지 '예'가 가진 한계를 극복하기 위한 것이 아니다.

(오답 해결)
① 1문단에서 '맹자는 동정과 사랑의 감정은 인의 단초'라고 하였다. 따라서 우물로 기어가서 빠질지도 모르는 아이를 불쌍하게 여기는 마음은 '인'의 본질에 해당한다고 할 수 있다.
② 2문단에서 '의'는 '도덕 판단으로서 행위자로 하여금 도덕적 실천으로 인도하는 것'이라고 하였다. 이에 따라 〈보기〉에서 우물에 빠진 아이를 구해야 한다고 생각한 것은 '의'가 행해진 것으로 볼 수 있다.
④ 1문단에서 '인'은 '측은지심을 우리에게 가까운 사람만이 아니라 그렇지 않은 사람에게까지 일관되게 확대하고자 노력할 때 얻어지는 결과'라고 하였다. 따라서 자신과 가까운 사람의 아이가 아니라도 〈보기〉와 같은 상황에 처해 있는 아이에게 측은지심이 드는 것이 '인'이라 할 수 있다. 자신과 가깝게 지내던 사람의 아이라서 불쌍하게 여기는 마음이 들었다면 이는 '인'으로 나아가기 전의 '측은지심'에 해당할 뿐이다.
⑤ 4문단에서 '지'는 도덕적 '판단의 진리 가치를 확인하는 것과 관련되는 인지 능력'이라고 하였다. 따라서 위험에 처한 모든 이들을 돕는 것이 가치가 있는 행위임을 인식하는 것은 '지'가 행해진 것으로 볼 수 있다.

⊕ 지식 넓히기   맹자의 사단(四端)

맹자는 사람의 본성에서 우러나오는 네 가지 마음이 있다고 보았는데, 첫 번째가 남을 불쌍히 여기는 측은지심(惻隱之心), 두 번째가 자신의 옳지 못한 행실을 부끄러워하고 남의 옳지 못한 행실을 미워하는 수오지심(羞惡之心), 세 번째가 겸손하여 타인에게 양보하는 마음인 사양지심(辭讓之心), 네 번째가 잘잘못을 분별할 줄 아는 시비지심(是非之心)이다. 이 네 가지의 마음가짐이 사단(四端)인데, 측은지심은 인(仁)에서 우러나오고, 수오지심은 의(義)에서 우러나오며, 사양지심은 예(禮), 시비지심은 지(智)에서 우러나오는 것으로 보았다.

1 오늘날 "저 사람은 영혼이 없어."라는 말은 인간미가 없다는 것을 의미한다. 즉 여기에서 영혼은 물질적인 것이 아닌 정신적인 것을 의미한다고 볼 수 있다. 그러 _{현대에서의 영혼은 정신적인 것을 의미하는 개념임.} 나 오늘날의 이러한 영혼 개념은 고대 그리스 시대의 영혼 개념과는 다른 것이다. _{중심 화제} 고대 그리스 시대에 영혼 개념은 그 의미에 있어서 변화를 겪는다. 그리고 그 변화 ▨▨ : 중심 문장 를 통해서 형성된 영혼 개념이 오늘날 일반적으로 인식되는 의미의 영혼 개념으로 사람들에게 받아들여지게 되었다. ▶ 고대 그리스 시대의 영혼 개념에서 유래한 오늘날의 영혼 개념

2 영혼이라는 말은 고대 그리스 시대 초기에는 고차원적인 정신 활동을 뜻한 것 이 아니라 생명을 뜻했으며 사실 그 ㉠생명 개념조차도 처음에는[지극히 물질적이 ○ : 영혼의 개념 변화 고 단순한 개념이었다. 물질이라고 하더라도, 예컨대 물, 공기, 불 같은 것들은 손 으로 잡을 수가 없는 신비한 것들인데, 영혼은 이런 물질들과 달리[분명한 형태를 가진 감각 가능한 것으로 받아들여졌기 때문이다. 예를 들어, 호메로스의 「일리아 드」에서는 파트로클로스가 사르페돈을 죽이는 장면이 나오는데, 창에 박힌 심장을 동일시 뽑아내는 행위가 영혼을 빼내는 행위라고 표현되어 있다. 그러나 시간이 흐르면서 영혼 개념은 ㉡공기와 같은 신비한 물질로 받아들여지게 된다. 그리스 인들은 공 _{고대 그리스 시대 초기 이후의 영혼 개념} 기가 생명의 호흡에 반드시 필요한 물질이면서 동시에 모든 물질 중에서 가장 가볍 고, 가장 투명하고, 가장 순수하고, 가장 존귀한 물질로 인식하였는데, 영혼 또한 그러하다고 생각했다. ▶ 고대 그리스 시대 초기와 시간이 흐른 후의 영혼 개념

3 [그런데]소크라테스 시대에 이르러 영혼에 대한 완전히 다른 개념이 등장한다. 이제 영혼이라고 하는 것은 신비한 물질이 아니라 물질적인 것과는 완전히 대조되 는, 물질적인 것과는 범주가 아예 다른 어떤 존재로 파악된다. 소크라테스 시대에 와서야 비로소 피시스(physis)와 노모스(nomos)가 분명하게 구분되기 시작하면서 _{소크라테스 시대의 영혼 개념이 이전 시기의 영혼 개념과 다른 범주에 위치하게 되는 이유} 인간은 스스로를 자연 바깥에 위치시키게 된다. 이런 변화 속에서 소크라테스는 물 질, 신체와 대비되는 영혼, 정신이라는 개념을 명확하게 제시한다. 소크라테스의 관점에서, 인간이란 존재는 현실적으로 아주 속된 존재이며, 피상적인 쾌락을 찾는 존재이다. 그러나 소크라테스는 ㉢인간의 진정한 본성이 영혼이라는 것, 그 영혼 _{소크라테스의 영혼 개념} 은 이전의 철학자들이 자연의 세계라는 범주에서 다루었던 존재들과는 전혀 판이 _{소크라테스의 영혼 개념이 지니는 특징 ①} 한 어떤 대상이라는 것, 그 영혼을 갈고닦는 것이 중요하다는 것, 그리고 자신의 영 _{특징 ②} 혼을 더럽히지 않고 고결한 영혼으로 사는 것이야말로 가장 소중하다는 것을 가르 _{특징 ③} 쳤다. ▶ 소크라테스 시대의 영혼 개념

4 이처럼 영혼이 자연에 대비되는 개념이 된 것은, 자연 개념이 문화에 대비되는 _{영혼이 자연에 대비되는 개념이 된 것의 의미 ①} 반쪽으로 전락했음을 뜻할 수도 있지만, 동시에 인간이 자연으로부터 떨어져 나와 자신의 독특한 정신적 잠재력을 분명하게 깨닫게 되었음을 뜻하기도 한다. 고대 그 _{영혼이 자연에 대비되는 개념이 된 것의 의미 ②} 리스 초기에 지배적이었던 영혼 개념의 의미가 소크라테스 시대를 거치며 변화된 양상이 가지는 양면적 가치를 여기에서 확인할 수 있다. ▶ 고대 그리스 시대의 영혼 개념 변화가 지니는 의미

✎ **지문 해설**

이 글은 고대 그리스 시대에 영혼 개념이 어떻게 변화해 왔는지를 설명하고 있다. 글쓴이는 고대 그리스 시대 초기에 영혼은 물질적인 의미를 지니고 있었지만, 점차 물질적인 의미보다는 정신적인 의미를 띠게 되었고, 소크라테스 시대에는 '인간의 진정한 본성'이라는 정신적인 의미로 완전히 굳어지게 되었음을 서술하고 있다. 그리고 이런 변화가 지닌 양면적 의미를 제시하고 있다.

★ **핵심 이해**

문단 요약
1 고대 g리스 시대의 영혼 개념에서 유래한 오늘날의 영혼 개념
2 고대 그리스 시대 초기와 시간이 흐른 후의 영혼 개념
3 소크라테스 시대의 영혼 개념
4 고대 그리스 시대의 영혼 개념 변화가 지니는 의미

⬇

중심 화제	고대 그리스 시대의 영혼 개념

⬇

주제	고대 그리스 시대의 영혼 개념의 변화와 그 의미

★ **핵심 내용**

고대 그리스 시대 초기	생명(분명한 형태를 지닌 감각 가능한 것)

⬇

시간이 흐른 후	공기와 같은 신비한 물질

⬇

소크라테스 시대	인간의 진정한 본성

01 내용 전개 방식 파악하기　　답 ③

이 글은 고대 그리스 시대 초기부터 소크라테스 시대에 이르기까지 '영혼'의 개념이 어떻게 변화했는지에 대해 살펴보고 있다. 즉, 시대의 흐름에 따라 핵심 개념의 변천 과정을 규명하고 있다.

오답 해결

① 이 글은 '영혼'의 개념에 대한 다양한 의견과 '영혼' 개념의 변화 과정을 제시하고 있으나, 이러한 변화의 원인을 다양한 측면에서 분석하고 있지 않다.

② 이 글은 '영혼'의 개념에 대한 다양한 관점을 소개하고 있으나, 이를 변증법적으로 절충하고 있지 않다.

④ 이 글은 일반적인 통념에 대한 의문을 제기하고 있지 않으며, 글쓴이의 주장도 드러나지 않는다.

⑤ 이 글은 문제를 제시하고 있지 않으며, 유사한 상황과 대안도 드러나 있지 않다.

02 세부 정보 파악하기　　답 ③

호메로스의 영혼 개념은 '창에 박힌 심장을 뽑아내는 행위가 영혼을 빼내는 행위라고 표현되어 있다.'에서 확인할 수 있고, 오늘날의 영혼 개념은 '오늘날 "저 사람은 영혼이 없어."라는 말은 인간미가 없다는 것을 의미한다. 즉 여기에서 영혼은 물질적인 것이 아닌 정신적인 것을 의미한다고 볼 수 있다.'에서 확인할 수 있다. 이 두 영혼 개념 사이의 유사점은 이 글에서 찾을 수 없다.

오답 해결

① 1문단의 '고대 그리스 시대에 영혼 개념은 ~ 사람들에게 받아들여지게 되었다.'에서 확인할 수 있다.

② 3문단의 '소크라테스 시대에 와서야 ~ 명확하게 제시한다.'에서 확인할 수 있다.

④ 2문단의 '영혼이라는 말은 ~ 단순한 개념이었다.'와 3문단의 '그런데 소크라테스 시대에 이르러 ~ 존재로 파악된다.'에서 확인할 수 있다.

⑤ 2문단의 '그러나 시간이 흐르면서 ~ 영혼 또한 그러하다고 생각했다.'에서 확인할 수 있다.

03 정보 간 관계 파악하기　　답 ②

2문단에서 생명은 물, 공기, 불처럼 신비하게 여겨지는 물질들과 달리 '지극히 물질적이고 단순'하며 '분명한 형태를 가진 감각 가능한 것'이라고 하였으므로, ㉠이 자연의 신비한 속성을 지니고 있다는 진술은 적절하지 않다.

오답 해결

① 2문단의 '물, 공기, 불 같은 것들은 손으로 잡을 수가 없는 신비한 것들인데, 영혼은 이런 물질들과 달리 분명한 형태를 가진

감각 가능한 것으로 받아들여졌기 때문이다.'를 통해 ㉠이 ㉡과 달리 분명한 형태를 지닌 감각적 대상임을 확인할 수 있다.

③ 2문단의 '영혼이라는 말은 고대 그리스 시대 초기에는 고차원적인 정신 활동을 뜻한 것이 아니라 생명을 뜻했으며 사실 그 생명 개념조차도 처음에는 지극히 물질적이고 단순한 개념이었다.'와 '시간이 흐르면서 영혼 개념은 공기와 같은 신비한 물질로 받아들여지게 된다.'를 통해 ㉠, ㉡이 물질적 범주에 속하는 것임을 확인할 수 있고, 3문단의 '그런데 소크라테스 시대에 이르러 영혼에 대한 완전히 다른 개념이 등장한다. 이제 영혼이라고 하는 것은 신비한 물질이 아니라 물질적인 것과는 완전히 대조되는, 물질적인 것과는 범주가 아예 다른 어떤 존재로 파악된다.'를 통해 ㉢이 물질적 범주를 벗어난 것임을 확인할 수 있다.

④ 3문단의 '그 영혼은 이전의 철학자들이 자연의 세계라는 범주에서 다루었던 존재들과는 전혀 판이한 어떤 대상이라는 것, 그 영혼을 갈고닦는 것이 중요하다는 것, 그리고 자신의 영혼을 더럽히지 않고 고결한 영혼으로 사는 것이야말로 가장 소중하다는 것을 가르쳤다.'를 통해 ㉢이 ㉡과 달리 인간이 함양하고 고양해야 할 대상임을 확인할 수 있다.

⑤ 2문단의 '영혼이라는 말은 고대 그리스 시대 초기에는 고차원적인 정신 활동을 뜻한 것이 아니라 생명을 뜻했으며 사실 그 생명 개념조차도 처음에는 지극히 물질적이고 단순한 개념이었다.'와 2문단의 '그러나 시간이 흐르면서 영혼 개념은 공기와 같은 신비한 물질로 받아들여지게 된다.', 그리고 3문단의 '그러나 소크라테스는 인간의 진정한 본성이 영혼이라는 것'을 통해 ㉠, ㉡, ㉢ 모두 영혼 개념을 설명하고 있음을 확인할 수 있다.

04 반응의 적절성 판단하기　　답 ①

3문단에서 소크라테스는 '영혼을 갈고닦는 것이 중요하다'라고 하였고, Ⓐ도 영혼의 한 부분인 이성을 올바르게 훈련시키는 것을 중시하고 있으므로 소크라테스가 ①과 같이 반응한 것은 적절하다.

오답 해결

② Ⓐ가 신체와 정신을 동일한 것으로 받아들이고 있다는 것은 〈보기〉를 통해서 확인할 수 없다.

③ Ⓐ가 피시스와 노모스의 명확한 구분을 부정하고 있다는 점은 〈보기〉를 통해서 확인할 수 없다.

④ Ⓐ가 인간이 현실적으로 속된 존재라는 점을 간과하고 있다는 것은 〈보기〉를 통해서 확인할 수 없다.

⑤ Ⓐ가 영혼을 세 부분으로 나누어서 설명하고 있다는 것은 확인할 수 있으나, 이성은 배우는 부분이라고 하였으므로 피상적인 쾌락과는 무관하다.

1 삼단 논법은 두 개의 전제와 하나의 결론으로 구성된, 즉 세 개의 기본적인 명제를 가진 연역 추리이다. 삼단이라고 하는 것은 두 개의 명제(전제)로부터 세 번째의 명제(결론)를 이끌어 내기 때문이다. 타당한 삼단 논법에서는 전제가 결론을 함의한다. 왜냐하면 전제가 참일 경우에는 결론이 반드시 참이어야 하기 때문이다.
▶ 삼단 논법의 개념

2 삼단 논법의 일반적 형식에는 범주적, 조건적, 선언적 삼단 논법의 세 가지가 있다. 범주적 삼단 논법은 정언 명제를 포함하고 있다. 정언 명제란 문장에서 주어의 양, 즉 전체와 부분, 그리고 술어의 질, 즉 긍정과 부정을 고려하여 만들어진 명제이다. 여기서 주어가 범주의 모든 원소를 가리키는 경우를 전칭 명제, 일부 원소를 가리키는 경우를 특칭 명제라고 한다. 또한 술어가 긍정일 경우 긍정 명제, 부정일 경우 부정 명제라고 한다. 그러므로 '모든 S는 P이다.'는 전칭 긍정 명제가 되며, '어떤 S는 P가 아니다.'는 특칭 부정 명제가 되는 것이다. 이 중 원소 모두를 가리키는 경우를 주연이라고 하며 적어도 하나의 원소를 가리키는 경우를 부주연이라고도 한다. 타당한 범주적 삼단 논법에서는 전제에서 부주연된 개념을 결론에서 주연시켜서는 안 된다. 예를 들어 ㉠'모든 고래는 포유동물이다. → 어떤 고양이는 포유동물이 아니다. → 모든 고양이는 고래가 아니다.'라는 삼단 논법은 타당하지 못하다. 부주연된 어떤 고양이가 결론에서 주연되었기 때문에 전제가 결론을 함의하지 못하는 것이다.
▶ 범주적 삼단 논법의 개념과 특징

3 조건적 삼단 논법은 '만약에 ~ 라면', '그렇다면 ~ 이다.'란 조건문의 형식을 취하는 삼단 논법이다. 여기서 '만약'에 해당하는 절은 전건을, '그렇다면'에 해당하는 절은 후건을 가리킨다. 조건적 삼단 논법의 타당한 형식은 전건을 긍정하거나 후건을 부정하여 결론을 이끌어 낸다. 따라서 '만약에 먹구름이 생기면 비가 올 것이다. → 먹구름이 생겼다. → 비가 올 것이다.'라는 명제는 전건을 긍정하여 결론을 이끌어 내는 삼단 논법이다. 조건적 삼단 논법이 타당성을 갖추려면 전건을 부정하고 후건을 긍정해서는 안 된다. 위 예문에서 먹구름이 생기지 않았으니 비가 올 것이라고 하는 것은 이치에 맞지 않는 것이다. 마찬가지로 전건을 긍정하고 후건을 부정하는 형식도 타당하지 못하다. 조건적 삼단 논법이 타당한 형식을 갖추었다고 해도 근본적인 한계는 있다. 전건을 부정했을 경우, 결론을 증명하기가 힘들기 때문이다. 위 예문의 경우 먹구름이 생기지 않았다고 해도 여전히 비가 올 가능성은 있는 것이다. 그러므로 조건적 삼단 논법이 의미 있는 결론을 이끌어 내기 위해서는 '오로지 이 경우에만'으로 시작되는 전건이 필요하다.
▶ 조건적 삼단 논법의 개념과 특징

4 선언적 삼단 논법은 '~이거나 아니면~'이라는 명제로 시작하여, 선택할 수 있는 것들 중 하나를 선택하거나 거부하고서, 다른 하나에 관한 결론에 이르는 논법이다. 따라서 다음의 예문은 선언적 삼단 논법에 해당한다. '우리는 해변으로 가거나 아니면 카드놀이를 할 것이다. → 우리는 카드놀이를 하지 않을 것이다. → 우리

지문 해설

이 글은 연역적 추리법의 대표적인 방식 중 하나인 삼단 논법에 대해 설명하고 있다. 먼저 삼단 논법의 개념을 정의한 다음 일반적 형식에 따라 범주적, 조건적, 선언적 삼단 논법으로 나누어 그 특징을 제시하고 있다. 각각의 삼단 논법에서 쓰이는 용어와 삼단 논법이 타당하기 위한 조건 등을 구체적으로 설명하고 있는 글이다.

핵심 이해

문단 요약
1 삼단 논법의 개념
2 범주적 삼단 논법의 개념과 특징
3 조건적 삼단 논법의 개념과 특징
4 선언적 삼단 논법의 개념과 특징

중심 화제	삼단 논법

주제	삼단 논법의 종류와 특징

핵심 내용

삼단 논법	두 개의 전제와 하나의 결론으로 구성된 연역 추리

삼단 논법의 종류	
범주적 삼단 논법	정언 명제를 포함한 삼단 논법
조건적 삼단 논법	조건문의 형식을 취하는 삼단 논법
선언적 삼단 논법	선택 또는 거부를 통해 결론에 이르는 삼단 논법

는 해변으로 갈 것이다'. 주의할 점은 선언적 삼단 논법에 사용되는 '거나'의 의미이다. 일상 언어에서 '거나'는 '이것이나 저것이긴 하지만 둘은 아니다.'라는 의미로 사용된다. 하지만 논리학에서 그 의미는 '이것이나 저것이나 둘 다이다.'라는 의미

선언적 삼단 논법에서 '거나'의 의미

이다. 따라서 선언적 삼단 논법은 명확한 결론을 도출해 낼 수 없는 경우가 있다. 위 예문의 경우 해변에 가서도 카드놀이를 할 수 있다는 결론이 나올 수 있기 때문이다. 결국 ⓒ선언적 삼단 논법은 서로 양립할 수 없는 선택이 제시된 경우에만 타당한 결론이 허용된다.

▶ 선언적 삼단 논법의 개념과 특징

실전 문제 정답

01 ③　　**02** ③　　**03** ②　　**04** ④

---

01 논지 전개 방식 파악하기　답 ③

이 글은 삼단 논법의 종류를 일반적인 형식에 따라 범주적, 조건적, 선언적 삼단 논법으로 나누어 설명하고 있으며, 구체적인 문장을 사례로 제시하여 각각의 삼단 논법의 형식적 특징과 추리의 타당성을 갖추기 위한 조건 등을 설명하고 있다.

오답 해결

① 서로 비슷하다는 것을 근거로 다른 속성도 유사할 것이라고 추론하는 유추의 설명 방식은 나타나 있지 않다.

② 삼단 논법이 변화한 과정을 설명한 부분은 나타나 있지 않다.

④ 삼단 논법을 다른 대상과 비교하고 있지 않다.

⑤ 삼단 논법에 대한 다양한 견해를 제시한 부분은 나타나 있지 않다.

02 구체적 상황에 적용하기　답 ③

㉠은 전제에서 부주연된 '어떤 고양이'가 결론에서 '모든 고양이'로 주연되었기 때문에 논리적으로 옳지 못한 사례이다. ③ 또한 전제에서 부주연된 '어떤 남자'가 결론에서 '모든 남자'로 주연되었으므로 ㉠과 같은 논리적 오류를 범한 사례라고 할 수 있다.

오답 해결

① 전제에서 부주연된 개념이 제시되지 않았으므로, ㉠과 같은 논리적 오류에 해당하지 않는다.

② 전제에서 부주연된 개념은 '어떤 인간'인데, 이것이 결론에서 주연된 경우가 아니므로, ㉠과 같은 논리적 오류에 해당하지 않는다.

④ 전제와 결론 모두 부주연된 개념만 제시되어 있으므로, ㉠과 같은 논리적 오류에 해당하지 않는다.

⑤ 전제에서 부주연된 개념은 '어떤 고등학교 학생'인데, 이것이 결론에서 주연된 경우가 아니므로, ㉠과 같은 논리적 오류에 해당하지 않는다.

03 구체적 상황에 적용하기　답 ②

3문단에서 전건을 긍정하고 후건을 부정하는 형식은 타당성을 갖출 수 없다고 하였다. 따라서 후건인 '썰매장에 갈 것이다.'를 부정한 상태에서 전건을 긍정하면 타당한 형식이 될 수 없다.

오답 해결

① 3문단에서 '만약'에 해당하는 절이 전건이라고 하였으므로, '눈이 오면'이 전건에 해당한다. 두 번째 전제에서 '눈이 오지 않았다.'라고 하여 전건을 부정하는 형식을 취하고 있다.

③ 3문단에서 '만약 ~라면', '그렇다면 ~이다.'의 조건문 형식을 취하는 것이 조건적 삼단 논법이라고 하였다.

④ 3문단에서 '조건적 삼단 논법이 타당성을 갖추려면 전건을 부정하고 후건을 긍정해서는 안 된다.'라고 하였다. 따라서 전건을 부정하면 후건을 부정해야 타당한 형식을 갖추게 된다.

⑤ 3문단에서 '오로지 이 경우에만'으로 시작되는 전건이 필요하다.'라고 하였다. 이에 따라 의미 있는 결론을 위해 '오직 눈이 올 경우에만'이라는 전건을 제시할 수 있다.

04 논리적 관계 추론하기　답 ④

4문단에 따르면 논리학에서 '거나'는 '이것이나 저것이나 둘 다이다.'의 의미라고 하였다. 이에 따라 '우리는 해변으로 가거나 아니면 카드놀이를 할 것이다.'를 첫 번째 전제로 제시할 때, '우리는 카드놀이를 할 것이다.'를 두 번째 전제로 제시할 경우 '우리는 해변으로 가서 카드놀이를 할 것이다.'라는 결론이 나올 수 있다. 이와 같이 첫 번째와 두 번째 전제가 모두 긍정 명제일 경우 명확한 결론을 이끌어 내기 어렵다.

오답 해결

①, ⑤ 두 전제의 주어가 범주의 모든 원소나 일부 원소를 가리킨다고 해서 명확한 결론을 내릴 수 없는 것은 아니다.

② 첫 번째 전제가 긍정 명제인 경우 두 번째 전제가 부정 명제이면 명확한 결론을 도출해 낼 수 있다.

③ 4문단에 제시된 예문과 같이 두 번째 전제가 부정 명제인 경우 명확한 결론을 도출해 낼 수 있다.

1 과거 그리스와 로마의 철학자들이 분노에 주목한 이유 중 하나는 분노와 행복이 밀접한 관계가 있다고 생각했기 때문이다. 그중 이성적인 인간뿐만 아니라 분노할 때 분노할 수 있는 인간이 행복할 수 있다고 본 ㉠아리스토텔레스는 부당한 모욕에 대해 무감각한 인간은 자신의 자존감을 세우지 못하므로 결과적으로 도덕적 주체가 될 수 없다고 말한다. 그는 분노를 야기한 모욕이 자신의 가치와 정당한 몫을 훼손시키거나 부정했다는 지적인 판단을 거치고, 그러한 부당함이 하나의 분명한 사실로서 공인된 경우, 마땅히 분노해야 한다고 본다. 물론 이 경우에도 아리스토텔레스는 '마땅한 일로, 마땅한 때에, 마땅한 대상에게, 마땅한 방식으로, 마땅한 목적을 위해 화를 내는' 중용에 따른 분노여야 도덕적 차원에서 정당화될 수 있고, 정당화된 분노라면 인간의 삶과 공동체에 긍정적인 영향을 미친다고 주장한다. 하지만 그는 분노를 발생시킨 모욕이 어떤 불가피한 상황 속에서 의도적이지 않게 이루어진 것이거나 모욕을 준 사람이 자신의 잘못을 인정하고 뉘우치는 경우에는 분노보다는 용서가 이루어져야 함을 인정한다. ▶ 아리스토텔레스의 분노에 대한 견해

2 [반면에] 스토아학파인 ㉡세네카는 아리스토텔레스와 그 계승자들의 분노론을 비판한다. 세네카는 분노를 광기처럼 인간이 이성과 조언에 귀를 기울이지 않고, 격분하여 정의와 진리를 구분하지 못하게 하는 악으로 보고 행복을 위해서는 이를 완전히 제거해야 함을 강조한다. 세네카는 우리 모두가 같은 상황에서 같은 악행을 범할 수 있음을 인정하고 모욕을 준 상대방의 입장에서 상황을 재구성해 판단해야 하며, 부당한 대우와 같은 상대방의 행위가 분명히 부정의한 인격적 모독인 경우에도 악행자에 대한 처벌이나 복수가 아니라 용서와 관용이 적절한 대처법이라고 말한다. 그에 의하면 악행을 범한 자들은, 마치 환자나 광인처럼 인간적인 성질을 상실하거나 실수로 그러한 행위를 한 것으로 볼 수 있기 때문이다. 그렇기 때문에 세네카는 분노의 뿌리를 완전히 뽑아 분노로부터 우리가 자유로워져야 하며, 분노가 아닌 용서를 통해 자신의 최고선을 실현해야 한다고 주장하는 것이다. ▶ 세네카의 분노에 대한 견해

3 [한편,] 행복을 위해 '자연적이며 필수적인 욕구'를 추구하는 에피쿠로스학파 중 필로데모스는 분노를 단적으로 선이나 또는 악으로 규정해서는 안 된다고 말한다. 그는 분노를 '자연적 분노'와 비자연적인 '@헛된 분노'로 나누고 전자는 인정하고 후자는 부정한다. 왜냐하면 좋은 성향을 갖고 사태의 본질과 악행의 크기와 손해를 올바르게 평가한 것을 근거로 한 '자연적 분노'는, 현자의 분노이며 이는 곧 선이라고 보았지만, 타락한 성향을 갖고 사태에 대한 잘못된 판단이나 믿음으로 인한 '헛된 분노'는, 곧 악이라고 보았기 때문이다. [예를 들면] 제자의 올바르지 못함을 솔직하게 비판하고 벌을 주는 현자의 가르침은 제자들에 대한 사랑에서 비롯된 분노이므로 그는 이를 '자연적 분노'로 보는 것이다. 이렇듯 분노를 두 종류로 구분한 필로데모스는 아리스토텔레스 철학을 계승하여 분노를 긍정적으로만 보는 페리파토스학파나 분노 무용론을 주장하는 스토아학파에 대해 ⓑ비판적인 견해를 제시하기도 하였다. ▶ 필로데모스의 분노에 대한 견해

📝 지문 해설

이 글은 고대 그리스와 로마의 철학자인 아리스토텔레스, 세네카, 필로데모스의 분노에 대한 견해를 비교하고 있다. 글쓴이는 중용에 따른 분노는 도덕적으로 정당하다고 본 아리스토텔레스의 견해, 분노를 악으로 보고 행복을 위해 분노를 완전히 제거해야 한다고 주장한 세네카의 견해, 분노를 선한 분노인 '자연적 분노'와 악한 분노인 '헛된 분노'로 구분하고 선한 분노만을 인정한 필로데모스의 견해에 대해 설명하고 있다.

📖 핵심 이해

문단 요약
1 아리스토텔레스의 분노에 대한 견해
2 세네카의 분노에 대한 견해
3 필로데모스의 분노에 대한 견해

↓

중심 화제	분노

↓

주제	아리스토텔레스, 세네카, 필로데모스의 분노에 대한 견해

⭐ 핵심 내용

아리스토텔레스	중용에 따른 분노는 정당하며, 정당화된 분노는 인간의 삶과 공동체에 긍정적인 영향을 미침.

↓

세네카	분노는 악이므로, 행복을 위해 분노를 제거해야 함.

↓

필로데모스	분노를 '자연적 분노'와 '헛된 분노'로 나누고 전자는 선으로, 후자는 악으로 규정함.

내용으로 볼 때, ㉠과 ㉡ 모두 허름한 옷차림 때문에 부당한 대우를 받은 B가 모욕감을 느낄 수 있다고 생각할 것이다.

01 세부 정보 파악하기   답 ④

1문단의 내용으로 보아 아리스토텔레스가 긍정적으로 평가한 분노는 '마땅한 일로, 마땅한 때에, 마땅한 대상에게, 마땅한 방식으로, 마땅한 목적을 위해 화를 내는' 중용에 따른 분노임을 알 수 있다. 따라서 아리스토텔레스가 사랑을 바탕으로 한 분노를 긍정적으로 평가했다는 진술은 적절하지 않다.

오답 해결

① 1문단에서 아리스토텔레스는 '분노를 야기한 모욕이 자신의 가치와 정당한 몫을 훼손시키거나 부정했다는 지적인 판단을 거치고, 그러한 부당함이 하나의 분명한 사실로서 공인된 경우, 마땅히 분노해야 한다.'라고 하였다.
② 2문단에서 세네카는 '우리 모두가 같은 상황에서 같은 악행을 범할 수 있음을 인정하고', 용서와 관용으로 분노의 뿌리를 완전히 뽑아 분노로부터 자유로워져야 한다고 하였다.
③ 3문단에서 필로데모스는 사람의 성향에 따라 분노를 '자연적 분노'와 '헛된 분노'로 구분하고 있다.
⑤ 과거 그리스와 로마의 철학자들이 분노에 주목한 이유 중 하나는 분노와 행복이 밀접한 관계가 있다고 생각했기 때문이다. 아리스토텔레스는 분노할 때 분노할 수 있는 인간이 행복할 수 있다고 보았고, 세네카는 행복을 위해서 분노를 제거해야 한다고 강조했으며, 필로데모스는 행복을 위해 자연적이며 필수적인 욕구를 추구하는 에피쿠로스학파에 속하는 사람으로 분노를 단적으로 선이나 악으로 규정해서는 안 된다고 하였다.

02 구체적 상황에 적용하기   답 ⑤

2문단의 '상대방의 행위가 분명히 부정의한 인격적 모독인 경우에도 악행자에 대한 처벌이나 복수가 아니라 용서와 관용이 적절한 대처법이라고 말한다.'로 볼 때, ㉡은 B의 행동을 부정적으로 평가할 것이다.

오답 해결

① 친구 때문에 화가 난 A가 어머니께 화를 낸 것이므로 ㉠의 입장에서 A의 분노는 '마땅한 대상에게' 화를 낸 것이 아니므로 정당화될 수 없다.
② 용서와 관용을 중시하는 ㉡은 A가 친구의 부당한 행위에 대해서 분노하지 않은 것을 긍정적으로 평가할 것이다.
③ ㉠은 친구가 약속을 어긴 것이 불가피한 상황 속에서 의도적이지 않게 이루어졌으므로 A가 친구를 용서해야 한다고 생각할 것이다.
④ 1문단의 '분노를 야기한 모욕이 자신의 가치와 정당한 몫을 훼손시키거나 부정했다는 지적인 판단', 2문단의 '부당한 대우와 같은 상대방의 행위가 분명히 부정의한 인격적 모독인 경우'와 같은

03 구체적 사례에 적용하기   답 ③

3문단에서 '타락한 성향을 갖고 사태에 대한 잘못된 판단이나 믿음으로 인한' 분노를 '헛된 분노'라고 하였다. ③에서 길을 걸으면서 음식을 먹는 사람이 음식물 쓰레기를 함부로 버릴 것이라고 판단할 근거가 없으므로 청소부가 보인 분노는 잘못된 판단으로 인한 '헛된 분노'에 해당한다.

오답 해결

①, ②, ④, ⑤ 3문단에서 '좋은 성향을 갖고 사태의 본질과 악행의 크기와 손해를 올바르게 평가한 것을 근거로 한' 분노를 '자연적 분노'라고 하였다. 직장 상사와 어르신, 유권자와 시민의 경우 특정한 상황에서 발생한 문제점을 타당하게 지적하고 있으므로, '자연적 분노'에 해당한다.

04 세부 내용 추론하기   답 ②

3문단에서 '필로데모스는 분노를 단적으로 선이나 또는 악으로 규정해서는 안 된다고 말한다. 그는 분노를 '자연적 분노'와 비자연적인 '헛된 분노'로 나누고 전자는 인정하고 후자는 부정한다.'라고 하였다. 이러한 내용으로 볼 때, 필로데모스는 분노를 긍정적으로만 보았던 페리파토스학파에 대해서는 '헛된 분노'의 역기능을 간과하고 있다고 비판할 수 있고, 분노를 완전히 제거해야 한다고 생각하는 스토아학파에 대해서는 필로데모스가 선이라고 인정한 '자연적 분노'까지 부정하는 점을 비판할 수 있다.

오답 해결

① 3문단에서 페리파토스학파는 분노를 긍정적으로만 본다고 하였고, 2문단에서 스토아학파인 세네카는 분노를 모두 악으로 본다고 하였다. 따라서 페리파토스학파와 스토아학파가 분노를 구분하고 있다는 진술은 적절하지 않다.
③ 페리파토스학파가 자기 방어를 위한 분노의 필요성만을 주장했는지는 이 글에서 확인할 수 없다. 스토아학파인 세네카는 개인적인 분노의 한계를 언급하고 있지 않다.
④ 페리파토스학파는 분노를 선으로, 스토아학파는 분노를 악으로 단적으로 규정했다. 그러므로 페리파토스학파가 '자연적 분노'와 '헛된 분노'를 혼동하고 있고, 스토아학파가 '자연적 분노'와 '헛된 분노'의 차이점만을 강조하고 있다는 진술은 적절하지 않다.
⑤ 필로데모스 입장에서는 페리파토스학파가 분노의 유용성을 간과한 것이 아니라 그것만을 강조하고 있다는 점을 비판할 수 있다.

본문 63~65쪽

1 공공 선택 이론은 경제학적 방법을 이용해 공공 부문에 대한 의사 결정을 분석하는 것으로, 기본적으로 합리적 선택을 가정한다. 즉 사람은 자신의 개인적 이익을 우선시하며 현재보다 나은 상황을 위해 계산된 선택을 하게 된다는 것이다. 이
　　　　　　　공공 선택 이론의 전제
러한 가정에 따라 유권자가 투표에 참여하는 것보다 참여하지 않는 것이 더 합리적
: 중심 문장
선택이라는 것을 합리적 기권이라고 한다. ▶ 공공 선택 이론에서 합리적 기권의 의미
　　　　　　　　중심 화제

2 다운즈는 합리적인 유권자가 투표에 참여할 것인가를 결정하는 상황을 $R = p \times B - C$로 모형화하였다. 이때 R은 유권자가 투표에 참여함으로써 얻는 이득을, p는
미국의 정책 분석가, 경제학자
유권자의 한 표가 자신이 선호하는 후보자를 당선시키는 데 기여할 수 있는 확률을, B는 유권자 자신이 선호하는 후보자가 당선됨으로써 얻을 수 있는 효용을, 그리고 C는 유권자가 투표에 참여함으로써 지불해야 하는 비용을 의미한다. 다운즈에 따르면 유권자는 R>0인 경우 투표하고 R<0인 경우 기권하게 된다. 투표에 참
유권자가 투표 참여 여부를 결정하는 기준
여함으로써 지불해야 하는 비용(C)은 미미하긴 하지만 0보다 큰 값을 가진다. 유권자는 투표소까지 가기 위해 발품을 팔거나 투표소 앞에서 기다려야 하기 때문이다.
투표 참여를 위해 유권자가 지불하는 비용
한편 유권자는 자신이 선호하는 후보자가 당선됨으로써 얻게 되는 효용(B)을 개인에 따라 다르게 느낄 수 있다. 그러나 유권자 개인의 한 표는 수십만이나 수백만의 유권자 가운데 한 표에 불과하므로 유권자가 자신의 표를 행사함으로써 선호하는 후보자를 당선시키는 데 기여하는 확률은 거의 0에 가깝다. 따라서 개별 유권자는 자신이 선호하는 후보자의 당선을 통해 얻을 수 있는 효용(B)이 아무리 크다 할지
유권자의 한 표가 자신이 선호하는 후보자를 당선시키는 데 기여할 수 있는 확률이 0에 가깝기 때문에
라도 $p \times B$의 값은 0에 가까워지게 된다. 반면 유권자가 투표에 참여하면서 지불해야 하는 비용은 분명히 0보다 큰 값을 지니므로, [유권자의 투표 참여 여부를 결정
　　　　　　　　　　　　　합리적인 유권자가 투표에 참여하지 않는 이유(R<0이기 때문에)
하는 전체적인 이득, R은 0보다 작은 값이 된다. 따라서 이러한 것을 고려하는 개인은 투표에 참여하기보다는 기권하게 되는 것이다.] ▶ 합리적 기권을 설명하는 다운즈의 모형

3 이와 같은 합리적 기권의 가능성에도 불구하고 현실적으로 다수의 유권자들이
다운즈의 모형만으로 설명되지 않는 유권자들의 투표 참여 현상에 대한 의문 제기
선거에 참여하는 것은 어떻게 설명할 것인가? 이를 설명하기 위해 ⊙라이커와 오데슉
　　　　　　　　　　　　　　　　　　　　　미국의 정치학자들
은 다운즈의 모형에 유권자 개인이 투표 참여라는 공적 의무를 이행함으로써 얻게
　　　　　　　　　　　　　라이커와 오데슉의 모형이 다운즈의 모형과 다른 점
되는 심리적, 공적 효용(D)을 추가하여 $R = p \times B - C + D$ 모형을 제시하였다. 이는 투표 행위 자체와 관련된 요인 이외의 투표 행위 외적 요인을 고려함으로써 때때로 투표 참여에 따른 비용을 넘어서는 이익(R)이 발생할 수 있음을 고려한 것이다. 즉
　　　　　　　　　　　　　　라이커와 오데슉의 모형의 특징
〈유권자가 투표 참여와 같은 의무 이행으로 얻게 되는 효용이 비용을 초과하는 경우
현실에서 합리적 기권보다는 투표 참여가 많은 이유
이득이 0보다 커져 유권자는 기권보다는 자신이 선호하는 후보자에게 투표하게 된다는 것이다.〉 ▶ 합리적 기권이 지닌 문제를 해결하기 위한 라이커와 오데슉의 모형

4 공공 선택 이론에서의 ⓐ합리적 기권이 현실과 다르다는 문제를 지니고 있고,
다운즈의 모형만으로 설명되지 않는 유권자들의 투표 참여 현상에 대한 의문 제기
이를 해결하기 위한 논의도 진행되고 있다. 그러나 이러한 문제에도 불구하고 합리
대표적인 예 - 라이커와 오데슉의 모형
적 기권 이론은 특정 유형의 유권자, 다시 말해 앞에서 고려된 요인을 중심으로 자신의 투표 참여 여부를 결정하고자 하는 유권자들이 선거 당일 투표하지 않게 하는
　　　　　　　　　　　　　　　　　　　　　　　　합리적 기권 이론의 의의
유인이 있을 수 있다는 것을 보여 준다는 점에서 의미가 있다.
▶ 합리적 기권 이론이 지닌 의의

지문 해설

이 글은 공공 선택 이론에서 제시한 합리적 기권에 대해 설명하고 있다. 글쓴이는 다운즈 모형을 활용하여 합리적인 유권자가 투표 참여 여부를 결정하는 상황을 설명하며, 합리적인 유권자라면 투표에 기권할 것임을 제시하고 있다. 하지만 합리적 기권이 현실에서는 잘 나타나지 않는 모순을 제시한 후, 이를 해결하기 위한 논의로 라이커와 오데슉의 모형을 소개하고 있다. 이러한 논의를 바탕으로 합리적 기권 이론이 갖는 의의를 설명하고 있다.

핵심 이해

문단 요약

1 공공 선택 이론에서 합리적 기권의 의미

2 합리적 기권을 설명하는 다운즈의 모형

3 합리적 기권이 지닌 문제를 해결하기 위한 라이커와 오데슉의 모형

4 합리적 기권 이론이 지닌 의의

↓

중심 화제	합리적 기권

↓

주제	합리적 기권 이론의 특징과 의의

핵심 내용

합리적 기권 이론	다운즈의 모형
합리적 기권 이론의 모순	현실에서는 다수의 유권자가 투표에 참여함.
모순 해결을 위한 논의	라이커와 오데슉의 모형
합리적 기권 이론의 의의	유권자가 투표하지 않는 유인이 있음을 보여 줌.

01 ③	02 ③	03 ④	04 ②

01 중심 화제 파악하기 답 ③

3문단에서 합리적 기권이 지니는 모순을 해결하기 위해 제시된 라이커와 오데슉 모형을 설명하고 있지만, 그 모형이 지니는 한계에 대해서는 언급하고 있지 않다.

오답 해결

① 1문단의 '이러한 가정에 따라 유권자가 투표에 참여하는 것보다 참여하지 않는 것이 더 합리적 선택이라는 것을 합리적 기권이라고 한다.'에서 확인할 수 있다.

② 4문단의 '앞에서 고려된 요인을 중심으로 자신의 투표 참여 여부를 결정하고자 하는 유권자들이 선거 당일 투표하지 않게 하는 유인이 있을 수 있다는 것을 보여 준다는 점에서 의미가 있다.'에서 확인할 수 있다.

④ 2문단과 3문단에 제시된 모형들에 대한 설명을 통해 확인할 수 있다.

⑤ 3문단의 '라이커와 오데슉은 다운즈의 모형에 유권자 개인이 투표 참여라는 공적 의무를 이행함으로써 얻게 되는 심리적, 공적 효용(D)을 추가하여 'R=p×B−C+D' 모형을 제시하였다.'에서 확인할 수 있다.

02 세부 내용 추론하기 답 ③

다운즈 모형에서는 p의 값은 거의 0에 가깝기 때문에 'p×B'의 값 역시 0에 가까워지고, 투표로 인해 발생하는 비용은 0보다 크기 때문에 'R<0'이라고 설명하고 있다. 따라서 유권자가 투표하여 얻는 이득(R)이 유권자의 한 표가 가지는 영향력(p)에 반비례한다는 진술은 적절하지 않다.

오답 해결

① 국회 의원 선거보다 전국적으로 이루어지는 대통령 선거의 경우 유권자의 수가 더 많으므로 유권자 개인의 한 표가 후보자의 당선에 기여할 수 있는 확률(p)은 더 작음을 알 수 있다.

② 투표를 위해 가족 여행을 취소하는 것은 유권자가 투표를 위해 양보해야 하는 것에 해당하므로 투표 참여로 인해 발생한 비용이라 할 수 있다.

④ 다운즈 모형에 따르면 '유권자가 자신의 표를 행사함으로써 선호하는 후보자를 당선시키는 데 기여하는 확률은 거의 0에 가'까우므로 B의 값이 아무리 크다 하더라도 'p×B'의 값은 거의 0에 가깝게 됨을 알 수 있다.

⑤ 후보자가 내세운 공약이 유권자에게 유리하다면 유권자는 이 후보가 당선되었을 때 이익을 얻을 수 있다. 따라서 유권자는 이 후보를 선택함으로써 얻을 수 있는 B를 크게 느낄 것이다.

03 의도와 관점 추론하기 답 ④

㉠은 다운즈 모형에 투표 참여라는 공적 의무를 이행함으로써 얻게 되는 심리적, 공적 효용을 추가한 모형을 제시하였다. 〈보기〉의 ㉡은 모든 사람이 투표하지 않는 경우 유권자 개인의 투표가 선거 결과에 결정적인 영향을 줄 것으로 생각하고, 모든 사람이 투표하는 경우 유권자 개인의 투표가 선거 결과에 영향을 주지 못할 것이라고 생각하여 자신의 투표 참여 여부를 결정한다고 하였다. 따라서 ㉡은 ㉠과 달리 유권자가 자신의 투표가 영향력이 있거나 없다고 주관적으로 평가하는 것을 고려하고 있음을 알 수 있다.

오답 해결

① ㉠은 '유권자가 투표 참여와 같은 의무 이행으로 얻게 되는 효용이 비용을 초과하는 경우 이득이 0보다 커져' 유권자가 투표하게 된다고 설명하고 있다. 또한 ㉡은 투표 참여의 '비용이 이익보다 크다고 생각하는 사람들은 투표하지 않는다고 하였다. 따라서 ㉠과 ㉡ 모두 유권자들이 비용과 이익의 관계를 고려해 투표 참여를 결정하는 것으로 보고 있음을 알 수 있다.

② 타인의 투표 참여 여부가 유권자 개인의 투표 참여에 영향을 미친다고 본 것은 ㉡이다.

③ ㉠은 투표 참여라는 공적 의무를 이행함으로써 얻게 되는 효용을 고려하고 있다. ㉠이 투표 참여나 불참의 결정이 이루어진 후 발생하는 사후적 요인을 고려하고 있는 것이다.

⑤ ㉡의 경우 유권자들의 한 표가 갖는 영향력이 클 경우를 고려하였으나, ㉠과 ㉡ 모두 유권자의 한 표가 행사하는 영향력을 높이 평가하고 있지는 않다.

04 세부 정보 파악하기 답 ②

3문단의 '이와 같은 합리적 기권의 가능성에도 불구하고 현실적으로 다수의 유권자들이 선거에 참여하는 것은 어떻게 설명할 것인가?'로 보아, '합리적 기권이 현실과 다르다'는 문제는 다운즈의 이론과 달리 현실에서는 투표에 참여하는 유권자가 많은 것을 의미한다고 할 수 있다.

오답 해결

① 이 글의 내용에서 현실에서 투표를 행사할 기회가 적다는 언급은 찾을 수 없다.

③ 이 글의 내용에서 현실에서는 투표소 앞에서 기다리는 시간이 짧다는 언급은 찾을 수 없다.

④ 이 글의 내용에서 현실에서 투표에 기권하면 행정적인 불이익이 발생한다는 언급은 찾을 수 없다.

⑤ 2문단의 '투표에 참여함으로써 지불해야 하는 비용(C)은 미미하긴 하지만 0보다 큰 값을 가진다'에서 투표에 참여함으로써 지불해야 하는 비용이 많지 않음을 알 수 있다.

1 케인즈는 경제에서 생산하고 소비되는 하나의 국면을 국민 경제의 순환 모형으로
　　: 중심 문장　　　　　　　　　　　　　　　　　　　　　　　중심 화제
제시했다. 여기서 생산하는 주체이면서 생산 요소를 구매하는 경제 주체인 기업은 노동, 자본, 토지를 수요해 재화와 서비스를 생산하고 이를 가계에 공급한다. 또한 재화를 구매하는 주체이면서 생산 요소(노동)를 공급하는 경제 주체인 가계는 자신들이 공급한 노동, 자본, 토지에 대한 대가로 임금, 이자, 지대를 지급받아 이 돈을 가지고 기업이 공급하는 재화와 서비스를 소비한다. 정부는 가계와 기업에서 세금을 거두어 그것으로 재화와 서비스를 구입한다. 이 재화와 서비스는 공공 투자나 그 밖의 정부에 의한 서비스를 위해 사용된다. 국민 경제 순환 모형은 이처럼 경제에서 기업과 가계는 모두 수요자도 되고 공급자도 되어 재화와 화폐가 끊임없이 순환한다고 본다.
▶ 케인즈가 제시한 국민 경제의 순환 모형

2 케인즈는 이 모형에서 소득의 순환으로부터 빠져나가 국민 소득(구매력)의 크기를 줄이는 요인을 누출이라고 하고, 순환 과정에 새로 들어와 국민 소득의 크기를 늘리는 요인을 주입이라고 하였다. 국민 소득을 감소시키는 누출에는 저축, 조세 등이 있으며 국민 소득을 증가시키는 주입에는 투자, 정부 지출 등이 있다. 여기서 저축이라 함은 소득 중에서 소비하고 남은 금액이며, 투자는 기업이 생산을 위해 구매하는 생산 요소에 대한 지출이다. 그러므로 저축은 생산물에 대한 구매의 형태로 지
　　　　　　　　　'저축'의 개념　　　　　　　　　　　　'투자'의 개념
출되지 않기 때문에 그만큼 기업의 판매 수입을 감소시키고 그 결과 생산 요소의 구
　　　　　　　　　　　　　　　　　　　　　　　　『 』: 저축을 누출이라고 보는 이유
매를 감소시키므로 누출이라고 보는 것이며, 투자는 『생산물을 생산하기 위해 필요한 생산 요소를 구매하기 위한 지출이라는 점에서 주입이라고 보는 것이다.』 따라서
　　　　　　　　　　　　　　　　『 』: 투자를 주입이라고 보는 이유
저축이 모두 투자로 지출된다면 총공급과 총수요가 일치하게 되어 국민 경제가 잘 순환하게 된다. 그런데 저축이 모두 투자 지출로 전환된다는 보장이 있을까?
▶ 케인즈가 생각한 누출과 주입의 요소

3 고전학파는 이자율로 인해 저축이 모두 투자로 이어지기 때문에 총공급과 총수요가 일치할 것이라고 주장한다. 이자율은 저축을 했을 경우의 기회비용이 되기 때문에 경제가 활성화하여 이자율이 올라가면 사람들은 저축을 더 하게 되고, 이자율이 내려가면 저축을 줄이게 된다. 반대로 이자율이 올라가면 투자는 ⓐ줄고, 이자율이 내려가면 투자는 늘게 된다. 기업은 은행에서 대출을 받아 투자를 하므로 대출금에 대한 이자율은 기업의 비용이 되기 때문이다. 그러므로 경기 순환에 따라 이자율이 변동하며 이 과정에서 저축이라는 누출이 투자라는 유입으로 언젠가는 반드시 들어오게 된다는 것이다.
▶ 이자율로 인해 총공급과 총수요가 일치할 것이라고 주장한 고전학파

4 이에 대해 케인즈는 저축이 이자율에 대해 반응하는 것이 아니라 소득에 대해 반응한다고 보았다. 그리고 투자가 이자율에 대해 반응하는 것은 맞지만, 사실상 기대 수익에 더 크게 반응한다고 보았다. 예를 들어 경제가 불황일 때에는 사람들이 기대 수익에 대한 불안감으로 인해 상품에 대한 수요를 줄이게 된다. 이에 따라
　　　　　　　　　　　　　　　　　　　　경제가 불황일 때 예상되는 결과 ①
총공급 중 저축의 비중이 늘어난다. 그러면 소비의 비중이 준만큼 저축이 투자가
　　　　　　결과 ②
되지 못할 가능성이 높아진다. 특히 실업으로 소비 수준이 매우 낮을 때는, 매우 낮
결과 ③

✎ 지문 해설

이 글은 케인즈의 경제 이론에 대해 설명하고 있다. 케인즈는 경제에서 생산하고 소비되는 하나의 국면을 국민 경제의 순환 모형으로 제시하고, 국민 소득의 크기를 줄이거나 증가시키는 요인을 분석하였다. 케인즈는 이자율로 인해 저축이 모두 투자로 이어진다는 고전학파의 주장과 달리 저축과 투자가 소득이나 기대 수익에 더 크게 반응한다고 보았고, 이로 인해 경제가 불황일 때는 저축이 투자로 이어지지 못하고 실업이 발생한다고 보았다. 그러므로 이런 상황을 타개하기 위해서는 정부가 개입하여 수요를 창출해야 한다고 주장하였다.

👤 핵심 이해

문단 요약
1 케인즈가 제시한 국민 경제의 순 환 모형
2 케인즈가 생각한 누 출과 주 입의 요소
3 이 자 율로 인해 총공급과 총수요가 일치할 것이라고 주장한 고전학파
4 저 축이나 투 자가 소득, 기대 수익에 더 크게 반응한다고 생각한 케인즈
5 정 부가 수요를 창출하여 경제 불황을 극복해야 한다고 주장한 케인즈

↓

중심 화제	국민 경제의 순환 모형

↓

주제	케인즈의 경제 이론

은 이자율 수준에서도 기업의 투자가 활성화되지 않는다. 기업의 입장에서 이자율
<u>결과 ④</u>
이 낮으면 비용이 낮아지기 때문에 투자 조건이 좋아지는 것이다. 하지만 경기가
불안하다면 기대 수익이 낮기 때문에 <u>상품 투자를 연기하게 된다.</u>
<u>결과 ⑤</u>
▶ 저축이나 투자가 소득, 기대 수익에 더 크게 반응한다고 생각한 케인즈

5 이런 낮은 이자율에서 사람들은 조금이라도 <u>기대 수익이 높은 곳에 투자를 하</u>
<u>기 위해 유동성이 높은 화폐를 선호하게 된다.</u> 유동성이란 다른 상품을 획득할 수
<u>결과 ⑥</u>
있는 화폐의 기본적 속성으로 화폐의 유동성은 예금이나 채권보다 높다. 그러므로
저축을 화폐 형태로 보유한다면 투자로 이어지지 않는 저축이 증가할 수 있기 때문
에 저축이 투자로 전환되지 않는 비율이 높아지는 것이다. 따라서 경기가 불황일
때에는 기업의 생산이 과잉 생산으로 이어지고 이는 곧 <u>노동에 대한 수요의 감소,</u>
<u>결과 ⑦</u>
<u>즉 실업으로 나타나게 된다.</u> ==케인즈는 이 상황을 해결하기 위해서는 정부의 개입이
필요하다고 주장한다.== 즉 정부가 수요를 창출하여 침체된 민간 수요를 창출해야 하
케인즈의 핵심 주장
고 이 과정에서 소득 재분배를 이루어야 한다고 주장하는 것이다.
▶ 정부가 수요를 창출하여 경제 불황을 극복해야 한다고 주장한 케인즈

★ 핵심 내용

고전학파의 견해
이자율로 인해 저축이 모두 투자로 이어지기 때문에 총공급과 총수요는 일치함.

⇕

케인즈의 견해
• 저축이 이자율이 아닌 소득에 반응함.   • 투자는 기대 수익에 더 크게 반응함.

케인즈의 핵심 주장
경제 불황일 때 저축이 투자가 되지 못하고 수요가 감소하므로, 정부가 수요를 창출하여 소득 재분배를 이루어야 함.

실전 문제 정답

01 ② **02** ② **03** ② **04** ②

01 내용 전개 방식 파악하기 답 ②

이 글은 케인즈의 경제 이론에 대해 설명하고 있다. 그 과정에서 고전학파와 케인즈의 견해를 대조하면서 내용을 전개하고 있다.

(오답 해결)
① 케인즈의 경제 이론이 성립되는 과정을 시간적 흐름에 따라 분석하고 있지 않다.
③ 케인즈의 경제 이론이 갖는 한계를 서술하고 있지 않다.
④ 일반적으로 널리 알려진 생각에 대한 비판이 제시되어 있지 않다.
⑤ 케인즈의 경제 이론을 다른 이론과 절충하고 있지 않다.

02 구체적 상황에 적용하기 답 ②

A 씨가 증권 구입에 사용한 20만 원은 필요한 생산 요소를 구매하기 위한 지출이 아니라, 소비하고 남은 돈 중 저축에 해당하므로 '누출'이라고 할 수 있다.

(오답 해결)
① 2문단에서 '저축은 생산물에 대한 구매의 형태로 지출되지 않기 때문에 그만큼 기업의 판매 수입을 감소시키고 그 결과 생산 요소의 구매를 감소시키므로 누출이라고 보는 것'이라고 하였다.
③ A 씨는 K 회사에 생산 요소(노동)를 공급하는 경제 주체에 해당한다.
④ 2문단에서 투자는 기업이 생산 요소를 구매하기 위한 지출이라는 점에서 주입이라고 본다고 하였다.

⑤ A 씨가 생활에 필요한 물품을 구매하는 데 사용한 50만 원은 기업이 공급하는 재화와 서비스를 소비한 것이므로 국민 경제 순환에 기여한다.

03 의도와 관점 추론하기 답 ②

5문단에서 케인즈는 경제가 불황일 때 정부가 수요를 창출하여 침체된 민간 수요를 창출해야 한다고 주장하였다. 이는 정부가 투자를 통해 가계의 생산 요소를 구매하여 유효 수요를 늘림으로써 경기를 활성화하기 위한 대책이다. 따라서 정부의 투자는 과잉 생산의 규모를 크게 하는 것이 아니라 새로운 수요를 창출하는 데 기여하는 것이다.

(오답 해결)
① 4문단에서 '기업의 입장에서 이자율이 낮으면 비용이 낮아지기 때문에 투자 조건이 좋아지는 것이다. 하지만 경기가 불안하다면 기대 수익이 낮기 때문에 상품 투자를 연기하게 된다.'라고 하였다. 따라서 이자율을 낮추는 것을 통해 큰 효과를 기대하기는 어렵다.
③ 4문단에서 경제가 불황일 때에는 사람들이 기대 수익에 대한 불안감으로 인해 상품에 대한 수요를 줄이게 된다고 하였다.
④ 1문단의 내용으로 볼 때 임금을 줄이는 것은 재화에 대한 수요를 감소시키므로 국민 경제의 순환에 도움이 되지 않는다.
⑤ 5문단에서 유동성이란 다른 상품을 획득할 수 있는 화폐의 기본적 속성으로 화폐의 유동성은 예금이나 채권보다 높다고 하였으므로, 단기 예금이 장기 예금보다 유동성이 높다고 할 수 있다.

04 어휘의 사전적 의미 파악하기 답 ②

ⓐ는 이자율이 올라가는 상황에서는 투자의 양이 본디보다 적어진다는 의미이다.

■ : 중심 문장

1 소비자들의 제품 구매 과정을 잘 관찰해 보면 하나의 문제 해결 과정과 비슷하다는 것을 알 수 있다. [예컨대]현재 사용 중인 컴퓨터 화면이 잘 보이지 않아 새로운 모니터를 구입할 필요성을 느끼고 있는 소비자를 생각해 보자. 이 소비자는 하나의 문제를 인식했으며, 이 문제를 해결하기 위해 제품 정보를 탐색하고, 얻어진 정보를 평가하여 최종적인 제품 선택 단계에 이르게 된다. ▶ 소비자들의 제품 구매 과정

중심 화제

2 문제의 인식이라는 것은 소비자 자신의 현 상태와 이상적인 상태 간에 중요한 차이를 알게 될 때 발생한다. 자신의 현 상태와 이상적인 상태의 차이는 어떤 경우에 발생할까? 첫째 이상적인 상태에 대한 소비자의 인식은 그대로이지만 소비자가 기존에 사용하던 물건의 성능이 하락하여 둘 사이에 차이를 인식 [A] 하는 경우가 있는데, 이를 '욕구 인식'이라 한다. 둘째 소비자가 사용하던 물건의 성능은 그대로인데 소비자가 인식하는 이상적인 상태가 높아져서 둘 사이의 차이를 인식하는 경우를 '기회 인식'이라 한다. ▶ 문제 인식의 두 가지 경우

3 일단 문제가 인식되었다면 소비자들은 합리적인 문제 해결을 위해 적절한 정보를 구하게 되는데, 이를 정보 탐색이라 한다. 정보 탐색은 크게 두 가지로 나누어 볼 수 있다. 하나는 소비자들이 문제를 인식한 후에 특정 정보를 얻기 위해 관련된 정보를 비교적 상세히 탐색하는 것인데, 이를 '구매 전 탐색'이라고 한다. 다른 하나는 평소에 정보를 즐겨 찾고 정보를 얻는 것을 즐거움으로 삼는다거나 또는 미래에 사용하기 위해 정보에 관심을 두는 경우가 있는데, 이를 '지속적 탐색'이라고 한다. ▶ 정보 탐색의 두 가지 종류

4 광고는 이러한 두 가지 탐색 과정 모두에서 중요한 역할을 한다. [예를 들어,]출산을 앞둔 부부의 경우 그전에는 눈에 띄지 않았던 아기 옷이나 유모차 등의 광고가 쉽게 눈에 들어오기 시작할 것이다. 이처럼 소비자들은 문제를 인식하고 어떤 제품에 대한 관심이나 욕구가 발생하면 정보 탐색을 시작하는데 이때 손쉽게 접근할 수 있는 광고는 더 중요한 역할을 하게 된다. 대개의 경우 '구매 전 탐색'에 의존하는 소비자는 상대적으로 광고의 영향을 쉽게 많이 받는 경향이 있다. '지속적 탐색'을 하는 소비자들에게도 광고는 지속적인 정보의 역할을 해야 하므로 일관되고 지속적인 광고가 필요하다. 이러한 소비자들에게 제공되는 광고는 그 소비자들의 입을 통해 다시 다른 소비자들에게까지 영향을 미치게 되는 경우가 많다. ▶ 정보 탐색 과정에서 광고의 역할

5 그렇다면 소비자는 어떤 경우에 정보를 많이 탐색할까? 일반적으로 자신한테 중요한 구매일 경우나 관련 정보를 쉽게 얻고 이용할 수 있을 때 탐색 활동이 더 증가하며, ㉐자신의 구매 결정에 따른 위험이 크다고 지각할 경우에 정보 탐색이 더 많이 일어난다. 그리고 정보 탐색의 양은 제품에 대한 지식이 얼마나 있느냐에 따라서도 달라질 수 있다. 소비자들은 제품에 대한 지식이 많거나 적은 경우는 제품에 대한 정보 탐색량이 적으며, 중간 정도의 제품 지식을 갖고 있을 때 가장 정보 탐색이 활발해진다. 이는 제품에 대한 지식을 많이 가지고 있을 경우는 정보 탐색의 필요성을 별로 느끼지 못해서이며, 반대로 제품에 관한 지식이 적은 경우는 정보에 대한 접근성이 낮기 때문에 정보 탐색에 소극적이게 된다. ▶ 제품에 대한 지식에 따라 달라지는 정보 탐색의 양

제품 구매를 위한 정보 탐색이 활발하게 일어나는 경우 ①
제품 구매를 위한 정보 탐색이 활발하게 일어나는 경우 ②

✏ 지문 해설

이 글은 소비자들의 구매 의사 결정의 계기와 그 단계를 설명하고 있다. 소비자들의 제품 구매 결정은 문제를 인식하면서 시작되는데, 문제의 발생은 이상적 상태와 현재의 상태 사이에 간극이 생기는 것에서 비롯된다. 문제의 해결을 위해서는 정보의 탐색이 필요한데, 이 과정에서 광고가 중요한 역할을 한다. 소비자는 소비에 따른 위험을 줄이기 위해 정보를 탐색하는데, 제품에 대한 지식이 적고 많음에 따라 정보 탐색의 양이 결정된다.

👤 핵심 이해

문단 요약
1 소비자들의 제품 구매 과정
2 문제 인식의 두 가지 경우
3 정보 탐색의 두 가지 종류
4 정보 탐색 과정에서 광고의 역할
5 제품에 대한 지식에 따라 달라지는 정보 탐색의 양

중심 화제	제품 구매 과정

주제	제품 구매 과정에서 이루어지는 정보의 탐색

⭐ 핵심 내용

문제의 인식	물건의 성능 하락으로 인한 '욕구 인식'
	소비자가 인식하는 이상적인 상태의 상승으로 인한 '기회 인식'

정보 탐색	문제 인식 이후 특정 정보를 얻기 위한 '구매 전 탐색'
	평소에 정보를 즐겨 찾는 '지속적 탐색'

제품 선택

01 ⑤	02 ③	03 ④	04 ⑤

01 내용 전개 방식 파악하기　　답 ⑤

이 글은 제품 구매를 위한 의사 결정 과정을 체계적으로 제시하고 있다. 하나의 대상을 바라보는 대비되는 관점은 나타나 있지 않으므로, ⑤는 적절하지 않다.

(오답 해결)
① '욕구 인식', '기회 인식', '지속적 탐색' 등의 주요 개념을 정의의 방법으로 설명함으로써 내용을 알기 쉽게 전달하고 있다.
② 1문단의 모니터 구입과 관련한 상황이나, 4문단의 출산을 앞둔 부부의 경우가 구체적 사례에 해당한다.
③ 2문단의 두 번째 문장과 5문단의 첫 번째 문장에서 질문을 제시하고 이어 그에 대한 답을 설명하는 방식을 활용하여 독자의 관심을 이끌어 내고 있다.
④ 2문단에서 문제를 인식하는 경우를 '욕구 인식'과 '기회 인식'으로 나누어서 설명하고 있으며, 3문단에서 정보 탐색의 종류를 '구매 전 탐색'과 '지속적 탐색'으로 나누어 설명하고 있다. 또, 5문단에서는 제품에 대한 지식의 양에 따라 정보 탐색량에 차이가 생기는 경우를 나누어서 설명하고 있다.

02 자료 해석의 적절성 판단하기　　답 ③

(가)와 (나)는 모두 광고에 의해 수요가 창출될 수 있는 경우로 어떤 경우가 다른 경우보다 수요 창출의 효과가 더 크다고 단정할 수 없다.

(오답 해결)
① (가)는 문제가 없는 상황에 비해 소비자가 인식하는 이상적 상태가 높아진 경우이고, (나)는 기존에 사용하던 물건의 성능이 하락한 경우이다. 따라서 (가)와 (나) 모두 이상적 상태와 실제 간에 차이가 발생한 상황이다.
② (가)와 (나) 모두 현 상태와 이상적인 상태 간에 차이가 발생한 경우이므로, 문제 해결을 위한 정보 탐색으로 이어지는 계기가 된다.
④ (가)는 [A]에서 말하는 '소비자가 인식하는 이상적인 상태가 높아'진 상황인데, 이와 같은 경우는 신기술이 적용된 제품의 출시 등 외부적인 요인에 의해 일어나는 경우가 많다.
⑤ (나)는 [A]에서 말하는 '물건의 성능이 하락하여', '현 상태와 이상적인 상태 간에 중요한 차이'가 발생한 경우이다. 사용하던 물건이 고장 등의 이유로 제 기능을 하지 못하는 것은 물건의 성능이 하락한 경우에 해당한다.

03 구체적 상황에 적용하기　　답 ④

철수는 3D 스마트 TV를 구매하고자 하는 욕구가 있지만 제품에 대한 지식이나 관심이 부족했다. 따라서 정보에 대한 접근성이 높지 않다고 볼 수 있다. 이로 인해 철수는 정보에 대한 접근성이 높은 영수에게 도움을 청하였다.

(오답 해결)
① 기존에 쓰던 TV가 고장 났기 때문에 새로운 TV를 구매하고자 하는 것이므로, TV가 고장 난 것은 철수에게 닥친 문제 상황에 해당한다.
② 철수는 기존에 쓰던 TV의 문제를 인식하여 새로운 제품을 구매하고자 하는 것이므로 '구매 전 탐색'에 해당하는 반면, 영수는 미래에 사용하기 위해 제품에 대한 정보에 관심을 두고 평소에 정보를 즐겨 찾았던 것이므로 '지속적 탐색'에 해당한다.
③ 5문단에서 '자신의 구매 결정에 따른 위험이 크다고 지각할 경우에 정보 탐색이 더 많이 일어난다.'라고 하였다. 〈보기〉의 사례에서 3D 스마트 TV를 구매한 후에는 환불이 까다롭다는 것이 지각된 위험에 해당한다고 볼 수 있다.
⑤ 5문단의 '제품에 대한 지식이 많거나 적은 경우는 제품에 대한 정보 탐색량이 적으며'라는 내용을 바탕으로 할 때, 철수는 제품에 대한 지식이 적었기 때문에 어떤 정보에 주목해야 할지 알 수 없었고 그로 인해 광고를 통해 정보를 얻는 것을 그만둔 것이다.

04 논리적 관계 추론하기　　답 ⑤

결정에 따른 위험을 지각할수록 정보 탐색이 많이 일어나는 이유는 정보의 양이 많을수록 위험을 줄이는 방향으로 결정할 수 있을 것이라 생각하기 때문이다.

(오답 해결)
① 정보의 양이 부족한 상태에서 구매 과정에 걸리는 시간이 줄어들면 오히려 구매 과정에 따른 위험이 높아질 수 있다.
② 구매 이전에 지각된 위험이 구매 이후에 사라지는지 여부는 알 수 없다.
③ 구매 결정에 영향을 준 요소가 부각되는 것과 구매 결정에 따른 위험이 크다고 지각하는 것은 관련이 없다.
④ 정보의 탐색이 많이 이루어질수록 위험 요소를 인지하고 이를 회피할 가능성이 높아진다고 보는 것이 자연스럽다.

⊕ 지식 넓히기　　**지각된 위험**

제품의 구매 사용에 의해 발생할 수 있는 예상치 않은 결과에 대한 소비자의 불안감을 말한다. 소비자는 이러한 불안감을 줄이기 위해 더 많은 정보를 탐색하거나 소량 구매 등의 행동을 보인다. 지각된 위험의 종류로는 신체적 위험, 성능 위험, 심리적 위험, 사회적 위험, 재무적 위험 등이 있다.

사회 **04** 정당방위는 어디까지 허용되나

■ : 중심 문장

1 정당방위는 자기 또는 타인의 법익에 대한 신체적·재산상의 부당한 침해를 방위하기 위한 행위를 일컫는다. ─중심 화제─ 이러한 정당방위에는 두 가지 기본 사상이 깔려 있다. 그 하나가 자기 보존의 사상이다. ─정당방위에 깔린 기본 사상 ①─ 누구나 타인의 위법한 공격에 직면할 때 자기 자신 또는 제삼자를 보호하기 위해 방어 조치를 취하는 것은 너무나 자연스러운 일이다. 개인적으로 향유하는 이익이 눈앞에서 위법 또는 부당한 공격으로 침해되었을 때 ─자기 보존 사상의 입장에 따른 정당방위─ 법은 보통 사람들에게 자기 보존을 위해 공격자를 무력화시킬 선제공격이나 기선을 제압하는 공격을 허용하고 있다. ▶ 정당방위의 개념과 자기 보존 사상

2 정당방위는 개인의 자기 보존 사상 외에도 법이 무엇인가를 확충시켜 주어야 ─정당방위에 깔린 기본 사상 ②─ 한다는 사상을 밑에 깔고 있다. 자기 자신을 위법 또는 부당한 공격으로부터 방어하는 자는 이로써 법질서 전체의 효력까지도 방어하는 것이다. 이 사상을 옛날부터 '부정(不正) 대 정(正)의 원칙'이라고 불러 왔다. 즉 법은 불법에 양보를 해서는 안 되며, 정당한 것이 부당한 것에 길을 비켜 줄 필요는 없다는 것이다. 이처럼 법질서 전체의 효력을 확보하기 위한 정당방위의 옳음에 대한 신봉 때문에 정당방위는 가차 없는 방어 수단을 들이대도 허용한다는 결론이 나온다. 따라서 침해받은 이익이 재산적 가치밖에 없는 것인데도 방어 수단으로서는 그 공격자의 신체에 손해를 가 ─법질서 확충 사상의 입장에 따른 정당방위─ 해도 허용된다. ▶ 정당방위의 두 번째 기본 사상

3 정당방위의 이 같은 과단성이 제대로 인식된 것은 우리 법 문화에서 비교적 최근의 일이다. 1960년대만 해도 우리나라 법원은 정당방위의 성립 여부를 판단할 때 큰 이익과 작은 이익의 갈등 사이를 비교하려는 법익 교량의 사상이 지배적이었다. 그리고 부정 대 정의 원칙은 피해자가 도망칠 수 있는 경우에 도망하지 아니하고 가해자에게 공격한 경우까지도 허용하는 입장이다. 부당한 공격에 정당한 것이 길을 비켜야 할 이유가 없듯 공격을 당하는 자에게 비겁하게 도망하라고 하는 것을 기대할 수 없기 때문이다. ▶ 우리나라에서 정당방위에 대한 인식의 변화

4 그렇다고 해서 이러한 정당방위가 무제한 허용되는 것은 아니다. 개인의 자기 보전과 법질서의 확충이라는 사회적 요구를 충족시키기 위해 법이 원칙적인 금지에 대해 예외적으로 허용하는 것이지 당당히 나서서 꼭 권리로서 실현해야 하는 것은 아니다. 그러므로 과격한 정당방위에도 그 내재적인 한계가 있다. ▶ 정당방위의 허용 한계

5 먼저 방위 행위는 사실상 방어의 필요성을 갖춘 것이어야 한다. ─정당방위의 한계 ①─ 방어자는 위법한 공격에 대해 불안전한 방어 수단만을 사용할 필요는 없다. 주먹으로 방어해도 될 일에 무기를 사용했다 해서 언제나 정당방위가 불성립한다고 말할 수는 없다. 그러나 방어자는 공격을 확실하고 위험 없이 막기 위하여 많은 수단을 선택할 수 있다면 그중 가장 경미한 것으로도 중한 것과 동일한 효과를 낼 수 있는 수단을 선택해야 한다. 더 나아가 방위 행위는 규범적으로 요구된 행위여야 한다. ─정당방위의 한계 ②─ 법질서 전체의 입장에서 요구되지 않은 방어 행위는 정당방위가 아니라 권리 남용에 해당한

📝 지문 해설

이 글은 정당방위에 대한 법률적인 지식을 전달하고 있다. 정당방위의 개념을 정의하고 배경이 되는 기본 사상 두 가지를 구체적으로 설명하고 있다. 글쓴이는 이러한 정당방위가 무제한 허용되는 것은 아니라고 하면서 그 한계를 밝히고 있으며, 이에 따라 정당방위가 성립하기 위한 두 가지 요건을 체계적으로 설명하고 있다.

💡 핵심 이해

문단 요약

문단 요약
1 정당방위의 개념과 자기 보존 사상
2 정당방위의 두 번째 기본 사상
3 우리나라에서 정당방위에 대한 인식의 변화
4 정당방위의 허용 한계
5 정당방위의 성립 요건

↓

중심 화제	정당방위

↓

주제	정당방위에 대한 법률적 이해

⭐ 핵심 내용

정당방위

정당방위
자기 또는 타인의 법익에 대한 신체적·재산상의 부당한 침해를 방위하기 위한 행위

기본 사상	• 자기 보존 사상 • 법이 무엇인가를 확충시켜 주어야 한다는 사상
성립 요건	• 사실상 방어의 필요성을 갖추어야 함. • 규범적으로 요구된 행위여야 함.

다. 규범적으로 요구된 행위이기 위해서는 먼저 목적과 수단의 상당성이 있어야 한다. 방어 행위에 의해 야기된 손해가 공격 위험에 비해 극단적인 불균형을 이룰 때 <u>자기 보전 근거가 탈락된다.</u> (상당성을 잃은 경우로 정당방위가 아님.) 만약 이 같은 극단적 불균형이 존재함에도 방위 행위를 실행한다면 그것은 권리 남용일 뿐 정당방위는 아니다.   ▶ 정당방위의 성립 요건

실전 문제 정답

01 ③   **02** ⑤   **03** ③   **04** ⑤

01 의도와 관점 추론하기   답 ③

이 글에서는 정당방위의 개념과 두 가지 기본 사상, 정당방위의 허용 한계와 성립 요건 등을 개괄적으로 설명하고 있다. 정당방위에 대한 법률적인 지식을 알기 쉽게 체계적으로 설명함으로써 일반인들의 이해를 돕고 있다.

오답 해결

① 정당방위가 그 성립 요건을 충족하지 않을 때 권리 남용이 될 수 있다는 설명은 제시되어 있지만, 정방당위 자체가 위법성을 지니고 있다는 것은 글쓴이의 생각과 일치하지 않는다.
② 정당방위에 대한 법률적인 지식을 전달하고 있으나 이와 관련한 구체적인 사례는 제시하지 않았다.
④ 일반 시민들이 느끼는 피해 의식과 연관된 내용은 나타나 있지 않다.
⑤ 현실 생활의 고통 해소를 목적으로 한 내용이라고 보기 어렵다.

02 중심 화제 파악하기   답 ⑤

이 글에서 다른 나라와 우리나라의 정당방위 개념의 차이점에 대해서는 언급하지 않았다.

오답 해결

① 5문단의 '방위 행위는 사실상 방어의 필요성을 갖춘 것이어야 한다.'와 '방위 행위는 규범적으로 요구된 행위여야 한다.'에서 정당방위의 요건을 알 수 있으며, '이 같은 극단적 ~ 정당방위는 아니다.'에서 권리 남용에 대한 염려를 확인할 수 있다.
② 3문단의 '정당방위의 이 같은 과단성이 ~ 법익 교량 사상이 지배적이었다.'에서 정당방위의 과단성에 대한 인식이 변화하게 된 양상을 확인할 수 있다.
③ 1, 2문단을 통해 정당방위의 배경을 이루는 두 사상이 '자기 보존의 사상'과 '법이 무엇인가를 확충시켜 주어야 한다는 사상'임을 확인할 수 있다.
④ 4문단의 '개인의 자기 보전과 법질서의 확충이라는 사회적 요구를 충족시키기 위해 법이 원칙적인 금지에 대해 예외적으로 허용하는 것'에서 정당방위가 무제한으로 허용되지 않는 이유를 확인할 수 있다.

03 글쓴이의 견해 파악하기   답 ③

5문단에서 방어자는 '가장 경미한 것으로도 중한 것과 동일한 효과를 낼 수 있는 수단을 선택해야 한다.'라고 하였다. 그런데 ③에서는 가장 치명적인 방어 수단을 사용해야 한다고 했기 때문에 이는 글쓴이의 견해와 일치하지 않는다.

04 구체적 사례에 적용하기   답 ⑤

〈보기〉에서 길동이 영수에게 공격을 당한 것은 '위법한 상황에 직면'한 것이므로 길동의 행위는 자신을 보호하기 위한 정당방위에 해당한다. 또한 길동은 벽돌 대신 나무 막대기를 사용했으므로 공격을 위험 없이 막기 위한 적절한 방어 수단을 택했다고 볼 수 있으며, 자신의 신체적 피해를 막기 위해 방어 행위를 한 것이므로 상당성도 확보된다고 할 수 있다.

오답 해결

① 5문단에서 '주먹으로 방어해도 될 일에 무기를 사용했다 해서 언제나 정당방위가 불성립한다고 말할 수는 없다.'라고 한 내용에 배치되는 반응이므로 적절하지 않다.
② 5문단에서 방어자는 '가장 경미한 것으로도 중한 것과 동일한 효과를 낼 수 있는 수단을 선택해야 한다.'라고 하였으므로, 〈보기〉의 길동이 더욱 강한 도구를 사용해야 할 필요는 없다.
③ 〈보기〉에서 '영수의 공격은 계속되었고' 길동은 '신체적으로 심한 고통'을 받았으며, 결과적으로 전치 3주의 부상을 당했으므로 길동에게 심각한 피해가 없었다고 보기 힘들다.
④ 〈보기〉에서 길동은 화해를 시도했으나 영수가 갑작스럽게 공격을 가한 것이므로, 길동이 영수를 설득하지 못한 것에 대해 책임을 묻는 것은 적절하지 않다.

1 우리 몸은 다양한 위험으로부터 스스로를 보호하기 위한 방어 체계를 갖추고
<small>■■:중심 문장</small>
있다. 눈물, 땀, 콧물, 가래, 침은 라이소자임 효소를 이용하여 세균을 잡아 녹이
<small>감염을 방지하는 성분</small>
고, 위액의 염산은 세균을 태워 죽이며, 든든한 피부는 세균의 침입을 막는다. 이런
1차 방어선을 통과하더라도 몸은 2차, 3차 방어 체계를 갖추고 있다. 2차 방어의
<small>단계적 방어 체계</small>
대표적인 예는 백혈구 등 대식 세포의 식균 작용이다. 백혈구는 세균의 침입을 받
<small>동물의 조직 내에 분포하는 면역 담당 세포의 하나</small>
은 기관에 피를 타고 접근하여 백혈구의 리소좀 속에 저장해 둔 가수 분해 효소로
세균을 녹인다. 3차 방어는 항체가 ㉠맡는데, 이것을 면역이라 한다.
<small>중심 화제 ▶ 우리 몸의 단계적인 방어 체계</small>
2 생물학적 면역에는 선천적 면역과 후천적 면역이 있다. 태아 때 이미 모체로부터
받은 항체가 몸에 존재하여 특수한 병원균이 체내에 침입해 와도 병에 걸리지 않는
경우를 선천적 면역이라고 한다. 갓 태어난 아이는 온갖 병원균에 맞닥뜨리게 되지
만 그 병원균(항원)에 대한 항체가 아직 생기지 않아 병원균의 침입에 대해 무방비
상태에 놓이게 된다. 하지만 모유를 통해 어머니로부터 항체를 건네받아 많은 종류
의 병원균을 ㉡막을 수 있다. 그 외의 질병에 대한 면역을 전부 후천적 면역이라 한
다. 장티푸스에 걸린 적이 있는 사람은 장티푸스균이 체내에 들어왔을 때 이미 그것
<small>후천적 면역 중 자연 면역의 예</small>
에 대한 항체가 만들어져 있기 때문에 같은 병에 다시 ㉢걸리지 않는다. 이것이 자
연 면역이다. 그리고 병에 걸리기 전에 이미 약화된 병원균을 주사하여 몸에 항체가
생기도록 하는 것이 인공 면역이다. 인공 면역을 다른 말로 백신이라고 부른다.
<small>▶ 선천적 면역과 후천적 면역</small>
3 면역의 의미를 좀 더 구체적으로 알아보자. 면역에 관여하는 대표적인 세포는
T세포와 B세포가 있다. T세포는 세균을 직접 죽일 수도 있고 동시에 B세포의 분
화를 촉진하며, B세포는 항체를 만들어 백혈구 등이 세균을 잡아먹기 쉽도록 한다.
<small>T세포의 역할</small>
<small>B세포의 역할</small>
골수에서 만들어진 T세포는 몸 곳곳에 이동하여 세균의 공격에 대비한다. [어떤 항
원이 침입하여 T세포의 세포막에 달라붙으면 T세포는 곧바로 그것을 느끼고 크기
가 ㉣커지면서 빠르게 분열한다. 동시에 고분자 물질인 림포카인을 분비하여 감염
부위로 대식 세포를 유인해서 세균을 잡아먹도록 한다. 한편 T세포 자신이 림포톡
신이라는 독성 물질을 분비하여 직접 세균을 죽이기도 한다.] 이렇게 세균을 직접
<small>[ ]: T세포가 세균을 죽이는 과정</small>
죽이는 일을 하는 세포를 T세포 중에서도 살해 세포라고 부른다.
<small>▶ 면역에 관여하는 T세포</small>
4 B세포도 골수에서 만들어지는데, 항원이 세포막에 닿으면 그 항원과 결합하여
세포의 크기가 커지고 분화되어 형질 세포가 된다. 이 형질 세포에는 두 종류가 있
다. 하나는 항체를 1초에 2천 개 이상 만드는 일을 며칠 동안 하다가 죽어버리는
<small>형질 세포의 종류</small>
것이고, 다른 하나는 림프샘에 남아서 똑같은 항원이 다시 들어오면 그것에 맞는
항체를 만드는 기억 세포이다. 항원의 종류에 따라 각각 다른 항체를 만들게 되는
데, 병원균의 종류가 다르듯이 항체도 그에 따라 수백만 가지가 만들어진다. 이렇
게 만들어진 항체는 단백질이 주성분인 감마 글로불린이다. 그렇기 때문에 단백질
결핍은 면역성을 떨어뜨리고, 심하면 생명까지 잃는 결과를 ㉤가져온다.
<small>▶ 면역에 관여하는 B세포</small>

✎ 지문 해설

이 글은 우리 몸이 외부의 위협으로부터 어떻게 면역 체계를 형성하는지 설명하고 있다. 생물학적 면역의 종류인 선천적 면역과 후천적 면역의 개념을 예시를 통해 설명하고 있으며, 면역에 관여하는 세포인 T세포와 B세포의 역할에 대해 구체적으로 밝히고 있다.

🏆 핵심 이해

문단 요약
1 우리 몸의 단계적인 방어 체계
2 선천적 면역과 후천적 면역
3 면역에 관여하는 T세포
4 면역에 관여하는 B세포
5 항원의 2차 침입과 항원 항체 반응

중심 화제	면역

주제	생물학적 면역의 원리

⭐ 핵심 내용

면역	
선천적 면역	후천적 면역
모체로부터 받은 항체로 인해 병에 걸리지 않는 경우	병에 걸리기 전에 약화된 병원균을 주사하여 항체가 만들어진 경우

면역에 관여하는 세포	
T세포	세균을 직접 죽이거나 B세포의 분화를 촉진하는 세포
B세포	항체를 만드는 세포

5 그러면 몸에 같은 항원이 또다시 들어왔을 때 항체는 어떻게 반응할까? 일단 항체는 병원균에 결합한 뒤 항원의 종류에 따라 여러 가지 반응을 일으킨다. 항원을 침전시키는 경우도 있고, 항원을 꼭꼭 얽어매어 꼼짝 못하게 하는 응집 반응도 있으며, 항원 자체를 아예 녹여 없애버리는 용균 반응도 있다. 하지만 많은 경우는 항원을 꽉 붙잡고 있으면서 백혈구나 대식 세포가 잡아먹기 쉽도록 하는 역할을 한다. 이런 일들을 통틀어 항원 항체 반응이라 한다.

질문을 통한 내용 전개

항체의 주요 역할

▶ 항원의 2차 침입과 항원 항체 반응

실전 문제 정답

01 ②　　02 ②　　03 ③　　04 ④

01 세부 내용 추론하기　답 ②

가수 분해 효소로 세균을 녹이는 것은 백혈구의 역할이고, T세포는 고분자 물질인 림포카인을 분비하여 대식 세포를 유인해서 세균을 잡아먹도록 하거나 독성 물질인 림포톡신을 분비하여 직접 세균을 죽인다.

오답 해결

① 5문단으로 볼 때, 항체는 병원균을 없애는 역할을 하므로, 항체가 많을수록 수많은 항원 중 어떠한 것이 들어오더라도 대처할 가능성이 높아진다고 추론할 수 있다.

③ 4문단에서 항체는 단백질이 주성분인 감마 글로불린이라고 하였고, 이로 인해 단백질이 부족하면 항체를 만드는 데 지장이 생겨 면역성을 떨어뜨릴 수 있다고 하였다.

④ 4문단에서 B세포 중 한 종류는 '림프샘에 남아서 똑같은 항원이 다시 들어오면 그것에 맞는 항체를 만든다'고 하였다.

⑤ 2문단에서 선천적 면역은 모유를 통해 어머니로부터 항체를 건네받아 생기는 면역이라고 하였다. 따라서 모유를 섭취한 사람이 그렇지 않은 사람보다 선천적 면역이 잘 갖추어져 있을 것이라고 추론할 수 있다.

02 자료를 통해 내용 이해하기　답 ②

3문단에서 T세포는 '세균을 직접 죽일 수도 있고 동시에 B세포의 분화를 촉진'한다고 하였으며, '세균을 직접 죽이는 일을 하는 세포를 T세포 중에서도 살해 세포라고 부른다.'라고 하였다. 따라서 ㉮는 'T세포', ㉯는 '살해 세포'이다. ㉰, ㉱, ㉲는 항체 생성에 관여하고 있는데, 항체 생성에 관여하는 것은 B세포이므로 ㉰는 'B세포'이다. B세포는 '항원이 세포막에 닿으면 그 항원과 결합하여 세포의 크기가 커지고 분화되어 형질 세포가 된다.'라고 하였으므로 ㉱는 '형질 세포'이다. B세포의 일부는 '똑같은 항원이 다시 들어오면 그것에 맞는 항체를 만드는 기억 세포'가 된다고 하였으므로 ㉲는 '기억 세포'이다.

03 구체적 상황에 적용하기　답 ③

ⓓ '역전사 효소'의 기능을 억제하는 것은 ⓑ 'HIV'가 인체에 침투하는 것과는 관련이 없다. ⓓ의 기능을 억제하면 ⓑ가 증식하여 ⓒ를 죽게 만드는 작용이 줄어든다.

오답 해결

① 에이즈는 HIV로 인해 T세포가 스스로 항원을 죽이지도 못하고, B세포의 분화를 촉진하지도 못한 채 사멸함으로써 인간의 면역 체계에 이상이 생기는 질병이다.

② HIV는 역전사 효소를 만들어 T세포에 침투하여 증식하고, 이용 가치가 없어진 T세포를 자살하게 하여 결과적으로 T세포의 수를 감소시킨다.

④ 에이즈로 인해 면역에 관여하는 대표적인 세포인 T세포가 작동하지 못하게 되므로, 이는 면역 체계를 무너뜨리는 결과를 가져온다.

⑤ HIV는 T세포에 이상을 일으켜 T세포와 B세포 모두 제 기능을 수행하지 못하게 함으로써 결국 항원 항체 반응을 하지 못하게 한다.

04 어휘의 적절성 판단하기　답 ④

'팽배'는 '어떤 기세나 사조 따위가 매우 거세게 일어남.'을 뜻하는 말로 ㉣과 바꿔 쓰기에 적절하지 않다. '부풀어서 부피가 커짐.'을 뜻하는 '팽창'으로 바꾸는 것이 적절하다.

✚ 지식 넓히기　T세포와 에이즈

T세포는 항원을 죽이고, B세포와 협동하여 항체를 만드는 림프구의 하나이다. T세포는 살해 T세포, 보조 T세포, 기억 T세포, 억제 T세포 등으로 나뉘는데, 이 중 보조 T세포는 살해 T세포와 B세포를 활성화하는 역할을 한다. 그런데 HIV가 보조 T세포를 공격하여 무력화함으로써 살해 T세포와 B세포가 HIV는 물론 다른 항원에도 반응하지 못하게 되는 병이 에이즈이다.

■ :중심 문장

1 자기장에 대해 반응하는 방식에 따라 물질을 분류하면 강자성체, 상자성체, 반자성체로 나눌 수 있다. 강자성체는 강한 자기장을 띠는 물질이고, 상자성체는 자기장에 약하게 끌려가는 물질이며, 반자성체는 자기장을 가하면 약하게 밀리는 물질이다. 물질에 외부 자기장(B_0)이 가해졌을 때 물질 내부에 생기는 자기장(B)은 $B=(1+X_m)B_0$의 공식으로 나타낼 수 있다. 여기서 X_m을 자화율이라고 하는데, 이는 주어진 자기장에 대해서 어떤 물질이 자화하는 정도를 나타내는 값이다. 자화율은 온도가 높아질수록 작아지는데, 이것은 온도가 증가하면 원자의 열운동이 증가
(자화율은 온도와 반비례 관계에 있음.)
하여 물질이 자화하는 것을 ⓐ방해하기 때문이다.
▶ 자기장에 대해 반응하는 방식에 따른 물질의 분류

2 강자성 물질은 높은 자화율을 가지기 때문에 강한 자성을 띤다. 강한 자성이 나타나는 이유는 무엇일까? 이 문제에 대해 고민하던 프랑스의 와이스는 1931년 강자
(강한 자성이 나타나는 이유에 대한 의문 제기)
성체의 경우 외부에서 자기장이 작용하지 않아도 내부에 이미 자화되어 있는 많은 미세한 영역, 즉 자기 구역이 있다는 사실을 발견했다. 예를 들어 강한 자기장이 나타나는 영구 자석의 경우, 길이와 폭이 대략 $1\,mm$ 정도인 자기 구역으로 ⓑ구성돼 있으며, 각각의 자기 구역은 N극과 S극을 갖는 아주 작은 자석처럼 행동한다.
▶ 내부에 자기 구역을 가지고 있는 강자성 물질

3 전자석에서 자기력이 만들어지는 과정을 통해 강한 자기력의 원인을 좀 더 자세히 알아보자. 오른쪽 그림은 철심을 솔레노이드 중심에 넣어 만든 장치이다. 이 장치에 전류를 흘렸을 때 합성된 자기장은 B, 솔레노이드에 흐르는 전류에 의해 생긴 자기장은 B_0, 철의 자화에 의해 생긴 자기장은 B_m으로 나타내며 $B=B_0+B_m$가 된다. 아직 전류가 흐르게 하지 않은 처음

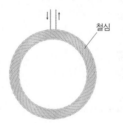
철심

에는 자기 구역의 방향이 완전히 무작위하게 배열되어 있다. 이제 점차 B_0를 높이기 위해 전류를 증가시키면 자기 구역의 방향이 점차 정렬되어 자기장의 세기가 점점 강해진다. 그러나 전류의 증가가 어느 정도 진행되고 나면 더 이상 자기장의 세기가 증가하지 않는 자기 포화 상태에 이르게 된다. 이제 코일의 전류를 감소시키면 철심의 자기 구역의 정렬도 다시 점점 약해지면서 총 자기장의 세기도 점점 감소한다. 그런데 코일에 흐르는 전류가 0이 되면 처음에 출발했던 점이 아니라 다른 점에 ⓒ도달하게 된다. 즉, 자기장의 세기가 0이 되지 않고 어느 정도 남아 있는 것이다. 이것은 외부의 자기장이 없어지더라도 철심의 자기 구역의 정렬이 어느 정
(이유)
도 ⓓ유지되어 잔류 자기장이 존재하기 때문에 나타나는 현상이다.
▶ 철심을 솔레노이드 중심에 넣어 만든 장치를 이용한 자기장 실험

4 전류가 0이 된 지점에서 전류를 반대 방향으로 흘려 주면 철심의 자기장도 반대 방향으로 작용하여 총 자기장의 세기가 점점 0으로 ⓔ접근하게 된다. 여기서 전류의 세기를 증가시키면 총 자기장의 세기는 음의 값이 된다. 다시 전류를 감소시키면 총 자기장의 값은 올라가고 여기서 다시 전류의 방향을 바꾸어 전류를 증가시키면 결국 자기 포화 지점에 도달한다.
▶ 처음에 출발한 지점으로 돌아오지 않는 자기 이력 곡선

지문 해설

이 글은 강자성체가 강한 자성을 띠는 이유를 자기 이력 곡선을 통해 설명하고 있다. 강자성체는 높은 자화율을 가지기 때문에 강한 자성을 띠는데, 이는 강자성체 내부에 이미 자화되어 있는 자기 구역이 있기 때문이다. 자기력의 변화 양상을 그래프로 그린 자기 이력 곡선을 통해 강자성체가 왜 강한 자기력을 나타내는지에 대한 중요한 정보를 얻을 수 있다고 설명하고 있다.

핵심 이해

문단 요약

1 자기장에 대해 반응하는 방식에 따른 물질의 분류

2 내부에 자기 구역을 가지고 있는 강자성 물질

3 철심을 솔레노이드 중심에 넣어 만든 장치를 이용한 자기장 실험

4 처음에 출발한 지점으로 돌아오지 않는 자기 이력 곡선

5 강자성체가 왜 강한 자기력을 가지는지 알려 주는 자기 이력 곡선

↓

중심 화제	강한 자성이 나타나는 이유

↓

주제	강자성체가 강한 자성을 띠는 이유를 설명해 주는 자기 이력 곡선

핵심 내용

자기장에 반응하는 방식에 따른 물질의 분류

강자성체	상자성체	반자성체

높은 자화율로 인해 강한 자기장을 띠는 물질

이유 : 자기 구역을 가지고 있기 때문

⑤ 이를 정리하면 자기장을 아무리 변화시켜도 처음에 출발한 점으로는 돌아오지

<u>이유: 자기 구역이 있기 때문에</u>

<u>않는데</u>, 이 현상을 '자기 이력'이라고 한다. 그리고 이때 그려진 곡선을 ⓐ'자기 이

력 곡선'이라고 한다. 자기 이력 곡선은 강자성체가 왜 강한 자기력을 나타내는지

에 대한 중요한 정보를 제공해 준다. 즉 그래프에 그려지는 자기 이력 곡선의 의미

는 자기력의 원인이 전하의 이동 외에도 ㉠다른 이유가 있다는 사실을 말해 주는

것이다. 이러한 자기 이력의 성질을 지니는 물질이 바로 영구 자석이다.

▶ 강자성체가 왜 강한 자기력을 가지는지 알려 주는 자기 이력 곡선

실전 문제 정답

01 ②　　**02** ⑤　　**03** ④　　**04** ④

---

01 세부 정보 파악하기　　답 ②

이 글은 철심을 솔레노이드 중심에 넣어 만든 장치를 이용한 실험을 통해 자기 이력이 나타나는 과정을 설명하고 있다.

오답 해결

① 영구 자석이 '자기 구역'을 지닌 강자성체라는 점은 제시되어 있으나, 영구 자석을 만드는 과정을 설명하고 있는 글은 아니다.

③ 전류가 아니라 자기장에 반응하는 방식에 따라 물질을 나누고 있다.

④ 자기 이력 곡선을 통해 강자성체가 자기장을 형성하는 과정을 설명하고 있을 뿐, 반자성체의 자기장 형성 과정을 설명하고 있지는 않다.

⑤ 강자성체가 높은 자화율을 가지고 있는 이유는 자기장이 작용하지 않아도 내부에 이미 자화되어 있는 많은 미세한 영역인 '자기 구역'을 가지고 있기 때문이라고 설명하고 있다.

---

02 논리적 관계 추론하기　　답 ⑤

3문단의 실험을 통해 외부 자기장의 변화에 따라 자기 구역의 정렬이 변화함으로써 잔류 자기장이 생기고 이로 인해 자기장에 변화가 생긴다는 것을 알 수 있다.

오답 해결

① 전류의 방향에 따라 자기장이 줄어들어 음의 값을 가질 수도 있지만 이것이 자기력의 다른 원인이 되는 것은 아니다.

② 강자성체의 경우 전류의 양에 따라 자기 구역이 형성되는 범위가 달라진다는 내용은 지문에서 확인할 수 없다.

③ 전류를 아무리 증가시키더라도 자기장이 더 이상 늘어나지 않는 자기 포화 지점이 있지만 이것이 자기력의 다른 원인이 되는 것은 아니다.

④ 3문단의 실험에서 '전류를 증가시키면 자기 구역의 방향이 점차 정렬되어 자기장의 세기가 점점 강해진다.'라고 하였으므로 적절하지 않다.

---

03 자료 해석의 적절성 판단하기　　답 ④

d에서 코일에 흐르는 전류는 0이 아니라 전류가 0이 된 지점에서 반대 방향으로 전류를 흘려 준 것이다.

오답 해결

① a에서 출발한 곡선이 다시 a로 돌아오지 않는 것이 자기 이력 곡선이 보이는 특징이다.

② a는 전류가 흐르지 않는 상태이므로 자기 구역이 무작위하게 배열되어 있는 반면 b는 전류가 흐르므로 자기 구역이 정렬된 상태라고 할 수 있다.

③ c는 자기가 포화 상태인 b에 비해 자기장이 줄어들었기 때문에 이는 코일의 전류를 감소시킨 것이다. 코일의 전류를 계속 감소시켜 전류가 0이 되더라도 철심의 자기 구역 정렬이 어느 정도 유지되어 잔류 자기장이 존재하기 때문에 총 자기장이 양의 값을 가진다는 것을 알 수 있다.

⑤ e에서 b로 가기 위해서는 음의 값인 총 자기장을 자기 포화 상태로 만들어야 한다. 우선 반대 방향으로 흘려 주던 전류를 감소시키면 총 자기장의 세기가 음의 값에서 0쪽으로 올라간다. 코일에 흐르는 전류가 0이 되면 전류의 방향을 바꾸고 세기를 증가시킴으로써 자기 포화 상태에 이르게 할 수 있다.

---

04 어휘의 적절성 판단하기　　답 ④

'유지되다'는 '어떤 상태나 상황이 그대로 보존되거나 변함없이 계속되어 지탱되다.'라는 뜻을 지닌 말이다. 따라서 '굳어져'와 바꿔 쓰는 것은 적절하지 않다.

오답 해결

① '방해하다'는 '남의 일을 간섭하고 막아 해를 끼치다.'라는 뜻을 지닌 말이므로, '막기'와 바꿔 쓸 수 있다.

② '구성되다'는 '몇 가지 부분이나 요소들이 모여 일정한 전체가 짜여 이루어지다.'라는 뜻을 지닌 말이므로, '이루어져'와 바꿔 쓸 수 있다.

③ '도달하다'는 '목적한 곳이나 수준에 다다르다.'라는 뜻을 지닌 말이므로, '이르게'와 바꿔 쓸 수 있다.

⑤ '접근하다'는 '가까이 다가가다.'라는 뜻을 지닌 말이므로, '가까워지게'와 바꿔 쓸 수 있다.

1 동아시아의 전통 수학을 산학(算學)이라 부른다. 이미 2000년 이전에 고전 구장
산술(九章算術)을 통해 ㉠토대를 다진 산학은 발전을 거듭해서 송·원 시대에는
수학의 황금기에 이르렀다. 사실, 근세까지도 서양의 수학보다 동아시아의 산학이
여러 면에서 훨씬 앞서 있었다. [유럽에서는 '16, 17세기에서야 양수와 음수가 나타
나고 그 연산 규칙은 그 후에서야 정립됐다. 그렇지만 동아시아에서는 양수와 음수
및 그 연산 규칙이 거의 기원전부터 정부술(正負術, 정은 양수, 부는 음수)이라는
이름으로 존재했었다. 현재 중학교에서 배우는 소거법은 ㉡통상 가우스 소거법이
라 하는데, 동아시아에서는 가우스(1777~1855)가 태어나기 적어도 1500년 전부
터 소거법으로 연립 일차 방정식을 풀었다.]

2 동아시아에서는 계산 도구로 산가지를 아주 오래 전부터 사용했다. 수판으로
대체되기 전까지 산가지는 중국에서는 명나라의 15세기 중반까지 그리고 우리
나라에서는 19세기에도 계산 수단의 ㉢대종을 이루었다. 산가지로 수를 나타내
는 원리는 현재의 십진법과 같다. 오른쪽부터 왼쪽으로 나아가면서 일, 십, 백, [A]
천, 만, …의 자리를 정하고 각 자리에 산가지를 늘어놓는데, 일, 백…의 자릿수
는 아래 그림의 첫 행과 같이 세우고, 십, 천…의 자릿수는 둘째 행과 같이 옆으
로 뉘어서 표현했다. 그리고 6 이상은 위쪽에 5를 나타내는 산가지를 놓는다.

	1	2	3	4	5	6	7	8	9
일, 백, …의 자리									
십, 천, …의 자리									

3 곱셈 구구 또는 구구법은 중국에서 아주 오래 전에 ㉣유래한 것으로 보이는데,
한(漢)대의 곱셈 구구가 죽간에 표시되어 있는 것이 남아 있다. 여기에 나타난 곱셈
구구의 순서는 다음과 같다.

9×9=81(九九八十一)   9×8=72(九八七十二)   …   9×1=9(九一九)

8×9=72(八九七十二)   8×8=64(八八六十四)   …   8×1=8(八一八)

이렇게 고대의 곱셈 구구는 9×9=81에서 시작했다. 이에 따라 '곱셈 구구' 또는
'구구법'이라는 이름이 붙었다. 고대의 곱셈 구구는 9×9=81에서 시작해서 2×2=4
에서 끝난다. 1~2세기까지도 이와 같았다. 곱셈 구구가 1×1=1까지 확장된 것은
5세기와 10세기 사이로, 4~5세기에 발간된 작자 미상의 산학 책 '손자산경'(孫子算
經)에 이와 같은 꼴이 있다. 송(宋)대의 13~14세기 무렵에 이 순서가 역전되어 현
재와 같이 1×1=1부터 시작해서 9×9=81로 끝나는 곱셈 구구로 바뀌었다.

4 곱셈을 전통 수학에서는 승법(乘法)이라 했다. 한문에서 'A승(乘) B'는 'A를 B에
곱한다.', 즉 'B×A'로서, 'A'가 곱수(승수)이고 'B'가 곱하임수(피승수)이다. 동아시
아에서는 전통적으로 곱셈을 덧셈의 ㉤축약 또는 거듭 더하기로 생각했었는데, 두
수를 더하거나 곱할 때는 그 두 수를 나타내는 산가지를 위아래로 배치하고 자리를

지문 해설

이 글은 동아시아의 전통 수학인 산학의 특
징에 대해 설명하고 있다. 산학은 서양의 수
학보다 훨씬 앞서 있었던 계산법으로, 산가지
등을 이용해 수를 표시하고 계산하는 것을
특징으로 한다. 그중 구구법은 중국에서 오래
전에 유래된 것으로 시대의 흐름에 따라 변
화 과정을 거쳐 오늘날에 이르렀다고 설명하
고 있다.

핵심 이해

문단 요약
1 근세까지도 서양의 수학보다 앞서 있었 던 산학
2 동아시아의 계산 도구인 산가지의 표기 원리
3 구구법의 유래와 변화 과정
4 전통 수학에서 곱셈을 승법이라고 한 이유

⬇

중심 화제	산학(算學)

⬇

주제	동아시아 전통 수학인 산학의 개념 과 특징

핵심 내용

산학
• 기원전부터 양수, 음수, 연산 규칙이 존재 함.
• 4세기 이전부터 소거법으로 방정식을 풀 이함.
• 산가지를 사용하여 수를 표시함.
• 구구법을 만듦.

⬍

서양의 수학
• 16, 17세기에 양수, 음수가 나타나고 연산 규칙은 그 이후에 정립됨.
• 19세기에 가우스가 만든 가우스 소거법을 사용함.

옮기거나 해당하는 자릿수끼리 계산해서 답을 구했다. 그래서 다른 수보다 위에 '올라타는' 수가 생긴다. 그래서 일상 언어에서 '타다' 또는 '오르다'라는 뜻을 가진 '승(乘)' 자를 써서, 곱셈이 올라타는 법, 승법이 된 것이다.

▶ 전통 수학에서 곱셈을 '승법'이라고 한 이유

실전 문제 정답

01 ④　　**02** ④　　**03** ③　　**04** ⑤

01 세부 정보 파악하기　　답 ④

1문단의 '동아시아에서는 가우스(1777~1855)가 태어나기 적어도 1500년 전부터 소거법으로 연립 일차 방정식을 풀었다.'에서 확인할 수 있다.

오답 해결
① 2문단에서 '수판으로 대체되기 전까지 산가지는 중국에서는 명나라의 15세기 중반까지 그리고 우리나라에서는 19세기에도 계산 수단의 대종을 이루었다.'라고 하였다. 이를 통해 우리나라에서 더 늦은 시기에 수판을 사용하기 시작했다는 것을 알 수 있다.
② 3문단에서 고대의 곱셈 구구는 9×9=81에서 시작했으나 '송(宋)대의 13~14세기 무렵에 이 순서가 역전되어 현재와 같이 1×1=1부터 시작해서 9×9=81로 끝나는 곱셈 구구로 바뀌었다.'라고 하였다.
③ 3문단에서 '한(漢)대의 곱셈 구구가 죽간에 표시되어 있는 것이 남아 있다.'라고 하였으므로 구체적인 증거가 남아 있음을 알 수 있다.
⑤ 2문단에서 '산가지로 수를 나타내는 원리는 현재의 십진법과 같다.'라고 하였으나 19세기에 이르러 현재 우리가 사용하는 십진법으로 바뀌었다고 하지는 않았다.

02 반응의 적절성 판단하기　　답 ④

[A]에서 '6 이상은 위쪽에 5를 나타내는 산가지를 놓는다.'라고 하였으므로 이 의문에 대한 답은 2문단에 제시되어 있다.

오답 해결
① 2문단에 소수의 표기에 대한 언급이 없으므로 2문단을 읽고 이와 같은 의문을 제기할 수 있다.
② 2문단에 0에 해당하는 표기에 대한 언급이 없으므로 2문단을 읽고 이와 같은 의문을 제기할 수 있다.
③ 2문단에 음수의 표기에 대한 언급이 없으므로 2문단을 읽고 이와 같은 의문을 제기할 수 있다.
⑤ 2문단에 자릿수를 번갈아 가며 가로 놓기와 세로 놓기를 한 이유가 제시되어 있지 않으므로 2문단을 읽고 이와 같은 의문을 제기할 수 있다.

03 자료 해석의 적절성 판단하기　　답 ③

〈보기〉에서 (1)의 '곱수 46은 가장 위쪽에 위치하며 곱하임수 78 위에 '타고' 있다.'와 (2)와 (4)의 '곱하임수 78을 한 자리씩 올린다(내린다).'를 통해 곱수가 곱하임수 위에 올라타고 곱하임수를 이리저리 움직이면서 답을 얻고 있음을 알 수 있다.

오답 해결
① 〈보기〉의 (5)와 (6)에서 '곱셈 구구'가 사용되고 있음을 알 수 있다.
② 4문단에서 'A승(乘) B'는 'B×A'로 표현한다고 하였으므로 〈보기〉의 곱셈 78×46은 한문으로는 '四十六乘七十八(46승 78)'이라고 표기해야 함을 알 수 있다.
④ 2문단에서 산가지로 수를 나타낼 때는 오른쪽으로부터 왼쪽으로 나아가면서 일, 십, 백, 천의 자리를 정하고 산가지를 늘어놓는데, 일, 백의 자릿수는 세로로 세우고 십, 천의 자릿수는 가로로 뉘어서 수를 표현한다고 하였으므로 3588을 적절하게 표기한 것이다.
⑤ 〈보기〉는 '편의를 위해 산가지를 인도·아라비아 숫자로 나타냈다'라고 하였으므로, 실제로는 두 수를 나타내는 산가지를 위아래로 배치하고 해당하는 자릿수끼리 계산해서 답을 구하는 것이다.

04 어휘의 적절성 판단하기　　답 ⑤

ⓜ(축약)은 문맥상 '줄여서 간략하게 함.'이라는 의미인데, '한가지'는 '형태, 성질, 동작 따위가 서로 같은 것'이라는 의미이므로 서로 바꾸어 쓰기에 적절하지 않다.

오답 해결
① '토대'는 '어떤 사물이나 사업의 밑바탕이 되는 기초와 밑천을 비유적으로 이르는 말'이므로 '밑바탕'과 바꿔 쓸 수 있다.
② '통상'은 '일상적으로. 또는 일상적인 경우에는'이라는 말이므로 '보통'과 바꿔 쓸 수 있다.
③ '대종'은 '사물의 주류'를 나타내는 말이므로 '큰 흐름'과 바꿔 쓸 수 있다.
④ '유래하다'는 '사물이나 일이 생겨나다'라는 말이므로 '유래한'은 '생겨난'과 바꿔 쓸 수 있다.

■ : 중심 문장

1 충돌구란 소행성이나 혜성 또는 그 파편이 행성, 위성, 소행성 같은 고체 상태의 천체 표면에 충돌하여 만들어진 구덩이를 말한다. 구덩이를 만들면서 충돌체가
중심 화제
거의 완전히 부서지거나 증발해 버리기 때문에 충돌체가 무엇이었는지 알지 못하는 경우가 매우 많다. ▶ 충돌구의 개념

2 충돌에 의해 커다란 구덩이가 형성되는 이유는 엄청난 충돌 속도 때문이다. 태
충돌구가 만들어지는 이유
양계의 행성, 소행성, 혜성 등은 매우 빠른 속도로 태양 주위를 ㉠돌고 있다. 이들
의 궤도가 서로 겹치면 충돌이 일어날 수 있다. 지구의 경우 초당 30 ㎞의 속도로
충돌이 이루어지는 이유
태양 주위를 돌고 있으며, 지구 궤도의 물체는 최대 42 ㎞의 속도로 태양 주위를 돌
수 있다. 초당 40 ㎞의 속도로 지구 궤도로 진입하는 소행성의 경우를 가정해 보자.
만약 이 소행성이 지구와 같은 방향으로 태양 주위를 돌면서 지구를 따라오면 이
소행성은 초당 10 ㎞의 속도로 지구로 돌진하게 된다. 지구와 거리가 가까워지면
소행성의 공전 속도 − 지구의 공전 속도 = 초당 10㎞의 속도
소행성과 지구 사이에 중력이 작용하고 이로 인해 소행성은 더욱 빠른 속도로 지구
와 충돌하게 된다. 그런데 이 소행성이 지구와 반대 방향으로 태양 주위를 돌면서
지구와 만난다면 두 천체의 속도를 합한 초당 70 ㎞ 이상의 어마어마한 속도로 지
소행성의 공전 속도 + 지구의 공전 속도 + 중력의 작용
구와 충돌하게 될 것이다. 이처럼 빠른 속도로 충돌하는 충돌 에너지 때문에 충돌
구가 만들어지는 것이다. ▶ 충돌구가 형성되는 이유

3 달의 표면을 촬영한 사진을 보면 수많은 충돌구를 확인할 수 있는데, 특이한 것
은 달의 바다라고 불리는 어두운 면이 밝은 면에 비해 상대적으로 충돌구의 분포가
매우 낮다는 것이다. 그 원인의 실마리는 달의 암석에서 찾을 수 있는데, 밝은 부분
달의 표면에 있는 충돌구 분포의 특징
의 암석은 대부분 약 45억 년 전 것인 반면 어두운 부분의 암석은 약 32억 년에서
밝은 부분의 암석이 어두운 부분의 암석보다 오래된 것임.
38억 년 전 것이다. 어두운 부분은 주로 현무암이라고 불리는 화산암으로 이루어
졌는데, 약 32억 년에서 38억 년 전 사이에 달의 표면에 많은 양의 현무암질 용암
어두운 부분에 화산암이 많은 이유 − 용암이 흘러나와서
이 흘러나와 이 지역을 형성한 것이다. 그러므로 용암이 흐르지 않은 달의 밝은 면
에는 달의 생성 이후 만들어진 거의 모든 충돌구들이 보존된 반면, 용암으로 뒤덮
인 달의 바다에는 용암 분출 이전의 충돌구들이 사라지고 그 이후에 만들어진 충돌
어두운 부분에 충돌구가 적은 이유 − 용암이 충돌구를 뒤덮어서
구만 보존되어 상대적으로 충돌구의 수가 적은 것이다. ▶ 달의 충돌구 분포가 다른 이유

4 지구 표면에 존재하는 것으로 확인된 충돌구의 수는 2백 개를 조금 넘는다. 물
론 충돌구에 대한 연구가 미흡한 아시아, 남미, 아프리카에서 추가로 충돌구가 더
확인될 가능성도 있다. 하지만 지구 표면에 확인되지 않은 충돌구가 현재 확인된
것의 몇 배가 된다고 하더라도, 여전히 지구 표면의 충돌구의 수는 더 작은 천체인
달이나 수성에 비해 훨씬 적다. 그 이유는 무엇일까?
의문 제기 ▶ 지구에 충돌구가 적은 이유에 대한 의문 제기
5 먼저 지구에 외계의 물체가 진입할 때 대기의 역할을 생각할 수 있다. 지구로
지구에 충돌구가 적은 이유 ①
진입하는 소행성이나 혜성의 크기가 크지 않다면 대기 상층부에 대해 매우 작은 각
도를 가지고 즉, 수평에 가깝게 접근하는 물체는 지구 대기에 의해 튕겨 나가 버린
대기의 역할 ①

📖 **지문 해설**

이 글은 우주의 물체가 천체 표면에 충돌하여 만들어진 충돌구에 대해 설명하고 있다. 글쓴이는 먼저 충돌구의 개념과 충돌구가 형성되는 이유를 밝힌 후, 달의 충돌구 분포가 다른 이유를 설명하고 있다. 그리고 지구 표면의 충돌구가 적은 이유로 대기의 역할과 여러 지질 활동을 제시하고 있다.

📘 **핵심 이해**

문단 요약
1 충돌구 의 개념
2 충돌구가 형성되는 이유
3 달 의 충돌구 분포가 다른 이유
4 지구 에 충돌구가 적은 이유에 대한 의문 제기
5 지구에 충돌구가 적은 이유 ①− 대기 의 역할
6 지구에 충돌구가 적은 이유 ②− 지질 활동

중심 화제	충돌구

주제	충돌구의 개념과 지구에 충돌구가 적은 이유

⭐ **핵심 내용**

충돌구	
개념	소행성이나 혜성 또는 그 파편이 고체 상태의 천체 표면에 충돌하여 만들어진 구덩이
형성 이유	빠른 충돌 속도로 인한 충돌 에너지 때문

지구에 충돌구가 적은 이유
① 대기가 지구를 보호하고 있기 때문
② 지질 활동으로 충돌구가 지워졌기 때문

다. 또한 조금 더 큰 각도로 진입하는 물체는 대기에 진입하면서 마찰에 의해 표면
이 녹거나 증발하게 된다. 이때 만약 아주 작은 물체라면 충돌의 힘을 이기지 못하
고 폭발하거나 여러 조각으로 부서진다. 하지만 충돌체의 크기가 클수록 대기의 역
할은 줄어든다. 즉 지구의 대기는 우주에서 날아오는 물질로부터 지구를 보호하는
역할을 하지만, 이는 비교적 크기가 작거나 약한 물체에 국한된다.

▶ 지구에 충돌구가 적은 이유 ① – 대기의 역할

6 지구의 충돌구가 적은 더 중요한 이유는 달의 바다에 충돌구가 적은 이유와 같
이 여러 지질 활동에 의해 충돌구가 지워졌기 때문이다. 이러한 지질 활동으로는
비, 바람 등에 의한 풍화, 화산 활동, 판의 이동 등을 들 수 있다.

▶ 지구에 충돌구가 적은 이유 ② – 지질 활동

실전 문제 정답

01 ①   02 ③   03 ④   04 ②

01 세부 정보 파악하기 답 ①

4문단의 '지구 표면의 충돌구의 수는 더 작은 천체인 달이나 수성
에 비해 훨씬 적다.'로 보아, 수성이 지구보다 충돌구의 수가 많
은 것은 확인할 수 있으나, 수성이 달보다 충돌구의 수가 많은지
는 이 글에서 확인할 수 없다.

오답 해결

② 2문단의 '충돌에 의해 커다란 구덩이가 형성되는 이유는 엄청
난 충돌 속도 때문이다.'에서 확인할 수 있다.

③ 1문단의 '구덩이를 만들면서 충돌체가 거의 완전히 부서지거
나 증발해 버리기 때문에 충돌체가 무엇이었는지 알지 못하는 경
우가 매우 많다.'에서 확인할 수 있다.

④ 5문단의 '지구의 대기는 우주에서 날아오는 물질로부터 지구
를 보호하는 역할을 하지만'에서 확인할 수 있다.

⑤ 6문단의 '지구의 충돌구가 적은 더 중요한 이유는 달의 바다에
충돌구가 적은 이유와 같이 여러 지질 활동에 의해 충돌구가 지
워졌기 때문이다.'에서 확인할 수 있다.

02 구체적 상황에 적용하기 답 ③

지구와 같은 공전 방향으로 초당 40 km의 속도로 지구 궤도에 진
입하는 소행성은 지구의 공전 속도인 초당 30 km를 뺀 초당 10 km
이상의 속도로 지구에 돌진하게 될 것임을 추측할 수 있다(ㄱ).
지구와 같은 공전 방향과 속도로 지구 궤도에 진입하는 소행성은
지구와 계속 일정한 거리를 유지하기 때문에 지구와 충돌하지 않
는다(ㄴ). 지구와 반대의 공전 방향으로 초당 40 km의 속도로 지
구 궤도에 진입하는 소행성은 지구와 소행성의 속도를 합한 초당
70 km의 속도로 지구와 충돌하게 될 것임을 추측할 수 있다(ㄷ).

오답 해결

ㄹ. 지구와 공전 방향이 반대이고 초당 20 km의 속도로 지구 궤도
에 진입하는 소행성은 중력이 작용하지 않는 경우에 지구와 소행

성의 속도를 합한 초당 50 km의 속도로 지구와 충돌하게 될 것임
을 추측할 수 있다.

03 반응의 적절성 판단하기 답 ④

Ⓐ는 충돌구의 밀도가 낮으므로 달의 어두운 면이고, Ⓑ는 충돌
구가 많이 관찰되므로 달의 밝은 면이다. 그런데 3문단의 '용암이
흐르지 않은 달의 밝은 면에는 ~ 충돌구만 보존되어 상대적으로
충돌구의 수가 적은 것이다.'를 통해 Ⓑ에는 용암 분출 이전의 충
돌구들이 보존되어 있지만, Ⓐ는 용암으로 뒤덮이면서 용암 분출
이전의 충돌구들이 사라졌음을 알 수 있다.

오답 해결

① 3문단의 '밝은 부분의 암석은 대부분 약 45억 년 전 것인 반면
어두운 부분의 암석은 약 32억 년에서 38억 년 전 것이다.'에서
Ⓐ보다 Ⓑ의 암석이 더 오래된 것임을 알 수 있다.

② 3문단의 '어두운 부분은 주로 현무암이라고 불리는 화산암으로
이루어졌는데'를 통해 Ⓐ에 현무암이 더 많이 존재함을 알 수 있다.

③, ⑤ 3문단의 '용암이 흐르지 않은 달의 밝은 면에는 ~ 충돌구
만 보존되어 상대적으로 충돌구의 수가 적은 것이다.'를 통해 Ⓐ
에는 용암 분출 이후에 만들어진 충돌구만 보존되어 있고, Ⓑ에
는 달 생성 이후 형성된 거의 모든 충돌구가 보존되어 있음을 알
수 있다. 또한 이를 통해 Ⓐ와 Ⓑ에는 모두 용암 분출 이후의 충
돌구가 보존되어 있음을 알 수 있다.

04 어휘의 문맥적 의미 파악하기 답 ②

㉠의 '돌고'는 '물체가 일정한 축을 중심으로 원을 그리면서 움직
이다.'라는 의미로 사용되었다. ②의 '돌면서' 또한 ㉠과 같은 의
미로 사용되었다.

오답 해결

① '어떤 기운이나 빛이 겉으로 나타나다.'라는 의미로 사용되었다.

③ '기억이나 생각이 얼른 떠오르지 아니하다.'라는 의미로 사용
되었다.

④ '가까운 길을 두고 멀리 비켜 가다.'라는 의미로 사용되었다.

⑤ '기능이나 체제가 제대로 작용하다.'라는 의미로 사용되었다.

: 중심 문장

1 액체 상태보다 고체 상태가 운반 저장에 ⓐ용이하다. 액체 상태의 라면 스프와 인스턴트커피를 고체로 만드는 데 <u>동결 건조</u>가 이용되고 있다. 동결 건조는 물체를
_{동결 건조의 사례}
_{중심 화제}
얼린 다음에 물기를 없애는 것을 말한다. 동결 건조를 이해하기 위해서는 기체, 액체, 고체라는 물질의 상태와 상태의 변화에 영향을 미치는 요소에 대해 이해해야
_{동결 건조를 이해하기 위한 과학적 원리}
한다. 그런데 물이 0℃에서 얼고 100℃에서 끓는다는 것을 알고는 있어도 그것이 1기압인 상태에서만 나타나는 현상임을 모르는 사람이 많다. 물, 얼음, 수증기라는 상태는 온도뿐만 아니라 압력에 영향을 받는다는 것에 유의해야 한다.
_{물질의 상태에 영향을 미치는 요소}

2 이를 이해하는 데 도움을 주는 것이 물질의 상태와 온도, 압력의 관계를 나타낸 <u>상평형 그림</u>이다. 옆의 그래프와 같이 상평형 그림의 세로축은 기압을 나타내고 가로축은 온도를 나타낸다. 선 3개는 증기 압력 곡선, 융해 곡선, 승화 곡선이다. <u>증기 압력 곡선</u>은 액체와 기체

▶ 동결 건조를 이해하기 위한 과학적 원리

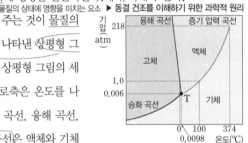

사이를 잇는 선으로, 그 선이 나타내는 환경에서 액체와 기체가 공존한다. <u>융해 곡선</u>은 액체와 고체 사이에 있는 선으로, 그 선이 나타내는 환경에서 액체와 고체가
_{물이 얼기 시작할 때 또는 얼음이 녹기 시작할 때의 온도}
공존한다. 각 압력에 따른 끓는점은 증기 압력 곡선 위에, 어는점은 융해 곡선 위에
_{액체 물질의 증기압이 외부 압력과 같아져 끓기 시작하는 온도}
있다. <u>승화 곡선</u>은 고체와 기체 사이에 있는 선으로, 선이 나타내는 환경에서는 고체와 기체가 공존한다. 이 그래프를 통해 우리는 1기압에서 물은 0℃에서 얼고 100℃에서 끓는다는 것을 알 수 있다.

▶ 상평형 그림에 나타나는 곡선의 의미

3 점 T는 <u>삼중점</u>이다. 물의 삼중점은 0.006기압과 0.0098℃인 환경이다. 이 환경에서 물은 고체, 액체, 기체의 세 가지 상태로 공존한다. 이 상태를 일상생활에서 볼 수는 없다. 0.006기압을 경험하지 못하기 때문이다. 세계에서 가장 높다는 ㉮에베레스트 산(해발 약 8.8km) 정상의 기압만 해도 약 0.35기압인 것을 ⓑ감안하면, 0.006기압은 진공에 가까운 기압이다. 그런데 만약 삼중점 이하로 압력을 낮춘다면 어떤 현상이 일어날까? 결코 물이 존재하지 못하고 얼음 또는 수증기만 존재할 수 있다. 그리고 얼음인 상태를 유지하며 특정 압력을 가하면 얼음에서 수증기로 바뀌는 현상이 일어난다. 즉 승화가 일어나는 것이다.

▶ 삼중점과 그 이하의 압력에서 일어나는 승화

4 동결 건조는 열풍 건조와는 전혀 다르다. 이 방법은 식품에 열을 가하는 것이
_{대조를 통한 대상에 대한 이해}
아니라 식품을 얼린다. 보통 식품을 −50~−70℃ 정도의 저온에서 얼리는데, 그 이유는 식품 내에 있는 수분을 완전히 얼리기 위한 것이다. 다음으로 건조는 기계 내부의 압력을 완전 진공에 가깝도록 낮춰 주는 방법으로 한다. 그렇게 되면 식품 내부에 있는 얼음 상태의 수분을 물을 거치지 않고 바로 수증기로 만들 수가 있다.
_{얼음 → 수증기(승화)}
그 수증기를 외부로 배출하고 ⓒ밀봉하면 설령 온도가 올라 언 것이 녹더라도 건조한 상태를 유지하게 된다.

▶ 동결 건조의 과정

✏ 지문 해설

이 글은 라면 스프나 인스턴트커피 등을 고체로 만드는 데 이용되는 동결 건조 기술에 대해 설명하고 있다. 기체, 액체, 고체의 상태 변화를 바탕으로 동결 건조를 이해하기 위한 과학적 원리를 설명하고 있으며, 동결 건조의 과정을 구체적으로 제시하고 있다. 이어서 동결 건조의 역사와 식품을 동결 건조하는 공정의 장단점에 대해 설명하고 있는 글이다.

👆 핵심 이해

문단 요약
1 동 결 건 조 를 이해하기 위한 과학적 원리
2 상 평 형 그림에 나타나는 곡선의 의미
3 삼 중 점 과 그 이하의 압력에서 일어나는 승화
4 동결 건조의 과 정
5 동결 건조의 역 사 와 식품 동결 건조의 단 점
6 식품 동결 건조의 장 점

중심 화제	동결 건조

주제	동결 건조의 과학적 원리와 방법

⭐ 핵심 내용

동결 건조	
과학적 원리	물을 삼중점 이하로 압력을 낮출 때 발생하는 승화를 활용함.
과정	저온에서 얼림. → 저압에서 건조 → 밀봉

식품 가공에 적용	
단점	비싼 건조 비용, 긴 건조 시간
장점	맛과 영양 성분 등의 보존, 탁월한 식품 복원 능력

⑤ 이 방법은 2차 세계 대전 때 혈액의 혈장을 보호하기 위해 처음 도입된 이래, 그
_{혈액에서 혈구를 제외한 액상 성분}
활용 범위는 단백질, 비타민, 호르몬 등을 연구하는 과학적인 실험에 ⓓ제한되었
다. 동결 건조가 식품 가공에 도입된 것은 1990년대부터였다. 이 방법은 다른 건조
방법에 비해 동결과 진공 공정이 더 필요하므로 건조 비용이 많이 들고 건조 시간
도 더 길어진다. 같은 식품을 건조할 경우 열풍 건조에 비해서 그 비용이 3배 정도
더 든다.
_{식품 동결 건조의 단점}
▶ 동결 건조의 역사와 식품 동결 건조의 단점

⑥ [그럼에도 불구하고] 이 방법을 식품 가공에 적용한 데는 분명한 이유가 있다. 열
에 약한 식품의 맛, 냄새, 색깔 그리고 영양 성분 등이 거의 파괴되지 않기 때문이
다. _{식품 동결 건조의 장점 ①} 또한 동결 건조식품은 수분이 빠져나간 자리가 비어 있기 때문에 물을 다시 가
하면 그 자리로 수분이 찾아 들어가면서 원래 식품으로 ⓔ복원되는 능력이 일반
건조식품에 비해 탁월하다.
_{식품 동결 건조의 장점 ②}
▶ 식품 동결 건조의 장점

실전 문제 정답

01 ②   **02** ④   **03** ③   **04** ⑤

01 세부 정보 파악하기   답 ②

4문단에서 동결 건조를 할 때 압력을 낮춰 식품을 건조시킨다는
설명은 제시되어 있지만, 압력 자체를 어떻게 낮추는지에 대한
설명은 나타나 있지 않다.

(오답 해결)

① 1문단에서 '액체 상태의 라면 스프와 인스턴트커피를 고체로
만드는 데 동결 건조가 이용되고 있다.'라고 하였다. 5문단에서
동결 건조가 '2차 세계 대전 때 혈액의 혈장을 보호하기 위해 처
음 도입된 이래, 그 활용 범위는 단백질, 비타민, 호르몬 등을 연
구하는 과학적인 실험에 제한되었다.'라고 하였다. 이러한 내용에
서 동결 건조의 이용 분야가 구체적으로 제시되어 있다.

③ 6문단에서 식품 가공에 동결 건조를 적용하면 '열에 약한 식품
의 맛, 냄새, 색깔 그리고 영양 성분 등이 거의 파괴되지 않'는다
고 하였으며, '수분이 찾아 들어가면서 원래 식품으로 복원되는
능력이 일반 건조식품에 비해 탁월하다.'라고 하였다.

④ 5문단에서 식품을 동결 건조하는 것은 '건조 비용이 많이 들고
건조 시간도 더 길어진다.'라고 하였다.

⑤ 1문단에서 '동결 건조를 이해하기 위해서는 기체, 액체, 고체
라는 물질의 상태와 상태의 변화에 영향을 미치는 요소에 대해
이해해야 한다.'라고 하였다.

02 구체적인 사례에 적용하기   답 ④

4문단에서 '건조는 기계 내부의 압력을 완전 진공에 가깝도록 낮
춰 주는 방법으로' 하며, '그렇게 되면 식품 내부에 있는 얼음 상
태의 수분을 물을 거치지 않고 바로 수증기로 만들 수가 있다.'라

고 하였다. 이러한 내용으로 볼 때, 동결 과정을 통해 만들어진 고
체가 건조 과정에서 액체 상태를 거친다는 ④의 설명은 적절하지
않다.

(오답 해결)

① 4문단에서 동결 건조를 하기 위해 식품을 저온에서 얼리는데,
그 이유는 식품 내에 있는 수분을 완전히 얼리기 위한 것이라고
하였다.

② 6문단에서 동결 건조 식품은 맛, 냄새, 색깔, 영양 성분 등이
거의 파괴되지 않는다고 하였다.

③ 3문단에서 물의 삼중점은 0.006기압과 0.0098℃인 환경이라
고 하였다. 동결 건조를 할 때 −50∼−70℃의 저온에서 동결이
이루어진다고 하였으므로, 이는 삼중점 이하의 온도에 해당한다.

⑤ 6문단에서 동결 건조 식품은 수분이 빠져나간 자리가 비어 있
다고 하였다.

03 세부 내용 추론하기   답 ③

3문단에서 에베레스트 산 정상에서의 기압이 0.35기압이라고 하
였다. 상평형 그림에서 0.35기압에서의 물의 상태를 볼 때, 어떤
온도에서도 삼중점(T)에 닿지 않는다는 것을 확인할 수 있다. 이
는 에베레스트 산 정상에서는 얼음, 물, 수증기가 공존하는 상황
이 있을 수 없다는 사실을 의미한다.

04 어휘의 사전적 의미 이해하기   답 ⑤

ⓔ(복원)는 '원래대로 회복함.'의 의미를 지닌 말이다. '과거의 모
양, 정치, 사상, 제도, 풍습 따위로 돌아감.'을 의미하는 말은 '복
고(復古)'이다.

본문 90~91쪽

1 쇼트 트랙 선수들이 코너를 돌 때 코너 바깥쪽으로 향하는 원심력과 아래로 향하는 중력의 영향을 받게 되는데, 이 두 힘의 합력은 빙판에 비스듬하게 작용한다. <u>원심력＋중력</u> 이 각도만큼 몸을 기울여야 선수는 속도를 유지하면서도 넘어지지 않는다. 쇼트 트랙 선수와 마찬가지로 기차 역시 곡선 구간을 주행하면 바깥쪽으로 향하는 원심력의 영향을 받아 바깥쪽으로 기울어지려는 경향이 있다. 이때 곡선 반경은 Ⓡ로 표시하는데 이는 <u>곡선 커브를 포함하여 가상의 원을 그릴 때 그 원의 반지름 값</u>을 의미한다. 이 곡선 반경이 작을수록 커브도 급해지며, 그만큼 열차의 통과 속도는 제한받을 수밖에 없다. <u>쇼트 트랙 선수가 몸을 기울이는 것처럼 기차도 차량의 속도를 급하게 줄이지 않으면서도 궤도를 이탈하지 않으려면 차체를 레일 안쪽으로 기울여 원심력을 상쇄하는 조처를 취해야 한다.</u> 이를 위해 곡선부에서는 바깥쪽 레 <u>곡선 구간 주행 시 궤도 이탈을 방지하기 위한 설계</u> 일을 안쪽 레일보다 다소 높혀 원심력을 흡수시켜 차량을 안전하게 통과시키도록 되어 있다. 이 곡선부의 외측 레일을 내측 레일보다 높이는 경사의 정도를 캔트라 고 하는데, 이는 어느 수준 이상 올릴 수 없다. <u>틸팅 열차는 이런 캔트의 부족을 차</u> <u>：중심 문장</u> <u>중심 화제</u> <u>체를 기울여 보충함으로써 곡선 구간의 원심력을 상쇄하기 때문에 선로의 큰 개량</u> <u>없이 속도가 떨어지지 않게 한 것이다.</u>
▶ 차체를 기울여 속도를 유지한 채 곡선 구간을 통과하는 틸팅 열차

2 틸팅 기술에는 크게 두 종류가 있으며, 그 종류에 따라 구조 역시 달라진다. 첫 번째는 Ⓐ<u>수동적 틸팅</u>으로 차체의 회전 중심을 무게 중심보다 높게 설정한 것이다. 이렇게 하면 원심력이 우측으로 작용할 경우 무게 중심보다 위는 왼쪽으로, 아래는 오른쪽으로 힘을 받아 자연적인 틸팅이 이뤄지게 된다. 이처럼 기울어지는 동작과 그 각도를 인위적으로 조종하지 않는 수동적 틸팅은 얻을 수 있는 <u>최대 경사 각이 3.5° 정도로 작고 임의로 경사를 조절할 수 없으며 시간 지연의 발생으로 틸팅</u> <u>수동적 틸팅의 단점</u> <u>의 효과를 얻기 어려운 단점이 있어 현재는 잘 사용되지 않는다.</u>
▶ 수동적 틸팅의 원리와 단점

3 두 번째는 Ⓑ<u>능동적 틸팅</u>이다. 이는 차체와 철로 사이를 연결하는 부위, 즉 대차 부위에 별도의 동력과 제어 장치를 추가하는 방식이다. 이 대차 부위는 객실을 떠받치다가 GPS 시스템, 가속도 센서를 통해 곡선 진입을 감지하고, 컴퓨터로 제어되는 유압 실린더로 틸팅 링크를 조절하여 차체의 기울기를 변경한다. 능동적 틸팅은 최대 8°에 달하는 비교적 큰 경사

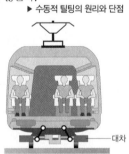
직선 선로 주행 시 ── 대차

각을 얻을 수 있으며 <u>저속 차량과 공유해야 하는 선로에서도 큰 지장 없이 고속을</u> <u>능동적 틸팅의 장점</u> <u>얻을 수 있다.</u> 대신 별도의 장치와 동력이 요구되며, 정밀 제어 공학이 요구된다는 <u>능동적 틸팅의 단점</u> 단점이 있다.
▶ 능동적 틸팅의 원리와 장단점

4 최근 도입되고 있는 틸팅 열차는 능동적 틸팅을 채택하고 있으며, 이에 더해 '틸팅 조향 대차' 기술을 접목하고 있다. '틸팅 조향 대차'란 곡선부에서 차체를 기울이

📖 지문 해설

이 글은 속도를 유지한 채 곡선 구간을 통과할 수 있는 방법으로 고안된 틸팅 열차의 원리와 작동 과정을 설명하고 있다. 쇼트 트랙 선수의 코너링과의 비교를 통해 열차가 차체를 기울여 곡선 구간을 통과하는 방식을 설명하고 있으며, 이러한 틸팅 기술을 수동적 틸팅과 능동적 틸팅으로 나누어 그 특징을 서술하고 있다. 특히 능동적 틸팅의 장점을 강조하면서 현재 새로운 기술을 접목하여 그 효과가 더욱 커지고 있다는 설명을 하며 글을 마무리하고 있다.

📗 핵심 이해

문단 요약
1 차체를 기울여 속 도 를 유지한 채 곡 선 구간을 통과하는 틸팅 열차
2 수 동 적 틸팅의 원리와 단점
3 능 동 적 틸팅의 원리와 장단점
4 틸 팅 조 향 대 차 기술을 접목한 능동적 틸팅의 효과

⬇

중심 화제	틸팅 열차

⬇

주제	틸팅 열차의 작동 원리와 틸팅 기술의 종류 및 특징

⭐ 핵심 내용

틸팅 열차
곡선 구간 주행 시 차체를 기울여 원심력을 상쇄하는 열차

수동적 틸팅	• 차체의 회전 중심을 무게 중심보다 높게 설정하는 방식 • 최대 경사각이 작고 시간 지연이 발생해 현재 잘 사용되지 않음.
능동적 틸팅	• 대차 부위에 별도의 동력과 제어 장치를 추가하는 방식 • 최대 경사각이 비교적 크고, 선로에 관계없이 고속 주행이 가능함.

면서 대차의 바퀴 부분의 각도를 선로에 맞게 변동하는 기술을 말한다. 이 장치는 탈선의 위험을 감소시켜 곡선 구간에서의 안정성을 확보하는 데 유리하다. 이로써 열차의 기울어짐에도 불구하고 운행의 안정감과 승차감을 유지시켜 주며 속도 향상의 효과도 얻을 수 있다.

틸팅 조향 대차 기술로 인한 효과
▶ 틸팅 조향 대차 기술을 접목한 능동적 틸팅의 효과

실전 문제 정답

01 ③　　**02** ④　　**03** ①

01 세부 정보 파악하기
답 ③

틸팅 열차는 곡선 구간을 주행할 때 차체를 기울여 원심력을 상쇄하는 틸팅 기술을 적용한 열차이다. 그 종류 중 하나인 수동적 틸팅은 회전 중심을 무게 중심보다 높게 설정하여 자연적인 틸팅이 이루어지게 하는 방식이고, 능동적 틸팅은 대차 부위에 별도의 동력과 제어 장치를 추가하여 차체의 기울기를 변경하는 방식이다. 이렇게 볼 때 틸팅 열차는 선로를 그대로 둔 채 곡선 구간에서의 속도 저하를 방지하기 위한 기술이므로 ③의 설명은 적절하지 않다.

오답 해결
① 2문단에서 수동적 틸팅은 최대 경사각이 3.5°로 작다고 하였고, 3문단에서 능동적 틸팅은 최대 8°에 달하는 비교적 큰 경사각을 얻을 수 있다고 하였다.
② 1문단에서 틸팅 열차는 '캔트의 부족을 차체를 기울여 보충함으로써 곡선 구간의 원심력을 상쇄'한다고 하였다.
④ 2문단에서 수동적 틸팅은 '시간 지연의 발생으로 틸팅의 효과를 얻기 어려운 단점이 있다'고 하였다.
⑤ 4문단에서 틸팅 조향 대차 기술은 '대차의 바퀴 부분의 각도를 선로에 맞게 변동하는 기술'이라고 하였다.

02 자료 해석의 적절성 판단하기
답 ④

1문단에서 곡선 반경은 '곡선 커브를 포함하여 가상의 원을 그릴 때 그 원의 반지름 값을 의미한다.'라고 하였으며, '곡선 반경이 작을수록 커브도 급해지며, 그만큼 열차의 통과 속도는 제한받을 수밖에 없다.'라고 하였다. 이러한 내용으로 볼 때, ④에서 선로의 곡선 반경이 현재보다 커진다는 것은 커브의 정도가 완만해진다는 것을 의미하므로 캔트를 줄이는 것이 바람직하다.

오답 해결
① 곡선 구간을 운행하고 있으므로 차체는 원심력에 의해 바깥쪽으로 나가려는 힘을 받게 된다.
② ㉡을 높게 만드는 것은 캔트를 높이는 것인데, 이는 원심력을 상쇄하는 효과가 있다.
③ 직선을 주행할 때의 차체가 정상의 기울기라면 곡선을 주행할

때는 틸팅 링크의 조절을 통해 원심력을 상쇄하는 방향으로 차체가 기울어지게 된다.
⑤ 〈보기〉는 능동적 틸팅을 채택한 틸팅 열차에 해당하므로 GPS와 가속도 센서가 기차의 곡선부 진입을 알려 주게 된다.

03 정보 간 관계 파악하기
답 ①

수동적 틸팅은 별도의 동력이나 제어 장치가 필요하지 않지만 능동적 틸팅의 경우에는 대차 부위에 별도의 동력과 제어 장치가 필요하다.

오답 해결
② 틸팅의 각도를 미세하게 조정할 수 있는 것은 능동적 틸팅이다.
③ 틸팅 열차가 캔트의 부족을 차체를 기울여 보충하는 방식이므로, 수동적 틸팅 또한 캔트가 부족한 상황에서 적용 가능하다.
④ 곡선 선로를 주행할 때 탈선을 막기 위해 속도를 줄여야 하는 것은 모든 기차에 해당한다. 단 틸팅 열차는 감속의 폭을 줄이기 위해 고안된 것이다.
⑤ 차체의 무게 중심을 회전 중심보다 아래에 두어 차체의 각도를 조절하는 것은 수동적 틸팅에만 해당하는 설명이다.

➕ 지식 넓히기　　원심력과 구심력

• 원심력
원운동을 하는 물체나 입자에 작용하는, 원의 바깥으로 나아가려는 힘이다. 구심력과 크기는 같고 방향은 반대이다. 즉 원의 중심이나 곡률 중심 쪽과 반대 방향으로 작용한다. 가속도 운동을 하는 물체계에 있는 관측자에게만 느껴진다. 자동차가 커브 길을 급회전할 때 탑승객의 몸이 바깥쪽으로 쏠리는 것은 원심력 때문이다.

• 구심력
아무런 외부 힘이 작용하지 않으면 물체는 등속 직선 운동을 한다. 이때 물체의 운동 방향을 바꾸려면 외적인 힘이 필요하다. 운동 방향에 수직으로 작용하는 일정한 크기의 외부 힘이 작용하면 물체는 등속 원운동을 하게 된다. 이렇게 원운동을 하는 물체나 입자에 작용하는, 원의 중심으로 나아가려는 힘을 구심력이라 한다. 중력, 전자기력, 실의 장력 등이 구심력이 될 수 있다.

1 스마트폰의 화면에는 손가락의 접촉을 감지할 수 있는 박막이 기판에 형성되어 있으며, 액정 디스플레이(LCD) 모니터의 내부도 매우 얇은 층의 박막이 입혀져 있는 기판이 여러 층으로 쌓여져 있다. 이 박막을 기판에 증착시키는 방법으로 다른 방법들에 비해 박막의 흡착력이 큰 스퍼터링법을 주로 사용하고 있다. 스퍼터링(sputtering)이란 이온이 어떤 물질의 원자 간 결합 에너지보다 큰 운동 에너지로 그 물질에 ⓐ충돌할 경우 이 이온의 충격에 의해 그 물질을 구성하는 원자가 튀어나오는 원자의 표면 탈출이 발생하게 하는 것을 말한다. 이 현상을 이용하여 기판에 박막을 증착하는 방법을 '스퍼터링법'이라고 하는데, 그 과정은 다음과 같다.

> ▶ 스퍼터링의 개념과 이 현상을 이용하는 스퍼터링법

2 먼저 음(−)극에는 박막의 재료가 되는 타깃 물질을, 양(+)극에는 박막을 형성할 기판을 ⓑ배치한다. 진공 펌프를 통해 용기 안을 진공 상태로 만든 후, 진공 용기 내에 아르곤(Ar) 가스를 주입한다. 타깃 물질에 직류 전압을 걸어 주면 타깃 물질과 기판 사이에 있는 전자들이 양극으로 가속되어 움직이는데, 그 과정에서 아르곤 가스와 충돌하면 아르곤 가스는 음전하를 가진 전자와 양이온(Ar⁺)으로 분리된다. 타깃 물질 뒤쪽에는 자석이 있는데, 자석은 전자를 타깃 물질 표면 근처에 형성되는 자기장 안에 모아 아르곤 가스와의 충돌 횟수를 증가시켜 아르곤 가스가 전자와 양이온으로 분리되는 것을 ⓒ촉진시킨다. 이처럼 음전하를 가진 전자와 양전하를 띤 이온으로 분리된 기체가 동일한 공간 내에 함께 있는 상태를 플라즈마라고 부른다. 이러한 플라즈마 상태에서 아르곤 양이온은 음극으로 가속되어 음극에 있는 타깃 물질과 충돌하게 된다. 이 충돌 과정에서 스퍼터링 현상으로 인해 타깃 물질을 구성하는 원자들 중 일부는 원자 간 결합을 끊고 튀어나오게 된다. 이때 튀어나오는 힘으로 스퍼터 입자들이 기판에 ⓓ도달하여 박막을 형성하게 되는 것이다.

> ▶ 스퍼터링법으로 박막을 형성하는 과정

3 그런데 박막이 형성되기 위해서는 스퍼터 입자들이 기판 표면에 제대로 흡착되어야 한다. 흡착이란 기판에 도달한 입자들이 기판 표면에 달라붙는 현상으로, 물리 흡착과 화학 흡착의 과정을 거친다. 물리 흡착은 스퍼터 입자와 기판 표면에 있는 분자 사이의 인력에 의해 일어난다. 따라서 분자 구조에는 변화가 없으며, 스퍼터 입자와 기판 표면에 있는 분자 사이에 전자의 이동 없이 서로의 분자 상태를 유지하면서 흡착한다. 스퍼터 입자가 기판 표면에 더 가까워지면 스퍼터 입자가 나누어지지 않은 상태로 기판 표면에 있는 분자와 서로 겹쳐 있는 상태가 되는데 이것을 전이 상태라고 한다. 전이 상태를 거친 후, 스퍼터 입자는 나누어져 기판 표면에 있는 분자와 화학 반응을 하게 된다. 이처럼 화학 반응을 통한 분자 간의 화학 결합력에 의해 흡착되는 상태를 화학 흡착이라고 한다. 이러한 과정으로 흡착된 분자들이 ⓔ응축되고 모이면서 박막이 형성되는 것이다.

> ▶ 박막을 형성하기 위한 흡착의 과정

4 한편 '스퍼터링법'을 통해 효율적으로 박막을 형성하기 위해서는 스퍼터링률을 높여야 한다. 스퍼터링률이란 타깃 물질에 충돌하는 아르곤 양이온 1개당 발생하

> 스퍼터링률의 개념

📝 **지문 해설**

이 글은 박막의 제조 방법 중 스퍼터링법의 원리와 과정에 대해 설명하고 있다. 스퍼터링법은 플라즈마 상태에서의 스퍼터링을 이용하는 박막 제조 방법인데, 아르곤 양이온이 타깃 물질에 충돌하여 형성된 스퍼터 입자가 물리 흡착과 화학 흡착의 과정을 거쳐 기판에 박막을 형성하는 원리를 자세히 밝히고 있다. 또한 마지막에는 스퍼터링법의 효율을 높이는 방법을 제시하고 있다.

🎙 **핵심 이해**

문단 요약
1 스퍼터링의 개념과 이 현상을 이용하는 스퍼터링법
2 스퍼터링법으로 박막을 형성하는 과정
3 박막을 형성하기 위한 흡착의 과정
4 스퍼터링법의 효율성을 높이는 방법과 한계

중심 화제	스퍼터링법

주제	스퍼터링법의 원리와 과정

📘 **핵심 내용**

스퍼터링법	
스퍼터 입자 형성	플라즈마 상태에서 아르곤 양이온이 타깃 물질에 충돌해서 형성됨.
스퍼터 입자 흡착	물리 흡착과 화학 흡착의 과정을 거쳐 기판 표면에 흡착됨.

활용 분야
자기 디스크, 자기 테이프 등

는 스퍼터 입자의 수를 말한다. 일반적으로 스퍼터링률은 아르곤 양이온이 타깃 물질에 충돌하는 에너지가 커질수록 증가하며, 아르곤 양이온의 충돌 에너지는 타깃

스퍼터링률을 높이는 방법 ① – 직류 전압의 세기를 크게 해 줌.

물질에 걸어 주는 직류 전압의 세기와 비례한다. 그런데 이 직류 전압의 세기는 스퍼터 입자가 기판에 증착되는 속도인 증착 속도와도 관련이 있다. 증착 속도는 박

증착 속도의 개념

막의 두께, 박막의 구조 등에 영향을 미치는 요소로, 직류 전압의 세기가 커질수록 증가한다. 또한 아르곤 양이온이 타깃 물질 표면에 비스듬히 충돌하면 스퍼터링률

스퍼터링률을 높이는 방법 ② – 충돌 각도를 조절함.

은 증가하고, 40°에서 최대가 된다. 충돌 각도를 제어하기 위해 아르곤 양이온 발생 장치를 통해 원하는 각도로 타깃 물질에 충돌시키기도 한다. 그런데 양이온 발생 장치의 크기의 한계로 인해 큰 면적의 박막을 형성하는 데 어려움이 있어, 자기 디

스퍼터링법의 한계

스크, 자기 테이프 등 크기가 작은 장치의 박막 형성에 주로 사용된다.

스퍼터링법의 활용 분야　　　　　▶ 스퍼터링법의 효율성을 높이는 방법과 한계

실전 문제 정답

01 ⑤　　　**02** ④　　　**03** ①　　　**04** ②

01 세부 정보 파악하기　답 ⑤

물리 흡착은 스퍼터 입자와 기판 표면에 있는 분자 사이의 인력에 의해 이루어지지만 전자가 이동하지는 않는다.

오답 해결

① 4문단의 '증착 속도는 박막의 두께, 박막의 구조 등에 영향을 미치는 요소로'에서 확인할 수 있다.

② 스퍼터링법은 타깃 물질에서 튀어나온 스퍼터 입자로 박막을 형성하는 방법이므로, 타깃 물질이 달라지면 박막의 재료도 달라질 것임을 짐작할 수 있다.

③ 3문단의 '전이 상태를 거친 후, 스퍼터 입자는 나누어져 기판 표면에 있는 분자와 화학 반응을 하게 된다.'에서 확인할 수 있다.

④ 4문단의 '그런데 양이온 발생 장치의 크기의 한계로 인해 큰 면적의 박막을 형성하는 데 어려움이 있어, 자기 디스크, 자기 테이프 등 크기가 작은 장치의 박막 형성에 주로 사용된다.'에서 확인할 수 있다.

02 구체적 상황에 적용하기　답 ④

자석(㉠)은 아르곤 양이온의 양을 늘려 주는 역할을 할 뿐 스퍼터 입자가 기판에 도달하는 것과는 관련이 없다.

오답 해결

① 2문단의 '자석은 전자를 ~ 분리되는 것을 촉진시킨다.'를 통해 ㉠이 아르곤 가스의 이온화를 촉진시킴을 알 수 있다.

② 2문단의 '타깃 물질에 직류 전압을 걸어 주면 ~ 분리된다.'를 통해 ㉡에 직류 전압을 걸어 주어야 ㉣이 생성될 수 있고, ㉣이 타깃 물질에 충돌하여 ㉢이 생성된다.

③ 1문단의 '스퍼터링(sputtering)이란 ~ 것을 말한다.'를 통해 ㉡의 원자 간 결합 에너지가 ㉣의 운동 에너지보다 큰 경우 스퍼터 입자를 형성하는 스퍼터링이 일어나지 않을 것임을 짐작할 수 있다.

⑤ 3문단의 '전이 상태를 거친 후, ~ 박막이 형성되는 것이다.'를 통해 ㉢과 ㉣ 표면의 분자가 화학 결합을 하지 않으면 ㉣에 박막이 형성되지 않음을 짐작할 수 있다.

03 구체적 상황에 적용하기　답 ①

타깃 물질에 걸어 주는 직류 전압의 세기를 크게 한다면, 아르곤 양이온이 타깃 물질에 충돌하는 에너지가 커질 것이고, 충돌 에너지가 커지면 스퍼터링률은 증가한다. 그런데 스퍼터링률은 '타깃 물질에 충돌하는 아르곤 양이온 1개당 발생하는 스퍼터 입자의 수'이므로, 타깃 물질에서 튀어나오는 원자의 수가 증가할 것임을 알 수 있다.

오답 해결

② 4문단의 '증착 속도는 박막의 두께, 박막의 구조 등에 영향을 미치는 요소로, 직류 전압의 세기가 커질수록 증가한다.'를 통해 증착 속도는 빨라질 것임을 알 수 있다.

③ 직류 전압의 세기와 아르곤 양이온의 양과의 관계는 이 글을 통해 알 수 없다.

④ 아르곤 양이온이 타깃 물질에 충돌하는 에너지는 증가할 것이다.

⑤ 직류 전압의 세기와 아르곤 양이온이 타깃 물질에 충돌할 때의 각도와의 관계는 이 글을 통해 알 수 없다.

04 어휘의 사전적 의미 파악하기　답 ②

'배치(配置)'는 '사람이나 물자 따위를 일정한 자리에 알맞게 나누어 둠.'을 의미한다. '서로 반대로 되어 어그러지거나 어긋남.'의 의미를 지닌 단어는 '배치(背馳)'이다.

1 자율 주행 기술이란 일반적인 주행 상황에서 목적지까지 부분 자동화 또는 완전 자율 주행이 가능한 시스템을 의미한다. 이런 자율 주행 기술이 탑재된 차량을 '자율 주행 차'라고 부른다. '무인 자동차'라는 용어와도 혼용되고 있지만 기본적으로 '자율 주행 차'는 사람이 타는 것을 목적으로 한다. 자율 주행은 인지, 판단, 제어 등 크게 세 가지 기술로 구현한다.
　　　　　: 중심 문장
　　　　　　　　　　　　　　　　　　▶ 자율 주행 기술의 개념

2 인지 기술은 한마디로 우리 몸의 눈과 같다고 할 수 있다. 우리가 눈을 통해 각종 정보를 읽고 받아들이는 것처럼, 자율 주행 차는 위성 위치 정보 시스템(GPS)을 통해 도로 위에 자신의 위치를 인식하고 차량 앞뒤에 설치한 카메라나 레이더(radar), 라이다(lidar)와 같은 센서로 주변 환경을 파악하고, 스캐너로 정확한 정보를 습득해 주변의 교통 상황을 인지한다. 센서 사각지대 등 인지 시스템의 한계 극복을 위해 3차원 정밀 도로 지도와 V2X 통신(차량−사물 간 통신) 등도 활용한다. 센서들이 모든 정보를 수집할 수 없기에 지도로 상황을 예측하고 주변과의 끊임없는 통신을 통해 빠뜨린 정보를 보완하는 것이다.
　　　　　상황을 예측하고 정보를 보완하는 데 도움을 줌.
　　　　　　　　　　　　　　　　　　▶ 인지 기술의 개념

3 판단 기술은 인지 센서를 통해 수집된 각종 정보를 바탕으로 주행 환경과 목표 지점에 적합한 주행 전략을 수립하는 기술, 즉, 경로 생성 기술이다. 차량의 PC에 설치된 소프트웨어 프로세서는 수많은 수집 정보들을 기존 정보들과 비교해 어떻게 반응을 할지 결정한다. 여기엔 차선 유지 및 변경 여부, 장애물 회피 등 상황별 판단은 물론, 최종 목적지까지의 경로 계획 설정 등이 포함된다.
　　　　　　　　　　　판단 기술의 내용
　　　　　　　　　　　　　　　　　　▶ 판단 기술의 개념

4 제어 기술은 인지된 정보를 바탕으로 그 의미를 판단한 후 액추에이터에 명령을 내려 차량을 작동시키는 것을 말한다. 제어는 크게 조향과 가감속 기술이 있다. 조향은 운전자의 임의대로 스티어링 방향을 조작하는 것이고, 가감속은 가속 페달과 제동 페달을 통해 차량을 달리게, 혹은 멈추게 하는 기술을 말한다. 자율 주행 차는 조향 장치와 가감속 페달의 작동을 운전자가 아닌 시스템이 맡는 것이다.
　　　　　　　　　　　　　　　　　　▶ 제어 기술의 개념

5 미국 교통부 도로 교통 안전국(NHTSA)은 자동 운전 시스템 단계를 레벨 0~4까지 5단계로 구분한다. 이 분류에 따르면, 레벨 0은 운전 지원 시스템이 없는 차이다. 레벨 1은 미끄러짐 방지 장치, 자동 브레이크 등 한 종류의 운전 지원 시스템을 갖춘 차, 레벨 2는 두 종류 이상의 운전 지원 시스템을 갖춘 차이다. 스마트 크루즈 컨트롤, 차선 유지 지원 시스템이 결합해 고속 도로 주행 시 차량과 차선을 인식해 앞차와의 간격을 유지하고 자동으로 조작하는 것이 이 단계에 해당한다. 레벨 3은 주차장이나 고속 도로 등 특정 조건 아래서의 자동 운전 시스템을 갖춘 차를 말한다. 레벨 4는 말 그대로 사람이 운전 조작을 할 필요가 전혀 없는 완전 자동 운전 시스템을 갖춘 차이다. 자율 주행 차의 최종 목표는 '레벨 4'이다.
　　　　　　　　　　　　　　　　　　▶ 자동 운전 시스템의 단계

6 자율 주행 차 시장 선점을 위한 각국 정부의 노력도 뜨거운데, ⓐ우리 정부의 자율 주행 차 지원 제도는 시작 단계에 있다. 완전한 의미의 자율 주행을 수행할 수
　　　　　사람의 조작 없이 자동 운전이 가능한 단계

💡 **핵심 이해**

문단 요약
1 자율 주행 기술의 개념
2 인지 기술의 개념
3 판단 기술의 개념
4 제어 기술의 개념
5 자동 운전 시스템의 단계
6 자율 주행을 실현하기 위한 선결 과제

↓

중심 화제	자율 주행 기술

↓

주제	자율 주행의 개념과 구현 원리

⭐ **핵심 내용**

자율 주행 기술의 종류	
인지 기술	도로 위에 자신의 위치를 인식하고 주변의 교통 상황을 인지하는 기술
판단 기술	주행 환경과 목표 지점에 적합한 주행 전략을 수립하는 기술
제어 기술	인지된 정보의 의미를 판단한 후 액추에이터에 명령을 내려 차량을 작동시키는 기술

있는 4단계로 가기 위해선 법률적인 문제가 검토되어야 한다. 현재 우리나라 <u>도로</u> <u>교통법</u>은 운전자가 운전석에서 떨어져서는 안 된다고 규정하고 있다. 또한 자동차

△: 완전한 자율 주행을 수행하기 위해 해결해야 할 과제

및 자동차 부품에 관한 성능과 기준에 관한 <u>안전 기준</u>에서는 자율 주행 시스템 설치를 금지하고 있다. 자율 주행 차는 사고 발생 때 <u>보험 처리</u> 문제도 고민해야 한다. 자율 주행 차 내외부의 첨단 통신망을 활용한 사이버 해킹 등 <u>보안 위협</u> 역시 해결해야 할 숙제로 꼽힌다.

▶ 자율 주행을 실현하기 위한 선결 과제

실전 문제 정답

01 ④　　**02** ①　　**03** ④　　**04** ②

01 세부 정보 파악하기　　답 ④

이 글에 자율 운행 기술의 도입 상황이나 도입이 필요한 이유에 대한 언급은 나타나 있지 않다.

오답 해결

① 1문단에서 '자율 주행 기술이 탑재된 차량을 '자율 주행 차'라고 부른다.'라고 하였다.

② 2~4문단에서 인지, 판단, 제어 기술을 설명하면서 자율 주행 기술의 구현 원리를 제시하고 있다.

③ 5문단에서 레벨 0~4까지 5단계로 구분되는 자동 운전 시스템의 단계와 단계별 수준을 제시하고 있다.

⑤ 6문단에서 완전한 의미의 자율 주행을 실현하기 위해 해결해야 할 과제를 구체적으로 제시하고 있다.

02 세부 정보 파악하기　　답 ①

1문단에서 기본적으로 자율 주행 차는 사람이 타는 것을 목적으로 한다고 하였다. 이로 볼 때 자율 주행 차의 최종 목표는 사람의 조작 없이 운행되는 것이지 사람이 탑승하지 않고도 운행하는 것을 말한다고 보기 어렵다.

오답 해결

② 센서를 통해 정보를 수집하는 인지 기술을 우리 몸의 눈에 비유한다면 센서를 통해 수집된 정보를 바탕으로 주행 방법 및 경로를 판단하고 결정하는 판단 기술은 우리 몸의 두뇌에 해당한다고 볼 수 있다.

③ 4문단에서 제어 기술은 운전 방향을 조작하는 조향 기술과 속도를 조절하는 가감속 기술로 이루어진다고 하였다.

④ 5문단에서 '레벨 3'은 주차장이나 고속 도로 등 특정 조건 아래서의 자동 운전 시스템을 갖춘 차를 말한다고 하였으므로, '레벨 3'은 경로 상 일정 부분에서 자동 운전을 하는 단계라고 볼 수 있다.

⑤ 2문단에서 인지 기술은 센서를 통해 정보를 인지하고, 센서의

사각지대 등에서는 정밀 지도로 상황을 예측한다고 하였으므로 인지 기술은 단순히 인지 과정만을 요구하는 것이 아니라 예측 과정도 포함한다고 볼 수 있다.

03 자료 해석의 적절성 판단하기　　답 ④

4문단에서 자율 주행 차는 작동을 운전자가 아닌 시스템이 맡는 것이라고 하였으므로 운전자가 액추에이터를 이용하여 차량을 제어하고 운행한다는 설명은 적절하지 않다.

오답 해결

① 2문단에서 '스캐너', '카메라'를 통해 정보를 습득해 주변의 교통 상황을 인식한다고 하였다.

② 2문단에서 자율 주행 차는 위성 위치 정보 시스템(GPS)을 통해 도로 위에 자신의 위치를 인식한다고 하였다.

③ 2문단에서 센서 사각지대 등 인지 시스템의 한계 극복을 위해 3차원 정밀 도로 지도와 V2X 통신(차량 – 사물 간 통신)을 사용해 주변 상황을 예측하고 빠뜨린 정보를 보완한다고 하였다.

⑤ 3문단에서 차량의 PC에 설치된 소프트웨어 프로세서는 수많은 수집 정보들을 기존 정보들과 비교해 어떻게 반응을 할지 결정한다고 하였다.

04 세부 정보 추론하기　　답 ②

6문단을 참고하면 ⓐ에는 정부가 해야 할 법규나 제도의 개선, 도로 인프라 환경 구축 등의 지원 내용이 담겨 있어야 한다. 사이버 해킹 등 보안 위협 문제를 해결하기 위한 기술 개발은 자율 주행 차를 개발하려는 업체들이 해야 할 일로 보는 것이 타당하다.

본문 98~100쪽

1 건축이란 일정한 재료를 활용하여 일정한 장소에 구조물을 세우는 일련의 과정을 말한다. 그러므로 재료와 장소에 대한 이해는 건축을 이해하는 출발점이 될 수 있다. 건축을 이루는 재료는 물질이다. 고전적 의미의 물질 개념은 아리스토텔레스를 통해 이해할 수 있다. <u>그는 형상이란 육안으로 볼 수 있는 구체적인 형태이고, 질료란 그 형상을 만들어 주는 재료라고 설명하며 현실 세계가 질료와 형상으로 이루어져 있다고 주장한다.</u> 아리스토텔레스의 이러한 생각은 현실 세계를 두 가지 대상으로 구분한다는 점에서 이분법적 사고라고 할 수 있다.
▶ 건축의 개념과 아리스토텔레스가 생각한 물질 개념

2 이후 아리스토텔레스의 이분법적 생각을 극복하려는 시도가 서양 철학사의 전반에 걸쳐 이루어진다. 그 결과, 모든 사물의 형상과 그것을 구성하는 질료는 물성을 통해 결합한다. 그리고 이에 따라 건축은 물질을 재료로 활용하여 형상을 갖춘 건축물을 만드는 과정으로 ㉠인식된다. 그리고 이 과정에서 물질은 특정한 성질이나 관념의 표상으로 자리매김하게 된다. [예를 들어] 철이라는 금속은 인간의 의식과 무관한 자연물로서의 물질일 뿐이다. 하지만 철이 인간에 의해 발견되고 건축물을 구성하는 데 활용되면 그것은 건축물의 형상과 함께 인간에게 날카로움이나 차가움과 같은 심리적 반응을 유발하는 재료가 되는 것이다. 그러면 철이라는 재료는 사람들의 의식 속에서 날카로움과 차가움의 표상으로서 고유한 성질을 갖는 물성으로 자리 잡게 된다. 건축가는 이러한 물성을 활용하여 다양한 공간을 연출할 수 있다.
▶ 아리스토텔레스 이후 만들어진 건축에서의 물성의 의미

3 장소성의 개념은 [인간을 ㉡배제한 공간의 창출만을 중시하던 모더니즘의 극히 추상화되고 무미건조한 도시 환경에 대한 비판에서 등장하게 된다.] 모더니즘의 건축이 인간을 ㉢도외시하고 효율성을 내세우면서 환경 및 공간과 상관없는 천편일률적인 건축물과 도시 환경을 만들었다는 비판에서 장소성의 개념이 부각된 것이다. 장소의 의미는 본래 환경과 인간과의 상호 작용에서 생겨난다. 즉, 장소는 환경의 한 단위로서 위치 이상의 의미를 가지며 다른 장소와 구분될 수 있는 특이성뿐만 아니라 다른 장소와의 동질성과도 관련되며, 궁극적으로 인간의 삶의 의식과 관련된 것이다. 이러한 장소는 물리적 조건, 형태, 의미로 구분되며, 세 가지 요소들이 일련의 의미와 상징을 통해 정체성을 가지게 될 때 장소성이라 정의할 수 있다.
▶ 장소성이라는 개념의 등장 배경과 의미

4 장소성은 장소성에 영향을 미치는 요소들이 상호 작용한 결과물로 형성된다. 장소성에 영향을 미치는 기본적 요소로는 물리적 요소와 활동적 요소, 그리고 인적 요소가 있다. 물리적 요소로서 장소는 공간의 특정한 부분으로서 위치적 성격을 지닌다. 활동적 요소로서 장소는 어떠한 사건의 발생과 특정한 목적의 활동을 수용한다. 인적 요소로서의 장소는 인간과 상호적 관계를 맺는 과정의 속성을 가진다. 그리고 이들 기본적 요소를 통해 만들어지는 장소의 정체성은 다시 장소 정신과 장소감으로 분류할 수 있다. 장소 정신은 한 집단의 차원에서 형성되는 것으로서 장소감

지문 해설

이 글은 건축의 의미를 깊이 있게 이해하는 데 필요한 개념인 물성과 장소성에 대해 설명하고 있다. 물질의 고유한 성질을 의미하는 '물성'이라는 개념을 통해 건축가가 목적에 맞는 다양한 공간을 연출할 수 있음을 설명하고 있으며, 장소가 일련의 의미와 상징을 통해 가지게 되는 정체성을 의미하는 '장소성'이라는 개념을 통해 건축의 의미와 사명을 제시하고 있는 글이다.

핵심 이해

문단 요약
1 건축의 개념과 아리스토텔레스가 생각한 물질 개념
2 아리스토텔레스 이후 만들어진 건축에서의 물성의 의미
3 장소성이라는 개념의 등장 배경과 의미
4 장소성에 영향을 미치는 기본적 요소와 장소성의 종류

중심 화제	물성, 장소성

주제	건축에서의 물성과 장소성의 의미

핵심 내용

'물성'과 '장소성'의 의미	
물성	물질의 고유한 성질
장소성	장소가 가지고 있는 정체성

'건축'의 의미
건축은 '물성'을 활용하여 공간을 연출하는 것이자 '장소성'을 구체화하는 것을 의미함.

에 비해 ㉣지속성을 가지고 있다. 반면 장소감은 한 개인의 차원에서 형성되는 것으로서 장소 정신에 비해 세대 간의 단절성이 높고 지속성이 낮은 특징을 갖는다. 이 같은 논의로 볼 때 건축은 장소성을 구체화하는 것을 의미한다. 그러므로 건축의 사명은 어떤 장소의 소명을 이해함으로써 스스로 ㉤포괄적인 정체성의 한 부분이 되는 것이라고 할 수 있다.

장소성의 개념을 통해 본 건축의 사명

▶ 장소성에 영향을 미치는 기본적 요소와 장소성의 종류

실전 문제 정답

01 ⑤ **02** ⑤ **03** ① **04** ②

01 세부 내용 파악하기 답 ⑤

이 글에서 장소성은 물리적, 활동적, 인적 요소의 상호 작용으로 형성되고, 이는 다시 장소 정신과 장소감으로 분류할 수 있다고 설명하였다. 그런데 장소감이 장소 정신으로 변화한다는 설명은 나타나 있지 않다.

오답 해결

① 1문단에서 건축이란 '일정한 재료를 활용하여 일정한 장소에 구조물을 세우는 일련의 과정'이라고 설명하였다.
② 3문단에서 '장소는 물리적 조건, 형태, 의미로 구분'된다고 하였다.
③ 3문단에서 '장소성의 개념은 인간을 배제한 공간의 창출만을 중시하던 모더니즘의 극히 추상화되고 무미건조한 도시 환경에 대한 비판에서 등장하게 된다.'라고 하며 장소성의 개념이 등장하게 된 배경을 제시하였다.
④ 4문단에서 '장소성에 영향을 미치는 기본적인 요소로는 물리적 요소와 활동적 요소, 그리고 인적 요소가 있다.'라고 하며 각 요소의 성격을 설명하고 있다.

02 구체적 상황에 적용하기 답 ⑤

2문단에서 철과 같은 물질이 인간에 의해 발견되고 건축물을 구성하는 데 활용되면 그것은 건축물의 형상과 함께 인간에게 특정한 심리적 반응을 유발하는 재료가 된다고 하였다. 그러면 그 재료는 사람들의 의식 속에서 고유한 성질을 갖는 물성으로 자리 잡게 된다는 것이다. 이와 같은 설명을 바탕으로 〈보기〉를 볼 때, 봉숭아로 만든 붉은색은 미술에 사용됨으로써 사람들의 의식 속에서 아늑함, 따뜻함과 같은 고유한 성질을 갖는 것으로 자리 잡게 된 것이다. 따라서 붉은색이 사람들의 의식과 무관하다는 설명은 적절하지 않다.

오답 해결

① 1문단에서 아리스토텔레스는 '형상이란 육안으로 볼 수 있는 구체적인 형태이고, 질료란 그 형상을 만들어 주는 재료'라고 하였다. 이에 따라 가족들의 즐거운 추억이 담긴 모습은 형상에 해

당하고, 이를 만들어 주는 재료인 봉숭아로 만든 물감은 질료에 해당한다고 볼 수 있다.
② 미술가가 그림에서 활용하기 이전의 봉숭아는 인간의 의식과 무관한 자연물인 물질에 해당한다.
③ 2문단에서 재료는 건축가가 건축물을 구성하는 데 활용한 물질이라고 하였으므로, 〈보기〉의 봉숭아로 만든 물감은 재료에 해당한다.
④ 2문단에서 철이 건축물에 활용됨으로서 '사람들의 의식 속에서 날카로움과 차가움의 표상으로서 고유한 성질을 갖는 물성으로 자리 잡게' 되었다고 하였다. 이와 같이 〈보기〉의 봉숭아로 만든 물감의 붉은색도 아늑함과 따뜻함이라는 성질을 고유한 물성으로 갖게 되었다고 볼 수 있다.

03 구체적 상황에 적용하기 답 ①

〈보기〉에서 집을 2층 구조물로 짓기로 한 것은 주변의 다른 집의 건물 구조를 따른 것이다. 따라서 이는 공간의 특정한 부분으로서의 위치적인 성격인 물리적 요소를 고려한 것이 아니라, 하나의 큰 맥락 속에서 동질성을 갖기 위한 시도라고 할 수 있다.

오답 해결

② 화단은 어머니와의 추억을 생각하며 만든 것이므로, 인간과 상호적 관계를 맺는 과정의 속성을 지니는 인적 요소를 고려한 것으로 볼 수 있다.
③ 은행나무가 많아서 사람들의 기억 속에 은행골로 자리 잡은 고향을 생각하며 주재료를 선택한 것이므로, 집단의 차원에서 형성되는 장소 정신을 반영한 것이라고 할 수 있다.
④ 마당은 자신의 아이들과 함께 뛰놀 수 있도록 만든 것이므로, 특정한 목적의 활동을 수용하는 활동적 요소를 고려한 것이다.
⑤ 3문단에서 '장소는 환경의 한 단위로서 위치 이상의 의미를 가지며 다른 장소와 구분될 수 있는 특이성'과 관련된다고 하였다. 이러한 내용으로 볼 때, 전면을 유리창으로 시공한 것은 철수 집의 개성적인 요소로 '다른 장소와 구분될 수 있는 특이성'을 살리려는 의도가 반영된 것이다.

04 어휘의 사전적 의미 파악하기 답 ②

㉡(배제)은 '받아들이지 아니하고 물리쳐 제외함.'의 의미를 지닌 말이다. '믿음과 의리를 저버리고 돌아섬.'을 뜻하는 말은 '배반'이다.

1 각기 자기 나라와 민족의 개성과 특성을 나타내려는 19세기의 음악을 '국민주의
　　　　　　　　　　　　　　　　　　　　　　　　　　　　　　　　중심 화제
음악'이라고 한다. 이는 후기 낭만주의 음악이 활성화되면서 두드러지게 나타난 것
　　　　　　　　　　　　국민주의 음악이 나타난 배경
으로, 낭만주의 음악의 한 지류라고 할 수 있다. 그 이유는 낭만주의 음악이 처음부
터 ㉠모색하고 있던 새로운 것의 하나가 민족적인 것의 표출이었고, 국민주의 음
　　　　　　　　　국민주의 음악을 낭만주의 음악의 지류라고 할 수 있는 이유
악의 주된 기법 또한 낭만주의적인 것이기 때문이다. 낭만주의가 유럽 사회에 널리
퍼짐으로써 인간의 본성이나 개인의 느낌과 생각이 이전 시기보다 더 존중되는 경
향이 나타났고, 소박하고 평범한 사람을 전형적이고 이상적인 인간이라고 생각하
게 되었다. 이러한 변화에 따라 예술가들은 과거에 거의 손대지 않았던 평범한 사
　　　　　　　　　　　　　　　　: 중심 문장
람들의 삶의 모습을 작품 소재의 가장 소중한 근원으로 ㉡생각하게 되었고, 이러
한 인식이 국민주의 음악이 일어나게 된 근본적인 원인이 되었다.
평범한 사람의 삶을 작품의 소재로 여김.　　　　　　　　▶ 국민주의 음악의 개념과 발생 배경
2 국민주의는 나폴레옹 몰락 이후의 정치적, 사회적 정세의 변화에 자극되어 일
　　　　　　　　　　국민주의 음악이 발생하게 된 음악 외적인 요인
어난 것인데, 그때까지 자기들의 예술 음악을 거의 가지지 않았던 민족 사이에 일
　　　　　　　　　　　　　　　국민주의 음악이 발생했던 민족의 특징
어난 특별한 움직임이었다. 국민주의 음악이 특히 융성했던 나라인 러시아, 덴마
크, 노르웨이, 핀란드 등은 독일과 같이 세계적 주류를 ㉢형성하는 음악적 전통이
　　　　　　　　　　　　　　　　　　　　　국민주의 음악이 발생했던 나라의 특징
없던 나라들이다. 즉 음악적 주변국, 특히 독일 음악에 오랫동안 예속되어 있거나
영향을 받았던 나라들이었다. 이처럼 국민주의 음악은 음악 선진국 중심이었던 음
　　　　　　　　　　　　　　　　　국민주의 음악이 지니는 의미
악 활동이 점차 주변 국가나 민족으로 확대되었다는 것에 의미가 있다.
　　　　　　　　　　　　　　　　　▶ 국민주의 음악이 발생했던 나라들의 특징
　　　　　　　　①
3 국민주의 음악은 작곡가들이 그들 조국의 민요, 춤곡, 전설 등의 소재를 중심으
　　　　　　　　　　　　국민주의 음악의 특징 ①
로 오페라, 교향시, 모음곡 등의 표제 음악을 만든 것이 특징이며, 19세기 전반에
걸친 각국의 시민 계급에 의한 자유와 평등 정신, 민족의식 등을 바탕으로 한다. 이
　　　　　　　국민주의 음악의 사상적 배경
러한 기반은 쇼팽이 조국 폴란드가 혁명에 실패하여 만들게 된 「혁명」, 이탈리아 베
르디의 「나부코」가 작곡된 배경이 된다.　　　　　▶ 국민주의 음악의 특징과 사상적 배경

4 국민주의 음악은 민속 음악과는 구별되는데, 민속 음악은 〈서민들의 음악이고
　　　　　　　　　　　　　　　　　　　　　　민속 음악의 특징
　　　　　　　　　　　　　②
자연 발생적인 반면에, 국민주의 음악은 〈국민정신을 구체화하거나 민족적인 소재
　　　　　　　　　　　　　　국민주의 음악의 특징 ②
를 이용하며, 음악 예술 작품을 창작하고자 노력한 결과〉이기 때문이다. 또한 국민
　　　　　　　　　③
주의 음악은 〈무대 연주를 위한 음악 작품〉이기에 〈각 나라의 생활 속에서 자연스럽게
　　　　　　국민주의 음악의 특징 ③
이루어지는〉 민속 음악과는 ㉣상이한 것이다.　　　▶ 국민주의 음악과 민속 음악의 차이

5 민족적인 소재를 이용해 곡을 만드는 경향은 음악가들로 하여금 외국 음악의
　　　　　　　국민주의 음악의 경향
영향으로부터 벗어나기 위해 노력하도록 만드는 자극제 역할을 했다. [예컨대] 국민
주의 작곡가들은 당시에 일반적으로 사용하던 이탈리아 어로 된 음악 용어들 대신
　　　　　　국민주의 작곡가들이 외국 음악의 영향으로부터 벗어나기 위해 노력한 예
에 자기 나라 말로 된 용어를 쓰는 경우가 나타났다. 물론 악보를 그렇게 했다고 해
서 음향이 달라지는 것은 아니지만, 그러한 태도는 작곡가 특유의 사고방식과 빠르
　　　　　　　　　　　　　　　　　　　　　외국 음악의 영향으로부터 벗어나기 위해 노력한 태도
기에 대한 자기 정체성 의식을 일깨우는 작용을 했다는 점에서 의미를 지닌다.
　　　　　　　　　　　　　　　　　　　▶ 국민주의 작곡가들의 자기 정체성을 찾기 위한 노력
　　　　　　　　　　④
6 국민주의 음악은 자신들의 민족 영웅이나 자연 및 국토를 찬양하는 내용을 주
　　　　　　　　　　국민주의 음악의 내용적 특징

✏️ **지문 해설**

이 글은 19세기 음악의 한 사조인 국민주의
음악에 대해 설명하고 있다. 국민주의 음악
의 개념과 발생 배경 및 특징, 국민주의 음악
에 대한 평가 등을 체계적으로 밝히고 있다.

🎯 **핵심 이해**

문단 요약
1 국민주의 음악의 개념과 발생 배경
2 국민주의 음악이 발생했던 나라들의 특징
3 국민주의 음악의 특징과 사상적 배경
4 국민주의 음악과 민속 음악의 차이
5 국민주의 작곡가들의 자기 정체성을 찾기 위한 노력
6 국민주의 음악의 쇠퇴
7 국민주의 음악에 대한 평가

⬇️

중심 화제	국민주의 음악

⬇️

주제	국민주의 음악의 발생 배경과 특징

⭐ **핵심 내용**

국민주의 음악	
발생 배경 및 원인	• 평범한 사람들의 삶의 모습을 작품 소재의 소중한 근원으로 생각하게 됨. • 나폴레옹의 몰락으로 인한 정세 변화 • 자유와 평등 정신, 민족의식 등을 바탕으로 함.
특징	• 조국의 민요, 춤곡, 전설 등을 소재로 한 표제 음악임. • 국민정신을 구체화하거나 민족적인 소재를 이용함. • 자신들의 민족 영웅이나 자연, 국토를 찬양하는 내용을 주제로 함.

제로 한 작품을 많이 쓰고,⑤ 각기 나라에 전래되어 온 음악적 요소들을 이용함으로
써 민족성을 강하게 나타내는 데에 주력했지만, _{국민주의 음악의 형식적 특징} 시간이 지나면서 국민주의는 점차
쇠퇴하여 보다 ㉮ 절충적인 양식을 따르게 된 작곡가들은 다른 나라나 민족의 소재
나 음악적 특성을 차용하는 경향을 드러내었다. _{음악 창작에서 보다 유연한 태도를 보임.}
▶ 국민주의 음악의 쇠퇴

7 자의식이 강한 하나의 운동이었던 국민주의 음악은 각기 민족 국가를 ㉢ 수립하
려고 노력했던 당시의 시대적 상황과 맞물리는 현상으로, 그들에게 국민주의 음악
이란 정치적 민족주의처럼 외국 음악의 지배에서 벗어나 자신들만의 독창적인 음
악 세계를 구축하려는 노력이었다고 평가된다. _{국민주의 음악에 대한 평가}
▶ 국민주의 음악에 대한 평가

실전 문제 정답

01 ④　　**02** ③　　**03** ⑤　　**04** ③

01 세부 정보 파악하기　　답 ④

4문단의 '국민주의 음악은 민속 음악과는 구별되는데, 민속 음악
은 서민들의 음악이고 자연 발생적인 반면에'에서 자연 발생적이
라는 성격은 민속 음악의 특징임을 알 수 있다.

(오답 해결)

① 7문단에 제시된 국민주의 음악에 대한 평가에서 확인할 수 있
다.
② 2문단에서 독일 음악이 세계적 주류를 형성하고 있었다고 하
였다.
③ 1문단에서 국민주의 음악의 주된 기법이 낭만주의적인 것이
라고 하였다.
⑤ 1문단에서 국민주의 음악 이전의 예술가들은 작품의 소재로
평범한 사람들의 삶의 모습을 거의 다루지 않았다고 하였다.

02 구체적 사례에 적용하기　　답 ③

㉮에 이어지는 '다른 나라나 민족의 소재나 음악적 특성을 차용하
는 경향을 드러내었다.'에서 절충적인 양식을 따르게 된 작곡가들
의 특징을 짐작할 수 있다. 그런데 ③의 「페르 귄트」는 러시아의
차이콥스키로부터 호평을 받았을 뿐, 다른 나라나 민족의 소재나
음악적 특성을 차용하는 경향이 나타나지 않았다.

03 반응의 적절성 판단하기　　답 ⑤

이탈리아 어로 된 음악 용어를 사용하지 않는 것은 외국 음악의
영향으로부터 벗어나기 위한 노력의 일환으로 볼 수 있는데, 시
벨리우스의 「핀란디아」에서 특징적인 리듬이 첨가되었다는 것과
는 관련이 없는 내용이다. 따라서 이 두 내용을 논리적으로 연결

시킨 진술은 적절하지 않다.

(오답 해결)

① 6문단의 '국민주의 음악은 자신들의 민족 영웅이나 자연 및 국
토를 찬양하는 내용을 주제로 한 작품을 많이 쓰고'에서 국민주의
음악이 자국의 자연을 찬양하는 내용을 주제로 함을 알 수 있다.
② 3문단의 '국민주의 음악은 작곡가들이 그들 조국의 민요, 춤
곡, 전설 등의 소재를 중심으로'에서 민요풍의 노래가 나오는 것
이 국민주의 음악의 특징임을 알 수 있다.
③ 2문단의 '국민주의는 나폴레옹 몰락 이후의 정치적, 사회적
정세의 변화에 자극되어 일어난 것인데'에서 국민주의 음악이 정
치적 상황에 영향을 받은 것임을 알 수 있다.
④ 3문단의 '국민주의 음악은 ~ 각국의 시민 계급에 의한 자유와
평등 정신, 민족의식 등을 바탕으로 한다.'에서 민족의식을 나타
내는 것이 국민주의 음악의 특징임을 알 수 있다.

04 어휘의 적절성 판단하기　　답 ③

㉢(형성하는)은 '어떤 형상을 이루는'이라는 의미이다. 그런데 '꾸
미는'은 '모양이 나게 매만져 차리거나 손질하는'의 의미이므로 ㉢
과 바꿔 쓰기에 적절하지 않다.

(오답 해결)

① ㉠ '모색하고'는 '일이나 사건 따위를 해결할 수 있는 방법이나
실마리를 더듬어 찾고'의 의미이다.
② ㉡ '생각하게'는 '어떤 일에 대한 의견이나 느낌을 가지게'의 의
미이다.
④ ㉣ '상이한'은 '서로 다른'의 의미이다.
⑤ ㉤ '수립하려고'는 '국가나 정부, 제도, 계획 따위를 이룩하여
세우려고'의 의미이다.

유형 연습하기 ①

본문 106~108쪽

1 근대 철학은 근대 과학의 양적인 크기를 중시하는 사고를 ⓐ수용하며 발달했
▨▨▨: 중심 문장
다. 고대 과학이 사물 변화의 질적인 부분에 주목했던 것과 달리 근대 과학은 갈릴
　　　　　　　　　고대 과학적 사고의 특징
레오의 "자연이라는 책을 펴 보라. 거기에는 수(數)라는 글자로 가득 차 있다."라는
발언에 나타나듯 양적으로 수치화할 수 있는, 즉 양화할 수 있는 것을 과학으로 간
　　　　　　　　　　　　　　　　　　　　　　근대 과학적 사고의 특징 ①
주하였음을 알 수 있다. 또한 근대 과학은 미리 수학적으로 설정한 믿음을 통해 자
　　　　　　　　　　　　　　근대 과학적 사고의 특징 ②
연에 접근하였다. [일례로 케플러는 우주가 기하학적인 원리에 의해 만들어졌다는
[　]: 근대 과학적 사고를 바탕으로 연구한 학자의 예
믿음에 따라, 이에 맞는 결과를 도출하기 위해 노력하였다.] 자연 세계에 대하여 기
하학과 같은 수학적 관점의 선험적 태도를 취한 것이다. 이런 태도는 근대 철학의
　　　　　　　　　　　　　　　　　　　　　　　　　　　　　중심 화제 ①
이성론에 많은 영향을 주었다.　　　　　　　　▶ 근대 과학의 영향을 받은 근대 철학

2 특히 수학에 심취했던 근대 철학자 데카르트는 선험적으로 가지고 있다고 믿는
직관을 통해 인식한 것들로 세계에 접근하려 하였다. 직관은 '순수한 정신의 의심
할 여지없는 파악이며, 이것은 오직 이성의 빛에서 유래하는 것'으로 그 어떠한 의
　　　　데카르트가 정의한 직관의 개념
심 없이 분명한 인식을 얻을 수 있는 것이었다. [데카르트는 의심할 수 없는 것을 찾
　　　　　　　　　　　　　　　　　　　[　]: 의심할 수 없는 것을 찾기 위한 데카르트의 방법
기 위해 대상을 직관으로 분절하여 더 나눌 수 없는 단순 본성을 찾고, 이 단순 본
성들을 복합한 개념을 통해 세계에 대한 이해를 ⓑ확장하려 했던 것이다.] 그리고
이러한 태도는 이후 근대 철학의 흐름에 지대한 영향을 주었다.
　　　　　　　　　　　　　　　　　　　　　▶ 직관에 대한 데카르트의 견해

3 그런데 현대 철학자 베르그송은 이러한 근대 철학의 흐름에 반발한다. 그는 이
　　　　　　　　　　　　　중심 화제 ②
성이 세계를 분절시키며, 질적인 시간마저 양적으로 쪼개는 일을 한다고 이야기한
　　　　　　　　　　　　이성에 대한 베르그송의 견해
다. 베르그송은 세계의 사물들이 서로 경계가 모호한 채로 연속적인 전체를 이루
고, 서로 수많은 관계 속에 처해 있다고 한다. 그런데 이성이 이러한 세계를 분절시
　　　　　　　　　　　　　　　　　　　　　　세계에 대한 통찰에 실패할 수밖에 없는 이유
킴으로써 전체성을 잃게 되었기 때문에 아무리 노력해도 세계에 대한 통찰에 실패
　　　　　　　　　　　　　　　이성이 세계를 분절시킨 결과
할 수밖에 없다는 것이다.　　　　　　▶ 근대 철학의 흐름에 반발한 현대 철학자 베르그송

4 그래서 베르그송은 세계를 통찰하기 위한 방법으로 이성 대신 직관과 지속을
제시한다. 그의 직관은 공감적 경험이자 통합적 경험을 의미한다. 즉 그의 직관은
　　　　　　　　　　베르그송이 정의한 직관의 개념
사물의 내부로 들어가 서로를 느끼게 되는 공감적 경험을 통해 각각의 이질성을 유
지하면서도 동시에 하나가 다른 하나로 스며가면서 전체를 향해 통합되는 경험인
것이다. [예를 들어 우리가 오렌지색에 공감하는 과정을 보자. 이 과정에서 우리가
　　　　　[　]: 베르그송이 정의한 직관의 예
직관을 통해 공감을 확장하려는 노력을 하면, 가장 어두운색으로서의 붉은색과 가
장 밝은색으로서의 노란색 사이의 이질적인 다양한 색들이 있음을 경험할 수 있으
며, 다시 그것들이 모호한 경계 속에서 스며가면서 통합되는 과정도 느낄 수 있다
는 것이다.]　　　　　　　　　　　　　　　　▶ 직관에 대한 베르그송의 견해

5 한편 베르그송은 공감과 통합은 지속되는 시간에서 이루어진다고 하였다. 근대
철학의 이성론은 시간을 분절하여 공간 안에 정지된 상태로 보았지만, 베르그송은
　　　　　　　　　근대 철학의 이성론에서 시간 개념
시간은 계속해서 흐르기 때문에 오히려 공간적인 것이 시간적인 것에서 영향을 받
　　　　　　　　　　　　시간에 대한 베르그송의 주장 ①

📝 지문 해설

이 글은 근대 철학의 이성론에 반발하여 세계를 통찰하는 방법으로 직관과 지속을 제시한 베르그송의 철학과 그와 유사성을 가진 인상주의 미술에 대해 설명하고 있다. 이 글은 먼저 양적인 크기를 중시하는 근대 과학의 사조를 수용하며 발달한 근대 철학과 데카르트의 견해를 제시한 다음, 이를 반박하는 현대 철학자 베르그송의 주장을 제시하였다. 그리고 분절된 것으로부터의 회복과 공감을 통한 통합으로 전체성을 느낀다는 것에서 베르그송의 철학과 유사한 의미를 가진 인상주의 미술을 설명하고 있다.

💡 핵심 이해

문단 요약
1 근대 과학의 영향을 받은 근대 철학
2 직관에 대한 데카르트의 견해
3 근대 철학의 흐름에 반발한 현대 철학자 베르그송
4 직관에 대한 베르그송의 견해
5 시간에 대한 베르그송의 주장
6 베르그송의 철학과 유사성을 가진 인상주의 미술
7 베르그송의 철학과 인상주의 미술의 유사점

↓

중심 화제	근대 철학의 이성론, 베르그송, 인상주의

↓

주제	근대 철학의 이성론을 반박한 베르그송의 철학과 그와 유사한 인상주의 미술

아 생긴다는 주장을 하였다. [예를 들어 활짝 핀 장미꽃을 볼 때, 우리는 일정한 공
[ ]: 시간적인 것의 영향을 받아 공간적인 것이 생긴 예
간을 차지하고 있는 장미꽃을 보지만, 일정 시간이 지나면 꽃잎이 모두 떨어진 가
지만을 보게 된다. 이전에 장미꽃이 차지하고 있던 공간은 비었고, 이는 시간에 의
해 변화가 일어난 것이다.] 그뿐만 아니라 시간이 양적인 변화를 담은 시간이 아닌
개인 체험이 반영된 질적인 시간임도 주장하였다.　　　▶ 시간에 대한 베르그송의 주장
　　시간에 대한 베르그송의 주장 ②
6　미술사에서 이러한 베르그송의 철학과 유사성을 가진 사조가 인상주의이다. 인
　　　　　　　　　　　　　　　　　　　　　　중심 화제 ③
상주의자들은 색을 ⓒ혼합하는 방법을 즐겨 사용하였다. 그들은 서로 다른 색들을
합치는 대신 각각의 이질성을 살리면서 색들의 경계를 흐리게 표현하여 한 가지 색
　　　　　　　　　　인상주의 미술가들의 표현상 특징 ①
이 다른 하나의 색으로 감상자의 눈에 의해 분절됨이 없이 지속적으로 섞여 들어가
도록 표현하였다. 또한 평면의 그림판에 그려진 그림이 3차원적 입체감을 갖도록
개발한 원근법과 같은 기법을 자제하고 색채를 중심으로 표현하였다. 더불어 인물
　　　　　　　　　　　인상주의 미술가들의 표현상 특징 ②
화 속에 지성을 통해 ⓓ포착된 인물의 위대함이나 교훈을 담으려 했던 고전주의와
달리 대상의 인상을 표현하려 한 것도 특징이다. [예를 들어 마네의 「풀밭 위의 점심
인상주의 미술가들의 표현상 특징 ③　　　　　　　　[ ]: 인상주의적 특징이 반영된 작품의 예
식사」에는 등장인물들에 대한 어떤 이야기도 의미도 없다. 오로지 검은색의 흰색의
대비라는 색채의 미적 효과를 위해 '검은 양복을 입은 남자'와 '나체의 여자'를 그렸
다.] 고전주의에서는 풍경이 인간과 인간 행위의 배경에 불과하였다. 하지만 인상주
　　　　　　　　　　　고전주의에서 풍경의 의미
의 회화에서는 인간도 독점적 지위 대신 배경의 일부로서의 의미만을 지니거나 아
　　　　　　　　　　　　　　인간보다 인상이 더 중시된 인상주의 회화
예 사라지기도 하였다. 심지어 대상에게
받은 인상에 집중시키기 위해 배경이 존
재하지 않는 경우도 있었다. 왜냐하면 인
상주의 화가들에게 중요한 것은 대상에게
받은 인상을 전달하는 것이었지, 그 대상
이 인간인지 풍경인지가 중요한 것이 아
니었기 때문이다.

마네, 「풀밭 위의 점심식사」
▶ 베르그송의 철학과 유사성을 가진 인상주의 미술

7　인상주의자들은 색들을 합쳐 만든 중간색은 편견이므로 이를 해체해 고유의 색
으로 되돌린 후, 빛이 연출하는 색채의 아름다운 변화들을 연속적으로 느끼게 하는
것이 중요하다고 생각하였다. 이로써 대상에 어떤 의미나 교훈을 담는 것이 아니라
받은 인상을 그대로 전달하려고 노력하였다. 이는 베르그송이 이야기한 근대 철학
이 가져온 지성에 의한 분절로부터의 회복과, 이질적인 것의 연속 안에서 공감을
　　　　　　　　　　　　　　인상주의 회화와 베르그송 철학의 유사점
통한 통합으로 전체성을 느끼는 것과 ⓔ유사한 의미를 가지는 것이다.
　　　　　　　　　　　　　　　　　▶ 베르그송의 철학과 인상주의 미술의 유사점

 핵심 내용

데카르트의 '직관'

• 선험적인 직관을 통해 인식한 것들로 세
계에 접근하려 함.
• 대상을 직관적으로 분절하여 단순 본성
을 찾고, 단순 본성들을 복합한 개념을
통해 세계에 대한 이해를 확장하려 함.

↕

베르그송의 '직관'

• 세계를 통찰하기 위한 방법으로 이성 대
신 직관과 지속을 제시함.
• 공감적 경험이자 통합적 경험임.

01 세부 내용 파악하기　답 ⑤

데카르트는 의심할 수 없는 것을 찾기 위해 직관을 통해 더 나눌 수 없는 단순 본성을 찾았으며, 이러한 태도는 이후 근대 철학의 흐름에 영향을 주었다. 따라서 근대 철학에서 단순 본성을 지속적으로 분절하였다는 설명은 적절하지 않다.

(오답 해결)

① 근대 과학은 자연 세계에 대하여 기하학과 같은 수학적 관점의 선험적 태도를 취한 것이며, 이런 태도는 근대 철학의 이성론에 많은 영향을 주었다고 했으므로 적절하다.
② 케플러는 우주가 기하학적인 원리에 의해 만들어졌다는 믿음에 따라, 이에 맞는 결과를 도출하기 위해 노력하였다. 이는 자연 세계에 대하여 기하학과 같은 수학적 관점의 선험적 태도를 취한 것이므로 적절하다.
③ 고대 과학이 사물 변화의 질적인 부분에 주목했던 것과 달리 근대 과학은 양적으로 수치화할 수 있는 것을 과학으로 간주하였으므로 적절하다.
④ 고전주의는 인물화 속에 인물의 위대함이나 교훈을 담으려고 했으며, 고전주의에서는 풍경이 인간과 인간 행위의 배경에 불과하다고 하였으므로 적절하다.

02 의도와 관점 추론하기　답 ④

〈보기〉는 얼음이 녹는 시간을 베르그송의 관점으로 바라본 것이다. 베르그송은 사물의 내부로 들어가 일어나는 공감과 통합이 지속적인 시간 속에서 일어나며, 이 시간은 개인 체험이 반영된 질적인 시간이라고 하였다. 따라서 얼음이 녹는 것을 기다리는 체험에서 질적인 시간의 의미가 드러난다고 볼 수 있으므로 적절하다.

(오답 해결)

① 근대 철학의 이성론은 시간을 분절하여 공간 안에 정지된 상태로 보았지만, 베르그송은 시간이 양적인 변화를 담은 시간이 아닌 개인 체험이 반영된 질적인 시간이라고 주장하였다. 따라서 데카르트는 얼음이 녹는 현상을 양적이고 분절된 직관을 중심으로 설명하였을 것이므로 적절하지 않다.
② 근대 철학의 이성론은 시간을 분절하여 공간 안에 정지된 상태로 보았다. 따라서 데카르트는 얼음이 녹는 시간을 분절하여 공간 안에 정지된 상태로 볼 것이며, 이에 대한 인식은 세계를 분절된 것으로 파악하여 알게 된 것이라고 볼 것이므로 적절하지 않다.
③ 베르그송은 시간은 계속해서 흐르기 때문에 오히려 공간적인 것이 시간적인 것에서 영향을 받아 생긴다는 주장을 하였으므로 적절하지 않다.
⑤ 베르그송은 시간이 양적인 변화를 담은 시간이 아니라 개인 체험이 반영된 질적인 시간이라고 주장하였으므로, 수(數)로 개념화된 시간 체험을 보여 준 것이라는 설명은 적절하지 않다.

03 구체적 상황에 적용하기　답 ⑤

「피리 부는 소년」은 인상주의 사조의 그림으로, 각각의 색의 이질성을 살리면서 감상자의 눈에 의해 분절됨이 없이 지속적으로 섞여 들어가도록 표현하였다. 따라서 감상자의 눈에서 섞이지 않고 이질적으로 독립되도록 하였다는 감상은 적절하지 않다.

(오답 해결)

④ 대상의 인상을 표현하려 한 것은 인물화 속에 지성을 통해 포착된 인물의 위대함이나 교훈을 담으려 했던 고전주의와 다르다고 하였으므로, 원색을 이용하여 각각의 색을 살리면서 대상의 인상을 드러내는 것은 고전주의에서 벗어난 것이라고 볼 수 있다.

04 어휘의 적절성 판단하기　답 ④

'ⓓ 포착된'의 '포착'은 '요점이나 요령을 얻음.'이라는 의미이므로 '모아진'으로 바꿔 쓰는 것은 적절하지 않다.

✚ 지식 넓히기　　데카르트

데카르트는 "나는 생각한다. 그러므로 나는 존재한다."라는 유명한 말을 남긴 근대 철학의 창시자이다. 그는 경험을 통해 얻은 지식은 정확한 것이 아니며 사람들마다 다른 주관적 지식일 뿐이라고 하였다. 그러므로 진리는 경험이 아닌 이성에서 찾아야 한다고 주장했다. 그는 의심할 여지없이 확실한 지식을 찾기 위해 모든 것을 의심해 보았고, 그 과정에서 자신이 모든 것을 의심하고 있으며, 또한 이것이 자기가 확신할 수 있는 유일한 사실이라는 것을 알게 되었다. 즉 인간은 생각하는 존재라는 사실 이외에 확실한 것은 하나도 없다는 결론에 이른 것이다.

1 미술 작품은 사용된 재료의 자연적 노화 현상이나 예기치 않은 사고, 재해 등으로 작품의 일부가 손상되기도 하는데, 손상된 작품을 작가의 의도를 살려 원래의 모습으로 되돌려 놓는 것을 미술품 복원 작업이라고 한다. 복원 작업을 할 때에는 미관적인 면보다는 작가가 표현하고자 하는 의도에 초점을 맞추어 인위적인 처리를 가급적 최소화하여야 한다.
: 중심 문장
중심 화제
미술품 복원 작업의 주의점
▶ 미술품 복원 작업의 개념과 주의점

2 미술품 복원 작업은 목적에 따라 예방 보존 작업과 긴급 보존 처리 작업, 보존 복원 처리 작업으로 ㉠나눌 수 있다. 먼저 예방 보존 작업은 작품의 손상을 사전에 방지하는 작업으로, 작품 보존에 적합한 온도 및 습도를 제공하고, 사고 예방 안전 장비를 설치하는 등 작품 전시에 필요한 최적의 환경을 제공하여 작품의 수명을 오래 지속시키기 위한 모든 활동이 해당된다. 긴급 보존 처리 작업은 작품의 손상이 매우 심해서 빠른 시일 내에 보존 처리를 하지 않으면 안 되는 작품들을 선별하여 위험 요소를 제거하거나 철거하는 작업으로, 허물어져 가는 벽화를 보강하거나, 모자이크 형식의 작품 사이에 생긴 잡초를 제거하는 일 등이 해당된다. 그리고 작품의 깨진 조각을 재배열하여 조합하는 경우처럼 작품의 일부가 심하게 없어지거나, 파손되었을 때에는 보존 복원 처리 작업을 실시한다. 이 작업을 진행할 때에는 작품이 만들어진 목적과 작가의 의도를 살려야 하기 때문에, 작품의 원본과 작품에 대한 완전한 이해와 존중이 요구된다.
예방 보존 작업의 개념
예방 보존 작업의 범위
긴급 보존 처리 작업의 개념
보존 복원 처리 작업을 하는 경우
보존 복원 처리 작업의 유의점
▶ 목적에 따른 미술품 복원 작업의 종류

3 미술품 복원 작업은 작품의 상태를 조사하는 것에서부터 출발한다. 이를 위해 육안으로 작품을 조사하기도 하지만, 주로 'X선 투과 사진법'을 이용한다. [X선은 파장이 0.01~10nm인 전자파로 파장의 길이가 매우 짧은 편이다. 파장이 짧은 전자파는 물체를 투과하는 성질이 있는데, 파장이 짧을수록 투과력이 증가하며, 물체의 밀도가 크고 두께가 두꺼울수록 투과력은 감소한다. 또한 X선은 필름을 감광시키는 성질이 있기 때문에, 미술품을 사이에 두고 X선원의 반대 측에 필름을 놓은 후 X선을 쪼이면, 필름에 흑백의 영상을 얻을 수 있다. 이때 X선의 투과력이 감소할수록 투과율 또한 감소하여 물체의 영상은 필름에 하얗게 나타난다. 따라서 흑백의 명암 차를 분석하면 물체의 밀도와 두께뿐만 아니라, 육안으로 식별할 수 없는 미술품의 손상 부위도 찾아낼 수 있는 것이다.]
X선의 특징 ①
X선의 특징 ②
[A]
[ ]: X선 투과 사진법의 원리
▶ X선 투과 사진법을 이용한 작품의 상태 조사

4 작품의 상태를 조사한 후에는 손상 정도에 맞게 복원 작업을 진행하는데, 작품을 오염시키고 있는 이물질을 제거하는 클리닝 작업을 먼저 실시한다. 이 작업은 작품이 원래의 모습을 찾도록 하는 데 큰 기여를 하지만, 여러 가지 화학 약품을 사용하기 때문에 작품에 손상을 가할 위험성이 매우 큰 작업이다. 따라서 클리닝 작업을 실시하기 전에는 작품에 사용된 재료의 화학 성분을 분석해야 하는데, 이때 사용하는 방법이 ㉯'형광 X선 분석법'이다. [그리고 원자핵 주변에는 전자가 있다. 원소마다 고유의 원자핵 구조와 전자 수를 가지고 있으며, 원소의 전자는 원자핵
클리닝 작업의 장점
클리닝 작업의 단점
클리닝 작업에 사용되는 화학 약품이 작품에 손상을 가할 위험이 있기 때문에
[ ]: 형광 X선 분석법의 원리

📝 지문 해설

이 글은 미술품 복원 작업의 개념을 설명한 후, 목적에 따라 미술품 복원 작업의 종류를 예방 보존 작업, 긴급 보존 처리 작업, 보존 복원 처리 작업으로 나누어 제시하고 있다. 또한 미술품 복원 작업에 활용되는 과학적 분석법인 X선 투과 사진법과 형광 X선 분석법을 설명한 다음 미술 작품을 감상할 때는 미술품의 복원 과정을 고려할 필요가 있다고 하였다.

👤 핵심 이해

문단 요약

1 미술품 복원 작업의 개념과 주의점

2 목적에 따른 미술품 복원 작업의 종류

3 X선 투과 사진법을 이용한 작품의 상태 조사

4 형광 X선 분석법을 이용한 작품의 화학 성분 분석

5 미술품 복원 작업을 고려한 작품 감상의 필요성

↓

중심 화제	미술품 복원 작업

↓

주제	과학적 분석법을 활용한 미술품 복원 작업

⭐ 핵심 내용

X선 투과 사진법

미술품 뒤에 필름을 놓고 X선을 쪼인 후 영상의 명암 차를 분석하여 물체의 밀도, 두께, 육안으로 식별할 수 없는 손상 부위를 찾아냄.

+

형광 X선 분석법

분석 대상에 X선을 쪼여 발생하는 고유의 형광 X선의 파장을 분석하여 실험 재료 속에 포함되어 있는 원소의 종류와 양을 알아냄.

주위를 정해진 궤도를 따라 돌고 있다. 분석하고자 하는 대상에 X선을 쪼이면, 안쪽 궤도의 전자는 X선과 충돌한 후 밖으로 튀어나오게 된다. 그 자리를 바깥쪽에 위치한 전자가 이동하면서 원소에 따라 고유의 형광 X선이 발생하는데, 이 형광 X선의 파장을 분석하면 실험 재료 속에 포함되어 있는 원소의 종류를 알 수 있다. 또한 원소가 많이 포함되어 있을수록 형광 X선의 방출량이 증가하므로, X선의 세기를 측정하면 원소의 양 또한 알 수 있다.」이러한 형광 X선 분석법은 실험 재료를 파괴하지 않고 분석할 수 있으며, 측정 준비에 소요되는 시간이 짧고, 측정 또한 몇
└ 형광 X선 분석법의 장점
분 만에 완료되기 때문에 벽화나 단청처럼 측정 대상을 이동시키기 어려운 경우의
└ 형광 X선 분석법이 사용되는 예
성분 분석에 널리 사용되고 있다. ▶ 형광 X선 분석법을 이용한 작품의 화학 성분 분석

5 클리닝 작업을 마친 미술품은 이후 여러 과정을 거쳐 원래의 모습을 회복하게 된다. 이처럼 우리 주변의 미술 작품들은 끊임없는 복원 처리 과정을 거치면서 원래의 모습을 간직하며 그 생명을 연장해 왔다. 따라서 미술 작품을 감상할 때 이러한 측면을 고려하여 감상한다면 작품을 보다 폭넓게 이해할 수 있을 것이다.
▶ 미술품 복원 작업을 고려한 작품 감상의 필요성

유형 연습하기 문제 정답

01 ③ **02** ③ **03** ① **04** ④ **05** ②

01 내용 전개 방식 파악하기 답 ③
이 글에서는 미술품 복원 작업의 종류와 각 작업의 특징을 설명한 후, 'X선 투과 사진법'과 '형광 X선 분석법'과 같은 과학적 분석 방법이 미술품 복원 작업에 활용되는 원리에 대해 설명하고 있다.

02 세부 내용 파악하기 답 ③
4문단에서 형광 X선 분석법은 벽화나 단청처럼 측정 대상을 이동시키기 어려운 경우의 성분 분석에 널리 사용된다고 하였으므로, 허물어져 가는 벽화의 성분 분석을 할 때에는 형광 X선 분석법을 활용하는 것이 효과적이라고 볼 수 있다.

03 구체적 상황에 적용하기 답 ①
[A]를 통해 X선의 투과력이 감소할수록 투과율이 감소하며, X선의 투과율이 낮을수록 물체의 영상은 필름에 하얗게 나타난다는 점을 알 수 있다. 따라서 ⓐ~ⓓ 중에서 X선의 투과율이 가장 낮은 곳은 영상에서 가장 하얗게 나타난 곳인 ⓐ이다.

(오답 해결)
② [A]에서 파장의 길이가 짧을수록 X선의 투과력이 증가한다고 하였으므로, 투과력이 증가하면 투과율도 증가한다. 따라서 투과율이 높을수록 필름은 검게 나타날 것이므로, 파장이 짧은 X선을 사용한다면 ⓒ는 더 검게 나타날 것이다.
③ ⓑ는 촬영 전 목판에서는 확인할 수 없었으며, 다른 곳보다 가

장 어둡게 나타났다. 따라서 ⓑ를 통해 목판에 육안으로 보이지 않는 손상 부위가 있을 것이라고 추측할 수 있다.
④ X선 사진의 명암 차이는 X선의 투과력과 관련이 있으며, 물체가 두꺼울수록 투과력은 감소한다. ⓐ는 ⓒ보다 하얗게 나타났으므로, X선의 투과율이 ⓒ보다 ⓐ가 낮다고 볼 수 있다. 〈보기〉에서 목판의 밀도는 모두 같다고 하였으므로, ⓐ가 나타난 곳의 목판 두께가 ⓒ가 나타난 곳보다 두껍다고 할 수 있다.
⑤ X선의 투과력은 물체의 밀도가 크고 두께가 두꺼울수록 감소한다. 따라서 X선의 투과력이 감소하면 물체의 영상은 필름에 하얗게 나타나고, 투과력이 증가하면 물체의 영상은 필름에 검게 나타나는 것이다. ⓓ는 목판이 손상되었기 때문에 ⓐ보다 목판의 두께가 얇아졌으며, 이로 인해 X선의 투과율이 증가하여 ⓓ가 ⓐ보다 검게 나타난 것이다.

04 정보 간의 관계 파악하기 답 ④
〈보기〉를 참고하면 그을음에 산소를 쏘게 되면 탄소는 산소와 반응하여 이산화 탄소나 일산화 탄소가 되어 증발한다. 또한 수소는 산소와 반응하여 수증기가 되므로 작품에 생긴 그을음은 사라지게 된다. ㉮(형광 X선 분석법)는 X선과 원자가 충돌하는 과정에서 고유의 형광 X선이 발생하는 원리를 활용하는 것이고, ㉯는 산소 원자가 탄소 및 수소와 결합하는 원리를 활용하는 것이다.

05 어휘의 적절성 판단하기 답 ②
㉠의 문맥적 의미는 '여러 가지가 섞인 것을 구분하여 분류하다.'로, '나는 물건들을 색깔별로 나누는 작업을 한다.'의 '나누다'와 문맥적 의미가 가장 유사하다.

1 '직관적 방법'은 프랑스 철학자 베르그송의 철학하기 방법이다. 베르그송은 철학
▨ : 중심 문장
의 탐구 대상인 실재의 본질은 지적 개념에 의하여 인식되는 고정된 존재가 아니라
언제나 역동적이고, 생동적이며, 연속적인 존재, 즉 '지속' 혹은 '순수 생성'이라고 보
              본질에 대한 베르그송의 견해
았다. 그러므로 '직관'만이 이 실재의 생생한 본질을 ⓐ꿰뚫어 볼 수 있다고 주장하
         중심 화제 ①
였다.
                                    ▶ 직관으로 본질을 파악할 수 있다는 베르그송

2 베르그송이 말하는 '직관'은 '지성'과 대립되는 개념이다. ㉮지성은 외부의 대상
을 분석적으로, 추상적으로 파악하는 인간의 능력이고, 직관은 우리가 대상 안으로
들어가서 대상을 직접 인식하는 방법이다. [지성은 우리가 대상을 관찰할 수 있는
                                    [ ]: 지성의 특징과 한계
장점을 갖지만 관찰자에 따라 다른 상대적 지식을 제공해 준다. 지성은 특정한 관
점에서 대상을 인식하기 때문에 대상을 그 전체로서 파악하는 데는 실패한다. 또한
지성은 과학적 추론에는 ⓑ적합한 능력이기는 하지만, 분석적 작업이기 때문에 대
상의 본질을 역동적이고 생동적으로 파악하는 데는 실패한다.] 반면에 ㉯직관은 대
상 안으로 파고 들어가 대상과 하나가 되는 방법이다. 직관은 사물의 내부에 깊이
들어갈 수 있으므로 그렇게 얻은 인식은 절대적이다. 그러므로 오직 '직관'만이 끊
            사물의 내부로 들어가 본질을 파악할 수 있기 때문임.
임없이 흐르는 세계의 본질인 '지속'을 파악해 낼 수 있다. 베르그송은 직관을 일종
의 '지적 공감'이라 부른다.
                                    ▶ 직관에 대한 베르그송의 견해

3 그가 고대 여러 철학들을 비판하는 것도 그들이 지속, 또는 순수 생성을 심각하
게 다루지 못했다는 이유에서이다. 베르그송의 철학은 이전까지 내려오던 사변적
철학이나 과학적 실증주의 철학에 종지부를 찍고, [이 우주의 모든 것, 그리고 인간
                                    [ ]: 베르그송 철학의 의미
이 끊임없이 변화하는 '생성' 그 자체임을 ⓒ밝히기 위한 과정이라고 할 수 있다.
이러한 이론을 바탕으로 베르그송은 진화에 대한 신다윈주의자들의 기계론적 주장
                  중심 화제 ②
을 반박하였다. [생명체가 공동 조상에서 ⓓ출발하여 각기 다르게 진화해 온 결과라
            [ ]: 진화에 대한 다윈의 주장
는 다윈의 주장을 계승한 신다윈주의자들은 다윈의 이론을 더욱 발전시켜 [현재의
                                    [ ]: 진화에 대한 신다윈주의자들의 주장
생명체가 공동 조상에서 시작하여 여러 갈래로 가지를 뻗어 나왔으며, 변이와 자연
선택을 통해서 점진적으로 진화해 왔다고 주장하였다. 즉, 변화가 아주 조금씩 일
어나면서 지금에 이르렀다고 주장한 것이다.]   ▶ 신다윈주의자들의 진화론을 반박한 베르그송

4 하지만 베르그송은 진화 과정 전체를 지속적으로 발전시키면서 새로운 형태를
발생시키는 ㉠'어떤 힘'이 있다고 보았다. 그는 저서 《창조적 진화》에서 진화가 신다
원주의자들의 주장처럼 점진적으로 일어나는 것이 아니라 폭발적으로 일어난다고
하였다. 즉, 공동 조상에서 시작하여 지금처럼 무수히 많은 가지가 뻗어 나온 것은
'폭발'이라고 밖에 주장할 수 없으며, 물질과 달리 생명에는 내재하는 폭발적인 힘이
있었기에 지금과 같은 진화가 가능했다는 것이다. 또한 베르그송은 생명 진화의 근
원에는 '알랭비탈'이라는 힘이 있고 이것이 진화에 결정적인 작용을 한다고 보았다.
진화 과정 전체를 지속적으로 발전시키면서 새로운 형태를 발생시키는 힘
'알랭비탈'이란 생명에 내재하는 폭발적인 힘을 의미한다. 이 힘 때문에 마치 포 ─┐
            알랭비탈의 개념

✍ **지문 해설**

이 글은 본질을 파악하는 방법으로 직관의
방법을 제시한 베르그송의 철학과 이를 바탕
으로 진화에 대한 베르그송의 주장을 설명한
글이다. 그는 직관을 통해서만 세계의 본질
인 지속을 파악할 수 있다고 주장하였다. 또
한 진화에 대한 신다윈주의자들의 주장을 반
박하며 진화는 생명에 내재하는 폭발적인 힘
인 알랭비탈에 의해서 일어난다고 주장하였
다. 이러한 그의 주장은 직관적 방법으로 대
상의 본질을 파악하고자 했으며 인간의 잠재
성을 중시했다는 측면에서 의의가 있으나,
과학적 실험을 통해 증명되지 않았다는 한계
가 있다.

🎤 **핵심 이해**

문단 요약
1 직관으로 본질을 파악할 수 있다는 베르그송
2 직관에 대한 베르그송의 견해
3 신다원주의자들의 진화론을 반박한 베르그송
4 알랭비탈의 개념과 그에 의한 진화의 원리
5 진화의 방향과 진화에 대한 베르그송의 견해
6 베르그송 철학의 의의와 한계

중심 화제	직관, 진화

주제	직관과 진화에 대한 베르그송의 철학

탄에서 화약이 폭발할 때 순식간에 무수히 많은 파편들이 튀는 것과 같이 개체들이 가지를 뻗어 나왔다는 것이다. 그는 이런 폭발의 원인을 '생명의 힘'과 '물질의 저항'의 만남에서 시작되었다고 보았다. <u>화약이 포탄의 외부를 둘러싼 탄피를 뚫고 자유롭게 밖으로 뻗어 나가려는 성질과 같은 것이 바로 생명의 성질</u>
생명의 성질의 개념
이고, <u>탄피가 화약이 밖으로 나가지 못하도록 가두는 힘과 같은 것이 바로 물질의 성질</u>인 것이다. [A]
물질의 성질의 개념
이때 생명은 밖으로 나가려는 자유를, 물질은 그 자유를 가두려는 저항을 상징한다. 그렇다면 '폭발'은 언제 일어나는가? <u>베르그송은 자유를 원하는 생명의 힘이 물질의 저항을 넘어서는 순간</u>, 폭발이 일어나면서 ⓔ무수한 개체로 나누어지는 진화가 일어난다고 보았다.
'폭발'이 일어나는 때
▶ 알랭비탈의 개념과 그에 의한 진화의 원리

5 또한 베르그송은 <u>생명의 진화는 방향이 결정되어 있지 않으며 진화의 본질은 우연성과 불확실성에 기초하고 있다</u>고 보았다. 그는 생명과 물질의 본성이 서로 갈등하고 투쟁한 결과 진화의 방향이 정해진다고 본 것이다. 그는 진화를 <u>잠재성의 현실화</u>라고 표현하기도 하였다. 이는 <u>생명에 내재한 잠재성이 무수한 요소들과 상호 침투하면서 그 전과는 다른 창조를 이루어낸다</u>는 뜻이다.
잠재성의 현실화의 개념
즉, 무한한 잠재성을 가진 생명은 자유를 통해 새로움을 창조하고 그 과정에서 진화가 이루어진다는 뜻이다. 따라서 인간은 자기 안에 있는 알랭비탈이 가진 <u>잠재성을 현실화</u>하려는 노력을 해야 한다고 보았다.
▶ 진화의 방향과 진화에 대한 베르그송의 견해

6 이처럼 진화가 폭발적으로 일어났다는 베르그송의 주장에도 [직관적 방법으로 대상의 본질을 파악하고자 한 시도가 담겨 있다. 또한 생명 진화의 방향이 정해져 있는 것이 아니라며 인간의 잠재성을 중시했다는 측면에서 의의가 있다.]
[ ]: 베르그송 철학의 의의
하지만 이러한 주장은 과학적 실험을 통해 증명된 것이 아니라 단순히 가설적으로 진화에 대한 자신의 입장을 밝힌 것에 불과하다는 한계가 있다.
베르그송 주장의 한계
▶ 베르그송 철학의 의의와 한계

지성	직관
• 외부 대상을 분석적·추상적으로 파악하는 능력 • 특정한 관점에서 대상을 인식하기 때문에 대상을 그 전체로서 파악하는 데는 실패함.	• 대상 안으로 들어가 대상을 직접 인식하는 방법 • 끊임없이 흐르는 세계의 본질인 '지속'을 파악해 낼 수 있음.

신다원주의자들
변이와 자연 선택을 통해 점진적으로 진화함.

↕

베르그송
생명에 내재하는 폭발적인 힘인 알랭비탈에 의해 진화가 폭발적으로 일어남.

통합 문제 정답

01 ③ 02 ⑤ 03 ⑤ 04 ④ 05 ④
06 ⑤

01 세부 정보 파악하기 답 ③

3문단에서 '베르그송은 진화에 대한 신다원주의자들의 기계론적 주장을 반박하였다.'라고 하였다. 이를 통해 베르그송은 신다원주의자들이 진화에 대해 기계론적으로 주장한 것에 대해 만족하지 못했음을 알 수 있다. 따라서 베르그송이 진화에 대한 다윈의 기계론적인 설명에 대해 만족하지 못했다는 설명은 적절하지 않다.

오답 해결

① 3문단에서 '그가 고대 여러 철학들을 비판하는 것도 그들이 지속, 또는 생성을 심각하게 다루지 못했다는 이유에서이다.'라고 하였다. 이를 통해 고대 철학자들은 실재의 본질에 대해 심각하

게 다루지 못했음을 알 수 있다.
② 1문단에서 '베르그송은 철학의 탐구 대상인 실재의 본질은 ~ 고정된 존재가 아니라 언제나 역동적이고, 생동적'이라고 보았다고 하였다. 이를 통해 철학의 탐구 대상인 실재의 본질은 고정된 것이 아니라 생동적인 것임을 알 수 있다.
④ 5문단에서 '그는 생명과 물질의 본성이 서로 갈등하고 투쟁한 결과 진화의 방향이 정해진다고 본 것이다.'라고 하였다.
⑤ 5문단에서 '이(잠재성의 현실화)는 생명에 내재한 잠재성이 무수한 요소들과 상호 침투하면서 그 전과는 다른 창조를 이루어낸다는 뜻이다.'라고 하였다. 이를 통해 생명에 내재하는 잠재성이 새로움을 창조하는 과정에서 진화가 이루어짐을 알 수 있다.

02 세부 정보 추론하기 답 ⑤

2문단에서 지성은 '대상을 그 전체로서 파악하는 데는 실패'하고 '대상의 본질을 역동적이고 생동적으로 파악하는 데는 실패한다.'

라고 하였다. 하지만 직관은 '끊임없이 흐르는 세계의 본질인 '지속'을 파악해 낼 수 있다.'라고 하였다. 이를 통해 베르그송은 지성보다 직관을 세계의 본질을 파악하는 인식 방법으로 강조했음을 알 수 있다.

오답 해결
① 6문단에서 '이러한 주장(베르그송의 주장)은 과학적 실험을 통해 증명된 것이 아니라 단순히 가설적으로 진화에 대한 자신의 입장을 밝힌 것에 불과하다는 한계가 있다.'라고 하였다. 따라서 베르그송이 과학적 실험을 통해 그의 주장을 증명하였다는 설명은 적절하지 않다.
② 3문단에서 '베르그송은 진화에 대한 신다윈주의자들의 기계론적 주장을 반박하였다. ~ 신다윈주의자들은 ~ 점진적으로 진화해 왔다고 주장하였다.'라고 하였다. 따라서 베르그송이 진화가 점진적으로 일어난다는 주장을 받아들였다는 설명은 적절하지 않다.
③ 3문단에서 '베르그송의 철학은 이전까지 내려오던 사변적 철학이나 과학적 실증주의 철학에 종지부를 찍었다고 하였다. 따라서 베르그송이 과학적 실증주의 철학을 계승한 형이상학을 수립하였다는 설명은 적절하지 않다.
④ 5문단에서 '베르그송은 생명의 진화는 방향이 결정되어 있지 않으며 진화의 본질은 우연성과 불확실성에 기초하고 있다고 보았다.'라고 하였다. 따라서 베르그송이 진화의 본질을 필요성이나 확실성에 기초한다고 보았다는 설명은 적절하지 않다.

03 정보 간 관계 파악하기　　답 ⑤
2문단에서 '지성은~분석적 작업이기 때문'이라고 하였으므로, 이를 통해 지성이 대상을 분석적으로 인식하는 것임을 알 수 있다. 하지만 '직관은 대상 안으로 파고 들어가 대상과 하나가 되는 방법'이라고는 했지만, 직관이 대상을 통합적으로 인식하는 것이라는 설명은 제시되지 않았다.

04 세부 정보 파악하기　　답 ④
㉠(어떤 힘)은 '알랭비탈'을 의미한다. 5문단에서 '베르그송은 생명의 진화는 방향이 결정되어 있지 않으며 진화의 본질은 우연성과 불확실성에 기초하고 있다고 보았다.'라고 하였다. 따라서 ㉠(어떤 힘)이 생명의 진화 방향을 예측할 수 있는 힘이라는 설명은 적절하지 않다.

05 구체적 상황에 적용하기　　답 ④
[A]에서 '화약이 포탄의 외부를 둘러싼 탄피를 뚫고 자유롭게 밖으로 뻗어 나가려는 성질과 같은 것이 바로 생명의 성질이고, 탄피가 화약이 밖으로 나가지 못하도록 가두는 힘과 같은 것이 바로 물질의 성질인 것이다. 이때 생명은 밖으로 나가려는 자유를, 물질은 그 자유를 가두려는 저항을 상징한다.'라고 하였다. 따라서 음악을 하겠다는 자녀의 뜻은 '생명의 성질'이므로 '자유'를 상징하며, 자녀가 사업을 물려받기를 원하는 아버지의 뜻 '물질의 성질'이므로 '저항'을 상징한다고 볼 수 있다.

오답 해결
① [A]에 따르면 '화약'은 자유롭게 밖으로 뻗어 나가려는 성질이 있는 것이므로, 자신이 좋아하는 음악을 하고자 하는 본능은 포탄의 '화약'에 해당한다고 볼 수 있다.
② [A]에 따르면 '알랭비탈'은 생명에 내재하는 폭발적인 힘이라고 하였으므로, 자녀가 부모의 뜻을 따르지 않는 이유는 자신 안에 들어있는 음악을 하고자 하는 본능인 '알랭비탈' 때문이라고 볼 수 있다.
③ [A]에 따르면 '탄피가 화약이 밖으로 나가지 못하도록 가두는 힘과 같은 것이 바로 물질의 성질'이고, '물질은 그 자유를 가두려는 저항을 상징한다.'라고 하였다. 따라서 자녀가 사업을 이어받기를 원하는 아버지의 기대는 음악을 하고 싶다는 자녀의 자유를 억압하는 힘에 해당하므로, 이는 포탄의 외부를 둘러 싼 '탄피'라고 볼 수 있다.
⑤ [A]에 따르면 '화약이 포탄의 외부를 둘러싼 탄피를 뚫고 자유롭게 밖으로 뻗어 나가려는 성질과 같은 것이 바로 생명의 성질'이라고 하였다. 따라서 자녀가 사업을 물려받기를 바라는 아버지의 뜻과 달리 음악의 길을 걷는다면 이것은 화약이 탄피를 뚫고 나와 자유로워진 상황이라고 볼 수 있다.

06 어휘의 적절성 판단하기　　답 ⑤
'무수한'은 '헤아릴 수 없다.'라는 의미의 '무수하다'가 활용된 형태이므로, '헤아릴 수 없는'과 같이 바꾸어 쓰는 것이 적절하다. 따라서 '무수한'을 '헤아릴 수 있는'으로 바꾸어 쓸 수 있다는 설명은 적절하지 않다.

오답 해결
① '꿰뚫어'는 '어떤 일의 내용이나 본질을 잘 알다.'라는 의미의 '꿰뚫다'가 활용된 형태이므로 '잘 아는'과 같이 바꾸어 쓸 수 있다.
② '적합한'은 '일이나 조건 따위에 꼭 알맞다.'라는 의미의 '적합하다'가 활용된 형태이므로 '알맞은'과 같이 바꾸어 쓸 수 있다.
③ '밝히기'는 '진리, 가치, 옳고 그름 따위를 판단하여 드러내 알리다.'라는 의미의 '밝히다'가 활용된 형태이므로 '드러내 알리기'와 같이 바꾸어 쓸 수 있다.
④ '출발하여'는 '어떤 일을 시작하다.'라는 의미의 '출발하다'가 활용된 형태이므로 '시작하여'와 같이 바꾸어 쓸 수 있다.

1 인간과 동물의 다른 점으로 인간은 법을 만들고 따르는 존재라고 말하기도 한
다. 동물계에도 일정한 종류의 행동 규칙이 있다고 볼 수 있지만 인간 사회의 법에
비견할 만한 수준이 아니다. 이때의 법은 문화적 산물로서의 법을 지칭한다. 법은
인간의 생활 양식, 즉 문화의 한 영역이지만 본능에 의한 동물의 행동 규칙과는 다
른 것이다. 문화적 산물로서의 법은 얼마든지 문화적 가공을 거쳐서 모방되고 전파
될 수 있다. 따라서 최근 등장한 인공 지능도 프로그래밍을 통해 인간이 만든 법을
얼마든지 따를 수 있다. 그렇다면 인공 지능을 지닌 기계적 인간 유사체와 인간이
다르다 할 수 있을까? 이와 관련한 의문을 해결하기 위해 법을 진화의 산물로 보는
입장을 살펴볼 필요가 있다. ▶ 문화적 산물로서의 법을 따르는 인공 지능과 인간의 차이에 대한 의문

2 진화 심리학은 오랜 시간에 ⓐ걸쳐서 인간의 마음이 어떻게 현재와 같은 형태
로 진화했는지를 탐구하는 학문이다. 이 학문의 목표는 진화론의 관점에서 인간의
마음과 뇌의 기제를 이해하는 것이다. 이때 핵심은 인간의 마음도 육체와 마찬가지
로 자연 선택에 의해 진화했다고 보는 것이다. 즉 인간의 심리적 특질을 형성하는
유전자 복합체가 자연 선택에 의해 진화해 현재의 심리적 기제를 만들어 냈다는 것
이 진화 심리학의 입장이다. 진화론의 다른 분야인 인간 행동 생태학과 비교해 볼
때 진화 심리학에서 연구의 초점은 진화된 심리적 메커니즘이지 진화된 행동의 패
턴이 아니다. 특정 문제 상황에 대한 행동 방식은 얼마든지 다양하게 나타날 수 있
다. 그래서 진화 심리학은 행동 수준이 아닌 심리 수준에서 신뢰할 만한 반응 패턴
을 찾아내는 것이 더 의미 있고 충분히 가능하다고 본다.
▶ 자연 선택에 의해 형성된 인간의 심리적 특질

3 진화 심리학은 가족법과 관련된 여러 제도의 근원적 유래를 해명해 줄 수 있다.
가족법과 관련된 대표적인 제도는 상속과 관련된 것이다. 우리나라의 경우 법정 상
속은 직계 혈족이 4촌 이내의 방계 혈족보다 우선된다. 이처럼 상속과 관련하여 왜
직계 혈족을 우선하는지, 왜 4촌 이내의 방계 혈족에게까지 상속이 이루어질 수 있
는지 등에 대한 의문을 가질 수 있다. 이에 대한 답은 영국의 진화 생물학자인 윌리
엄 도널드 해밀턴이 제안한 포괄적 적응도 이론을 통해 설명할 수 있다.
▶ 가족법의 유래에 대한 설명이 가능한 진화 심리학

4 해밀턴은 동물들의 이타적인 행동이 이루어질 조건을 'rB>C'라는 공식으로 제시
했다. 유전적 연관도(r)와 이득(B)을 곱한 값이 비용(C)보다 클 때 이타적인 행동을
한다는 것이다. ㉠유전적 연관도란 이타적 행동을 받을 개체인 수혜자와 이타적
행동을 해줄 개체가 동일한 유전자를 지니는 정도이다. 나와 아버지 또는 어머니의
유전적 연관도, 그리고 나와 형제의 유전적 연관도는 각각 0.5로 같다. 그리고 나
와 3촌의 유전적 연관도는 0.25이고, 나와 4촌 형제의 유전적 연관도는 0.125이다.
자손은 아버지와 어머니의 유전자를 각각 1/2씩 받고, 부부의 유전적 연관도는 0이
기 때문이다. 이득은 이타적 행동을 통해 얻을 수 있는 혜택으로, 다시 말해 수혜자
가 낳을 수 있는 자손의 수를 의미한다. 임신이 가능한 연령일 경우는 그렇지 못한

지문 해설

이 글은 인공 지능의 출현으로 인해 문화적
산물로서의 법으로는 인간과 인공 지능의 차
이점을 설명할 수 없게 된 현실을 제시하고,
진화 심리학을 통해 진화론적 산물로서의 법
이 인간과 인공 지능을 구분하는 기준이 될
수 있음을 설명하고 있다. 인간의 가족법이
나 형법 등은 진화 심리학적 이론을 통해 그
본질을 설명할 수 있다. 인공 지능은 인간의
진화적 본성을 촉진할 수 있는 존재가 아니
므로 상속하거나 상속 받는 행위가 진화적
측면에서는 불가능하다.

핵심 이해

문단 요약
1 문화적 산물로서의 법을 따르는 인공 지능과 인간의 차이에 대한 의문
2 자연 선택에 의해 형성된 인간의 심리적 특질
3 가족법의 유래에 대한 설명이 가능한 진화 심리학
4 해밀턴의 포괄적 적응도 이론
5 형법의 본질을 이해하는 데 도움이 되는 진화 심리학
6 진화적 측면에서 법의 적용을 받지 않는 인공 지능

중심 화제	인공 지능, 진화 심리학

주제	진화 심리학을 통해 알아본, 인공 지능과 인간을 구분하는 진화론적 산물로서의 법

연령보다 낮을 수 있는 자손의 수가 많으므로 이득이 크다. 한편 비용은 자신이 자식 대신 살아 있을 때 낳을 수 있는 자손의 수이다. 이 공식에 의하면 상속과 같은 이타적 성향은 나의 포괄 적응도를 높이는 행위, 즉 나의 유전자를 전파하는 데 기여하는 행위인 것이다.

비용의 개념

▶ 해밀턴의 포괄적 적응도 이론

5 한편 진화 심리학은 형법의 본질을 이해하는 데도 도움이 된다. 형법은 사회 구성원들 간에 암묵적으로 체결된 약속을 지키는 데 협력하지 않음으로써 이기적으로 이익을 추구하는 자를 응징하는 법이다. 그것은 '눈에는 눈, 이에는 이'라는

형법의 개념

탈리오 법칙, 즉 받은 대로 되갚는 원칙에서 유래한다. 이 원칙은 동서고금을 막론하고 인간 사회에 보편적으로 나타난다. 그런데 이러한 형법의 본질은 비친족 간에

탈리오 법칙의 개념

협력이라는 심리적 기제를 만들어 내기 위한 인간 진화의 결과일 수 있다. 이 설명에 따르면 형법의 본질은 인간들 사이에서 협력이라는 상호 이타주의적 행위를 이끌어 내기 위한 응보라는 것이다.

진화 심리학에서 본 형법의 본질

▶ 형법의 본질을 이해하는 데 도움이 되는 진화 심리학

6 인간 사회에서 가족법은 인간의 진화적 본성을 촉진하는 방향으로 인간을 규율

자신의 유전자를 전파하는 데 기여하는 방향

한다. 그런데 인공 지능은 인간의 진화적 본성을 촉진할 수 있는 존재가 아니다. 따라서 인간이 인공 지능을 가진 인간 유사체에게 상속하거나, 그것이 인간에게 상속하는 행위는 문화적 측면에서는 가능할 수 있으나 진화적 측면에서는 가능하지 않다. 또한 인공 지능은 기본적으로 인간 또는 다른 인공 지능의 이익을 침해하지 않도록 프로그래밍된다. 따라서 인공 지능은 애초에 이타적으로 행동하도록 만들어지기 때문에 인간에게 가해지는 형법의 원칙이 적용될 필요가 없는 것이다.

▶ 진화적 측면에서 법의 적용을 받지 않는 인공 지능

★ 핵심 내용

포괄적 적응도 이론	
상속과 같은 인간의 이타적 성향은 인간의 유전자를 전파하는 데 기여하는 행위임.	

가족법	형법
인간의 진화적 본성을 촉진하는 방향으로 인간을 규율함.	상호 이타주의적 행위를 이끌어 내기 위한 응보임.

인공 지능	
인간의 진화적 본성을 촉진할 수 있는 존재가 아님.	인간에게 가해지는 형법의 원칙이 적용될 필요가 없음.

III
융합

---

01 ③ 02 ③ 03 ② 04 ③ 05 ②

01 세부 정보 파악하기
답 ③

2문단에서 '진화 심리학에서 연구의 초점은 진화된 심리적 메커니즘이지 진화된 행동의 패턴이 아니다.'라고 하였다. 따라서 진화 심리학이 진화된 행동의 패턴을 찾는 데 초점을 둔다는 내용은 글의 내용과 일치하지 않는다.

오답 해결

① 1문단에서 '법은 인간의 생활 양식, 즉 문화의 한 영역이지만 본능에 의한 동물의 행동 규칙과는 다른 것이다.'라고 하였다. 따라서 법은 본능에 의한 행동 규칙과는 다른 것이라고 할 수 있다.

② 5문단에서 '형법의 본질은 비친족 간에 협력이라는 심리적 기제를 만들어 내기 위한 인간 진화의 결과일 수 있다. 이 설명에 따르면 형법의 본질은 ~ 상호 이타주의적 행위를 이끌어 내기 위한 응보라는 것이다.'라고 하였다. 따라서 진화론적 입장에서 상호 이타주의는 형법의 본질을 이해하는 근거가 된다고 할 수 있다.

④ 6문단에서 '인공 지능은 기본적으로 인간 또는 다른 인공 지능의 이익을 침해하지 않도록 프로그래밍된다.'라고 하였다. 따라서 제작되는 과정상 인공 지능은 이미 이타적으로 행동하도록 만들어지므로 형법의 원칙이 적용될 필요가 없는 것이다.

⑤ 6문단에서 '인간이 인공 지능을 가진 유사체에게 상속하거나, 그것이 인간에게 상속하는 행위는 문화적 측면에서 가능할 수 있으나 진화적 측면에서는 가능하지 않다.'라고 하였다. 따라서 인공 지능은 문화적 측면에서는 상속을 하거나 받는 행위를 할 수 있는 것이다.

02 내용 전개 방식 파악하기
답 ③

이 글은 진화 심리학 이론을 설명한 후 이를 통해 가족법의 근원적 유래와 형법의 본질을 밝힌 다음, 진화론적 산물로서의 법이 인간과 인공 지능을 구분하는 기준이 될 수 있음을 설명하고 있다.

오답 해결

① 인간과 인공 지능의 개념을 밝히지 않았으며 법의 필요성을 주장하고 있지 않다.

② 진화 심리학 중 해밀턴의 포괄적 적응도 이론을 통해 가족법

중 상속에 대해 설명하였지만, 진화론의 이론적 타당성을 검증하지 않았다.

④ 인간이 인공 지능을 가진 인간 유사체에게 상속하거나, 그것이 인간에게 상속하는 행위는 문화적 측면에서는 가능할 수 있으나 진화적 측면에서는 가능하지 않다며 법을 문화적 측면에서 보는 관점과 진화적 측면에서 보는 관점을 언급하였다. 그러나 두 관점을 절충할 수 있다는 가능성을 제안하지는 않았다.

⑤ 진화 심리학 이론에 입각하여 형법의 본질에 대해 밝히었지만, 인공 지능의 출현으로 인해 법을 보완해야 함에 대해서는 다루지 않았다.

03 자료 해석의 적절성 판단하기　　　답 ②

4문단을 통해 나와 4촌 형제의 유전적 연관도는 0.125이고, 나와 형제의 유전적 연관도는 0.5임을 알 수 있다. 〈보기〉에서 '자식 2'와 '자식 4'는 4촌 형제 사이이므로 유전적 연관도가 0.125이고, '나'와 '동생'은 형제 사이이므로 유전적 연관도는 0.5이다. 따라서 이 두 관계의 유전적 연관도가 같다는 설명은 적절하지 않다.

오답 해결

① '나'와 '부'의 유전적 연관도는 0.5이고, '동생'과 '모'의 유전적 연관도는 0.5이므로 두 관계의 유전적 연관도는 같다.
③ '자식 1'과 '동생'은 3촌 사이이므로 유전적 연관도는 0.25이고, '동생'과 '자식 3'의 유전적 연관도는 0.5이다. 따라서 '자식 1'과 '동생'의 유전적 연관도(0.25)가 '동생'과 '자식 3'의 유전적 연관도(0.5)보다 작다.
④ '나'와 '배우자 1'의 유전적 연관도는 0이고, '동생'과 '배우자 2'의 유전적 연관도는 0이므로 두 관계의 유전적 연관도는 같다.
⑤ '나'와 '자식 2'의 유전적 연관도는 0.5이고, '부'와 '자식 4'의 유전적 연관도는 0.25이다. 따라서 '나'와 '자식 2'의 유전적 연관도(0.5)가 '부'와 '자식 4'의 유전적 연관도(0.25)보다 크다.

04 자료 해석의 적절성 판단하기　　　답 ③

4문단에서 '상속과 같은 이타적 성향은 나의 포괄 적응도를 높이는 행위, 즉 나의 유전자를 전파하는 데 기여하는 행위인 것이다.'라고 하였다. 따라서 직계 비속에게 상속하는 것은 유전적으로 연관이 있기 때문이므로 포괄적 적응도를 높이는 행위이지만, 부부는 유전적 연관도가 0이므로 배우자에게 상속하는 것은 포괄적 적응도를 높이는 행위가 아니다.

오답 해결

① 4촌 이내의 방계 혈족이 상속 순위에 있는 것은 4촌과의 유전적 연관도가 0.125임을 고려한 것이므로 포괄적 적응도를 높이는 행위로 볼 수 있다.
② 〈보기〉에서 피상속인의 직계 비속은 상속 1순위이지만, 4촌 이내의 방계 혈족이 상속 4순위인 것은 직계 비속의 유전적 연관도가 0.5이고 4촌 이내 방계 혈족의 유전적 연관도가 0.125인 것을 반영한 것이다. 따라서 〈보기〉의 상속법은 직계 비속과 방계

혈족의 유전적 연관도 차이를 반영하여 만든 법이라고 할 수 있다.

④ 혈연관계로 맺어진 가족은 유전적 연관도가 있다. 따라서 〈보기〉에서 태아를 출생한 것으로 보아 상속 순위에 포함시키는 것은 피상속인과 유전적 연관도가 있기 때문이다.
⑤ 4문단에서 상속과 같은 이타적 성향은 자신의 유전자를 전파하는 데 기여하는 행위라고 하였다. 따라서 유언에 의해 재산 분할 방법을 정할 경우 유언을 하는 피상속인은 임신이 가능한 직계 비속에게 우선적으로 상속할 가능성이 있다고 볼 수 있다.

05 어휘의 문맥적 의미 이해하기　　　답 ②

ⓐ는 '일정한 횟수나 시간, 공간을 거쳐 이어지다.'라는 의미이다. 이와 같은 의미의 '걸치다'가 사용된 것은 '이틀에 걸쳐 회담이 진행되었다.'에 사용된 '걸치다'이다.

오답 해결

① '지는 해나 달이 산이나 고개 따위에 얹히다.'라는 의미이다.
③ '가로질러 걸리다.'라는 의미이다.
④ '어떤 물체를 다른 물체에 얹어 놓다.'라는 의미이다.
⑤ '옷이나 착용구 또는 이불 따위를 아무렇게나 입거나 덮다.'라는 의미이다.

✚ 지식 넓히기　　자연 선택

다양한 유전자를 갖고 있는 유전자 집단에서는 특정한 환경 아래에서 유리한 유전자와 그렇지 않은 유전자가 있을 수 있다. 이때 '자연 선택'된다는 것은 만약 유리한 유전자가 그 유전자를 가진 개체의 생존 및 번식 능력에 영향을 줄 수 있다면 다음 세대의 유전자 집단에는 유리한 유전자의 수가 더 많아진다는 것이다. '유리한 유전자'란 단순히 자손을 많이 남기는 데 유리한가 그렇지 않은가에 따라 결정된다. 따라서 비록 개체에는 해를 끼치는 유전자라고 하더라도 자손을 남기는 데 유리하다면 그것은 자연 선택에 유리한 유전자인 것이다.

1 구분은 유개념을 그것에 종속하는 종개념으로 나누는 것이고, 분류는 이 구분
　　　　　구분의 개념　　　　　　　　　　　　　　　　　　　　　　분류의 개념
의 어떤 총계를 의미한다. 이때 어떤 개념의 외연이 다른 개념의 외연보다 클 때,
　　　　　　　　　　　　다른 개념의 외연보다 작은 외연을 가진 개념
전자를 유개념이라 하고 후자를 종개념이라고 한다. 유·종개념은 상대적이며, 유
　　　　　다른 개념의 외연보다 큰 외연을 가진 개념　　　　　: 중심 문장
개념은 외연이 크지만 내포는 작게 되고 종개념은 그 반대이다. 일반적으로 분류를
할 때 각 대상의 본질적 특징의 유사점과 차이점에 기초를 둔 것은 자연적 분류라
고 하고, 그렇지 않은 것은 인위적 분류라고 한다. 그렇다면 생물의 분류는 어떻게
　　　　　　　　　　　　　　　　　　　　　　　　　　　　중심 화제
되는가?
　　　　　　　　　　　　　　　▶ 유개념과 종개념의 의미와 특징

2 지구상에 존재하는 생물종의 수는 500만에서 1억에 이른다. 불확실한 것을 제외
하더라도 대부분의 생물학자들은 그 수가 1,000만에 가까울 것이라고 생각한다. 이
처럼 생물종은 다양하지만, 알려진 모든 종들 사이에는 유사성이 존재한다. 모든
생물들은 탄수화물, 지질, 단백질, 핵산을 포함하는 동일한 기본적 생화학을 가지
　　　　　　　　　　생물종들 사이의 유사성 ①
고 있으며, 원형질막으로 둘러싸인 세포들로 구성되어 있다. 또한 모든 생물들은
　　　　생물종들 사이의 유사성 ②
거의 동일한 세포 소기관을 가지고 있다는 유사성이 있다. 이처럼 모든 생물종들이
　　　　생물종들 사이의 유사성 ③
공유하고 있는 특징에 대해 생물학자들은 생명의 통일성이라고 말한다. 모든 생물
'생명의 통일성'의 개념
들은 지구상에 약 40억 년 전에 생겨난 공통 조상을 공유하고 있다는 것이다.
　　　　　　　　　　　　　　　　　▶ 공통 조상을 공유하는 다양한 생물종

3 그럼에도 현존하는 생물종들 사이에 분기가 이루어지고 차이점이 발생하는 것
을 진화론에서는 주로 자연 선택의 과정으로 본다. 단 하나의 조상으로부터 생명의
다양화에 이르는 주요 과정은 자연 선택에 따른 것이라는 주장이다. 자연 선택설에
따르면 생물 개체는 서로 다르며, 이 변이들 중에 일부는 그들의 생존이나 생식의
　　　　　　　　　　　　　　　생명의 다양화가 이루어지는 이유
기회를 증가시킨다. 생존과 생식을 증가시키는 유전 형질은 시간이 지나면서 더욱
우세하게 된다. 반대로 보다 덜 성공적인 변종들은 집단으로부터 마침내 사라지게
된다.
　　　　　　　　　　　▶ 생물종의 분기 및 차이점 발생을 자연 선택의 과정으로 본 진화론

4 공통 조상은 지구상 생명의 출발점으로 생각할 수 있으며, 생물종과 종들의 집
단 사이에서 계속적으로 이루어지는 분기는 생명의 가지치기에 비유될 수 있다. 따
라서 현대 생물들은 그들의 기본적 동일성과 상호 관계를 반영하여 생명의 계통수
에 배열할 수 있다. 생명의 계통수란 생물이 진화해 온 역사를 생물 무리의 유사한
　　　　　　　　　　　　　　　　생명의 계통수의 개념
특성과 차이점을 따져 나뭇가지 모양으로 나타낸 것을 말한다. 조상으로부터 후손
이 유래되는 것을 줄기에서 가지가 갈라진다는 생각으로 만든 것이다.
　　　　　　　　　　　　　　▶ 진화의 역사를 나뭇가지 모양으로 나타낸 생명의 계통수

5 계통수 작성은 분류군 간 형질 비교를 바탕으로 이루어진다. 계통수를 그리기
위해서는 먼저 분류 기준이 될 수 있는 생물의 형질을 조사해야 하며, 형질을 기준
으로 형태적 특징으로 분류할 때는 가급적 환경, 계절 등에 따라 변하지 않으면서
　　　　　　　　　　　　　　형질을 기준으로 형태적 특징을 분류할 때 유의 사항
관찰하기 쉬운 특징을 사용한다. 먼저 관찰된 모든 분류학적 형질을 이용하여 분류
군 간 형질 비교표를 작성하고, 이를 토대로 분류군 간 형질 차이를 측정한다. 다음
〈표〉는 분류군 A~C의 형질을 조사하여 비교한 것이다. 분류군 A와 B 사이는 조사

지문 해설

이 글은 분류의 개념에 대해 언급한 후, 이를
바탕으로 생물종을 분류하는 연구 방법인 계
통수 작성 방법과 의의에 대해 설명하고 있
다. 지구상에 존재하는 모든 생물종들 사이
에는 유사성이 존재한다. 진화론에서는 생물
종들 사이에 분기가 이루어지고 차이점이 발
생하는 것을 자연 선택의 과정으로 본다. 생
물이 진화한 역사를 나뭇가지 모양으로 나타
낸 것을 생명의 계통수라고 하며, 이는 형질
비교를 바탕으로 작성할 수 있다. 계통수를
분석하면 생물들 사이의 유연관계와 진화 경
로를 알 수 있다.

핵심 이해

문단 요약
1 유개념과 종개념의 의미와 특징
2 공통 조상을 공유하는 다양한 생물종
3 생물종의 분기 및 차이점 발생을 자연 선택의 과정으로 본 진화론
4 진화의 역사를 나뭇가지 모양으로 나타낸 생명의 계통수
5 분류군 간 형질 비교를 바탕으로 한 계통수의 작성 방법
6 유연관계 및 진화 경로에 대한 정보를 제공하는 계통수

↓

중심 화제	생물의 분류

↓

주제	계통수의 작성 방법과 그 의의

된 5개의 형질 중에서 2개의 형질이 다르다. 분류군 간 거리는 차이가 나는 형질을 전체 조사된 형질의 개수로 나눈 값이다. 따라서 A와 B의 거리는 2/5, 즉 0.4가 되고, A와 C 사이, B와 C 사이의 거리는 각각 4/5로서 0.8이 된다. 이 중 분류군 간 거리 값이 가장 작은 A와 B를 먼저 묶어 준다. 이어서 묶인 A와 B를 하나의 분류군 A-B로 간주하고 거리를 다시 계산한다. 이때 A-B와 C 사이의 거리는 A와 C 사이 거리와 B와 C 사이 거리의 산술 평균값인 0.8이 된다. 이를 토대로 C를 A-B에 묶어 준다. 네 종 이상의 분류군을 대상으로 할 경우 이 단계에서 여러 개의 거리 값이 나오므로 가장 작은 거리 값을 찾아 해당 분류군을 묶어 주면 된다. ▶ **분류군 간 형질 비교를 바탕으로 한 계통수의 작성 방법**

분류군 간 거리의 개념

⟨표⟩ 분류군 간 형질 비교표

형질 분류군	1	2	3	4	5
A	−	−	−	−	−
B	−	+	+	+	−
C	+	+	+	+	+

(−: 해당 형질 없음. +: 해당 형질 있음.)

6 [계통수의 아래쪽에는 조상 생물이 위치하고
[ ]: 계통수를 그리는 방법
위쪽으로 갈수록 최근에 갈라져 나온 생물이 위치한다. 분류 형질의 차이를 비교하여 분화된 종을 가지로 나누어 표시한다. 분류 형질에 공통점이 많을수록 가까운 종으로 간주할 수 있으며 계통수의 가까운 위치에 놓인다.] ⟨그림⟩의

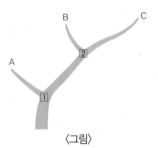

⟨그림⟩

계통수에서 1은 분류군 A~C의 공통 조상을, 2는 분류군 B~C의 최근 공통 조상을 나타내며, 분류군 B는 분류군 A보다 더 최근의 공통 조상을 갖는 분류군 C와 유연관계가 더 가까움을 알 수 있다. 이처럼 계통수를 분석하면 생물들 사이에 진
계통수 분석의 의의
화적으로 가까운 정도인 유연관계와 진화 경로를 알 수 있다.
▶ **유연관계 및 진화 경로에 대한 정보를 제공하는 계통수**

융합 문제 정답

| 01 ③ | 02 ④ | 03 ④ | 04 ② | 05 ① |

01 중심 화제 파악하기　　　　답 ③

이 글은 지구상의 모든 생물은 유사성이 존재하지만, 생물종들 사이에 분기가 이루어지고 차이점이 발생한다는 진화론의 입장에서 생물들의 상호 관계를 반영하여 그들의 진화 과정을 생명의 계통수로 배열할 수 있음을 밝히고 있다. 그리고 생명의 계통수를 작성하는 방법, 의의에 대해서 설명하고 있다.

오답 해결

① 계통수의 작성 과정을 통해 생물종의 분류 과정을 알 수 있으나 계통수 작성 방법의 종류에 대한 내용은 제시되지 않았다.
② 진화론의 기원에 대한 내용은 제시되지 않았다.
④ 자연 선택설은 생물들이 분기 및 차이점이 발생한 이유에 대한 설명으로 언급된 내용일 뿐 전체 내용을 포괄하지 못한다.
⑤ 진화론 연구 범위와 그 의미에 대한 내용은 제시되지 않았다.

02 세부 내용 파악하기 답 ④

5문단의 '형태적 특징을 분류할 때는 가급적 환경, 계절 등에 따라 변하지 않으면서 관찰하기 쉬운 특징을 사용한다.'를 통해 생물을 분류할 때는 환경에 따라 변하지 않는 형질을 고려해야 함을 알 수 있다.

(오답 해결)

① 2문단의 '생물종은 다양하지만, 알려진 모든 종들 사이에는 유사성이 존재한다. 모든 생물들은 탄수화물, 지질, 단백질, 핵산을 포함하는 동일한 기본적 생화학을 가지고 있으며, 원형질막으로 둘러싸인 세포들로 구성되어 있다.'를 통해 확인할 수 있다.

② 3문단의 '그럼에도 현존하는 생물종들 사이에 분기가 이루어지고 차이점이 발생하는 것을 진화론에서는 주로 자연 선택의 과정으로 본다.'를 통해 확인할 수 있다.

③ 4문단의 '공통 조상은 지구상 생명의 출발점으로 생각할 수 있으며'를 통해 확인할 수 있다.

⑤ 3문단의 '자연 선택설에 따르면 생물 개체는 서로 다르며, 이 변이들 중에 일부는 그들의 생존이나 생식의 기회를 증가시킨다. 생존과 생식을 증가시키는 유전 형질은 시간이 지나면서 더욱 우세하게 된다. 반대로 보다 덜 성공적인 변종들은 집단으로부터 마침내 사라지게 된다.'를 통해 확인할 수 있다.

03 세부 정보 파악하기 답 ④

6문단에서 분류 형질에 공통점이 많을수록 가까운 종으로 간주할 수 있으며 계통수의 가까운 위치에 놓인다고 서술하였다. 그리고 3문단에서 자연 선택에 따라 생물종들 사이에 분기가 이루어진다고 하였으므로, 분류 형질에 공통점이 많다고 해서 분기가 일어나지 않는 것은 아니다.

(오답 해결)

① 5문단에서 '계통수 작성은 분류군 간 형질 비교를 바탕으로 이루어진다.'라고 했으므로 이는 적절한 설명이다.

② 4문단에서 '생명의 계통수란 생물이 진화해 온 역사를 생물 무리의 유사한 특성과 차이점을 따져 나뭇가지 모양으로 나타낸 것'이라고 서술했고, 6문단에서 '계통수를 분석하면 생물들 사이에 진화적으로 가까운 정도인 유연관계와 진화 경로를 알 수 있다.'라고 서술했으므로 이는 적절한 설명이다.

③ 4문단에서 '현대 생물들은 그들의 기본적 동일성과 상호 관계를 반영하여 생명의 계통수에 배열될 수 있다.'라고 했으므로 이는 적절한 설명이다.

⑤ 5문단에서 분류군 간 형질 비교를 통해 거리 값을 계산하고 그것이 가장 작은 분류군들을 먼저 묶어 준다고 했으므로 이는 적절한 설명이다.

04 자료 해석의 적절성 판단하기 답 ②

〈보기〉의 분류군 간 형질 비교표에 따른 분류군 간 형질 차이를 측정하면, A와 B 사이의 거리는 0.6, A와 C 사이의 거리는 0.2, A와 D 사이의 거리는 0.6, B와 C 사이의 거리는 0.8, C와 D 사

이의 거리는 0.4, B와 D 사이의 거리는 0.8이다. 이 중 거리 값이 가장 작은 A와 C를 먼저 묶어 준다. 이어서 묶인 A와 C를 하나의 분류군 A-C로 간주하고 거리를 다시 계산한다. A-C와 B 사이의 거리는 A와 B 사이 거리와 B와 C 사이 거리의 산술 평균 값인 0.7이 된다. 그리고 A-C와 D 사이의 거리는 A와 D 사이 거리와 C와 D 사이 거리의 산술 평균값인 0.5가 된다. 그러므로 거리 값이 작은 분류군 A-C와 D를 먼저 묶어 주고, 다음으로 B를 묶어 주면 된다. 따라서 ②가 적절하다.

(오답 해결)

① 〈보기〉의 분류군 간 형질 비교표에 따른 분류군 간 형질 차이를 측정하면, A와 B 사이의 거리보다 A와 C 사이의 거리 값이 더 작으므로, A와 B를 먼저 묶는 것은 적절하지 않다.

③ 〈보기〉의 분류군 간 형질 비교표에 따른 분류군 간 형질 차이를 측정하면, A-C와 B 사이의 거리보다 A-C와 D 사이의 거리가 더 작으므로, A-C와 B를 먼저 묶는 것은 적절하지 않다.

④, ⑤ 〈보기〉의 분류군 간 형질 비교표에 따른 분류군 간 형질 차이를 측정하면, B와 C 사이의 거리보다 A와 C 사이의 거리 값이 더 작으므로, B와 C를 먼저 묶는 것은 적절하지 않다.

05 구체적 사례에 적용하기 답 ①

6문단을 통해 '분류 형질에 공통점이 많을수록 가까운 종으로 간주할 수 있으며 계통수의 가까운 위치에 놓인다.'는 것을 알 수 있다. 따라서 ㄱ과 ㄴ이 ㄷ과 ㅂ보다 더 가까운 위치에 있기 때문에 분류 형질에 공통점이 더 많다고 볼 수 있다.

(오답 해결)

② 6문단의 〈그림〉에서 알 수 있듯이, 분화된 지점이 그 지점 이후로 분류된 생물의 공통 조상임을 알 수 있다. ㅁ이 ㅂ보다 나중에 분화되었기 때문에 더 최근의 공통 조상을 갖는다고 볼 수 있다.

③ 6문단에서 가까운 종으로 간주될수록 계통수에서 가까운 위치에 놓인다고 했으므로, ㄹ과 ㅁ이 ㄱ과 ㄴ보다 더 가까운 종이라고 볼 수 있다.

④ 6문단의 〈그림〉에서 '분류군 B는 분류군 A보다 더 최근의 공통 조상을 갖는 분류군 C와 유연관계가 더 가까움을 알 수 있다.'를 통해 알 수 있듯이, ㄹ은 ㄷ보다 더 최근의 공통 조상을 갖는 ㅁ과 유연관계가 더 가깝다고 할 수 있다.

⑤ 6문단의 '계통수의 아래쪽에는 조상 생물이 위치하고 위쪽으로 갈수록 최근에 갈라져 나온 생물이 위치한다.'를 통해 알 수 있듯이, 계통수는 위쪽으로 갈수록 최근에 갈라져 나온 종이다. ㄷ은 ㄹ과 ㅁ이 분화되기 전에 이 둘의 조상으로부터 분화되었다. 즉 ㄹ과 ㅁ이 분화되기 전에 이미 분화된 것이다. 따라서 ㄹ은 ㄷ보다 더 최근에 분화되었다고 할 수 있다.

1 동물의 체온이 주로 체내에서 발생하는 대사열로 유지되는 상태 또는 특성을 **내온성**이라 하고, 이러한 상태의 동물을 **내온 동물**이라 한다. 내온 동물은 대사 작용을 통해 열을 만들어내기 때문에 항온성, 즉 외부 온도와 독립적으로 일정한 온도를 유지한다. 이와 반대로 동물의 체온이 일정한 환경에서 얻는 열에너지에 의해 결정되는 상태 또는 특성을 **외온성**이라 하고, 이러한 상태를 취하는 동물을 **외온 동물**이라고 한다. 외온 동물은 환경에 따라 체온이 변화하기 때문에 변온성을 가진다. 이렇게 동물의 체온 조절이 다른 이유는 무엇일까?
▶ 내온성과 외온성의 개념

2 동물이 체온 조절에 관하여 내온성과 외온성 중 무엇을 택할 것인가 하는 문제는 동물의 환경 적응에 관련된다. 각 전략은 동물이 서로 다른 환경 조건에서 남보다 뛰어날 수 있도록 만드는 장점이 있는 반면 그로 인한 단점도 가지고 있다. 예를 들어, 내온성은 동물이 주변 환경 온도에 상관없이 활동적일 수 있게 하는 반면 내온 동물이 누리는 활동의 자유는 많은 에너지 비용을 치르고 얻어진다. 호흡을 통해 열을 생산하는 대사 작용을 하기 위해서 항온 동물은 칼로리를 섭취해야 하는 것이다. 체온 유지를 위해 내온 동물의 경우 먹이를 통해 얻은 에너지에서 최소가 생장으로 ⑤배분되고 대부분은 대사 작용을 위해 호흡으로 이용한다. 내온 동물과는 대조적으로 외온 동물은 먹이 활동을 통해 얻은 에너지 소득을 대사 작용이 아니라 생장에 배분할 수 있다. [대사열을 공급하기 위해 칼로리를 태울 필요가 없어서 외온 동물은 몸무게 그램당 적은 칼로리가 필요하며, 먹이와 물이 제한된 지역이나 극단적으로 온도가 낮은 지역에 위치해 있어도 대사 활동을 ⑥축소하여 생존을 이어갈 수 있다.]
▶ 내온성과 외온성의 장단점

3 동물의 체온 조절 능력에 영향을 미치는 가장 중요한 특성의 하나는 몸의 크기이다. 몸은 노출된 표면적과 비례하여 외부 환경과 열을 교환하기 때문에 표면적 대 부피의 비는 열의 흡수와 체온 유지를 조절하는 핵심 요인이 된다. 외온 동물은 표피를 통해 외부로부터 열을 흡수해야 하는데, 이 열은 동물의 몸 전체를 데울 만큼 충분해야 한다. 그런데 동물이 커질수록 표면적 대 부피의 비는 감소하기 때문에 외부 환경으로부터 흡수한 열이 몸을 덥힐 정도로 충분하지 못하다. 그래서 외온성은 [변온 동물에게 몸 크기의 최대 한계를 부여하고 몸집이 큰 외온 동물은 보다 덥고 계절이 없는 열대와 아열대 지역으로 분포가 제한된다.]
▶ 몸의 크기가 외온 동물의 체온 조절에 미치는 영향

4 크기가 내온 동물에 부여하는 제한은 외온 동물의 경우와 반대이다. 내온 동물에 있어 호흡을 통해 열을 생산하는 것은 몸의 질량이고 열은 몸 표면을 통해 ⑥소실된다. 작을수록 표면적 대 부피의 비가 더 커지고, 따라서 주변 환경으로 더 많이 열을 뺏기게 된다. ㉮따라서 작은 항온 동물은 큰 동물보다 단위 체질량 당 대사율이 더 높으며, 일정한 체온을 유지하려면 대사 활동을 증가시켜 열 손실을 보상해야 한다.
▶ 몸의 크기가 내온 동물의 체온 조절에 미치는 영향

이 글은 내온성과 외온성을 가진 동물이 체온을 조절하는 원리를 밝히고 내온 동물인 인간이 체온을 조절하기 위해 입는 옷을 만드는 대표적인 기능성 섬유인 고어텍스의 원리를 설명하고 있다. 동물 몸의 크기는 체온 조절에 중요한 영향을 주는데, 외온성은 동물에게 몸 크기의 최대 한계를 부여하고 내온성을 가진 작은 동물은 큰 동물보다 대사 활동을 증가시켜 체온을 유지해야 한다. 한편 내온 동물인 인간이 체온을 유지하기 위해 만든 옷 중 고어텍스와 같은 기능성 섬유를 이용한 것이 있다. 고어텍스는 원단의 미세한 구멍을 통해 빗방울을 막고 땀을 배출하는 기능을 한다.

핵심 이해

문단 요약
1 내온성과 외온성의 개념
2 내온성과 외온성의 장단점
3 몸의 크기가 외온 동물의 체온 조절에 미치는 영향
4 몸의 크기가 내온 동물의 체온 조절에 미치는 영향
5 열손실을 억제하도록 발전한 겨울 옷 섬유
6 기능성 섬유인 고어텍스의 원리

중심 화제: 동물의 체온 조절, 기능성 섬유

주제: 동물의 체온 조절 메커니즘과 기능성 섬유의 원리

5 대표적인 내온 동물인 인간은 체내에서 발생하는 대사열로 체온을 일정하게 유지한다. 인간이 입는 옷의 대표적인 기능 중에 하나가 체온을 쉽게 외부로 빼앗기지 않도록 하는 것이다. <u>온도가 낮은 겨울에 체온을 빼앗기지 않기 위해 입는 겨울옷은 대류 현상에 의한 열 손실을 억제하는 쪽으로 발전해 왔다.</u> 공기는 섬유보다 10배 정도 열을 전달하기 힘들다. 면직류가 털로 만든 모직보다 보온에 취약한 것도 면의 열전도도가 양모에 비해 3배 가까이 높아, 그만큼 체열을 쉽게 대기로 전달하기 때문이다. 솜옷이나 오리털, 거위털 옷들은 섬유 사이의 공기층을 극대화해 열전도율을 떨어뜨리는 방식으로 보온성을 높인 의복이다.

내온 동물인 인간이 일정한 체온을 유지하는 방법
[A]
열전도도가 낮음.
열전도도가 높음.
의복의 보온성을 높이는 방법 ▶ 열 손실을 억제하도록 발전한 겨울옷 섬유

6 최근에는 땀의 증발을 조절하거나 복사되는 열을 반사하는 방식의 <u>기능성 섬유들이 인기를 모으고 있는데 대표적인 것이 고어텍스다.</u> 고어텍스는 1제곱인치당 90억 개 이상의 미세한 구멍을 가진 고어텍스 멤브레인을 이용해[외부에서 ㉢침투하는 빗방울 등은 막고 내부의 땀은 배출한다.] 고어텍스 멤브레인 은 방수, 방풍, 투습 기능이 있는 원단으로 이 원단의 구멍은 5000~25만 분의 1㎜에 불과하다. 빗방울은 가장 작은 안개비도 지름이 0.1㎜여서 구멍을 통과하지 못하는 반면 땀이 ㉣증발해 생기는 수증기는 지름이 이 구멍보다 훨씬 작아 쉽게 빠져나간다. 이러한 장점을 가지고 있기에 고어텍스 원단은 다양한 야외 활동에 적합한 옷을 만드는 재료로 활용되고 있다.

중심 화제②
[ ]: 고어텍스 멤브레인의 장점
고어텍스 멤브레인의 개념
▶ 기능성 섬유인 고어텍스의 원리

☆ 핵심 내용

내온성	
장점	동물이 주변 환경과 상관없이 활동적일 수 있음.
단점	대사 작용을 위해 많은 칼로리를 섭취해야 함.

외온성	
장점	대사열 공급을 위해 칼로리를 태울 필요가 없으며 극한 상황에서도 생존이 가능함.
단점	변온 동물의 몸 크기가 제한되고, 몸집이 큰 외온 동물의 생존 지역이 제한됨.

융합 문제 정답

| 01 ③ | 02 ④ | 03 ③ | 04 ⑤ | 05 ④ |
| 06 ③ |

01 세부 내용 파악하기 ▸ ③

이 글은 내온성과 외온성을 가진 동물이 체온을 조절하는 원리에 대해 다루고 있을 뿐, 내온 동물이 어떤 방식으로 먹이를 획득하는지에 대해서는 제시하지 않았다.

(오답 해결)

① 1문단에서 '동물의 체온이 주로 체내에서 발생하는 대사열로 유지되는 상태 또는 특성을 내온성이라 하고'와 '동물의 체온이 일정한 환경에서 얻는 열에너지에 의해 결정되는 상태 또는 특성을 외온성이라 하고'라고 하였다. 이를 통해 내온성과 외온성이 무엇인지 알 수 있다.

② 2문단에서 '동물이 주변 환경 온도에 상관없이 활동적일 수 있게' 한다는 내용을 통해 내온성의 장점을, '호흡을 통해 열을 생산하는 대사 작용을 하기 위해서 항온 동물은 칼로리를 섭취해야 하는 것이다.'라는 내용을 통해 내온성의 단점을 알 수 있다.

④ 6문단에서 '고어텍스는 1제곱인치당 90억 개 이상의 미세한 구멍을 가진 고어텍스 멤브레인을 이용해 외부에서 침투하는 빗방

울 등은 막고 내부의 땀은 배출한다.'라고 한 내용을 통해 고어텍스가 빗방울을 막고 땀을 배출하는 원리를 알 수 있다.

⑤ 5문단에서 '면직류가 털로 만든 모직보다 보온에 취약한 것도 면의 열전도도가 양모에 비해 3배 가까이 높아, 그만큼 체열을 쉽게 대기로 전달하기 때문이다.'라고 한 내용을 통해 면직류가 털로 만든 모직보다 보온에 취약한 이유를 알 수 있다.

02 세부 정보 파악하기 ▸ ④

3문단에서 '동물이 커질수록 표면적 대 부피의 비는 감소하기 때문에 외부 환경으로부터 흡수한 열이 몸을 덥힐 정도로 충분하지 못하다.'라고 하였다. 이를 통해 내온 동물과 달리 외온 동물은 몸의 크기가 클수록 체온을 유지하는 데 불리함을 알 수 있다.

(오답 해결)

① 3문단에서 '동물이 커질수록 표면적 대 부피의 비는 감소'한다고 하였으므로, 이를 통해 동물의 경우 몸의 크기가 커질수록 표면적 대 부피의 비는 작아짐을 알 수 있다.

② 5문단에서 '솜옷이나 오리털, 거위털 옷들은 섬유 사이의 공기층을 극대화해 열전도율을 떨어뜨리는 방식으로 보온성을 높인 의복이다.'라고 하였으므로, 이를 통해 섬유 사이의 공기층이 두꺼울수록 대류 현상에 의한 열 손실이 작아짐을 알 수 있다.

③ 2문단에서 '내온성은 동물이 주변 환경 온도에 상관없이 활동

적일 수 있게 하는 반면~호흡을 통해 열을 생산하는 대사 작용을 하기 위해서 항온 동물은 칼로리를 섭취해야 하는 것이다.'라고 하였으므로, 이를 통해 내온 동물은 주위 온도에 상관없이 대사 작용을 위해 에너지를 많이 소비함을 알 수 있다.

⑤ 2문단에서 '대사열을 공급하기 위해 칼로리를 태울 필요가 없어서 외온 동물은 몸무게 그램당 적은 칼로리가 필요'하다고 하였으므로, 이를 통해 외온 동물은 내온 동물에 비해 단위 몸무게를 유지하기 위해 필요한 칼로리가 적음을 알 수 있다.

03 논리적 관계 추론하기
답 ③

작은 항온 동물은 큰 동물보다 단위 체질량 당 대사율이 더 높기 때문에 일정한 체온을 유지하려면 대사 활동을 증가시켜 열 손실을 보상해야 한다. 또한 항온 동물은 호흡을 통해 열을 생산하는 대사 작용을 하기 위해서 칼로리를 섭취해야 한다. 따라서 몸의 크기가 작은 항온 동물은 일정한 체온을 유지하기 위해 큰 항온 동물에 비해 먹이를 찾고 먹는 데 더 많은 시간을 사용해야 하는 것이다.

04 자료 해석의 적절성 판단하기
답 ⑤

4문단에서 '작은 항온 동물은 큰 동물보다 단위 체질량 당 대사율이 더 높기 때문에 일정한 체온을 유지하려면 대사 활동을 증가시켜 열 손실을 보상해야 한다.'라고 하였다. 따라서 낙타보다 작은 조류가 외부로의 열 손실을 보상하기 위해 더 활발한 대사 활동을 할 것이다.

(오답 해결)

① 도마뱀이 선호하는 체온에 도달하면 일상적 활동을 하고 필요하면 그늘 속으로 들어가 몸을 식힌다는 것은 낮에 일상적 활동을 하는 동안 일정한 체온을 유지하기 위한 것이다.

② 도마뱀은 아침 햇빛을 받아 신속히 가열되고, 몸을 식히기 위해 그늘 속으로 물러가므로, 아침 햇빛은 도마뱀에게 열을 공급하고 그늘은 도마뱀에게 열을 빼앗는 역할을 하는 것이다.

③ 3문단에서 '몸집이 큰 외온 동물은 보다 덥고 계절이 없는 열대와 아열대 지역으로 분포가 제한된다.'라고 하였으므로, 만약 도마뱀의 크기가 크다면 이 도마뱀은 열대나 아열대 지역에 위치할 가능성이 높다.

④ 사막 지역의 많은 조류는 깃털로 태양 복사를 반사하고, 낙타는 열이 통과하지 못하도록 두꺼운 털 외피를 가지고 있다. 따라서 조류의 깃털과 낙타의 털은 사막 지역의 뜨거운 태양열이 몸 안으로 들어오지 못하도록 막아 몸의 열을 일정하게 유지하게 하는 것이다.

05 구체적 상황에 적용하기
답 ④

5문단에서 '면직류가 털로 만든 모직보다 보온에 취약한 것도 면의 열전도도가 양모에 비해 3배 가까이 높아, 그만큼 체열을 쉽게 대기로 전달하기 때문이다.'라고 하였다. 따라서 일정 시간 동안 옷을 접어 놓은 후 다시 풀었을 때 더 많이 부풀어 오르는 옷은 열전도율이 낮은 옷이다.

(오답 해결)

① 〈보기〉에서 '필 파워(Fill Power)는 다운 1온스(28g)를 24시간 압축한 후 압축을 풀었을 때 부풀어 오르는 복원력을 말한다.'라고 하였다. 따라서 필 파워가 높을수록 더 많이 부풀어 오른다는 것이므로, 공기층이 두껍게 형성될 것이다.

② 〈보기〉에서 '일반적으로 거위털의 필 파워가 오리털의 필 파워보다 높은 것으로 알려져 있다.'라고 하였다. 이를 통해 같은 무게로 만든 옷이라면 필 파워가 더 높은 거위털로 만든 옷이 오리털로 만든 옷보다 보온성이 좋다는 것을 알 수 있다.

③ 〈보기〉에서 '깃털은 다운에 비해 무겁고 복원력이 좋지 못하기 때문에 다운과 깃털의 비율에 따라 옷의 보온성이 결정된다.'라고 하였다. 따라서 어느 털로 만든 옷이든 다운의 비율이 높을수록 보온성이 좋다는 것을 알 수 있다.

⑤ 5문단에서 '면직류가 털로 만든 모직보다 보온에 취약'하다고 하였다. 따라서 충전제가 동일하다면 겉감을 모직류로 하는 것이 면직류로 하는 것보다 열 손실이 적다는 것을 알 수 있다.

06 어휘의 사전적 의미 파악하기
답 ③

ⓒ(소실)은 '사라져 없어짐. 또는 그렇게 잃어버림.'이라는 의미이다. '움직여 옮김. 또는 움직여 자리를 바꿈.'이라는 의미의 단어는 '이동(移動)'이다.

1 암호는 군사, 정치, 경제 분야 등 다양한 필요에 의해서 오래전부터 발전해 왔다.
중심 화제
암호의 종류는 암호를 만드는 방식에 따라 스테가노그래피와 크립토그래피로 나눌
▨▨ : 중심 문장
수 있다. ⓐ스테가노그래피는 메시지의 존재 자체를 감추는 비밀 통신 방법이다. 하
스테가노그래피의 개념
지만 이 방법은 메시지의 존재가 발견될 경우 그 내용 또한 단번에 적에게 알려질
스테가노그래피의 단점
가능성이 있다. 이런 이유에서 크립토그래피도 함께 발전해 왔다. 이는 메시지의 존
재 자체를 감추는 것이 아니라 메시지의 의미를 감추는 비밀 통신 방법이다.
크립토그래피의 개념   ▶ 암호를 만드는 방식에 따른 암호의 종류
2 크립토그래피는 전치법과 대체법으로 나뉜다. ㉠전치법은 단순히 메시지 안에
전치법의 개념
들어 있는 문자의 위치를 바꾸는 방법이다. 영어권에서는 이와 같은 방법을 애너그
램이라 부르기도 한다. 한 단어 정도의 경우에는 이 방법이 별로 안전하지 못하다.
전치법의 단점
하지만 메시지에 사용되는 문자의 수가 많아지면 재배열의 수는 기하급수적으로
증가해서 해독이 거의 불가능하게 된다. 글자의 위치를 무작위로 바꾸는 이 방법은
보안성이 아주 높다.   ▶ 전치법의 개념과 장단점
전치법의 장점
3 ㉡대체법은 메시지에 사용되는 글자를 짝을 이루는 다른 글자로 대체하는 방법
대체법의 개념
이다. 대체법을 군사적으로 처음 사용한 사람은 카이사르이다. 카이사르가 사용한
암호법은 메시지에 쓸 각각의 글자를 알파벳에서 세 자리 뒤에 나오는 글자로 대체
대체법의 초기 형태
하는 간단한 방법이다. 암호 전문가들은 원문에 사용되는 글자들을 원문 알파벳이
라 부르고, 이를 대체한 암호문 알파벳을 사이퍼 알파벳이라 부른다. 원문 알파벳
과 사이퍼 알파벳을 정하는 약속을 알아야 암호를 해석할 수 있기 때문에 적군에게
메시지가 발견되어도 적군은 암호를 해석하기 힘들다.   ▶ 대체법의 개념과 장점
대체법의 장점
4 이후 암호의 역사는 지속적으로 발전되어 암호의 기계화가 이루어진다. 이 중
슈르비우스가 고안한 에니그마라는 암호화 기계가 만들어지게 된다. 에니그마는
전선으로 이어진 세 부분으로 이루어져 있다. 원문 텍스트의 글자를 입력하는 자판,
▨▨ : 에니그마의 구성 요소
원문 텍스트의 각 글자를 대체하는 스크램블러, 그리고 암호문에 들어갈 글자를 나
타내는 여러 개의 램프로 이루어진 램프보드이다. 자판에서 원문 알파벳에 해당하
는 글자를 누르면, 중앙 스크램블러를 거쳐 램프보드의 해당 사이퍼 알파벳 글자
에니그마의 작동 원리
램프에 불이 켜진다.   ▶ 에니그마의 구성 요소와 작동 원리
5 스크램블러는 전선으로 뒤엉킨 두꺼운 고무 디스크로, 이 기계에서 가장 중요
스크램블러의 개념
한 역할을 하는 부분이다. 자판에서 나온 전선은 여섯 개의 경로를 거쳐 스크램블
러로 들어간 뒤, 스크램블러 안에서 복잡한 회로를 거쳐 다시 여섯 개의 램프가 있
는 디스플레이, 즉 램프보드로 나온다. 이때 스크램블러 안의 회로가 어떻게 구성
되어 있는지에 따라 원문 텍스트의 글자가 어떤 암호로 바뀌는지 결정된다. 예를
들어 a를 입력하면 B에 불이 켜지고, b를 입력하면 A에 불이 켜지고, c를 입력하면
D에 불이 켜지고, e를 입력하면 F에 불이 켜지며, f를 입력하면 C에 불이 켜진다.
이런 식으로 'cafe'라는 메시지는 DBCF로 암호화된다. 그러나 슈르비우스는 여기

지문 해설

이 글은 비밀을 유지하기 위한 방식인 암호
에 대해 설명하고 있다. 암호를 만드는 방식
에 따라 암호의 종류와 특징을 체계적으로
제시하고, 암호화 기계인 에니그마의 구성
요소와 작동 원리 등을 예시를 통해 구체적
으로 설명하고 있다. 그리고 음악에서 암호
가 사용된 예를 제시하여 암호가 다양한 분
야에서 쓰일 수 있음을 밝히고 있다.

핵심 이해

문단 요약
1 암호를 만드는 방식에 따른 암호의 종류
2 전치법의 개념과 장단점
3 대체법의 개념과 장점
4 에니그마의 구성 요소와 작동 원리
5 스크램블러의 기능과 에니그마의 특징
6 계이름과 음이름을 대응시켜 음악에 암호를 활용하는 방법
7 암호를 활용해 제목을 지은 작곡가 조스캥 데프레

중심 화제	암호

주제	암호의 종류와 에니그마의 특징 및 음악에서 활용된 암호

핵심 내용

전치법
• 메시지 안에 들어 있는 문자의 위치를 바꾸는 방법 • 보안성이 아주 높음.

대체법
• 글자를 짝을 이루는 다른 글자로 대체하는 방법 • 적군이 암호를 해독하기 어려움.

서 그치지 않고 글자 하나를 암호화할 때마다 스크램블러의 디스크가 한 칸씩 회전하게 만들었다. 이 암호문은 같은 방식을 적용한 에니그마가 없으면 해독이 힘들기 때문에 보안성이 아주 높다.
에니그마로 만든 암호의 장점
▶ 스크램블러의 기능과 에니그마의 특징

6 또한 암호는 예술에서도 활용되었다. 음악에서 암호를 사용하는 가장 간단한 방법은 계이름과 음이름을 대응시키는 것이다. 계이름인 '도, 레, 미, 파, 솔, 라, 시'는 서양 음악에서 각각 음이름 'C, D ,E, F, G, A, B'와 대응된다. 따라서 이 글자들을 조합하여 의미를 표현할 수 있다. 하지만 음이름이 A~G까지의 알파벳으로만 이루어져 있기 때문에 모든 단어를 음이름으로 표현할 수는 없다.
계이름과 음이름을 대응시키는 암호법의 한계
그럼에도 이와 같은 방식으로 악보에 일종의 메시지를 암호화하여 부여하려는 시도는 오래전부터 음악가들을 매혹시켜 왔다. 예를 들어 '시미미파'는 소고기인 'beef'라는 의미를 가진 암호가 되는 것이다.
▶ 계이름과 음이름을 대응시켜 음악에 암호를 활용하는 방법

7 이 방법을 사용하여 15세기 르네상스 시대의 작곡가 조스캥 데프레는 미사 음악인 「라솔파레미」를 작곡하였다. 그는 왜 음계를 음악의 제목으로 지었을까? 이 음악은 선율이 '라, 솔, 파, 레, 미'의 음계에 맞춰 진행되는데, 이 음계는 유사한 발음의 이탈리아어인 'Lascia fare a me'라는 말에서 나왔다는 일화가 있다. 이 말은 "내게 맡겨 두시오."라는 의미이다. 당시 데프레를 고용한 추기경은 재정난으로 인해 급료를 제대로 지급하지 못했다. 데프레가 이에 대해 걱정하는 말을 하자, 추기경은 "내게 맡겨 두시오."라고 말했는데, 데프레는 여기서 아이디어를 얻어 음악을 통해 밀린 급료를 달라는 의미를 간접적으로 표현한 것이다. 이처럼 얼핏 보아서는 평범한 멜로디를 담은 악보로 보이지만 음표를 음이름으로 읽으면 숨겨진 의미가
「라솔파레미」라고 미사 음악의 제목을 지은 의도
드러나는 것이다.
▶ 암호를 활용해 제목을 지은 작곡가 조스캥 데프레

---

01 ③ **02** ⑤ **03** ② **04** ② **05** ④

01 내용 전개 방식 파악하기
답 ③

이 글은 암호의 종류를 구분한 다음 예를 들어 자세하게 설명하고 있으며 음악에서 암호를 이용한 예를 제시하고 있다. 하지만 범주가 다른 대상의 공통점을 찾아 비교하여 내용을 전개하고 있지는 않다.

오답 해결

① 4문단에서 에니그마는 전선으로 이어진 세 부분(자판, 스크램블러, 램프보드)으로 이루어져 있다고 하였다.
② 5문단에서 스크램블러 안의 회로가 어떻게 구성되어 있는지에 따라 원문 텍스트의 글자가 암호로 바뀌는 예를 들어 설명하였고, 6문단에서 계이름과 음이름을 대응시켜 암호를 만든 예를 들어 설명하였다.

④ 1문단에서 '암호의 종류는 암호를 만드는 방식에 따라 스테가노그래피와 크립토그래피로 나눌 수 있다.'라고 하였고, 2문단에서 '크립토그래피는 전치법과 대체법으로 나뉜다.'라고 하였다. 이처럼 일정한 기준에 따라 대상을 분류한 다음 각각에 대해 자세하게 설명하고 있다.
⑤ 1문단에서 '스테가노그래피', '크립토그래피', 2문단에서 '전치법', 3문단에서 '대체법' 등 용어의 개념을 설명하고 있다.

02 구체적 상황에 적용하기
답 ⑤

스테가노그래피는 메시지의 존재 자체를 감추는 방식으로, 적에게 발각되면 메시지의 의미가 그대로 노출된다. 그런데 ⑤는 메시지에 사용된 문자를 다른 기호로 바꾸었으므로, 적이 메시지를 발견해도 그 의미를 바로 알기가 어렵다. 따라서 ⑤는 크립토그래피에 해당한다고 할 수 있다.

03 정보 간의 관계 파악하기

답 ②

㉠(전치법)은 단순히 메시지 안에 들어 있는 문자의 위치를 바꾸는 방법으로, 암호문만 알고 있는 상태에서도 이를 해석할 수 있는 여지가 있다. 하지만 ㉡(대체법)은 메시지에 사용되는 글자를 짝을 이루는 다른 글자로 대체하는 방법이므로, 원문 알파벳과 사이퍼 알파벳을 정하는 약속을 알지 못하면 암호를 해석할 수 없다.

(오답 해결)

① 전치법과 대체법은 모두 암호의 존재 자체를 감추는 것이 아니라 암호를 통해 전달하려는 메시지의 의미를 감추는 방식이다.
③ 한 단어 정도인 메시지의 경우에는 전치법이 별로 안전하지 못하다고 하였다.
④ 전치법은 단순히 메시지 안에 들어 있는 문자의 위치를 바꾸는 방법이므로, 대체법에 비해 암호의 규칙을 만들어 내는 과정이 복잡하지 않다.
⑤ 대체법은 원문 알파벳과 사이퍼 알파벳을 정하는 약속을 알아야 암호를 해석할 수 있다.

04 구체적 상황에 적용하기

답 ②

철수의 에니그마는 우선 보내려는 알파벳을 다음 순서의 알파벳으로 대체한다. 그러므로 b를 입력하면 C가 입력된다. 그런데 글자를 입력할 때마다 스크램블러가 한 칸씩 회전한다고 하였으므로 같은 글자 b를 연속해서 입력하면 CDEFAB 순서대로 램프의 불이 켜진다.

(오답 해결)

① 원문에 사용되는 글자들을 원문 알파벳, 이를 대체한 암호문 알파벳을 사이퍼 알파벳이라고 하므로 적절한 설명이다.
③ 크립토그래피는 메시지의 의미를 감추는 암호 기술이므로 철수의 에니그마는 크립토그래피에 해당한다.
④ 철수가 만든 것과 같은 방식을 적용한 에니그마가 없다면 암호를 해독하기 어렵다.
⑤ 카이사르가 암호를 만드는 방식이 문자를 3자리 뒤의 문자로 대체한 방식이라면 철수의 에니그마는 문자를 대체한 후 다시 입력 횟수에 따라 다른 문자로 대체되므로 이중의 방식을 사용한 것이라고 할 수 있다.

05 구체적 상황에 적용하기

답 ④

3문단에서 '암호 전문가들은 원문에 사용되는 글자들을 원문 알파벳이라 부르고, 이를 대체한 암호문 알파벳을 사이퍼 알파벳이라 부른다.'라고 하였다. 〈보기〉에 사용된 '미, 솔, 솔, 시, 미, 미, 파'는 각각 'e, g, g, b, e, e, f'를 의미한다. 따라서 원문 알파벳은 'e, g, g, b, e, e, f'이고, 이를 대체한 '미, 솔, 솔, 시, 미, 미, 파'는 암호문 알파벳이자 사이퍼 알파벳인 것이다.

(오답 해결)

① 3문단에서 '카이사르가 사용한 암호법은 메시지에 쓸 각각의 글자를 알파벳에서 세 자리 뒤에 나오는 글자로 대체하는 간단한

방법이다.'라고 하였다. 음악의 계이름은 '도, 레, 미, 파, 솔, 라, 시'이므로, 카이사르 암호법을 적용하면 〈보기〉의 '시'는 세 자리 뒤에 오는 '미'로 표시된다.
② 〈보기〉의 '미, 솔, 솔'에 대응되는 음이름은 'e, g, g'이고, '시, 미, 미, 파'에 대응되는 음이름은 'b, e, e, f'이다. 따라서 〈보기〉는 'egg'와 'beef'라는 메시지를 숨기고 있는 악보이다.
③ 6문단에서 '음이름이 A~G까지의 알파벳으로만 이루어져 있기 때문에 모든 단어를 음이름으로 표현할 수 없다.'라고 하였다. 따라서 〈보기〉는 A~G까지 일곱 개의 음이름만을 이용할 수 있는 암호법이다.
⑤ 6문단에서 '음악에서 암호를 사용하는 가장 간단한 방법은 계이름과 음이름을 대응시키는 것이다.'라고 하였다. 〈보기〉는 'e, g, g'와 'b, e, e, f'를 다른 글자인 '미, 솔, 솔'과 '시, 미, 미, 파'로 대체하는 방식의 암호를 사용한 것이다.

➕ 지식 넓히기 **양자 암호 통신**

'양자 암호 통신'은 빛 알갱이인 광자(光子)를 이용한 통신 기술을 말한다. 현재 통신망은 보안을 위해 암호키를 사용하지만 이것이 유출되면 관련 정보가 빠져나갈 수 있다. 빛 알갱이 같은 양자는 0이나 1이라는 특성이 결정되어 있지 않다. 따라서 이 기술을 이용하면 통신을 위해 정보를 보내는 쪽과 정보를 받는 쪽의 끝 단어에 양자 암호키 분배기를 설치하고 매번 다른 암호키를 이용해 0 또는 1을 결정한다. 양자 암호키는 한 번만 열어 볼 수 있기 때문에 중간에 누군가 가로채더라도 이를 바로 확인해 대처할 수 있어 해킹이 불가능하다.

1 예로부터 '신체와 터럭과 살갗은 부모에게서 받은 것이다.'라고 하며 머리카락은 신체에서 중요하게 여겼던 부위 중 하나였다. 그러면서도 한편으로는 머리카락만이 그 ⓐ양식의 변화가 자유로워, 옷차림이나 몸단장과 함께 그 사람을 표현하는 중요한 역할을 해 왔다. 머리를 풍성하게 치장하는 것은 자신을 드러내 보여 줄 ▓ : 중심 문장 수 있는 가장 단순하면서도 확실한 방법이기 때문에 지금까지도 머리를 풍성하게 치장하는 다양한 방법이 시도되고 있다. 머리를 풍성하게 보이도록 하는 가장 간단 중심 화제① 한 방법에는 자신의 머리카락을 땋거나 묶어 올리는 방법이 있다. 그러나 아무리 머리카락을 길게 길러도 자신의 머리카락만으로는 풍성하게 보이는 데에 한계가 있다. 그래서 부분적으로 다른 사람의 머리카락을 붙이거나 얹어서 사용하는 방법 다리(가체)의 개념 – 머리를 더 풍성해 보이게 하는 방법 ① 이 있는데, 이러한 머리치장 ⓑ장식을 조선 시대에는 다리 혹은 가체라고 하였다.

▶ 다리를 이용해 머리를 풍성하게 치장하는 방법

2 다리를 이용한 여성들의 머리 장식은 대수, 큰머리, 트레머리 등 다양한 종류가 다리를 이용한 머리 장식의 종류(예시) 있다. 대수는 궁중에서 왕비가 적의를 착용할 때 머리에 쓰도록 화려하게 꾸민 대 대수의 개념 례용 가체이다. 큰머리는 왕실이나 반가에서 ⓒ의식이 있을 때 하던 머리 모양으로 어여머리 위에 떠구지라는 나무로 만든 큰머리를 얹어 놓은 것이다. 트레머리는 큰머리 모양을 축소한 머리로 서북 지방에서 흔히 볼 수 있다. 그리고 과거에는 신 트레머리의 개념 분에 따라 할 수 있는 다리의 종류가 달랐다. 상류층은 좋은 다리를 보기 좋게 머리 위에 얹고 끝에는 빨간 댕기를 매었지만, 하류층은 머리를 풀어 헤친 풀머리에 다리를 초라하게 얹혔다. 이처럼 과거에 다리는 여성들의 부와 계급을 상징하는 물건이었는데, 머리카락을 함부로 자르지 않았던 과거에는 사람의 머리카락으로 만든 다리의 가격이 값비쌌던 것은 당연한 일이었다.

▶ 다리를 이용한 머리 장식의 종류와 신분에 따른 다리 종류의 차이

3 한편 머리카락을 풍성하게 치장하는 또 다른 방법으로 웨이브가 있다. 인공적 머리를 더 풍성해 보이게 하는 방법 ② 으로 머리카락에 웨이브를 주는 일은 아주 오래 전, 클레오파트라 시대로 거슬러 올라간다. 당시에는 머리카락에 알칼리성 진흙을 바른 다음, 막대기에 감아 붙이고 말렸다가 씻어 내는 방법을 사용하였다고 한다. 오늘날의 파마와는 다르지만 그 원리는 상당히 비슷하다. 그렇다면 오늘날 파마의 원리는 무엇일까? 중심 화제 ② ▶ 웨이브로 머리를 풍성하게 치장하는 방법

4 머리카락은 단백질로 ⓓ구성되어 있는데, 이 단백질은 기본적으로 아미노산으로 구성되어 있다. 이 아미노산이 서로 공유 결합을 통해 연결된 구조를 펩타이드 사슬 펩타이드 사슬의 개념 이라고 부르고 이를 단백질의 1차 구조라고 한다. 1차 구조가 서로 결합하면 2차 구조를 형성하는데, 2차 구조에는 나선 구조 형태의 알파 헬릭스와 병풍 형태의 베타 시트가 있다. 2차 구조끼리 서로 결합을 통해 3차 구조의 단백질을 형성하면 이 단백질은 하나의 생체 분자로써 기능을 담당할 수 있게 된다. 머리카락을 구성하고 있는 알 3차 구조의 단백질의 역할 파 케라틴 단백질은 단백질의 2차 구조 가운데 하나인 알파 헬릭스처럼 나선 구조를 띠고 있기 때문에 알파 케라틴이라고 부른다. 이 알파 케라틴의 나선 구조 형성에 중요한 역할을 하는 것이 수소 결합과 이황 결합이다. ▶ 알파 케라틴 단백질의 구성과 구조

✎ 지문 해설

이 글은 머리를 풍성하게 보이도록 연출하는 방법으로 과거의 다리와 웨이브를 제시한 후, 오늘날 파마의 원리에 대해 과학적으로 설명하고 있다. 머리를 풍성하게 치장하는 것은 자신을 드러내 보이는 가장 단순한 방법이며 조선 시대에는 다리를 이용해 머리를 치장하였고 신분에 따라 다리의 종류가 달랐다. 웨이브는 역사가 오래되었으며, 파마는 알파 케라틴 단백질의 나선 구조를 형성하는 수소 결합과 이황 결합을 이용한 것이다. 생화학적으로 머리카락 단백질의 결합을 재배치하면 물에 젖어도 풀리지 않는 곱실거림을 유지할 수 있다.

🔍 핵심 이해

문단 요약
1 다리를 이용해 머리를 풍성하게 치장하는 방법
2 다리를 이용한 머리 장식의 종류와 신분에 따른 다리 종류의 차이
3 웨이브로 머리를 풍성하게 치장하는 방법
4 알파 케라틴 단백질의 구성과 구조
5 수소 결합과 이황 결합을 통한 웨이브의 원리
6 파마를 한다는 것의 의미와 곱실거림이 유지되는 원리

중심 화제	머리를 풍성하게 치장하는 다양한 방법, 오늘날 파마의 원리

주제	풍성한 머리를 위한 다리와 웨이브 방법 및 파마의 원리

⑤ 수소 결합은 알파 케라틴에 열이나 물을 가하면 깨진다. [알파 케라틴의 수소 결
젖으면 끊어지고 건조되면 다시 이어지는 결합   [ ]: 원하는 머리 스타일을 연출하는 원리
합이 깨지면서 나선 구조가 풀려 쭉 뻗은 형태로 변하고, 물을 증발시키거나 다시
냉각시키면 자발적으로 나선 구조로 돌아가는 성격이 있다. 알파 케라틴이 다시 수
소 결합이 생성될 때는 당시에 가장 가까운 수소와 산소가 서로 결합하기 때문에
머리에 열을 가해 원하는 모양을 잡은 후 그대로 냉각시켜 새로운 수소 결합을 유
도하면] 원하는 스타일의 머리를 ⓔ 연출할 수 있다. 그러나 수소 결합은 구조적인
변화가 생기는 것이 아니므로 열을 가해 고정한 머리카락에 물을 묻혀 물 분자의
수소와 산소가 머리카락 속의 수소 결합을 끊게 만든 후 머리를 말리게 되면 이전
의 결합으로 돌아갈 수 있다. 이황 결합은 수소 결합보다 훨씬 강력한 결합으로 단
백질의 구조를 보다 안정되게 유지하는 역할을 한다. 이황 결합은 아미노산의 하나
이황 결합의 역할
인 시스테인의 −SH 그룹이 서로 [−S−S−] 공유 결합을 한 것인데, 이 [−S−S−] 결
이황 결합의 개념
합은 −SH 그룹을 갖는 환원제에 의해 깨진다. [−S−S−] 결합에 −SH 환원제인
알칼리성 물질을 첨가하면 [−S−S−] 결합이 [−SH]⋯[HS−]로 환원되면서 결합이
환원제의 역할
깨지는 것이다. 반대로 산화제는 깨져 있는 [−SH]⋯[HS−]가 다시 [−S−S−]로 결
산화제의 역할
합하게 도와주는데, 이때 알파 케라틴의 위치에 따라 처음 이황 결합과는 다른 이
황 결합을 할 수 있다.　　　　　　　　　　　▶ 수소 결합과 이황 결합을 통한 웨이브의 원리

⑥ 우리가 미용실에서 파마를 한다는 것은 생머리였던 머리카락을 곱실대는 머리
카락으로 바꾼다는 이야기이고, 이는 생화학적으로 머리카락을 구성하고 있는 단
'파마를 한다는 것'의 의미
백질의 결합을 재배치한다는 의미이다. 환원제를 통해 알파 케라틴의 이황 결합을
깬 후 원하는 스타일로 열을 가해 곱슬머리를 연출하고 이후 다시 이황 결합을 유
도한다. 이를 냉각하면 머리카락은 나선 구조로 자연스럽게 다시 복원되고, 그럼으
로써 ㉑ 물에 젖어도 풀리지 않는 곱실거림이 유지되는 것이다.
　　　　　　　　　　▶ 파마를 한다는 것의 의미와 곱실거림이 유지되는 원리

🌟 핵심 내용

머리카락 단백질의 구조	
1차 구조	아미노산이 공유 결합을 통해 연결된 구조
⬇	
2차 구조	1차 구조가 서로 결합한 것으로, 알파 케라틴 단백질이 해당됨.
⬇	
3차 구조	2차 구조가 서로 결합한 것으로, 하나의 생체 분자로써 기능함.

🏆 문제 정답

01 ⑤	02 ①	03 ④	04 ②	05 ③

01 세부 정보 파악하기　　　　　　　　　　답 ⑤

5문단에서 '[−S−S−] 결합에 −SH 환원제인 알칼리성 물질을 첨
가하면 [−S−S−] 결합이 [−SH]⋯[HS−]로 환원되면서 결합이 깨
지는 것이다.'라는 내용을 통해 알칼리성 물질을 이용하는 것은
이황 결합과 관련이 있음을 알 수 있다. 따라서 머리카락에 알칼
리성 진흙을 발라 웨이브를 주는 일은 이황 결합을 이용한 방법
이라고 볼 수 있다.

(오답 해결)
① 4문단에서 '알파 케라틴 단백질은 단백질의 2차 구조 가운데
하나인 알파 헬릭스처럼 나선 구조를 띠고 있기 때문에 알파 케

라틴이라고 부른다. 이 알파 케라틴의 나선 구조 형성에 중요한
역할을 하는 것이 수소 결합과 이황 결합이다.'라고 하였다. 이를
통해 나선 구조를 띤 알파 케라틴은 단백질의 2차 구조임과 수소
결합에 의해 나선 구조를 형성함을 알 수 있다.
② 5문단에서 '이황 결합은 아미노산의 하나인 시스테인의 −SH
그룹이 서로 [−S−S−] 공유 결합을 한 것'이라고 하였고, 4문단에
서 '아미노산이 서로 공유 결합을 통해 연결된 구조를 펩타이드
사슬이라고 부르고 이를 단백질의 1차 구조라고 한다.'라고 하였
다. 이를 통해 이황 결합의 공유 결합은 펩타이드 사슬에 관여함
을 알 수 있다.
③ 1문단에서 '머리를 풍성하게 치장하는 것은 자신을 드러내 보
여 줄 수 있는 가장 단순하면서도 확실한 방법'이라고 하였다. 이
를 통해 머리를 풍성하게 만드는 것은 자신을 표현하는 중요한
방법임을 알 수 있다.

④ 2문단에서 '과거에는 신분에 따라 할 수 있는 다리의 종류가 달랐다.'라고 하였다. 이를 통해 조선 시대에는 신분에 따라 사용할 수 있는 머리치장의 종류가 달랐음을 알 수 있다.

02 세부 내용 추론하기　　답 ①

6문단에서 '환원제를 통해 알파 케라틴의 이황 결합을 깬 후 원하는 스타일로 열을 가해 곱슬머리를 연출하고 이후 다시 이황 결합을 유도한다. 이를 냉각하면 머리카락은 나선 구조로 자연스럽게 다시 복원'됨으로써 물에 젖어도 풀리지 않는 곱실거림이 유지된다고 하였다. 따라서 ㉮는 아미노산의 하나인 시스테인의 결합 모양이 달라졌기 때문임을 알 수 있다.

03 구체적 사례에 적용하기　　답 ④

〈보기〉에서 가발을 이용해 머리를 꾸몄다고는 했지만 민머리를 가리기 위한 목적으로 가발을 이용했다는 내용은 제시되지 않았다. 따라서 서양의 가발이나 조선 시대의 다리는 모두 머리를 꾸미려는 목적을 가진 물건으로 보는 것이 적절하다.

(오답 해결)
① 〈보기〉에서 파라오는 가발을 쓰지 않고는 결코 대중 앞에 서지 않았다고 하였다. 그리고 2문단에서 과거에는 신분에 따라 할 수 있는 다리의 종류가 달랐다고 하였다. 이를 통해 이집트의 가발과 조선의 다리는 모두 권위를 드러내는 상징적인 물건이었음을 알 수 있다.
② 2문단에서 '다리를 이용한 여성들의 머리 장식'이라는 내용을 통해 다리는 여성의 머리 장식임을 알 수 있다. 반면에 〈보기〉에서 파라오가 가발을 썼다는 내용을 통해 이집트의 가발은 남성도 착용하는 물건임을 알 수 있다.
③ 2문단에서 '과거에 다리는 여성들의 부와 계급을 상징하는 물건'이었다고 하였으며, 〈보기〉에서 '프랑스 궁정의 사치가 최고조에 달한 1660년에는 가발 관리사가 200여 명이나 있었다고 한다.'라고 하였다. 이를 통해 조선 시대와 옛 프랑스에서 머리를 풍성하게 치장하는 것은 부를 상징적으로 드러내는 것임을 알 수 있다.
⑤ 이 글을 통해 조선 시대 여성들은 다리를 이용해, 클레오파트라 시대에는 웨이브를 이용해 머리를 풍성하게 꾸미고자 했음을 알 수 있다. 또한 오늘날에는 머리를 풍성하게 꾸미는 방법으로 파마가 이용되고 있다. 그리고 〈보기〉를 통해 과거 이집트인들과 프랑스 사람들은 가발을 써서 머리를 풍성하게 꾸미고자 했음을 알 수 있다. 따라서 머리를 풍성하게 꾸미고자 하는 사람들의 욕구는 동서고금을 막론하고 이어지고 있다고 볼 수 있다.

04 자료 해석의 적절성 판단하기　　답 ②

(a)는 시스테인의 -SH 그룹이 서로 [-S-S-] 공유 결합을 한 상태이고, (b)는 환원제의 작용으로 인해 [-S-S-] 공유 결합이 깨진 상태이다. (c)는 머리카락이 롯드의 모양을 따라 구부러진 상태이고, (d)는 산화제의 작용으로 인해 새로운 [-S-S-] 공유 결합이 만들어진 상태이다. 5문단에서 '[-S-S-] 결합은 -SH 그룹을 갖는 환원제에 의해 깨진다.'라고 하였다. 따라서 환원제로 인해 수소 결합이 깨진다는 설명은 적절하지 않다.

(오답 해결)
① 5문단에서 '이황 결합은 ~ 시스테인의 -SH 그룹이 서로 [-S-S-] 공유 결합을 한 것'이라고 하였다. 따라서 (a)는 환원제를 첨가하기 전 이황 결합이 유지되고 있는 상태라고 할 수 있다.
③ (b)와 달리 (c)의 머리카락은 롯드의 모양대로 구부러져 있음을 확인할 수 있다.
④ 5문단에서 '산화제는 깨져 있는 [-SH]…[HS-]가 다시 [-S-S-]로 결합하게 도와'준다고 하였다. 따라서 (d)는 산화제의 작용으로 끊어졌던 시스테인이 다시 [-S-S-]로 결합한 상태라고 할 수 있다.
⑤ 5문단에서 산화제가 깨져 있는 [-SH]…[HS-]를 다시 [-S-S-]로 결합시킬 때 알파 케라틴의 위치에 따라 처음 이황 결합과는 다른 이황 결합을 할 수 있다고 했다. 따라서 (d)는 단백질이 처음 이황 결합과는 다른 이황 결합을 한 상태로 볼 수 있다.

05 어휘의 사전적 의미 파악하기　　답 ③

ⓒ(의식)는 '행사를 치르는 일정한 법식. 또는 정해진 방식에 따라 치르는 행사'를 의미한다. '겉으로 보이는 모양'이라는 의미의 단어는 '외양'이다.

01 ②	02 ⑤	03 ⑤	04 ④	05 ①
06 ②	07 ①	08 ⑤	09 ④	10 ①
11 ④	12 ③	13 ⑤	14 ②	15 ②

01~04 프레임 이론과 미디어 프레이밍

✏️ 지문 해설

이 글은 레이코프가 주장한 프레임 이론을 바탕으로 프레임과 프레임 전환 등의 의미를 밝히고, 미디어 프레이밍으로 인한 문제점을 설명하고 있다. 레이코프는 특정한 언어와 연결되어 연상되는 사고의 체계를 프레임으로 정의하였으며, 단어를 떠올렸을 때 프레임을 연상하는 이유를 인간의 언어 습득 과정으로 설명하였다. 언어와 프레임이 연결되어 머릿속에 입력되면 생각하거나 의사소통하는 데 도움이 되므로 인지 언어학적 측면에서 프레임은 진화의 결과물로 여겨진다. 그리고 언어의 의미가 달라지면 그에 연결된 프레임까지 함께 바뀔 수 있는데 이를 프레임 전환이라고 한다. 그런데 이처럼 프레임이 달라지게 되면 동일한 사건이나 상황임에도 불구하고 개인의 판단이나 선택이 달라질 수 있는데 이를 프레이밍 효과라고 한다. 이런 현상이 미디어에서 나타나게 되면 진실의 왜곡 현상이 일어나게 되므로 사건을 바라보는 프레임이 중요해진다.

📖 핵심 이해

문단 요약
1 프레임을 통해 생각이 이루어진다고 본 프레임 이론
2 프레임을 인간이 진화한 결과로 본 인지 언어학
3 무의식적으로 연상된 프레임의 문제점과 프레임 전환의 개념
4 미디어 프레이밍의 개념과 문제점

⬇️

중심 화제	프레임

⬇️

주제	레이코프의 프레임 이론과 미디어 프레이밍의 문제점

01 내용 전개 방식 파악하기　　　　　　답 ②

이 글은 2문단에서 레이코프가 정의한 프레임의 의미와 3문단에서 프레임을 무의식적으로 떠올리는 것의 문제점에 대해 예를 들어 설명하고 있다.

02 세부 정보 파악하기　　　　　　답 ⑤

3문단에서 '프레임 전환'은 '언어의 의미가 달라짐으로써 그에 연결된 프레임까지 함께 바뀌는 것'이라고 하였으므로 ⑤는 적절하다.

(오답 해결)

① 1문단에서 인간이 어떤 조건에 대해 무의식적으로 반응할 때 어떤 프레임을 갖고 있느냐에 따라 해석이 달라진다고 하였다.

따라서 프레임은 인간이 자극에 무의식적으로 반응하는 경향이 아니라, 반응할 때 해석하는 틀이라고 볼 수 있다.

② 2문단에서 '이 체계(단어를 프레임과 연결하여 이해하는 것)를 함께 이해하지 않고 '의사'라는 개념만 분리해서 이해하기는 어렵다.'라고 하였고, 3문단에서 '특정한 언어에 연결된 프레임은 우리가 그 프레임을 의식적으로 선택하는 것이 아니라 기존에 연결된 프레임이 무의식적으로 떠올려진다'라고 하였다. 따라서 성인도 특정 단어의 개념을 무의식적으로 떠올려진 프레임과 연결하여 이해한다고 볼 수 있다.

③ 1문단에서 '프레임은 인간이 정치·사회적 의제를 인식하는 과정에서 본질과 의미, 사건과 사실 사이의 관계를 정하는 직관적 틀을 의미한다.'라고 하였다.

④ 3문단에서 '특정한 언어에 연결된 프레임은 우리가 그 프레임을 의식적으로 선택하는 것이 아니라 기존에 연결된 프레임이 무의식적으로 떠올려'지는 것이 문제라고 하였다.

03 논리적 관계 추론하기　　　　　　답 ⑤

〈보기〉에서 ㉡(패러다임)은 '어떤 한 시대 사람들의 견해나 사고를 근본적으로 규정'한다고 하였다. 따라서 같은 시대를 살고 있는 사람들이 보편적으로 공유하는 속성을 가진 것은 ㉡이다.

(오답 해결)

① 〈보기〉에서 '패러다임은 프레임에 포함되는 개념'이라고 하였으므로, ㉠(프레임)에는 ㉡의 개념이 포함되어 있다고 할 수 있다.

② 〈보기〉에서 '통상 패러다임은 대규모의 인식 체계를 말하고, 프레임은 소규모의 인식 체계를 말한다.'라고 하였으므로, ㉠은 ㉡보다 인식 체계의 규모가 작음을 알 수 있다.

③ 2문단에서 '레이코프가 정의한 프레임은 특정 언어와 연결되어 연상되는 사고의 체계 모두를 말한다.'라고 하였다. 이를 통해 같은 언어를 사용하는 사람끼리는 ㉠을 공유할 가능성이 크다고 할 수 있다.

④ 〈보기〉에서 '보통 패러다임은 어떤 법칙과 같은 형태로 인식되고, 프레임은 일상생활 속에서 경험할 수 있다.'라고 하였다. 이를 통해 ㉡은 보편적인 인식 체계이고, ㉠은 개인적 차원의 인식 체계라고 할 수 있다. 따라서 ㉡을 공유하는 사람들이더라도 개인적으로는 서로 다른 ㉠을 가질 수 있다.

04 반응의 적절성 판단하기　　　　　　답 ④

4문단에서 특별한 목적을 가지고 생산된 프레임이 대중들에게 퍼지면 왜곡된 프레임을 통해 사건을 이해하게 되므로 진실의 왜곡 현상이 일어나게 되며, 대중들이 어떤 프레임으로 사건을 바라봐야 하는가가 중요해진다고 하였다. 또한 〈보기〉에서 '수용자 개인의 지식수준 등도 프레이밍 효과에 영향을 주는 요인'이라고 하였다. 하지만 언론의 해석적 프레임과 수용자의 기본 언어 능력 간의 관계에 대해서는 알 수 없다.

(오답 해결)

① 〈보기〉에서 '뉴스 수용자의 개인적 성향은 프레이밍 효과의 정

도를 결정하는 중요한 요인이다.'라고 하였으므로, 동일한 언론 보도도 뉴스 수용자의 개인적 성향에 따라 판단이 달라질 수 있음을 알 수 있다.

② 4문단에서 '미디어 프레이밍'은 뉴스 미디어가 사회적 이슈를 취재해 보도하는 과정에서 해당 사건에 대해 특정 프레임에 대한 특정 이미지를 생산해 제공하는 것을 의미한다고 하였으므로 적절하다.

③ 〈보기〉에서 '현안에 대한 논쟁이 벌어지는 경우에 그 현안에 대한 평가가 필요하기 때문에 프레이밍 효과가 반감될 수 있다.'라고 하였다. 따라서 뉴스 수용자가 평가해 볼 필요가 있다고 생각한다면 언론의 프레이밍 효과는 감소할 수 있다.

⑤ 〈보기〉에서 프레이밍 효과에 영향을 주는 요인으로 '다수 프레임 간의 경쟁, 숙의적 대화, 수용자 개인의 지식수준 등'을 제시하고 있다. 따라서 프레임 간의 경쟁이 발생하면 뉴스 수용자의 인식적 프레임에 영향을 줄 수 있음을 알 수 있다.

📝 지문 해설

이 글은 행복을 추구하는 것이 인간 본연의 모습임을 밝힌 후, 헌법에 명시된 행복 추구권에 대해 설명한 다음, 사회 전체의 후생을 증가시키는 것과 관련된 파레토 최적 이론을 설명하고 있다. 행복은 철학과 경제학 등 여러 분야에서 관심의 대상이었으며, 많은 학자들이 행복에 대해 연구하였다. 그 중 파레토 최적의 개념을 정의하고, 파레토 최적의 기준을 이해하기 위해 실현 가능성과 파레토 우위의 개념을 설명하고 있으며, 예를 들어 파레토 최적을 알기 쉽게 설명하고 있다. 이후 파레토 최적 이론이 지닌 한계와 후생 극대화를 위한 보상 정책의 필요성에 대해 언급하면서, 보상 정책이 현재 상태의 개선인지를 판단하는 다양한 기준이 있음을 밝히고 있다.

🔍 핵심 이해

문단 요약
1 행복 추구권의 개념과 범위
2 쾌락에 대한 벤담과 밀의 주장
3 후생 증가 방안에 대해 해답을 제시하는 파레토 최적 이론
4 파레토 최적의 개념 및 그와 관련된 두 가지 개념
5 파레토 최적 이론의 예와 효용 곡선의 의미
6 파레토 최적의 한계와 후생 극대화를 위한 보상 정책의 필요성
7 보상 정책으로 인한 변화가 개선의 의미인지를 평가하는 다양한 기준

⬇

중심 화제	행복, 파레토 최적 이론

⬇

주제	행복에 대한 연구와 파레토 최적 이론에 대한 이해

05 내용 전개 방식 파악하기   답 ①

이 글은 중심 화제인 '행복'에 대해 법적, 철학적, 경제학적 측면에서 설명하였으며, 그 중 후생 경제학의 파레토 최적 이론에 대해 자세하게 다루고 있다. 따라서 이 글은 화제에 대해 다양한 학문적 논의를 소개하고 있다고 할 수 있다.

06 반응의 적절성 판단하기   답 ②

2문단에서 ⓐ(벤담)는 '똑같은 양의 쾌락이라면 누구의 쾌락이든 똑같이 취급해야 한다'고 하였다. 〈보기〉의 격언은 쾌락의 질이 다를 수 있다는 내용이지만, 이를 통해 돼지와 소크라테스의 쾌락의 양이 똑같은지 알 수 없으므로 ⓐ가 돼지와 소크라테스의 행복을 똑같이 취급할 것이라는 반응은 적절하지 않다.

오답 해결

① ⓐ는 '행복은 쾌락이 있고 고통이 없는 상태'라고 규정하였다. 따라서 ⓐ라면 소크라테스의 배고픔은 고통이기 때문에 행복이 아니라고 주장할 것이다.

③ ⓑ는 누구나 쉽게 얻을 수 있는 쾌락을 저급 쾌락이라고 하였으므로, 돼지가 먹이를 배부르게 먹어 얻는 행복은 쉽게 얻을 수 있는 저급 쾌락이라고 볼 것이다.

④ ⓑ는 오랜 훈련이 필요한 쾌락을 고급 쾌락이라고 하였으므로, 소크라테스가 배고픔을 견디며 얻는 지식은 고급 쾌락이라고 볼 것이다.

⑤ ⓑ는 ⓐ를 계승하였고, ⓐ는 쾌락이 있고 고통이 없는 상태를 행복이라고 보았으므로, 고통이 없다면 둘 다 배가 부른 것을 행복한 상태라고 볼 것이다.

07 구체적 상황에 적용하기   답 ①

1문단에서 '행복 추구권은 각 개인이 행복을 추구할 수 있는 법적 조건을 보장한다는 것이지, 정부가 행복을 선사한다는 것은 아니다.'라고 하였다. 따라서 저소득층에게 휴식처를 제공한 것은 정부가 개인에게 행복을 제공할 의무가 있기 때문이 아니다.

오답 해결

② 1문단에서 '인간의 존엄성이라는 말에서 인간의 이기심이나 자만심을 제거한다면, 행복을 추구하는 과정이야말로 인간을 인간답게 만들어 인간으로서의 위엄과 체면을 지키게 할 수 있다.'라고 하였다. 따라서 저소득층의 요구에 이기심이나 자만심이 개입했다면 정당한 행복 추구권을 행사한 것으로 볼 수 없다.

③ 1문단에서 우리 헌법은 '모든 국민은 인간으로서의 존엄과 가치를 가지며, 행복을 추구할 권리를 가진다.'와 같이 규정했다고 하였다. 따라서 저소득층이 냉방 시설을 설치해 달라고 요구하는 것은 자신의 행복을 추구할 권리가 있기 때문으로 볼 수 있다.

④ 냉방 시설을 갖춘 휴식처 이외에 편의 시설과 음료를 제공해 줄 것을 요구하는 것은 개인의 만족감을 위한 것이므로 적극적으로 권리를 추구하는 행위로 볼 수 있다.

⑤ 더위를 피할 수 있는 공간을 만들어야 한다는 주장은 폭염으로 인한 문제를 해결하여 고통이 없는 상태를 추구한다는 점에서 소극적으로 행복을 추구할 권리를 행사한 것이라고 할 수 있다.

08 구체적 상황에 적용하기   답 ⑤

4문단에서 '파레토 우위란 초기의 배분 상태에 비해서 어느 한 사람의 후생도 감소하지 않은 상태에서 최소한 한 사람의 후생이 증가한 배분 상태를 말한다.'라고 하였다. 이렇게 볼 때 〈보기〉에서 어머니가 형에게 귤 10개를 더 주거나 아우에게 귤 10개를 더 주는 상황은 모두 파레토 우위에 해당한다. 전자의 상황을 후자의 상황에 대해 파레토 우위에 있다고 볼 근거가 없으므로 ⑤의 설명은 적절하지 않다.

(오답 해결)

① 아우의 후생은 그대로지만 형의 후생이 증가한 상황이므로 파레토 개선이라고 할 수 있다.

② 두 형제가 활용할 수 있는 귤의 최대 개수는 30개이다.

③ 형의 귤이 18개, 아우의 귤이 12개가 된 상황에서 어느 한 사람의 후생을 증가시키기 위해서는 다른 사람의 후생을 희생해야 하므로 파레토 최적인 상태에 해당한다.

④ 실현 가능성이 있는 자원의 배분이 파레토 최적의 전제 조건이므로, 형과 아우에게 귤 6개씩을 더 준다는 것은 파레토 최적이 이루어질 수 없는 상황에 해당한다.

09 논리적 관계 추론하기   답 ④

사회 전체 후생의 극대화를 위해서는 효율성과 공평성이 접점을 이루는 지점을 찾아야 한다고 설명하고 있다. 그런데 파레토 최적 이론은 자원 배분의 효율성이 충족되는 상태만을 설명하고 있다. 따라서 파레토 최적 이론은 자원 배분의 공평성을 충족시키지 못하는 한계가 있다고 할 수 있다.

(오답 해결)

① 파레토 최적은 자원 배분의 공평성과는 관계가 없다.

② 파레토 최적이 이루어질수록 자원 배분의 효율성은 높아진다.

③ 파레토 최적 상태에서 자원 배분의 효율성과 공평성의 관계는 알 수 없다.

⑤ 파레토 최적은 자원 배분의 효율성이 충족되는 기준을 제시하는 것이다.

10 자료 해석의 적절성 판단하기   답 ①

칼도 기준에 따르면 A에서 갑의 후생은 그대로이고, 을의 후생은 증가하였기 때문에 개선이라고 할 수 있다(ㄱ). 롤즈 기준에 따르면 A에서는 고소득층인 을의 후생만 증가한 상태이기 때문에 개선이라고 할 수 없다(ㄴ).

(오답 해결)

ㄷ. 칼도 기준에 따르면 D는 갑의 후생 증가가 을의 후생 감소보다 큰 상태이므로 개선에 해당한다. 그리고 그 역은 갑의 후생 감소가 을의 후생 증대보다 더 커지는 결과를 가져오므로 악화에 해당한다. 이에 따라 D는 시토프스키 기준에 따르면 개선에 해당한다.

ㄹ. 파레토 기준에 따르면 D에서 을의 효용이 감소하므로 개선이라고 할 수 없다.

11~15   황금비와 몬드리안

✎ 지문 해설

이 글은 자연 속 아름다움의 원리를 수적으로 표현하려는 노력으로 인해 발견된 황금비를 소개하고, 황금비를 적용하여 선과 색채로 조형을 나타내자는 신조형주의를 주창한 몬드리안의 작품 세계를 설명하고 있다. 몬드리안은 가장 기본적인 조형 요소인 점, 선, 면만으로 사물의 본질을 드러낼 수 있다고 생각하였다. 그래서 자신의 작품에서 황금 직사각형을 통해 명료하고 절도 있는 회화를 표현하고자 했으며 형태들 속에 감춰진 불변하는 실재를 예술로 밝혀내고자 하였다.

🔑 핵심 이해

문단 요약
1 황금비를 수학적으로 정의한 유클리드
2 고대부터 현재까지 활용되어 온 황금비
3 신조형주의를 주창한 몬드리안
4 황금비를 적용한 몬드리안의 작품
5 황금 직사각형의 개념과 만드는 과정
6 몬드리안이 추구한 예술적 가치와 감상의 의의

중심 화제	황금비

주제	황금비의 유래와 몬드리안의 신조형주의

11 세부 정보 파악하기   답 ④

4문단에서 몬드리안의 작품은 나무를 추상화한 것으로 빨강, 노랑, 파랑 등 3원색을 사용하였다고 하였다. 따라서 3원색으로 이루어진 사물을 추상화의 대상으로 삼은 것이 아니다.

(오답 해결)

① 4문단에서 몬드리안은 격자 구조의 사각형에 황금비를 적용하였다고 하였으므로 적절하다.

② 1문단에서 유클리드의 정의를 수식으로 나타낸 이차 방정식의 근의 양수값이 바로 황금비라고 하였다.

③ 4문단에서 몬드리안은 작품에서 무질서한 요소를 배제한, 수학적이고 건축적인 균형을 미술로 이루어 내고자 하였다고 하였으므로 적절하다.

⑤ 1문단에서 인류는 자연의 무한한 아름다움 속에 숨은 법칙을 찾아내기 위해 여러 가지 시도를 한 결과 황금비를 발견하였다고 하였다. 황금 직사각형은 가로, 세로의 길이의 비가 황금비인 직사각형이므로 이는 자연 속에 숨은 아름다움을 기하학적 도형으로 나타낸 것이라고 할 수 있다.

12 논리적 관계 추론하기   답 ③

3문단에서 '몬드리안은 우리가 사는 세상을 단순화해 바라보면 점, 선, 면으로 이루어져 있기 때문에 가장 기본적인 조형 요소만으로 사물의 본질을 드러낼 수 있다고 생각한 것이다.'라고 하였다. 이를 통해 그가 검정 수직선과 수평선을 서로 교차하여 선으로 화면을 구성한 이유는 대상을 단순화하면 기본적인 조형 요소만으로도 사물의 본질을 드러낼 수 있다고 생각했기 때문임을 알 수 있다.

13 자료 해석의 적절성 판단하기   답 ⑤

ⓓ는 나무의 구체적인 모습이 사라지고, ⓐ~ⓓ 중 나무를 가장 기하학적 형태로 표현한 그림이다. 6문단에서 몬드리안은 '끊임없이 변화하는 것으로 보이는 형태들 속에 감춰진 불변하는 실재를 예술로 밝혀내려고 노력했다.'라고 하였으므로, ⓓ가 끊임없이 변화하는 실재를 보여 주고자 했다는 설명은 적절하지 않다.

(오답 해결)

① ⓐ → ⓑ → ⓒ → ⓓ의 순서로 나무의 형태를 단순화하여 표현하였으므로 추상성이 점차 강해지는 것을 알 수 있다.
② 〈보기〉의 작품 중 ⓐ가 나무의 원래 형태와 가장 유사하므로 대상의 모습을 있는 그대로 구현하려는 의도가 가장 잘 드러난다고 볼 수 있다.
③ ⓑ에 비해 ⓒ는 나무의 형태가 더 추상화되어 있으므로 선으로 사물의 본질을 구현하려는 의도가 더 드러난다고 볼 수 있다.
④ 곡선으로 표현한 ⓒ와 달리 ⓓ는 수직선과 수평선만으로 대상을 극도로 단순화하여 표현하였다.

14 정보 간의 관계 파악하기   답 ②

5문단에서 직사각형 ACDF, BCDE, FEHG의 가로, 세로 길이의 비가 황금비라고 하였다. 따라서 직사각형 ACDF의 세로 AF와 가로 AC 길이의 비가 황금비이다. 또한 직사각형 FEHG의 가로 FE는 직사각형 BCDE의 세로 CD와 길이가 같다. 따라서 직사각형 FEHG의 세로 FG와 직사각형 BCDE의 세로 CD 길이의 비가 황금비이다.

15 어휘의 문맥적 의미 이해하기   답 ②

'재현(再現)하다'는 '다시 나타나다. 또는 다시 나타내다.'라는 의미이므로, '있는 그대로 나타내는'과 바꿔 쓰기에 가장 적절하다.

(오답 해결)

① '재생(再生)하다'는 '죽게 되었다가 다시 살아나다.'라는 의미이다.
③ '발현(發現)하다'는 '속에 있거나 숨은 것이 밖으로 나타나다. 또는 나타나게 하다.'라는 의미이다.
④ '구현(具現)하다.'는 '어떤 내용을 구체적인 사실로 나타나게 하다.'라는 의미이다.
⑤ '표출(表出)하다'는 '겉으로 나타내다.'라는 의미이다.

실전 모의고사 2회   본문 138~144쪽

01 ③	02 ①	03 ⑤	04 ④	05 ⑤
06 ④	07 ②	08 ④	09 ④	10 ②
11 ③	12 ②	13 ①	14 ③	15 ②

01~05   보조금 제도의 이해

📝 지문 해설

이 글은 국가가 저소득층의 삶의 질을 향상시키기 위해 지급하는 보조금 제도의 종류를 설명하고 있다. 현금 보조, 현물 보조, 가격 보조의 개념 및 특징을 비교와 대조를 통해 설명하고 있으며, 각 제도가 지닌 장단점을 균형적인 시각을 바탕으로 제시하고 있다.

🔑 핵심 이해

문단 요약
1 보조금 제도의 종류
2 현금 보조와 현물 보조의 개념과 장단점
3 현물을 처분하여 현금으로 바꾸는 현물 보조의 문제점
4 현금 보조에 비해 비효율적인 현물 보조
5 수혜자의 필요 수준에 따라 보조받는 가격 보조
6 가격 보조를 선호하지 않는 이유

⬇

중심 화제	보조금 제도

⬇

주제	각종 보조금 제도의 개념과 장단점

01 내용 전개 방식 파악하기   답 ③

이 글은 보조금 제도의 종류를 현금 보조, 현물 보조, 가격 보조로 구분하고 각 보조금 제도의 개념과 특징, 장단점을 비교, 대조하여 설명하고 있다.

(오답 해결)

① 보조금 제도에 대해 다양한 방식이 시도되었다고는 하였지만, 도입된 배경을 다각도로 살펴보고 있지는 않다.
② 보조금 제도에 대한 상반된 입장이나 절충안은 제시되지 않았다.
④ 보조금 제도에 대한 통념은 제시되지 않았으며 개념을 새롭게 규정하고 있지도 않다.
⑤ 예를 들어 각 보조금 제도를 설명하기는 하였지만, 다양한 사례를 유형별로 분류하고 있지는 않다.

02 세부 정보 파악하기   답 ①

6문단을 통해 수혜자의 행동 여부와 관계없이 무조건 지급되는 것은 현물 보조와 현금 보조임을 알 수 있다.

(오답 해결)

② 2문단에서 현금 보조는 '국가에서는 기초적인 생계 지원을 목

적으로 현금을 지급했지만, 자신이 원하면 유흥비로도 얼마든지 사용할 수 있다.'라고 하였다.

③ 4문단에서 '국가는 보조해 주어야 할 개별 대상자들이 각각 무엇을 얼마만큼 필요로 하는지를 정확히 알기 어렵다.'라고 하였다.

④ 1문단을 통해 현대 복지 사회에서는 국가가 저소득층의 삶을 향상시키기 위해 보조금 제도를 시행하고 있음을 확인할 수 있다.

⑤ 4문단에서 '이 두 보조금 제도(현금 보조와 현물 보조)는 빈곤층이 스스로 빈곤에서 벗어나기 위한 노력을 저하시킨다는 점에서 공통된 한계가 있다.'라고 하였다.

03 구체적 상황에 적용하기   답 ⑤

〈보기〉의 ㉠은 현금 보조이고, ㉡은 현물 보조이다. 4문단에서 '현물 보조는 현금 보조에 비해 상대적으로 비효율적이다.'라고 하였다.

오답 해결

① 5문단에서 '이 제도(가격 보조)는 해당 수혜자가 해당 물건을 얼마만큼 구매하느냐에 따라 실질적으로 지원받는 규모가 달라'진다고 하였다. 〈보기〉의 ㉢은 가격 보조 방식에 해당하므로 주문하는 식사의 가격이나 식사 유무에 따라 지원받는 비용이 달라질 수 있다.

② ㉡을 적용받는 직원들은 특정한 식당만을 이용해야 하고, ㉠을 적용받는 직원들은 자신들이 원하는 식당을 자유롭게 선택할 수 있으므로, 직원들 입장에서 편의성은 ㉡보다 ㉠이 높다고 할 수 있다.

③ 3문단에서 '현물 보조가 현금 보조에 비해 당초 기대한 목표를 실현하기에 용이한 것은 분명'하다고 하였다. 따라서 점심 값 지원이라는 당초의 목표를 실현하기에는 ㉠보다 ㉡이 용이하다고 할 수 있다.

④ 6문단에서 '수혜자 입장에서는 자신의 행동 여부와 관계없이 무조건 지급되는 현물 보조와 현금 보조가 더욱 윤택한 보조 형태라고 할 수 있다.'라고 하였다. 따라서 직원들의 입장에서는 ㉢보다 ㉠, ㉡이 더 윤택한 보조 형태라고 할 수 있다.

04 세부 정보 파악하기   답 ④

4문단에서 '현금이 본연의 목적에 의해 사용될 수만 있다면 지원 받는 사람의 입장에서는 더욱 효과적인 지원책이라 할 수 있다.'라고 하였다. 따라서 보조금 제도 중 지원 받는 사람의 입장에서 가장 효과적인 지원책은 ⓐ(식권 카드제)가 아니라 현금 보조이다.

오답 해결

① 3문단에 따르면 ⓐ는 현물 보조를 받은 사람이 지원 받은 현물을 처분하여 현금으로 바꾸는 문제를 해결하고자 도입한 제도이다.

② ⓐ는 식권 카드를 받은 보조금 지급 대상자들이 음식점에서 실제로 음식을 구매할 때만 카드를 사용할 수 있도록 만든 것이다. 따라서 이 제도를 운영할 때는 제공된 카드가 다른 용도로 결제되지 않는 조치를 취할 필요가 있다.

③ ⓐ는 식권 카드를 받은 이들이 실제로 음식을 구매할 때만 카드를 사용할 수 있도록 만든 것이므로 지원하고자 하는 현물을 실제로 구매하는 경우에만 사용할 수 있다.

⑤ ⓐ는 현물 보조에 해당하며, 현물 보조는 지원하고자 하는 재화나 서비스 그 자체로 보조해 주는 방법이다. 따라서 현물 보조는 저소득층에게 부족한 것 자체를 지원함으로써 보조금 제도가 그들의 삶의 질을 향상시키고자 하는 본연의 기능을 수행할 수 있도록 유도할 수 있다.

05 세부 내용 추론하기   답 ⑤

ⓑ 앞부분의 '이러한 성격'이란 '자신이 해당 물건을 구매할 때만 보조금이 지급되'는 가격 보조의 특징을 의미한다. 이러한 성격으로 인해 특정 재화에 가격 보조가 이루어질 경우, 정상적인 가격이었으면 구매하지 않았을 제품을 할인된 가격이라는 이유로 구매하는 문제가 생길 수 있다.

오답 해결

① 이 글에서 가격 보조를 할 때 물건을 구매할 수 있는 수량에 제한을 둔다는 설명은 제시되어 있지 않다.

② 5문단의 내용으로 볼 때 가격 보조는 일반적인 물품과 동일한 품질의 것을 할인해 주는 방식이므로, 물건의 질이 떨어진다는 내용은 적절하지 않다.

③ 수혜자가 구매하는 물건의 종류가 많더라도 그 물건들이 가격 보조의 지원을 받는 것이라면 혜택이 더 늘어난다고 볼 수 있다.

④ 가격 보조는 특정 재화에 대해 수혜자가 필요로 하는 재화의 양을 예측하는 것과 관련성이 없다. 또한 수혜자가 필요로 하는 재화의 양이 많을수록 실질적인 도움을 줄 가능성이 늘어난다고 볼 수 있다.

06~11 건축의 기하학적 아름다움

✏️ 지문 해설

이 글은 건축에 적용된 기하학의 예술적 아름다움에 대해 노트르담 대성당의 서쪽 정면을 중심으로 설명하고 있다. 노트르담 대성당의 서쪽 정면은 반지름이 같은 두 개의 원을 중첩했을 때 생기는 물고기 몸통 모양의 영역인 베시카 피시스가 있도록 설계되었는데, 이를 통해 성당에 다양한 상징적 의미를 부여하였다. 또한 노트르담 대성당의 서쪽 정면에는 황금 분할을 적용하여 조화의 아름다움을 느낄 수 있도록 하였으며, 상징적 의미가 담긴 장미창을 통해 기하학적 의미를 드러내었다. 또한 노트르담 대성당의 서쪽 정면은 기존 로마네스크 양식의 아치가 가진 한계를 보완한 첨두아치로 건축되었다. 이처럼 건축물에 적용된 기하학은 신에 의해 부여된 우주의 법칙을 전하고 있다.

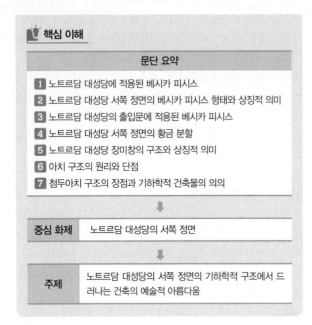

핵심 이해

문단 요약
1 노트르담 대성당에 적용된 베시카 피시스
2 노트르담 대성당 서쪽 정면의 베시카 피시스 형태와 상징적 의미
3 노트르담 대성당의 출입문에 적용된 베시카 피시스
4 노트르담 대성당 서쪽 정면의 황금 분할
5 노트르담 대성당 장미창의 구조와 상징적 의미
6 아치 구조의 원리와 단점
7 첨두아치 구조의 장점과 기하학적 건축물의 의의

↓

중심 화제	노트르담 대성당의 서쪽 정면

↓

주제	노트르담 대성당의 서쪽 정면의 기하학적 구조에서 드러나는 건축의 예술적 아름다움

06 중심 화제 파악하기   답 ④

이 글은 건축에서 볼 수 있는 기하학적 특징에 대해 노트르담 대성당의 서쪽 정면을 예로 들어 설명하고 있다. 노트르담 대성당의 서쪽 정면에는 베시카 피시스, 황금 분할, 첨두아치와 같은 기하학적 원리가 반영되어 있어 건축적 아름다움과 조화를 느낄 수 있다. 따라서 이 글의 표제는 '건축에 적용된 기하학의 의미와 아름다움', 부제는 '노트르담 대성당 서쪽 정면을 중심으로'가 적절하다.

07 세부 정보 파악하기   답 ②

2문단에서 노트르담 대성당 서쪽 정면의 베시카 피시스는 '하늘에서 내려오는 원과 땅에서 솟아오르는 원이 중첩된 형태로 설계된 것'이라고 하였다. 따라서 노트르담 대성당 서쪽 정면은 두 개의 원이 좌우가 아니라 상하로 중첩된 형태로 설계된 것임을 알 수 있다.

(오답 해결)

① 1문단에서 '베시카 피시스는 물고기 몸통 모양의 영역을 말한다. 그 모양이 아몬드 모양으로 되어 있다고 하여 동양의 인도에서는 만돌라라고 부른다.'라고 하였다.

③ 6문단에서 이전의 로마네스크 양식에도 아치는 있어 왔으나 두꺼운 벽으로 인해 건물 내부가 좁고 어두웠다고 하였다.

④ 4문단에서 노트르담 대성당의 서쪽 정면의 경우 황금 분할을 이루는데, 이를 정면에서 바라보면 조화의 아름다움을 무의식적으로 느낄 수 있다고 하였다.

⑤ 5문단에서 '장미창은 그리스도를 상징하는 가장 작은 원과 함께, 신의 뜻이 인간 세계에 퍼져 나감을 의미한다.'라고 하였다.

08 자료 해석의 적절성 판단하기   답 ④

[A]에서 노트르담 대성당의 출입문에 세로로 된 베시카 피시스를 활용하였다고 했으므로, 물고기 몸통 모양의 영역인 베시카 피시스가 서 있는 형태여야 한다. 또한 '베시카 피시스의 두 곡선 위 정중앙에 있는 2개의 점과, 그곳에서 아래로 수직선을 그어 두 원과 만나는 2개의 점을 서로 이으면 정사각형이 된다. 그 사각형 안에서 두 원이 만나는 점을 지나는 직선이 베시카 피시스의 두 곡선 위 정중앙에 있는 2개의 점을 이은 직선과 수직일 때, 그 사각형은 이등분된다. 그 이등분된 부분에 해당하는 것이 바로 출입문이다.'라고 하였다. 이를 도형으로 나타내면 아래 그림과 같은 형태가 된다.

09 세부 내용 추론하기   답 ④

7문단에서 '첨두아치는 횡력이 그대로이더라도 일반 아치보다 더 큰 하중을 견딜 수 있기 때문에 ~ 창을 좀 더 자유롭게 낼 수 있게 한다.'라고 하였다. 따라서 장미창을 바라볼 때 첨두아치를 염두에 두어야 하는 이유는 첨두아치 구조를 통해 장미창이 큰 규모로 만들어질 수 있었던 원리를 이해할 수 있기 때문이다.

10 구체적 상황에 적용하기   답 ②

7문단에서 '첨두아치는 횡력이 그대로이더라도 일반 아치보다 더 큰 하중을 견딜 수 있'다고 하였다. 그리고 〈보기〉에서는 'F1과 F2가 이루는 각도가 클수록 합력의 크기는 작아'진다고 하였다. 이를 참고하면 일반 아치보다 첨두아치가 견딜 수 있는 F가 크므로, F를 나타내는 화살표의 길이가 길어야 한다. 또한 첨두아치는 일반 아치보다 F1과 F2가 이루는 각이 작으므로 〈보기〉의 질문에 대한 답으로 가장 알맞은 것은 ②이다.

11 어휘의 사전적 의미 이해하기   답 ③

ⓒ(고안해)는 '연구하여 새로운 안을 생각해 내다.'라는 의미이다. '어떤 상태를 오래 계속하다.'라는 의미의 단어는 '지속하다'이다.

✏️ 지문 해설

이 글은 조선 초기의 화가인 안견과 그를 따르던 안견파 화가들이 지닌 화풍상의 특징을 안견의 작품을 예로 들어 설명하고 있다. 안견의 진작인 「몽유도원도」는 사선 운동 및 수직과 수평의 현저한 대조, 좌측과 우측의 대조적인 구도, 흩어진 것 같으나 조화를 이룬 경물들의 구도, 상이한 시각의 적용과 넓은 공간에 대한 시사 등의 특징이 있다. 그리고 전칭작인 「사시팔경도」는 한쪽이 무거운 편파 구도, 흩어져 있는 경물들의 조화, 확대 지향적인 공간 활용 등의 특징이 있다. 이러한 화풍의 특징은 16세기 전반기의 화가들에 의해서 계승 발전되었다.

👤 핵심 이해

문단 요약
1 안견파 화풍의 구도와 공간 개념의 특징
2 사선 운동과 수직-수평의 대조로 드러난 「몽유도원도」의 구도상 특징
3 좌우 세계의 대조로 드러난 「몽유도원도」의 구도상 특징
4 경물의 어울림으로 드러난 「몽유도원도」의 구도상 특징
5 「몽유도원도」의 공간상 특징
6 편파 구도로 드러난 「사시팔경도」의 구도상 특징
7 경물의 조화로 드러난 「사시팔경도」의 구도상 특징
8 「사시팔경도」를 통해 알 수 있는 안견파 화풍의 특징

⬇️

중심 화제	(안견파 그림의) 구도와 공간 개념

⬇️

주제	안견파 화풍의 구도 및 공간 개념에 나타난 특징

12 내용 전개 방식 파악하기　　　답 ②

이 글은 안견의 진작인 「몽유도원도」와 전칭작으로 알려진 「사시팔경도」를 예로 제시하며 안견파가 지닌 구도 및 공간 개념에 대한 화풍상의 특징을 설명하고 있다. 따라서 구체적인 작품을 사례로 제시하며 작가의 화풍에 대해 설명하고 있다는 진술은 적절하다.

13 세부 정보 파악하기　　　답 ①

4문단의 '이렇게 「몽유도원도」의 전체 경관은 독립성을 띠고 따로따로 떨어져 있는 몇 개의 경물들이 합쳐져 이루어진 종합체라고 할 수 있다.'로 보아, 「몽유도원도」는 경물들이 하나로 연결된 그림은 아니라고 할 수 있다.

（오답 해결）

② 3문단의 '좌측의 자연스러운 현실 세계와 우측의 환상적인 도원의 세계가 대조를 보이고 있다. 즉 현실 세계의 모습은 원편의 토산인 야산으로 나지막하고 부드럽게 ~ 바위산들로 이루어져 극도로 환상적인 느낌을 자아낸다.'에서 「몽유도원도」가 좌측은 토산으로 현실 세계를, 우측은 바위산으로 도원의 세계를 그리고

있음을 알 수 있다. 따라서 토산과 바위산을 통해 좌측과 우측에 상반된 세계를 표현하고 있는 그림이라는 진술은 적절하다.

③ 2문단의 '이러한 사선 운동과, 수직과 수평의 현저한 대조가 이 작품을 웅장한 자연의 세계로 나아가도록 구성하고 있다.'에서 「몽유도원도」가 사선 운동 및 수직과 수평의 대조로 웅장한 느낌을 준다는 것을 알 수 있다. 따라서 사선 운동 및 수직과 수평의 대조로 웅장한 느낌을 주는 구성을 취한 그림이라는 진술은 적절하다.

④ 5문단의 '이 작품의 왼쪽 반은 정면에서 본 것으로 묘사되어 있는데 반하여 오른쪽 반은 높은 곳에서 내려다본 듯 부감법을 이용하여 넓은 공간을 시사하고 있다.'에서 「몽유도원도」의 왼쪽과 오른쪽에 나타난 시선이 다름을 알 수 있다. 따라서 왼쪽은 정면에서 본 것처럼, 오른쪽은 위에서 내려다본 것처럼 그린 그림이라는 진술은 적절하다.

⑤ 4문단의 '각 경물들은 파고드는 안개 때문에 서로 분리되어 있으면서도 전체적으로 하나의 조화를 이루고 있다.'에서 「몽유도원도」는 안개 때문에 분리된 각 경물들의 조화를 이루고 있음을 알 수 있다. 따라서 안개 때문에 분리된 경물들이 하나의 조화로운 산수를 이루도록 그린 그림이라는 진술은 적절하다.

14 세부 내용 파악하기　　　답 ③

1문단의 '이 경물들 사이에는 넓은 공간과 여백이 시사되어 있는 것이다.'에서 안견파는 경물들 사이에 여백을 남겨서 넓은 공간을 시사하는 공간 개념을 활용했음을 알 수 있다. 따라서 안견파가 경물들 사이를 여백 없이 밀착시키는 공간 개념을 활용했다는 진술은 적절하지 않다.

（오답 해결）

① 1문단의 '단선과 점을 위주로 하여 산이나 표면을 처리하는 단선점준(短線點皴) 등 개성적인 필묵법과 준법을 사용하였다.'에서 안견파가 산이나 표면을 단선과 점을 중심으로 하여 처리하였음을 알 수 있다.

② 1문단의 '이들은 산을 묘사할 때 먹을 칠한 부분과 칠하지 않고 남겨 두는 부분이 보여 주는 흑백의 강한 대조라든지 ~ 사용하였다'에서 안견파가 산을 그릴 때 먹을 이용한 흑백의 강한 대조를 사용하였음을 알 수 있다.

④ 1문단의 '안견파가 가장 뚜렷한 한국적인 산수화풍의 특색을 보여 준 것은 구도와 공간 개념에서의 독특함이다.'에서 안견파가 구도나 공간 개념에서 한국적인 산수화풍의 특색을 보여 주었음을 알 수 있다.

⑤ 8문단의 '구도상의 특색과 공간 개념은 16세기 전반기의 화가들에 의해서 계승 발전되었다.'에서 안견파의 화풍상의 특징이 16세기 전반기의 산수화에 영향을 미쳤음을 알 수 있다.

15 자료 해석의 적절성 판단하기　　　답 ②

7문단의 '이로 인해 흩어져 있는 경물들이 교묘하게 결합된 듯이 조화를 이루며'와 '이처럼 「사시팔경도」는 실제로는 경물들이 각각 분리되어 있으면서도 서로 연결된 듯 표현된 것이 구도상의

큰 특징이다.'에서 「사시팔경도」는 경물들 사이의 조화가 가장 큰 특징임을 알 수 있다. 그런데 〈보기〉에서 「늦은 가을(晚秋)」도 「사시팔경도」의 하나로, 「늦은 봄(晚春)」에 나타난 안견 화풍의 특징을 잘 보여 줌을 알 수 있다. 따라서 「늦은 가을(晚秋)」이 분산되어 배치된 경물들 사이의 단절감을 부각하는 구도를 사용하고 있다는 감상은 적절하지 않다.

(오답 해결)

① 6문단의 '대개 한 쪽 하단부가 다른 쪽 하단부보다 무게가 더 주어져 있는 편파 구도를 지니고 있다.'에서 편파 구도가 「사시팔경도」의 특징임을 알 수 있다. 그런데 〈보기〉의 「늦은 가을(晚秋)」을 살펴보면, 왼쪽 하단부에 무게가 주어진 편파 구도를 취하고 있음을 알 수 있다. 따라서 「늦은 가을(晚秋)」이 오른쪽 하단부보다 왼쪽 하단부가 무거운 편파 구도를 취하고 있다는 감상은 적절하다.

③ 7문단의 '하나의 작품은 몇 개의 따로따로 떨어져 있는 경물들로 이루어져 있으며 이 경물들 사이는 대개 넓은 수면이나 안개로 채워져 있다. 이로 인해 ~ 확대 지향적인 넓은 공간의 활용도 이루고 있다.'에서 「사시팔경도」가 경물들 사이의 넓은 수면이나 안개로 확대 지향적인 공간 활용을 이루고 있음을 알 수 있다. 그런데 〈보기〉의 「늦은 가을(晚秋)」을 살펴보면 왼쪽 언덕과 중간의 강안 사구 사이에 넓은 수면으로 채워져 있음을 알 수 있다. 따라서 경물들 사이를 넓은 수면으로 채워서 확대 지향적인 공간 활용을 이루고 있다는 감상은 적절하다.

④ 6문단의 '이 때문에 이른 봄과 늦은 봄, 이른 여름과 늦은 여름 등 두 폭씩 맞대어 볼 때 좌우가 균형을 이루게 된다.'에서 각 계절의 이른 정경과 늦은 정경을 맞대어 보아야 좌우 균형을 이루는 것이 「사시팔경도」의 특징임을 알 수 있다. 그런데 〈보기〉의 그림은 「늦은 가을(晚秋)」의 정경을 그린 것이다. 따라서 「이른 가을(初秋)」이라는 그림과 맞대어 보면 좌우가 균형을 이루게 된다고 한 감상은 적절하다.

⑤ 7문단의 「늦은 봄(晚春)」의 작품에서 보듯이 근경의 경물은 안개에 의해 원경의 주산과 분리되어 있으나 ~ 또한 건너편 강안의 사구도 이 두 개의 경물들과 조화를 이루는 지점에 놓여 있다.'에서 근경의 경물인 언덕, 원경의 주산 그리고 그 사이의 강안의 사구가 「사시팔경도」의 「늦은 봄(晚春)」을 이루고 있는 경물들임을 알 수 있다. 그런데 〈보기〉에서 「늦은 가을(晚秋)」은 「늦은 봄(晚春)」에 나타난 안견 화풍의 특징을 잘 보이고 있다고 설명하고 있고, 「늦은 가을(晚秋)」을 살펴보면 근경의 언덕, 원경의 주산, 강안의 사구로 구성되어 있음을 알 수 있다. 따라서 근경의 언덕과 원경의 주산, 그 사이의 강안의 사구 등 몇 개의 경물들로 이루어져 있다고 한 감상은 적절하다.

실력이 상승하는 강력한 실전서

www.mirae-nedu.com 학습하다가 이해되지 않는 부분이나 정오표 등의 궁금한 사항이 있나요?
미래엔 에듀 홈페이지에서 해결해 드립니다.

교재 내용 문의

나의 교재 문의 | 수학 과외쌤
자주하는 질문 | 기타 문의

교재 정답 및 정오표

정답과 해설
정오표

교재 학습 자료

MP3

우리만의 공감과
소통이 있는 곳
www.mirae-nedu.com

홈페이지 마일리지
N돌핀

N돌핀은 미래엔 에듀 홈페이지에서 모을 수 있는 마일리지입니다.
차곡차곡 모은 N돌핀으로 도서몰의 포인트와 교환하여
다양한 장르의 도서를 구입할 수 있습니다.
오른쪽 QR 코드를 스캔하면, N돌핀에 대한 이야기를 만날 수 있습니다.

또래 공감
감성위키

온라인에서 나누고픈 이야기를 글이나 그림으로 표현해 보세요.
특별한 선물도 받고, N돌핀도 충전할 수 있습니다.

특별한 선물

- <감성위키>에 등록만 해도 500N돌핀 적립
- 매월 우수작 2명을 선정하여 미래엔 에듀의 도서 1권 증정
- 미래엔 에듀의 도서에 수록되면 10,000원 문화상품권 증정

등록 방법

표현한 그림이나 글을 사진으로 찍습니다.
방법1 모바일 → 오른쪽 QR 코드를 스캔하여 <감성위키>에 등록
방법2 PC → www.mirae-nedu.com에 접속하여 <감성위키>에 등록

학습 공감
온라인
독자엽서

미래엔 에듀의 도서로 공부한 경험을 온라인 독자엽서에 등록해 주세요.
특별한 선물이 제공됩니다.

특별한 선물
선물1 온라인 독자엽서 1건만 등록해도 간식 기프티콘을!
- 선착순 1만 명에게 간식 기프티콘 발송. 1인 1개
선물2 정성스럽게 작성된 온라인 독자엽서에 미래엔 에듀 도서를!
- 매월 10명을 선정하여 미래엔 에듀의 도서 1권 증정

등록 방법
방법1 모바일 → 오른쪽 QR 코드를 스캔하여 온라인 독자엽서 화면 연결
방법2 PC → www.mirae-nedu.com에 접속하여 등록